Eigenverantwortliche Schule – ein Leitfaden

Busemann · Oelkers · Rosenbusch (Hrsg.)

Eigenverantwortliche Schule – ein Leitfaden

Konzepte, Wege, Akteure

LinkLuchterhand

Bibliografische Information der Deutschen Nationalbibliothek
Die Deutsche Bibliothek verzeichnet diese Publikation in der Deutschen Nationalbibliografie; detaillierte bibliografische Daten sind im Internet über **http://dnb.ddb.de** abrufbar.

ISBN 978-3-472-07062-7

Redaktion: Dorothea Minderop und Armin Lohmann

www.wolterskluwer.de
www.luchterhand-fachverlag.de

Satz: RPS Satzstudio, Düsseldorf
Umschlag: Martina Busch, Grafikdesign, Fürstenfeldbruck
Druck und Bindung: Gallus Druckerei KG, Berlin

Vorwort der Herausgeber

Anstelle eine Vorwortes: drei Fragen – drei Antworten

1. Worum geht es?

Schule und Erziehung sind immer wieder, und gerade jetzt aufregenden Veränderungen ausgesetzt. Davon handelt dieses Buch. Es soll Mut machen, Neues zu wagen. Das gilt besonders, wenn es darum geht, Schülerinnen und Schüler in ihren Lernprozessen zu unterstützen, damit sie ihre Zukunft besser meistern können und sie zu stärken, damit sie sich in die Gestaltung unserer Gesellschaft verantwortungsvoll einmischen können.

2. Warum ein Leitfaden?

Die Beiträge beschreiben mit angemessener Tiefe sinnvolle Strategien und reale Handlungsmöglichkeiten auf dem Weg der überregulierten zur eigenverantwortlichen Schule, und zwar im Bundesland Niedersachsen. Es geht nicht um Rezepte, aber um grundsätzliche Vorstellungen zur Schulentwicklung in Niedersachsen und um hilfreiche Ideen für die Praxis. Da gibt es Überlegungen zur inneren Qualitätsentwicklung ebenso wie zur Eigenverantwortung beim Lehren und Lernen und zur Bündelung aller Kräfte für die Bewältigung der großen Aufgaben.

3. Wer hat mitgewirkt?

Die Akteure der Schulentwicklung kommen zu Wort. Es sind die Beiträge von Schulleiterinnen und Schulleitern, Lehrerinnen und Lehrern, Vertretern der Schülerinnen und Schüler sowie der Eltern, der Akteure der Unterstützung, der Schulträger und Bildungsplaner, die erklären, wie Eigenverantwortliche Schule gelingen kann. Die Autoren zeigen die innere Schulentwicklung als einen spannenden Veränderungsprozess, in dem mit planender Vernunft und intelligenter Emotionalität der Weg in eine gute Zukunft der Eigenverantwortlichen Schule führt. Sie ermutigen alle, die damit verbundenen Herausforderungen anzunehmen.

Die Herausgeber

Für das Kultusministerium
des Landes Niedersachsen

Kultusminister
Bernd Busemann — Jürgen Oelkers — Heinz S. Rosenbusch

Inhalt

2.2 Eigenverantwortung beim Lehren und Lernen

2.3 Akteure der Schulentwicklung

Anhang

1. Neue Schulentwicklung in Niedersachsen

Bernd Busemann

Eigenverantwortliche Schule: Der Weg aus dem PISA-Tal

Eigenverantwortliche Schule – das meint eine ganz andere Dimension von Veränderung der Schule, als wir sie bisher angestrebt haben. Nach den wichtigen »Renovierungsarbeiten« an der Struktur beginnen wir jetzt eine neue Richtung der Schulreform in Niedersachsen: Wir treten Verantwortung ab an die, die Schule konkret gestalten.

Reform ohne Alternative

Auch wenn es in Deutschland wie ein nachhaltiger Schock wirkte, ist die grundsätzliche Tatsache nicht zu leugnen: Für ein hoch entwickeltes Industrieland sind die Schulen in Deutschland nicht gut genug. Kinder und Jugendliche schaffen in zentralen Anforderungen nur mittelmäßige Leistungen. Wir haben bisher noch nicht vermocht, alle Kinder zu solchen Abschlüssen zu führen, dass die unbestreitbaren Handicaps von sozialer Herkunft oder auch Bildungsferne des Elternhauses überwunden sind. Zu viele Jugendliche verlassen unsere Schulen ohne Abschluss und erfahren zu geringe persönliche Förderung. Zu viele Lehrkräfte werden in ihrem Beruf zu früh krank.

Diese und andere Befunde werfen auch ein Schlaglicht auf die Schule in Niedersachsen. Wer sie ernst nimmt, darf nicht in voreilige Schuldzuweisung verfallen, und es hilft ebenso wenig, mit alten Rezepten diese Symptome bekämpfen zu wollen. Völlig falsch wäre es, dafür Lehrerinnen und Lehrer verantwortlich zu machen. Sie werden in Deutschland insgesamt auf hohem Niveau ausgebildet, sind in ihrer großen Mehrheit sehr engagiert für die Arbeit mit Kindern und Jugendlichen, leisten gute Arbeit und werden gut bezahlt.

Ich bin auch sehr skeptisch, ob diesen Krisensymptomen der Schule in Deutschland mit den alten Vorstellungen begegnet werden kann. Es gibt keinen Beweis dafür, dass die grundsätzlichen Leistungs- und Förderungsdefizite von Kindern und Jugendlichen in unseren Schulen durch das beseitigt werden können, was man in Deutschland am liebsten als Rezept verordnet: Mehr integrative Schulsysteme und andere Strukturen der Bildungsgänge. Und wer einfach nur mehr Ressourcen für die Schulen fordert, bleibt die Antwort schuldig, wie nur mit mehr Ressourcen dem Bildungserfolg der Kinder und Jugendlichen direkt geholfen werden kann.

Wenn internationale Studien nahe legen, dass in unseren Schulen der Lernerfolg in zentralen Bereichen hinter den Erwartungen zurückbleibt und dass angemessene Förderung der einzelnen Kinder und Jugendlichen nicht recht gelingt, müssen die Reformen in der Schule grundsätzlicher ansetzen. Auch in Niedersachsen standen wir seit Veröffentlichung der großen internationalen Studien unter diesem Erwartungsdruck. Schulen entscheiden über Lebenschancen. Schulen sind zugleich ein entscheidendes Instrument zur Integration und Stabilität einer Gesellschaft. Und in den

Schulen wächst das Forschungs- und Erneuerungspotenzial eines Landes und einer Gesellschaft heran. Darum sind Reformen unseres Schulsystems für Kinder und Jugendliche, für die Eltern, aber auch für ein ganzes Land von so zentraler Bedeutung. Sie müssen gelingen. Und zu Recht erwarten die Betroffenen und die Öffentlichkeit, dass sie schnell gelingen. Denn die Lebenschancen von Kindern und Jugendlichen müssen jetzt verbessert werden, wenn es ihnen nützen soll.

Die jüngsten PISA-Ergebnisse geben einen deutlichen Hinweis, in welche Richtung die Reformen des Schulsystems gehen müssen. Dabei hat sich der Begriff von »belasteten« und »unbelasteten« Schulen herausgebildet. Belastete Schulen sind solche, die durch ihr soziales Umfeld, ihre sächliche Ausstattung und ihre Personalressourcen eigentlich schlechtere Voraussetzungen für einen Erfolg besitzen müssten. Doch sie haben oft erstaunliche Erfolge. Hingegen gibt es »unbelastete« Schulen in diesem Sinn, die weniger erfolgreich sind. Es zeigt sich, dass für den Erfolg einer schulischen Arbeit und auch entsprechende Leistungen der Schülerschaft von außen kommende Belastungen weniger wichtig sind als »innere« Elemente: Kooperation und klare Zielvorstellungen in einem Kollegium, die Praxis der Selbstüberprüfung und Selbstevaluation, Freiräume, die in eigener Verantwortung genutzt werden und Konsense unter allen Beteiligten. Schulen mit solcher Praxis heißen im internationalen Sprachgebrauch »aktive Schulen«. Ihnen gelingt es trotz ungünstigerer äußerer Rahmenbedingungen, ihre Schüler zu ungewöhnlichen Leistungen zu führen und für alle Seiten ein hohes Maß an Zufriedenheit mit der schulischen Arbeit herzustellen.

Natürlich müssen Land und Schulträger alles tun, um die äußeren Rahmenbedingungen der Schulen möglichst optimal zu gestalten. Doch entscheidender für den Erfolg der Schule sind das Engagement von Leitung und Lehrkräften, Kommunikation und Kooperation mit klaren Zielvorstellungen und die Bereitschaft zu ständiger Verbesserung. Dass unsere Schulen in Niedersachsen möglichst alle »aktive Schulen« werden, dass in ihnen ein Arbeitsklima herrscht, das an der guten Qualität der Arbeit interessiert ist, bei dem Zusammenarbeit mit allen Beteiligten gesucht und in eigener Verantwortung für alle Schülerinnen und Schüler sowie für die Organisation der Schulen der beste Weg gesucht wird, das ist das, was wir mit der Eigenverantwortlichen Schule in Niedersachsen erreichen wollen.

Es ist ein alter, von der modernen Organisationssoziologie übernommener anthropologischer Grundsatz, dass neue Kräfte in den Menschen wachsen, denen man etwas zutraut und denen die Verantwortung für ihr eigenes Handeln übertragen wird. Menschen leisten nicht die beste Arbeit am Gängelband. Anstelle einer perfekten Steuerung mit Vorgaben von außen sollte ein klares Ziel treten, eine regelmäßige Überprüfung der Ergebnisse und ein großer Freiraum, das Ziel in eigener Verantwortung anzusteuern. Das sind nach allen Erfahrungen der Organisationssoziologie für alle Arbeitseinheiten gute Voraussetzungen, um zu besten Ergebnissen zu kommen.

Denen Verantwortung zu übertragen, die dem Problem und seiner Lösung am nächsten sind, hat auch eine gute Tradition in Deutschland: Das Subsidiaritätsprinzip hat in unserem Land das föderalistische Denken und den Freiraum kommunaler Selbstverwaltung ermöglicht. Vom Gedanken der Subsidiarität ist auch unser

Konzept der Eigenverantwortlichen Schule gespeist. Verantwortung sollen in der Schule diejenigen übernehmen, die am nächsten dran sind. Ihr Wissen und Können ist das größte Kapital der Schule. Was sie allein nicht leisten können oder was zu Ungerechtigkeiten im gesamten Land führen würde, das muss die höhere Ebene übernehmen und für alle lösen.

Ab 1. 8. 2007 sind alle niedersächsischen Schulen eigenverantwortlich. Das ist eine grundsätzliche Weichenstellung, die wir im Schulgesetz verankert haben. Doch die Novelle des Schulgesetzes bedeutet erst die Einleitung eines neuen großen Prozesses, dessen Umsetzung und Realisierung in unseren Schulen Zeit braucht. Eigenverantwortlich zu arbeiten, das verlangt ein Umdenken. Es ist ein Paradigmenwechsel, der Zuständigkeiten und Arbeitsweisen in der Schule, in der Schulaufsicht und allen anderen Einrichtungen verändert, die neu geschaffen werden, um der Eigenverantwortlichen Schule zu dienen.

Eigenverantwortung – das meint mehr als Selbstständigkeit und etwas anderes als Autonomie. Größere Selbstständigkeit oder Autonomie haben vor allem die Lehrerverbände für die Schulen in Deutschland seit vielen Jahren gefordert. Diese Forderung war richtig, denn mit ihr sollten die Schulen mehr Freiräume bei der Gestaltung der Lehrpläne, der Auswahl und Führung des Personals und den Umgang mit eigenen finanziellen Ressourcen erhalten. Wir gehen in Niedersachsen über diese alten Forderungen hinaus. Die Freiheit, die wir den Schulen gewähren, ist verbunden mit einer regelmäßigen Überprüfung des Erfolgs der Arbeit. Diese Überprüfung wird wieder Grundlage der Verbesserung der Arbeit, die die Schule selbst anzielen muss. Das nennen wir die Übertragung von Verantwortung, eben die Eigenverantwortlichkeit unserer Schulen.

Größere Freiheit der Schulen und ihre eigene Verantwortung für wesentliche Teile ihrer Arbeit bedeuten nicht, dass der Staat seine letzte Verantwortung für das Bildungswesen abgibt. Sie bedeuten auch nicht, dass es in Niedersachsen keiner Schulaufsicht mehr bedarf. Die Verantwortung des Staates und seine Aufsicht werden nur direkter an die Überprüfung der Ergebnisse angebunden, an die eigentlichen, feststellbaren Leistungen der Schulen. Und diese Ergebnisse verlangen zunächst von den Schulen selbst, verantwortlich Konsequenzen zu ziehen, Stärken und Schwächen selbst zu erkennen und in eigener Zuständigkeit und Verantwortung Wege zur Verbesserung zu gehen. Damit gelangen Verantwortung des Staates und Schulaufsicht endlich zu ihrer Kernaufgabe: Sie werden befreit von vielen Entscheidungen im Einzelfall und haben das Gesamtergebnis der schulischen Arbeit zu begleiten, zu beaufsichtigen, zu überprüfen und ggf. zu korrigieren. Das ist eine Form von Steuerung über Ergebnisse, die modernen Anforderungen entspricht.

Die Reformen, die wir in Niedersachsen mit dem Stichwort Eigenverantwortliche Schule auf den Weg gebracht haben, sind sehr umfassend. Wir haben eine neue Form der Überprüfung von außen im System der Niedersächsischen Schulinspektion eingeführt, wir entwickeln neue Formen der Beratung und Unterstützung der Schulen, und wir haben die Schulverfassung in wesentlichen Punkten geändert und auf die Eigenverantwortliche Schule ausgerichtet. Diese Reformen sind nach meiner Überzeugung darum nicht in der Reihe der vielen Maßnahmen zu sehen, die die

Schulpolitik in den letzten Jahrzehnten immer wieder ergriffen hat. Mit dieser grundsätzlichen Weichenstellung wird die Arbeit in unseren Schulen sehr nachhaltig verändert. Zuständigkeiten und Verantwortungen werden neu justiert und der Schule wird im Geflecht aller an ihr Mitwirkenden eine neue Rolle zugewiesen. Alle Reformen dienen jedoch letztlich der Qualität schulischer Arbeit. Um diese zu verbessern, um die Potenziale in unseren Schulen selbst besser zur Geltung kommen zu lassen, um die Leistungen unserer Schulen internationalen Vergleichsmaßstäben anzupassen, darum und nur darum gestalten wir in Niedersachsen diese Schulreform. Darum liegt diese Reform auch quer zu manchen bildungspolitischen Diskussionen, die vor allem Strukturfragen im Blick haben. Die Schulstrukturen sind in Niedersachsen geklärt. Theoretisierende Strukturdebatten – oft klientelverliebt geführt – sind nicht zielführend. Uns geht es um die Qualität der Arbeit an jeder einzelnen Schule.

Damit Bildung gelingt: Fordern und Fördern

Zur Eigenverantwortlichen Schule gehört zentral, dass sie Bildungsprozesse als individuelle Lernprozesse von Schülerinnen und Schülern organisiert. Denn der eröffnete Freiraum der Schule ist immer auch eine Profilierungschance der Schule und vor allem die Chance, den persönlichen Bildungsweg jedes Schülers und jeder Schülerin zu begleiten und zu fördern. Von der Kindertagesstätte bis zum mittleren Schulabschluss ist eine auf jeden einzelnen Schüler zugeschnittene Form der Beobachtung, Diagnose und Hilfe nötig, schließlich sind Fordern und Fördern zwei Seiten derselben Medaille. Dazu braucht es eine intensive Zuwendung der Lehrkräfte, die die Kompetenzen, den Lernstand, die Probleme, die Entwicklungsmöglichkeiten und die Persönlichkeit von Schülerinnen und Schülern in den Blick nimmt und Angebote entwickelt, dort zu helfen, wo es nötig ist. Dies verlangt aber eine stärkere Zusammenarbeit zwischen den Lehrkräften, eine regelmäßige Verständigung über die Beobachtungen und eine Absprache mit den Eltern.

Diese individuelle Förderung schließt auch Schülerinnen und Schüler mit Migrationshintergrund oder solche ein, die aus besonders belasteten sozialen Verhältnissen kommen oder Probleme persönlicher Art oder beim Lernen aufweisen. Für mich gehört dazu immer auch die Förderung der sozialen Kompetenz junger Menschen, denn die Schule bildet nicht nur junge Leute aus, sie soll sie auch erziehen zu mündigen Staatsbürgern, engagierten Mitbürgerinnen und Mitbürgern, kritischen Beobachtern der Wirklichkeit und liebevollen Vätern und Müttern. Ich wünsche mir, dass mit der Eigenverantwortlichen Schule eine stärkere Kultur der Kooperation in unseren Schulen einzieht. Dazu gehören besonders pädagogische Gespräche, die Zusammenarbeit bei der Projektierung von Unterrichtseinheiten, die gemeinsame Absprache und Abstimmung über Lehrpläne und fächerspezifische Anforderungen, die gemeinsame Entwicklung von Hilfsmitteln, die über den Unterricht hinausgehen, regelmäßige Absprachen mit Eltern und den Kultureinrichtungen des Raumes. Dazu gehört auch mehr gegenseitige Hilfe bei der Gestaltung des Unterrichts. Die wirksamste Hilfe ist immer noch die, die unaufdringlich zwischenmenschlich oder nachbarschaftlich erfolgt. Ein einfacher Austausch der Schulen untereinander ist manchmal das beste Fortbildungsprogramm. Wenn Lehrkräfte sich unaufdringlich und wie selbstverständlich gegenseitig im Unterricht besuchen oder sich in anderer Weise bei diesem Kerngeschäft ihrer Arbeit helfen, kann das viel wirksamer sein als der Besuch des Schulleiters oder eines Schulaufsichtsbeamten.

Gemeinsam etwas gestalten, gemeinsam sich für andere Menschen zu engagieren, sich unaufdringlich nebenbei zu helfen, planvoll zusammenzuarbeiten und etwas Neues kreativ zu entwickeln – dies und anderes sind nicht nur die angemessenen Arbeitsformen in der Eigenverantwortlichen Schule. Dies sind auch die Formen des Arbeitens in der Schule, die die Arbeitszufriedenheit aller Beteiligten entscheidend erhöhen. Studien über die Belastung der Lehrkräfte in unseren Schulen und die Herausforderung durch Unterricht und Erziehung, die ich sehr ernst nehme, weisen auch darauf hin, dass Unterrichtende sich oft einsam und auch in ihrer Schule allein gelassen fühlen. Ich habe darum keinen Zweifel, dass die Eigenverantwortliche Schule auch im Interesse von befriedigender Arbeit der Lehrerinnen und Lehrer in Niedersachsen ist und dass sie sich auf Schulklima und Arbeitszufriedenheit positiv auswirken wird.

Schulverfassung

Mit der Eigenverantwortlichen Schule wurde für Niedersachsen zugleich die Verfassung unserer Schule in wesentlichen Punkten verändert. Für die Leitung der Schulen unseres Landes wurden endlich moderne Formen von Führung und Leitung eingeführt. Die Lehrkräfte behalten die entscheidende und unaufhebbare Zuständigkeit im pädagogischen Bereich. Und ein neu geschaffener Schulvorstand hat die Möglichkeit, im kleinen und kontinuierlich arbeitenden Gremium die Verbesserung der Qualität schulischer Arbeit entscheidend anzuregen und zu kontrollieren und die Mitwirkung der Eltern in einer ganz neuen Verantwortung zu praktizieren.

Der Begriff »Führung« gerät in Schulen leicht in den Verdacht ungerechtfertigter Autorität. Zumal in kleineren Schulen und Kollegien wird mehr auf die Gemeinsamkeit und Kollegialität geachtet und Leitung als störend oder überflüssig empfunden. Vielleicht ist dies eine Verkennung von angemessener Leitung und Führung.

Zu Menschen, die zusammenarbeiten, gehört immer auch die Funktion von Führung. Wenn eine Gruppe solche Führung nicht zulässt, bildet sie leicht verdeckte Herrschaftsstrukturen aus, die oft umso bestimmter auftreten. Leitung ist in jeder Gruppe eine natürliche und wichtige Funktion, und sie ist ein Dienst an den anderen, wie es andere Aufgaben auch sind.

Führung in einer Schule, das heißt zunächst, mit allen Beteiligten ein gemeinsames Ziel zu entwickeln und darauf zu achten, dass es erreicht wird. Leitung einer Schule, das verlangt das Wahrnehmen aller Vorgänge, das Beobachten von einzelnen Personen, die Verantwortung für Hilfestellung oder, wenn nötig, für Kritik. Leitung heißt, die Verantwortung für die Funktionsfähigkeit des Ganzen wahrzunehmen, Störungen möglichst vorherzusehen und auf Gemeinsamkeiten zu dringen. Führung einer Schule, das heißt nicht zuletzt auch die Verantwortung für die Qualität schulischen Arbeitens zu übernehmen und alles dafür zu tun, dass alle gemeinsam daran mitwirken.

Eine solche Schulleitung muss natürlich eine Verantwortung für das Personal und eine eindeutige Rolle als Vorgesetzte haben. Darum müssen Schulleiterinnen und Schulleiter das Instrument der Personalführung gewissenhaft aber auch engagiert einsetzen. Wer sich vor solchen Aufgaben der Leitung und Führung in der Schule fürchtet oder sie aus der Schule entfernen will, nimmt der Schule die Chance gemeinsame Ziele anzugehen. Es gibt keine gute Qualitätsentwicklung, ohne dass unter den Beteiligten klare Rollen und damit auch klare Leitungsstrukturen bestehen. Es ist wichtig, dass die Eigenverantwortliche Schule Leitung als Chance begreift. Darum haben wir so viel Sorgfalt darauf verwandt, alle Schulleiterinnen und Schulleiter in Niedersachsen auf diese neue Herausforderung vorzubereiten.

Neu ist in den niedersächsischen Schulen die Einführung eines Schulvorstands. Dieses kleine Gremium ist ausdrücklich geschaffen worden, »um die Arbeit der Schule mit dem Ziel der Qualitätsentwicklung zu gestalten« (§ 38 a Abs. 1 NSchG). In diesem Gremium sind 50 % Lehrkräfte einschließlich Schulleitung, 25 % Eltern und, wenn es altersgemäß möglich ist, 25 % Schülerinnen und Schüler vertreten. Mit dieser deutlichen Repräsentanz werden die Eltern erstmals in einem deutschen Bundesland in die Verpflichtung einer kontinuierlichen Arbeit für die Schule einbezogen und ihnen wird zugleich eine entscheidende Mitbestimmungsmöglichkeit eingeräumt. Die Klage von Elternvertretern, dass sie in der Schule nur für Schulhofgestaltung und Kuchen backen zuständig seien, ist ja vielerorts berechtigt. Es kommt darauf an, dass Eltern eine wirkliche Mitgestaltungsmöglichkeit haben und dass sie in einem Gremium auch zu kontinuierlicher und intensiver Mitwirkung eingeladen sind.

Diese viel größere Mitwirkungsmöglichkeit der Eltern hat in den Schulen des Landes zunächst einige Sorgen hervorgerufen. Besonders die Lehrkräfte haben auf ihrer eigenen Professionalität für die Gestaltung der Schule bestanden. Aus meiner Sicht ist diese Mitwirkungsmöglichkeit der Elternschaft ein entscheidendes Instrument, das in die Qualität schulischer Arbeit eine von außen kommende, zusätzliche Verbindlichkeit bringt. Was in der Schule zum Thema Qualität auch getan oder unterlassen wird, muss sich unmittelbar auch vor den Eltern rechtfertigen, rechtfertigen übrigens auch vor dem Schulträger, der, wenn er will, im Schulvorstand regelmäßig vertreten ist. Dieser außerschulische Rechtfertigungszwang ist gewollt, um die Interessen aller an der Schule Beteiligten im innersten Kreis der Schulgestaltung einzubringen, die als Betroffene ein sehr hautnahes Interesse an der Qualität haben. Und für mich ist auch die Mitwirkung der Schülerinnen und Schüler von entscheidender Bedeutung, die, wenn sie dieses altersgemäß leisten können, die erste Verantwortung als künftige Staatsbürgerinnen und künftige Staatsbürger wahrnehmen können, an der Gestaltung des Gemeinwesens mitzuwirken, das sie sehr unmittelbar erleben.

Wenn jetzt die Gruppe der eigentlichen »Profis« der schulischen Arbeit, die Lehrkräfte, in der Gesamtkonferenz vor allem für Grundsatzfragen und pädagogische Angelegenheiten bei der Gestaltung der Schule zuständig sind, und wenn sie auf der Leitungsebene zusammen mit Schulleitung, Eltern und Schülern wirken, so ist dies aus niedersächsischer Erfahrung und Sicht ein Stück Mitgestaltungs- und Mitwirkungsmöglichkeit, das die Eigenverantwortlichkeit jedes schulischen Handelns unterstreicht. Wenn es im Laufe der Jahre gelingt, und da bin ich sehr zuversichtlich, dass es zu einem gemeinsamen Willen und Handeln im Schulvorstand kommt, wird die Eigenverantwortliche Schule dadurch erheblich gestärkt sein. Sie wird zusammen mit Eltern und Schülerschaft ihren Weg suchen. Und sie wird nach außen hin damit ein eigenes Profil und Gewicht noch stärken können.

Die neue Schulaufsicht in Niedersachsen

Wie schon dargestellt, ist die Eigenverantwortliche Schule nicht eine »entstaatlichte« Schule. Hier wird die in der Verfassung unseres Landes festgeschriebene Aufsicht des Staates nicht reduziert. Die Schulaufsicht gegenüber der Eigenverantwortlichen Schule wird vielmehr auf das Wesentliche konzentriert und im Hinblick auf entscheidenden Aufgaben der Schule wahrgenommen. Sie erstreckt sich auch in Zukunft auf Fragen des Rechts, des Dienstes und der Fachlichkeit in den Schulen.

Weil die Steuerung der Qualität schulischer Arbeit über die Ergebnisse erfolgen kann, weil Schulen von ihren Ergebnissen her eigene Wege der Verbesserung ihrer Arbeit gehen können und müssen, gehört aus unserer Sicht zur neuen Schulaufsicht auch die Niedersächsische Schulinspektion, die unser unabhängiges Instrument der Außenevaluation aller Schulen ist. Darüber wurde im Lande lange gerungen. Es war auch nicht ganz leicht, in einer Zeit, in der das Land zugleich den Ausweg aus der Schuldenfalle finden muss, eine neue Einrichtung ins Leben zu rufen, die unabhängig von der Schulaufsicht und neben ihr existiert. Doch es war uns wichtig, mit der Schulinspektion eine Einrichtung zu haben, die ohne Weisung aus eigener Entscheidung nach gleichen Kriterien alle Schulen des Landes im Dienst der Schulen selbst von außen regelmäßig evaluiert. Dazu wurde ein eigenes niedersächsisches Konzept entwickelt und es wurde das Personal eigens dafür geschult, denn bisher gab es in Deutschland eine solche Einrichtung nicht.

Diese Außenevaluation ist eine wichtige Grundlage aller Entscheidungen über Verbesserungswege. Darum betrachten wir sie als Teil der Schulaufsicht. Der andere Teil der Schulaufsicht ist die Landesschulbehörde, in der die bisherige Schulaufsicht zusammengefasst wurde. Sie nimmt damit Aufsicht auf übergreifender Ebene wahr. Denn Schulaufsicht muss zuerst die Eigenverantwortlichkeit der Schulen sehr ernst nehmen. Sie muss darum bestens über alle Schulen informiert sein. Sie muss Schulen in Zusammenhängen sehen und beobachten, sie aufmerksam begleiten und, wenn gefragt, jede Beratung, Unterstützung und Hilfe leisten. Sie muss Schulen einer Region oder einer Schulform miteinander im Gespräch und Verbund halten, in Konfliktfällen eingreifen und entscheiden, wenn Schulen sich nicht selbst helfen können, und sie muss die direkte Funktion von Vorgesetzten gegenüber den Schulleitungen ausüben. Dass mit diesen Elementen der Schulaufsicht die Aufsichtsfunktion weniger wichtig werden sollte, ist nicht erkennbar. Ich bin im Gegenteil der Auffassung, dass eine Schulaufsicht, die von Kleinigkeiten dienstlicher oder dienstrechtlicher Aufgaben befreit ist, sich nun auf die intensive Begleitung der Schulen konzentrieren kann. Schulaufsicht, wie wir sie verstehen, ist darum vor allem Begleitung und Beratung von Schulen als ganze Einheiten und Personalführung über die Schulleitungen.

Die Zusammenarbeit zwischen Schulinspektion und Schulaufsicht muss gelingen, und zwar auf Augenhöhe. Beide Einrichtungen müssen ihr eigenes Profil haben, aber sie müssen gut miteinander wirken können, um Reibungsverluste zu vermeiden. Das wird in unserem Land gerade im Detail abgesprochen, damit die Schulaufsicht und die Schulinspektion gemeinsam und abgestimmt der Eigenverantwortlichen Schule dienen.

Das Gelingen von Reformen

Manchmal hat das Wort Reformen in Deutschland einen guten Klang, manchmal wird darauf mit Überdruss reagiert. Viele Beispiele aus der Politik in Deutschland und in anderen Ländern beweisen, dass Reformen dann von den Menschen akzeptiert werden, dass sie dann auch bereit sind, dafür Verzichte oder Veränderungen in Kauf zu nehmen, wenn diese Reformen einer allgemein anerkannten Notlage abhelfen, wenn die Richtung erkannt und akzeptiert wird, wenn verstanden wird, dass diese Reformen wirklich den Problemen abhelfen und wenn erkennbar alle gleich behandelt werden.

Es gibt in Niedersachsen keinen Zweifel darüber, dass wir unsere Schulen und ihre Leistungen im Interesse der Kinder und Jugendlichen, aber auch im Interesse der Lehrkräfte verbessern müssen. Wir haben deutlich gemacht, in welche Richtung unsere Reform geht, in die Stärkung der eigenen Verantwortung aller an Schule Beteiligten. Mir scheint und ich werbe unaufhörlich dafür, dass dieser Weg das einzige angemessene Mittel ist, um die Schulen des Landes nachhaltig zu verbessern. Und ich bin sicher, dass alle davon profitieren werden: Schülerinnen und Schüler, Lehrkräfte, Eltern, Schulträger, das ganze Land. Darum bin ich zuversichtlich, dass sie alle unseren Weg der Reformen engagiert mitgehen werden.

Jürgen Oelkers

Systemische Betrachtung neuer Schulentwicklungsprozesse

Schulen sind Teil eines Systems, in dem bei gleichen Zielen ganz unterschiedliche Qualität erzeugt wird. In der Entwicklung des Systems soll und darf keine Schule zurückbleiben, aber das setzt auch die Wahrung des Abstandes voraus. Die Schulen müssen die Unterschiede erkennen und sich auf einen für sie lohnenden Weg machen.

Einzelne Schulen sind nicht einfach singuläre Gebilde, die für sich existieren und nichts um sich herum beachten müssten. Die Position der *splendid isolation* beschreibt den mentalen Status ganz gut, denn schließlich reden Lehrkräfte, Schüler und Eltern von »ihrer« Schule. Aber das sagt etwas über Identität aus und ist keine Entwicklungsoption. Die Schule ohne große Aktivität dem Umfeld gegenüber gehört der Vergangenheit an, ebenso die Schule, die nicht von anderen Schulen lernt und sich nicht an denjenigen orientiert, die besser sind als sie. Schon aus diesem Grunde kann von einem Netz oder einem System »Schule« gesprochen werden. Schulen entwickeln sich miteinander, also im Vergleich mit anderen. Der Vergleich macht Unterschiede erkennbar. Nicht jede Schule ist gleich gut, aber jede kann von anderen lernen. Die Idee der *best practice* (Moser/Tresch, 2003) ist ein Schlüssel zu dem, was »Schulentwicklungsprozess« genannt werden kann und eine systemische Betrachtung verlangt.

»System« meint nicht die organische Verknüpfung aller Schulen zu einer höheren Einheit, wie dies in der früheren Gemeinschaftspädagogik angenommen wurde. Schulen bilden untereinander zunehmend lokale und regionale Netzwerke, aber auch das macht sie nicht zu einem System. Ein Schulsystem entsteht durch die Verteilung von Ressourcen, eine Organisationsform, die nicht beliebig unterlaufen werden kann, die Kommunikation von Erwartungen und die Übernahme gemeinsamer Aufgaben, die über die einzelne Einheit hinausweisen. Charakteristisch für ein Schulsystem sind auch *constraints*, also Zwänge, sowie eine gemeinsame Geschichte. Bei aller Verschiedenheit sind Schulen als »Schulen« erkennbar, und keine einzige Schule kann die Geschichte des Systems ignorieren.

Nachdem Helmut Fend (1987) von der Schule als der »grundlegenden Handlungseinheit« gesprochen hat, begann in Deutschland eine Diskussion, wie autonom diese »Einheit« sein kann oder muss, damit sie handlungsfähig ist und bleibt. Die Autonomiediskussion zu Beginn der neunziger Jahre hatte zunächst eher nur semantische Folgen und fand kaum politischen Rückhalt, zumal nach der deutschen Vereinigung andere Probleme vorrangig waren. Auch die Fragen, was die »gute Schule« ausmacht und wie die Entwicklung des Systems darauf eingestellt werden kann, waren eher Anliegen der Administration als wirklich der Politik.

Das Thema »Bildung« stand generell nicht oben auf der politischen Agenda, trotz der berühmten »Ruck-Rede« von Bundespräsident Roman Herzog am 5. 11. 1997 in

Berlin. Immerhin war hier davon die Rede, dass die Fortentwicklung des Bildungssystems zur »Daueraufgabe« werden müsse. Die beiden letzten Sätze der Rede lauteten:

> »Setzen wir neue Kräfte frei, indem wir bürokratische Fesseln sprengen. Entlassen wir unser Bildungssystem in die Freiheit« (RUTZ, 1997, S. 33).

»Freiheit« oder besser *Autonomie* war auch danach kein Thema in der staatlichen Schulpolitik, die angesichts der Verwaltungstraditionen darauf kaum vorbereitet war. Zudem stand die Diskussion vor einem grundlegenden Widerspruch: Wie kann es in einem administrativ dicht geregelten System »Autonomie« geben, wenn der dafür nötige Spielraum in keinem der zahllosen Erlasse und Richtlinien definiert wird? Umgekehrt wäre es paradox, wenn mehr Autonomie verordnet würde. Eine wirkliche Entwicklungsperspektive, die ein Umdenken der Administration verlangen würde, war damit jedenfalls noch nicht verbunden. Und Anfang der neunziger Jahre fehlte der bildungspolitischen Diskussion in Deutschland auch der internationale Vergleich.

Erst der Einstieg der großen deutschen Stiftungen in Fragen der Schulentwicklung hat eine internationale Perspektive ins Spiel gebracht. Und erst die PISA-Studien haben die bildungspolitische Diskussion darauf aufmerksam gemacht, dass in anderen Bildungssystemen – aus welchen Gründen auch immer – eine höhere Qualität als in Deutschland erzeugt wird. Das hat manche überflüssige Diskussion ausgelöst und ging auch wohl nicht ohne Kränkungen ab, hat aber den Vergleich und so die Beschreibung von Abständen nachhaltig etabliert. Nie zuvor sind ausländische Bildungssysteme von Deutschland aus so nachhaltig beobachtet worden wie im Anschluss an die erste PISA-Studie nach 2001.

Den »Ruck« gab es erst jetzt, mehr als zehn Jahre nach der Vereinigung und so im Blick auf ein nationales System, das konsolidiert war. Aber zwischen einem mentalen Ruck und der Veränderung des Systems ist zu unterscheiden. Auch nach 2001 gab es keine Theorie und keine Instrumente, wie die deutschen Schulen entwickelt werden sollten. Erst das Gutachten zu den Bildungsstandards hat die Situation verändert und neue Wege aufgezeigt, die von der Bildungspolitik ernst genommen wurden (KLIEME et al. 2003). Danach wurde der Ausdruck »Steuerung« aus einem vagen, technokratisch besetzten Konzept zu einer vorstellbaren Größe, die praktische Gestalt annehmen konnte.

Dabei wurden Schulen sowohl singulär als auch systemisch betrachtet. Sie *sind* Handlungseinheiten, aber stehen nicht einfach für sich, sondern werden verglichen. Der Vergleich bezieht sich auf Stärken und Schwächen. Auch das ist eine neue Strategie, die nicht länger auf die Selbstbeschreibungen der Administration vertraut. Schulsysteme können nicht nur Stärken haben und ihre Entwicklung hängt sehr davon ab, wie die Schwächen wahrgenommen und kommuniziert werden. Das gilt für das System, aber auch für jede einzelne Schule. Das Erkennen von Stärken und Schwächen setzt gemeinsame Standards voraus, auf die hin die Entwicklung ausgerichtet sein muss. Die Schule ist also keine insulare »Handlungseinheit«. Autonomie darf nicht als Selbstzweck verstanden werden, sondern bezieht sich auf staatliche Zielsetzungen, die auf verschiedenen Wegen erreicht werden können.

Nunmehr haben alle deutschen Bundesländer mit einem grundsätzlichen Wandel der Bildungspolitik begonnen, der allerdings zwischen – zum Beispiel – Schleswig-Holstein und Bayern weder einheitlich verläuft, noch auch nur nominell in wirklich die gleiche Richtung geht. Manchmal ist von einem »Paradigmenwechsel« die Rede, den andere europäische Länder längst vollzogen haben. Gemeint ist die Abkehr von der reinen Inputsteuerung zu einer Steuerung, die an Resultaten orientiert ist und zugleich die Ergebnisse nutzen kann, den Input zu verbessern. Mindestens das lässt sich als der gemeinsame Nenner in der Kultusministerkonferenz erkennen.

Die Umsetzung ist allerdings verschieden, was unter dem Gesichtspunkt des Wettbewerbs zwischen den Bundesländern keineswegs nur Nachteile hat. Föderative Systeme müssen Unterschiede erzeugen, was etwa in der Schweiz noch viel ausgeprägter ist als in Deutschland. Die Bundesländer konkurrieren in gewisser Hinsicht um das beste System. Schulen sind erstrangige Standortfaktoren, die bei allen wirtschaftlichen und kulturellen Entwicklungen eine herausragende Rolle spielen. Die Qualität der Schulen lässt sich inzwischen gut und aussagekräftig beschreiben. Kennziffern und Leistungsdaten werden benutzt, um in einer Wettbewerbssituation die eigene Position darstellen zu können und Nachfrage zu erzeugen. Damit lässt sich nochmals unterstreichen, dass es nicht *einen* Weg geben kann, auf dem die Verbesserung der Qualität erreicht wird.

Auf der anderen Seite gibt es auch nicht beliebig viele Möglichkeiten der Systemsteuerung. Heute stärkt die Politik die Zuständigkeiten der Einzelschule von den Kompetenzen der Schulleitungen über Maßnahmen zur Qualitätssicherung bis hin zur Einstellung des Personals. Schulen sollen in Zukunft geführt werden, sie verfügen über Instrumente der Evaluation und können selbst bestimmen, wie sie ihre Personalentwicklung gestalten. Im Gegenzug wird die Schulaufsicht umgebaut und die Ergebniskontrolle auf eine neue Basis gestellt. Beides muss zusammen gesehen werden. Es gibt keine Erhöhung der Autonomie ohne sichtbare Verbesserung der Kontrolle, versteht man darunter die transparente Evaluation der Ergebnisse sowie deren Rückmeldung an die einzelne Schule.

In umgekehrter Hinsicht bedeutet das einen Abbau der Administration und so eine Abkehr von einer Steuerungsphilosophie, die von Erlassen ausgeht und die Wirkungen nicht beachtet. Die deutsche Schule ist seit ihren modernen Anfängen im 19. Jahrhundert verwaltet worden, ohne je eine entschiedene Entwicklungsperspektive zu erhalten, die sowohl die einzelne Schule als auch das System betroffen hätte. Wandel von Schul- und Unterrichtsformen gab es in fast jedem Jahrzehnt, aber der Wandel war entweder auf dem Erlasswege angeordnet oder beruhte auf lokalen Initiativen, die keinen gemeinsamen Zielen verpflichtet waren. Schulen haben immer von anderen Schulen gelernt, dies jedoch eher beiläufig und ohne Steuerung durch Beachtung der Ergebnisse.

Die Idee der permanenten Entwicklung ist der deutschen Schule bis heute eher fremd. Das gleiche gilt für die Frage nach der Effizienz des Mitteleinsatzes oder der Rechenschaftslegung gegenüber dem Schulträger und der Öffentlichkeit. Im Kern ist die deutsche Schule staatlich verfasst, gekennzeichnet immer noch durch Hoheitserwartungen und nicht gehalten, für Transparenz zu sorgen. Die Schule ist sicher mehr als eine »Serviceeinrichtung«, aber genau so sicher ist, dass sie nicht als »Bildungsanstalt« der Vergangenheit überleben kann, sondern sich auf stark gewandelte gesellschaftliche Verhältnisse einstellen muss. Das verlangt neue Formen sowohl des Unterrichts als auch der Schulorganisation.

Beide Ebenen müssen zusammen gesehen werden. Unterricht ist das Kerngeschäft, aber der Unterricht ist nur so gut wie der Rahmen, in dem er stattfindet. Die Organisation muss genauso entwickelt werden wie der Unterricht, und beides muss zusammenstimmen, was mit hohen Anforderungen an alle Akteure verbunden ist. Sie müssen sich darauf einstellen, dass Ziele erreicht werden müssen, aber dann nicht einfach Ruhe einkehrt, sondern neue Ziele für eine neue Dynamik sorgen, ohne das Alltagsgeschäft zu beeinträchtigen. Im Gegenteil kommt alles darauf an, den Alltag von Schule und Unterricht nachhaltig zu gestalten, und dies bei oft widersprüchlichen Anforderungen, die jede Schule für sich austarieren muss.

Das Stichwort »Schulentwicklung« ist so als ständige Herausforderung zu verstehen und nicht als einmalige Anstrengung. Das wird sich so umso nachhaltiger umsetzen lassen, je besser die Rahmenbedingungen darauf abgestimmt sind. Neue Vorschriften verbessern den Rahmen nicht, es kommt darauf an, überzeugende Konzepte zur Verfügung zu haben, die von den Akteuren angenommen werden, weil sie die Praxis verbessern und mit sichtbaren Fortschritten verbunden sind. »Akteure« sind alle, die sich am Prozess beteiligen, also nicht nur die Lehrkräfte und die Schulleitungen, sondern auch die Schülerinnen und Schüler und die Eltern, nicht zu vergessen das übrige Schulpersonal und die Akteure der Umwelt. Wer ihnen vorschreiben will, was sie zu tun haben, verschwendet ihre Ressourcen.

Im Blick auf die Rahmenbedingungen nimmt die Bildungspolitik derzeit tatsächlich einen Paradigmenwechsel vor. Neu ist die Wirkungsorientierung und damit zusammenhängend die zielgerichtete Qualitätssicherung. Mit »Zielen« sind nicht die alten »Lernziele« gemeint, wie von der Kritik vermutet wird. Allgemeine Lernziele waren unverbindliche Sprachregelungen, die letztlich nur in Papierform existierten. Wenn sich Schulen Ziele setzen, dann unter der Voraussetzung eines erreichbaren Zustandes, der zeitlich festlegt ist. »Lernziele« werden von Administratoren und Lehrplankommissionen festgelegt, »Qualitätsziele« stammen von den Akteuren vor Ort. Einzig sie können wissen, wohin ihre Entwicklung geht und gehen soll.

Lehrpläne, Lehrmittel oder auch Erlasse und Verordnungen sind Input-Größen, die über Wirkungen nichts aussagen. Die einzigen Instrumente zur Beschreibung der Qualität sind bislang Noten und Zeugnisse, die allerdings wenig Auskunft geben über den Prozess des Lernens und die zudem ohne Referenzrahmen auskommen. Welche Lernqualität damit verbunden ist, lässt sich kaum abschätzen, zumal überwiegend nur Leistungen in einem Fach oder einer Domäne beurteilt werden, nicht jedoch Lernstrategien oder auch Haltungen zum Lernen. Das ist seit Jahrzehnten bekannt, aber erst jetzt zeichnet sich ein struktureller Wandel ab, der mit der Frage zu tun hat, wie die Qualität der Schule verbessert werden kann. Diese Frage impliziert, dass alle bestehenden Lösungen optimiert werden können.

Noten und Zeugnisse sind Urteile der Lehrkräfte über Leistungen der Schüler. Aussagen über die Qualität des Unterrichts sind damit ebenso wenig verbunden wie eine Abschätzung der Lernressourcen, der Unterstützungssysteme oder der vor Ort vorhandenen Leistungsdaten der Schule. Der *Kontext* der Leistungen wird nicht erfasst, doch die Erfolge oder Misserfolge des Unterrichts sind stark davon abhängig, über welche Ressourcen eine Schule verfügt, wie Qualität ihrer Lehrkräfte beschaffen ist oder wie die Schulentwicklung angelegt ist. Die Rede vom »Kerngeschäft« Unterricht ist nicht so zu verstehen, dass die Qualität der Kontexte vernachlässigt werden kann. Die unterschiedlichen Orte und Ebenen der Systementwicklung müssen im Gegenteil so gut wie möglich verknüpft werden.

Das neue Paradigma lässt sich mit *Input/Outputorientierung* bezeichnen (Oelkers/Reusser, 2007). Die Resultate der Schulentwicklung einschließlich der Leistungsdaten müssen in den Prozess zurückfließen. Es reicht nicht aus, mit Hilfe von Tests an bestimmten Zeitpunkten die Ergebnisse von Unterricht zu erfassen. Die Daten müssen den nachfolgenden Input bestimmen, anders wäre das System nicht sehr intelligent, weil eine Nutzenabwägung nicht möglich ist. Die Steuerung erfolgt so nicht allein durch die viel beschworene »Orientierung am Resultat«, sondern durch effektive Rückmeldesysteme, die die Akteure erreichen und so den Input verbessern. Das gilt generell, also nicht nur für Daten aus Leistungstests.

Ein wichtiger Grundsatz für den Paradigmenwechsel wird in der angelsächsischen Diskussion mit dem Ausdruck *accountability* bezeichnet, die Verantwortung der Schule für das Zustandekommen ihrer Ergebnisse. Bislang war die Schule für die Leistungen ihrer Schüler nicht wirklich verantwortlich, versteht man darunter die Erreichung von verbindlichen Zielen und die Sicherung einer bestimmten Qualität des Unterrichts. Das Angebot der Schule ist bislang wesentlich nur an zwei Stellen geprüft worden, durch die Examen der Lehrerbildung und die Zulassung der Lehrmittel. Die Schule trug keine eigene Verantwortung für das Zustandekommen ihrer Qualität, was auch heißt, dass alle Beteiligten hinnehmen mussten, was gerade vorhanden war.

Gerade dieser Ansatz der Selbstverantwortung zeigt, dass nicht lediglich die einzelne Schule für sich betrachtet werden kann, wenn die Entwicklung des Bildungssystems gesteuert werden soll. Wofür nämlich genau ist die Schule verantwortlich? Eine moderne Unterrichtstheorie geht davon aus, dass die Nutzung der Ressourcen der Schlüssel zur Lernqualität ist (Cohen/Raudenbush/Lowenburg/Ball, 2002). Lernerfolg kann nicht verordnet werden, auf der anderen Seite verfügt kein Lehrer und keine Lehrerin über einen »Nürnberger Trichter«, der das Lernen auf die Ziele ausrichtet. Wie Schülerinnen und Schüler die Angebote nutzen, kann nicht allein der Schule zugeschrieben werden, und das macht »Verantwortung« zu einer schwierigen Größe.

Die Schulen können nichts für schwierige oder günstige Umweltbedingungen, aber das gilt auch nur so weit, wie diese Bedingungen struktureller Natur sind, also etwa die Einkommensverhältnisse der Eltern und deren Folgen für die Erziehung betreffen (Davies-Kean, 2005) oder sich auf den Wohnort und die Lebensverhältnisse der Schülerinnen und Schüler beziehen. Auch Wachstumsfolgen oder Schwankungen in der Entwicklung der Kinder und Jugendlichen liegen weitgehend außerhalb der Reichweite schulischer Maßnahmen. Wenn gute der Schülerinnen und

Schüler wegziehen, weil die Eltern den Arbeitsplatz wechseln, dann kann das den Unterricht beeinflussen, ohne dass die Schule etwas dagegen unternehmen kann. Bei Adoleszenzkrisen kann sie vielleicht etwas unternehmen, aber muss von begrenzter Wirksamkeit ausgehen. In jedem Fall ist die Verantwortung eingeschränkt, Schulen sind nicht für alles zuständig.

Auf der anderen Seite kann immer mehr geschehen, als möglich erscheint. Schon die Frage, wie sich die Elternaspirationen oder die Erwartungen der Lehrkräfte auf die Leistungen der Schüler auswirken, kann von der Schule beeinflusst werden, zu schweigen von ganz anderen Fragen wie die Entwicklung des Personals einer Schule oder die regelmäßige Vergewisserung der je erreichten Qualität. Die Leistungserwartungen der Lehrkräfte müssen nicht gleich bedeutend sein mit sich selbst erfüllenden Prognosen (JUSSIM/HARBER, 2005), und jede Schule kann mit allen Eltern darüber kommunizieren, was gute Unterstützungssysteme für den Lernerfolg ihrer Kinder sind und was nicht (ENGLUND et al., 2005).

Mit den gegebenen strukturellen Bedingungen ist also kein Argument der Entlastung verbunden. Jede Schule kann sich zu ihrem Vorteil entwickeln und ihre Qualität sichtbar verbessern. Letztlich steht dieser Grundsatz hinter der Idee der eigenverantwortlichen Schule. Sie ist in diesem Sinne eine »Handlungseinheit,« nämlich steuert ihre Geschicke selbst und übernimmt dafür im Rahmen ihrer Zuständigkeiten auch Verantwortung. Damit das nicht abstrakt bleibt, steht Verantwortung in einem engen Zusammenhang mit Evaluation und Qualitätssicherung. Das eine ist nicht möglich ohne das andere, die größere Autonomie geht einher mit erhöhter Transparenz nach Innen wie nach Außen.

Allerdings geschieht diese Entwicklung zwischen verschiedenen Schulen weder gleich schnell noch im Ergebnis identisch. Schulen sind individuelle Größen, die nicht zweimal vorkommen. Sie haben je eigene Geschichten und verändern sich aus ihren lokalen Gegebenheiten heraus. Die konkreten Problemlösungen haben in aller Regel Vorbilder, die auf die Besonderheit der einzelnen Schule hin angepasst werden. Keine Schule kann die Entwicklung einer anderen einfach kopieren, und letztlich lässt sich auch kein Prozess abkürzen. Das Erreichen von Zielen gelingt nur mit flexiblen Zeitplänen, die sich neuen Lagen anpassen können. Und auch die Ziele können sich im Prozess verändern.

Es gibt inzwischen gute Beispiele für Schulentwicklung unter ungünstigen Voraussetzungen, aber auch schlechte Beispiele für Stagnation in sehr günstigen Umwelten. Offenbar kommt es sehr darauf an, in den Schulen Prozesse in Gang zu setzen, die von allen Beteiligten als echter Fortschritt und nicht lediglich als zusätzliche Belastung wahrgenommen werden. Dabei muss je nach Schultyp und Leistungsauftrag unterschieden werden, was allein das Spektrum der Lösungen differenziert. Es gibt nicht eine Musterlösung für alle Fälle, und die Lösungen müssen vor Ort erarbeitet werden. Bloße Steuerungsphantasien werden sich nicht erfüllen.

Auf der anderen Seite muss die Reichweite der Zuständigkeit klar festgelegt sein. Von »eigenverantwortlichen Schulen« kann nur dann die Rede sein, wenn die damit verbundene Rhetorik nicht den Prozess überlagert und lediglich die Semantik ausgetauscht wird. Nochmals: Die Ziele müssen erreichbar sein und der Prozess muss für stetige Verbesserungen sorgen, anders bricht das anfängliche Engagement zusammen und die Reform erscheint zunehmend als überflüssige Belastung. Hinzu kommt, dass nur dann von einem nachhaltigen Prozess der Schulreform gesprochen werden kann, wenn die Ergebnisse in der Schule fest verankert sind und die Kohorte der ersten Aktivisten überdauern.

Wer etwa neue Formen und Zuständigkeiten der Partizipation der Schülerinnen und Schüler entwickeln will, kann sich dabei nicht auf einen Jahrgang oder eine bestimmte Gruppen beschränken, sondern muss für eine Implementation quer zu den Jahrgängen sorgen und immer neue Schüler für das Anliegen der Partizipation interessieren. Das Gleiche gilt für die Eltern, die immer an die Schule herangeführt und für sie gewonnen werden müssen. Der fortlaufende Prozess, also, muss darauf eingestellt sein, sonst werden höchstens Anfangserfolge erzielt.

Das Wort »Kontrolle« ist unter Lehrkräften verpönt. Gemeint sind damit Formen der Zielüberprüfung, die deutschen Schulen immer noch eher fremd sind. Nachdem die früheren Schulinspektorate abgeschafft wurden, was in den meisten europäischen Ländern nicht der Fall war, kehren sie heute in Form von externen Evaluationen zurück. Eine neue Form sind auch die erwähnten Leistungstests, die den je erreichten Lernstand überprüfen und den Lehrkräften Daten zur Verfügung stellen. Für die eigenverantwortliche Schule sind das Instrumente, um ihre Professionalität unter Beweis zu stellen. Sie kann damit ihre Stärken bescheinigen, während sie gleichzeitig dokumentiert, wie die Schwächen bearbeitet werden.

Möglich und sinnvoll ist das nur dann, wenn Standards vorgegeben sind. Schulen können wie gesagt sehr verschiedene Wege einschlagen, Ziele zu erreichen und Standards zu erfüllen, aber sie müssen sich in einem gemeinsamen Rahmen bewegen. Dieser Rahmen wird allerdings anders beschrieben als bisher, nicht mehr lediglich mit exzessiv ausgeweiteten Lehrplänen, zu denen schon die Lehrmittel nicht recht passen, sondern mit Kompetenzerwartungen, die sich auf Lerndomänen und Strategien des Lernens gleichermaßen beziehen. Was »Output« genannt wird, besteht aus gestuften Kompetenzen in einzelnen Lernbereichen, die in einem Maximum und einem Minimum erreicht werden können.

Der am weitesten entwickelte »Lehrplan« dieser Art besteht in England, wo das gesamte nationale Curriculum als Kompetenzerwartung beschrieben wird. Es gibt Bildungsstandards für alle Fächer auf allen sechs Schulstufen von der Vorschule bis zur »sixth-form«, also der nach-obligatorischen Oberstufe. Vergleichbare Ansätze sind vor allem in angelsächsischen Ländern üblich. Leistungstests gibt es auch in den liberalen Schulsystemen Skandinaviens, und praktisch überall im EU-Bereich sind in der einen oder anderen Form Outputsteuerungen aufgebaut oder weiterentwickelt worden. Dieser Prozess wird in Deutschland auf systemverträgliche Weise nachgeholt, nicht etwa ausgelöst. Was vielen deutschen Lehrkräften noch als Zumutung erscheint, ist in anderen Ländern eher als professioneller Gewinn erfahren worden.

Es geht dabei nicht um eine »Ökonomisierung« der Bildung, wie gelegentlich vermutet wird. Schulen werden nicht wie Unternehmen betrachtet, die über eigenes Kapital verfügen und Gewinne machen müssen, wenn sie überleben wollen. Das System wird nicht auf einen Markt umgestellt, sondern nur an den Stellen verändert, die für die genannten Prozesse der Entwicklung von Schule und Unterricht günstig sind. Dazu gehört ein gewisser Wettbewerb, aber nicht um Kapital, sondern um Qualität. Die Bildungsfinanzierung ist davon bislang gar nicht betroffen, und es bleibt abzuwarten, wie sich die neue Steuerung darauf auswirkt.

Was weiß man über die Effekte einer solchen Systemumstellung? Im internationalen Vergleich sind in verschiedenen Bereichen deutlich Qualitätsverbesserungen nachweisbar, die allerdings nur dann auftreten, wenn die Regeln und Ebenen der Implementation beachtet werden (Nachweise in OELKERS/REUSSER, 2007). In der Vergangenheit sind viele Reformprojekte gescheitert, weil ein Konzept für die Implementation gar nicht zur Verfügung stand. Jedes Projekt muss eigenes Know-how aufbauen und dies in Abstimmung mit den Ebenen und Transferstationen. Wenn Reformen gut gemeinte Postulate bleiben, werden sie vom System vereinnahmt, ohne Wirkungen zu erzielen.

Dafür spricht der historische Befund. Nach mehr als einem Jahrhundert Reformpädagogik ist die Zahl der erfolgreichen Projekte eher bescheiden, weil fast immer unterschätzt wird, dass sich keine Praxis auf einmal und in Gänze verändern lässt, sondern im Gegenteil Widerstände entwickeln wird, wenn neue Projekte zu weit gehen oder unpassend erscheinen. Die Frage kann nicht nur lauten, was die Reform aus der Schule machen will, sondern wie die Schule die Reform verändert (TYACK/CUBAN, 1995). Konkrete Reformen sind langsam, zeitaufwändig und nur an bestimmten Stellen überhaupt möglich, weil sie eine historisch bewährte und robuste Institution vor sich haben. Wer hier Erfolg haben will, muss die Bedingungen beachten und darf keine neuen Illusionen wecken.

Das zeigen folgende Beispiele: Eine aktive Schulleitung hat Einfluss auf die Personalentwicklung einer Schule und auf diesem Wege auch auf die Unterrichtsqualität, aber nur dann, wenn die Leitung vor Ort, einvernehmlich und mit sichtbaren Erfolgen etabliert werden konnte (REICHWEIN, 2007). Schulleitungen können trotz großer Anstrengungen scheitern, und dies kommt häufiger vor, als die Lehrbücher der diversen Schulleiterausbildungen dies durchscheinen lassen. Die richtige Balance zwischen Führungsanspruch und Kollegialität zu finden, so dass die Schulleitung respektiert wird und Einigkeit über die Richtung der Entwicklung besteht, ist weder einfach noch leicht.

Daten aus Leistungstests lassen sich für die qualitative Verbesserung des Unterrichts nutzen, aber nur dann, wenn ein gutes Verfahren vorhanden ist, die Nutzung unproblematisch erscheint und die Lehrkräfte eine klare Verbesserung vor Augen haben. Nur dann sind Leistungstests auch *Potenziale* der Schulentwicklung und nicht ein Fremdkörper im täglichen Ablauf des Unterrichts. Die Vorbehalte der Lehrkräfte lassen sich abbauen, wie Schweizer Studien zeigen, aber das verlangt ein überzeugendes Nutzungskonzept und eine klare politische Zwecksetzung. Fehlt beides, kann man von den Lehrerinnen und Lehrern nicht erwarten, dass sie ihre Einstellung ändern (TRESCH, 2006).

Eine konsequente Zielsteuerung kann der einzelnen Schule erheblichen Gewinn bringen, etwa im Blick auf Transparenz und Rechenschaftslegung, aber das ergibt sich erst dann, wenn die Akteure davon überzeugt werden können, den Vorteil erkennen und nicht mit Abwehr reagieren. Schulentwicklung kann in diesem Sinne tatsächlich nicht verordnet werden. Die neue Sprache der selbstverantwortlichen Schule muss mit praktischem Leben erfüllt werfen, sonst bleiben alle neuen Wörter abstrakte Größen. Eine sinnvolle Bezeichnung, die nicht sofort zum Unwort verkommt oder zur Karikatur gerät, ergibt sich erst dann, wenn die Praxis als sinnvoll und voranbringend erfahren wird. Jede Reform muss ihr »sense-making« unter Beweis stellen, sonst geht sie unter.

Eine proaktive Elternarbeit bringt der Schule Vorteile, nicht nur weil Vertrauen aufgebaut wird und Unterstützung besteht, sondern auch weil die Wandlungsprozesse in der Schule besser vermittelt werden können. Das gelingt aber wiederum nur dann, wenn stabile Formen der Kommunikation aufgebaut worden sind, die Eltern als wichtige Ressource für die Schulentwicklung angesehen werden und auf bestimmte Geschäfte Einfluss nehmen können. Die Schulen müssen auch lernen, mit denjenigen Eltern zusammenzuarbeiten, die ihr fern stehen und die nicht von selbst auf sie zukommen.

Die zentrale Frage ist, wie die Unterrichtsqualität entwickelt werden kann. Maßnahmen zur Organisationsreform zielen nicht direkt auf Unterricht. Das erwähnte »Zusammenspiele der Ebenen« ist zunächst nur eine Metapher. Wenn Schulleitungen in Zukunft ihr Personal einstellen können, heißt das nicht, dass bereits damit auch für guten Unterricht gesorgt ist. Auch wenn Schulleitungen den Unterricht ihrer Lehrkräfte besuchen, ist allein damit noch nicht für bessere Qualität gesorgt. Der Schlüssel liegt darin, wie die Personalentwicklung erfolgt und welche Möglichkeiten die Schulleitung hat, hier für Bewegung zu sorgen. Ohne lernende Lehrkräfte, die nach der Ausbildung an sich arbeiten, ist für die Qualitätssicherung nicht viel gewonnen. Von *best practice* kann eigentlich nur in diesem Sinne die Rede sein.

Netzwerke in und zwischen den Schulen helfen dabei, aber auch eine gezielte Investition in Weiterbildung und nicht zuletzt ein Konsens in der Lehrerschaft, was unter »gutem Unterricht« konkret zu verstehen ist. Auch hier ist nicht die sprachliche Formulierung entscheidend, sondern die gelebte Praxis. Wie jede Schule, so kann auch jeder Unterricht verbessert werden. Die vermutlich wirksamste Form der Weiterbildung wird heute »Coaching« genannt. Die Lehrkräfte lernen von anderen, was besser geht und wie ihr Unterricht neue Formen annehmen kann. Die Schulleitung muss dieses professionelle Lernen fördern und auf der anderen Seite den Qualitätsgewinn registrieren. Der Gewinn zeigt sich im Lernverhalten der Schülerinnen und Schüler. Ihnen gilt die Anstrengung der Reform.

Natürlich sollen in jedem Reformentwurf und in jedem Innovationsprojekt die Schülerinnen und Schüler »im Mittelpunkt« stehen. Doch das ist oft nur pädagogische Rhetorik, die mit den Wirklichkeiten der Schule wenig zu tun hat. Die Rhetorik täuscht trotz oder wegen ihres ehrwürdigen Alters. In vielen Schulen – nicht in allen – setzt der Unterricht keine veränderte Schülerrolle voraus, die auf die Anforderungen der Reform eingestellt wäre. Eine aktive Nutzung der Ressourcen durch jeden Schüler und jede Schülerin ist nicht das oberste Gebot eines Unterrichts, der sich darauf verlässt, dass wenige, nicht alle, das Niveau tragen.

Soll das anders werden, muss der Unterricht in seiner Grundform über das hinaus entwickelt werden, was heute Standard ist. Anders wird es keinen positiven *peer-effect* geben, also keinen Effekt, bei dem Exzellenz das Niveau anhebt. Die Veränderung der Schülerrolle in Richtung der Übernahme von Verantwortung für das eigene Lernen ist dafür zentral. Dieser Teil der Reform wird in den einschlägigen Publikationen oft gar nicht erwähnt. Aber die »eigenverantwortete« Schule macht nur Sinn, wenn es gelingt, die Schülerinnen und Schüler an ein Lernen zu gewöhnen, das sie in die Verantwortung nimmt. Das gilt für die Leistungen ebenso wie für die Lernhaltungen oder den Verhaltenscodex. Die Schule muss von den Schülerinnen und Schülern getragen werden. Sie sind letztlich die entscheidenden Akteure der Reform.

Literatur

Cohen, D. K./Raudenbush, St. W./Lowenberg Ball, D.: Resources, Instruction, and Research. In: F. Mosteller/R. Boruch (Eds.): Evidence Matters. Randomized Trials in Education Research. Washington, D. C.: Brookings Institution Press 2002, S. 80 – 119.

Davis-Kean, P. E.: The Influence of Parent Education and Family Income on Child Achievement: The Indirect Role of Parental Expectations and the Home Environment. In: Journal of Family Psychology Vol. 19, No. 2 (2005), S. 294 – 304.

Englund, J. S./Luckner, A. E./Whaley, G. J. Kl./Egeland, B.: Children's Achievement in Early Elementary School: Longitudinal Effects of Parental Involvement, Expectations, and Quality of Assistance. In: Journal of Educational Psychology Vol. 96, No. 4 (2004), S. 723 – 730.

Fend, H.: (1987). »Gute Schulen – schlechte Schulen«. Die einzelne Schule als pädagogische Handlungseinheit. Die Deutsche Schule 78, H. 3, 275 – 293.

Jussim, L./Harber, K. D.: Teacher Expectations and Self-Fulfilling Prophecies: Knowns and Unknowns, Resolved and Unresolved Controversies. In: Personality and Social Psychology Review Vol. 9 (2005), S. 131 – 155.

Klieme, E. et al.: Zur Entwicklung nationaler Bildungsstandards. Eine Expertise. Herausgegeben vom Bundesministerium für Bildung und Forschung. Bonn: BMBF, 2003.

Moser, U./Tresch, S.: Best Practice in der Schule. Von erfolgreichen Lehrerinnen und Lehren lernen. Buchs: Lehrmittelverlag des Kantons Aarau, 2003.

Oelkers, J./Reusser, K.: Expertise »Qualität entwickeln – Standards sichern – mit Differenz umgehen.« Ms. Zürich: Pädagogisches Institut, 2007.

Reichwein, K.: Führung und Personalmanagement in Schulen. Eine empirische Studie zum Working Knowledge von Schulleitungen. Zürich/Chur: Rüegger, 2007.

Rutz, M. (Hrsg.): Aufbruch in der Bildungspolitik. Roman Herzogs Rede und 25 Antworten, München, 1997.

Tresch, S.: Potenzial Leistungstest. Wie Lehrerinnen und Lehrer Ergebnisrückmeldungen zur Sicherung und Steigerung ihrer Unterrichtsqualität nutzen. Diss. Phil. Universität Zürich (Fachbereich Allgemeine Pädagogik). Ms. Zürich, 2006.

Tyack, D./Cuban, L.: Tinkering Toward Utopia: A Century of Public School Reform. Cambridge/Mass./London: Harvard University Press, 1995.

Heinz S. Rosenbusch

Organisationspädagogische Bedingungen der Eigenverantwortlichen Schule

Ohne klare Ziele ist auch im Bereich der Schule nur technologisches Hantieren zu erwarten, aber nicht die fundierte Verwirklichung der pädagogischen Aufgabenvorstellungen. So werde ich im Folgenden die Ziele von Schule nach heutigem Verständnis kurz herausarbeiten und daraus bestimmte Handlungsanweisungen für die Schule, besonders auch die Schule als Organisation ableiten. Durch die Darstellung von Grundlagen aus einer organisationspädagogischen Sicht sollen Vorschläge geliefert werden durch deren Beachtung Schule nachhaltiger, fundierter, angenehmer und erfolgreicher werden kann.[1]

1. Die formalen Bildungsziele der Schule

Aus Sicht der Gesellschaft soll schulische Erziehung an allgemein anerkannten Werten orientieren und zu einer »kritischen Loyalität« (Giesecke) gegenüber der freien demokratischen Grundordnung führen. Aus Sicht der nachwachsenden Generation soll die Fähigkeit erreicht werden, in einer sich schnell wandelnden, immer komplexer werdenden Gesellschaft sich mit Wissen und Können erfolgreich zu behaupten, eine persönliche Identität zu entwickeln und (im Sinne Kants) das Vermögen zu erwerben, »sich seines Verstandes ohne die Leitung eines anderen zu bedienen«. Schüler sollen mit Selbstbewusstsein aber auch Respekt vor Anderem und Fremdartigem zurechtkommen und aus eigenem Antrieb handeln können. Sie sollen in der Lage sein, mit anderen gemeinsam Ziele anzustreben, zusammen zu arbeiten und Probleme zu lösen.

Diese Ziele stoßen auf einen breiten gesellschaftlichen Konsens und zwar national und international (vgl. Meinberg, 1988). Sie entsprechen zudem menschlichen Grundbedürfnissen, die durch Philosophen von Aristoteles über Rousseau, Kant bis Habermas hervorgehoben und auch in den Weltreligionen weitgehend oder ausschließlich propagiert werden.

2. Schule als Modell dafür, wozu sie erzieht

In den Frühwerken der Pädagogik wie in den neuesten empirischen Ergebnissen der Schul- und Unterrichtsforschung finden wir die gleichen Grundanliegen: Menschen in der Schule, ob Lehrkräfte oder Schülerinnen und Schüler sind aktiver, engagierter und leistungsfähiger, wenn sie ohne die Persönlichkeit abwertende Vorschriften oder Anordnungen ihre Ideen, Fähigkeiten und Anliegen entfalten und den Sinn ihres Tuns erkennen können. Das gilt auch für die Organisation Schule, für deren Entwicklung diese Aspekte unverzichtbar sind.

1 Ich beziehe mich großenteils auf mein Buch »Organisationspädagogik der Schule«, München 2005.

Die Schulforschung kennt den Zusammenhang, der zwischen kommunikativer schulischer Alltagspraxis und dem Erwerb von Ziel- und Wertvorstellungen bei Schülern besteht (vgl. Rosenbusch, 1990, 2005; Fend, 1980). Die in der Schule vorherrschenden Regeln, Routinen, Formen des Umgangs, Problemlösestrategien und Wertvorstellungen wirken prägend. Trifft z. B. das Führungspersonal nur einsame Entschlüsse und ist das Kollegium heillos zerstritten, wirkt die Propagierung kooperativen Lernens für Schüler unglaubwürdig und ist nicht effektiv. Schon der Psychoanalytiker Siegfried Bernfeld (1967, Erstauflage 1927) wies darauf hin, dass »Schule als Institution erzieht …«. Dann muss sie auch ein Modell dafür sein, wozu sie erzieht.

Oswald Neuberger stellt dazu für die erfolgreiche Wirtschaft fest, »… gute Unternehmensführung kommuniziert nicht nur, worauf sie Wert legt, sondern übersetzt ihre Werte in die konkreten Verfahren und Instrumente, mit denen im Alltag gearbeitet wird …« (2002). Will Schule ihre Bildungsziele für Schülerinnen und Schüler wie auch für das Lehrpersonal in der eigenen Organisation erfahrbar machen, leitet sich daraus die Forderung nach Mündigkeit, bzw. weitgehender Selbstständigkeit der Organisation ebenso ab wie das Postulat der Deregulierung. Denn in einer kleinteilig-bürokratisch geführten und als misstrauisch erlebten Institution lässt sich das Ziel der Mündigkeit nicht glaubwürdig vermitteln.

Nun finden wir nicht selten, dass Schulen, die nach modernen Vorgaben für Schulentwicklung in Freizügigkeit arbeiten können und kontinuierlich ihre Arbeit überprüfen, nicht so erfolgreich sind, wie dies allgemein zu erwarten wäre: Die erreichten Ergebnisse waren nicht von Dauer, sondern entwickelten sich im Laufe weniger Jahre wieder zurück. Offensichtlich werden einige Grundtatsachen zu wenig beachtet.

3. Das besondere System Schule und die Rolle der Schulleitung

Das System Schule ist weder eine Einrichtung mit mechanistischem Charakter, noch eine klassische Behörde, in der durch klare Vorschriften, Kontrollen und konsequentes Verwaltungshandeln bestimmte mehr oder minder berechenbaren Ergebnisse erzielt werden. Schule ist ein System, das sich aus Menschen mit unterschiedlichen Interessen und Voraussetzungen zusammensetzt, die voneinander abweichende Zielvorstellungen entwickelt haben. Schule agiert oft relativ unberechenbar und unvorhersehbar. Das Prinzip der Vollzugsgewissheit existiert hier nicht.

So hat das Führungspersonal innerhalb der »komplexen Hierarchie der Schule« (mit Entscheidungsverläufen von oben nach unten aber auch von unten nach oben – im Gegensatz zur »linearen Hierarchie« der allgemeinen Verwaltung) kein Durchgriffsrecht, sondern ist größtenteils auf die mehr oder minder freiwillige Mitwirkung des Kollegiums angewiesen. Lehrkräfte können als Beamte auf Lebenszeit relativ problemlos ihre eigenen Wege gehen und sich auf ihre pädagogische Freiheit berufen. So bleibt, wie es auch die moderne Führungslehre der Wirtschaft mittlerweile propagiert, die einzelnen Mitarbeiter zu gewinnen, zu überzeugen, zu beteiligen und gemeinsam Ziele anzustreben. Deshalb muss das Führungspersonal fachlich und vor allem kommunikativ und sozialpsychologisch hochqualifiziert sein. Seine Aufgaben sind anspruchsvoller als in vielen anderen Berufen und die Führungsmittel sind relativ gering, vergleicht man die gesetzlichen Vorschriften der deutschen Bundesländer. Trotzdem ist der Einfluss des Schulleitungspersonals auf die Entwicklung von Einzelschulen enorm. Unter Fachleuten gelten Schulleiterinnen und Schulleiter als Schlüsselpersonen für die Qualität von Schulen. Worin besteht die Wirksamkeit von Schulleitungspersonal in der Schule? Wodurch kann es Einfluss auf das Kollegium gewinnen? Wo liegt seine »Macht« (im Sinne von erhöhtem Einfluss)? Ich unterscheide fünf Aspekte:

- Amtsmacht: hierarchische Macht, Amtsbefugnis.
- Expertenmacht: Höhere Erfahrung, umfangreicheres Wissen über organisationale, rechtliche, politische Sachverhalte, fachliche Fragen.
- Definitionsmacht: Interpretation von Vorschriften und Regeln.
- Sanktionsmacht: Anerkennung und Lob bis zu Ahndung von Regelverstößen (von Stirnrunzeln bis zur Vorladung ins Direktorat).
- Kommunikative Macht: die Möglichkeit mit jeder und jedem jederzeit zu reden. In diesem Aspekt fließen alle übrigen zusammen. (vgl. Baumert/Leschinsky 1986 bis zu Bonsen/von der Gathen/Igelhaut/Pfeiffer, 2002).

Entscheidend ist die »Kommunikative Macht« der schulischen Führungskräfte durch Vorbild, fachliche und kommunikative Kompetenz, Persönlichkeit, gegenseitigen Anerkennung, sowie pädagogisch überzeugende Vorstellungen. Mit Anteilnahme und persönlichem Interesse verbindet sich die Sorge um die sachliche Arbeit und deren Erfolg. Mit dieser beide Aspekte umfassenden Kommunikation muss Schulleitung einer auch im Fehlen allgemeingültiger pädagogischer Maßstäbe begründeten prinzipiellen Unsicherheit entgegenwirken: Lehrkräfte sind in ihrem beruflichen Handeln stets auf die Mitarbeit der Schülerinnen und Schüler angewiesen sind, die jede unterrichtliche Handlung stören oder verhindern können. Deshalb hat die zugleich persönliche und fachliche Reaktion des Führungspersonals auf die eigene berufliche Tätigkeit höheres Gewicht als in Berufen, in denen es ein klares Richtig oder Falsch gibt.

Es ist schon erstaunlich, wenn ein deutsches Kultusministerium noch 1997 Schulleitung als »qualifizierte Lehrerarbeit« bezeichnet, während die Fachwelt sie schon als eigenen Beruf erkennt. Umfangreiche empirische Untersuchungen zum Beispiel in England, den Niederlanden und Kanada weisen nach, was jeder an Schule Interessierte feststellen kann: Schulen können sich verändern, wenn die Schulleitung neu besetzt wird. Blühende Schulen können zu Anstalten der Lustlosigkeit, Frustration und Aggression degenerieren oder umgekehrt, vernachlässigte Schulen können sich zu Stätten des Optimismus, des Zusammenhalts, der Leistungsbereitschaft, ja zu einem Aushängeschild entwickeln.

Der Psychologe Uwe Schaarschmidt (2005, 2007) fand heraus, dass sich »gute« Schulleitung unmittelbar positiv auf die Fehlzeiten von Lehrkräften – weniger somatische und psychosomatische Beschwerden – und die Zahl der Frühpensionierungen auswirkt. Zudem wirkt sich die Qualität der Schulleitung auch mittelbar aus, indem deren Verhalten als Vorbild dient und die Mitglieder des Kollegiums ihrerseits ein gutes Unterrichts- und Teamklima entwickeln, das wiederum der sozialen Unterstützung dient.

4. Die Last der Traditionen

Seit das deutsche Schulsystem Anfang des 19. Jahrhunderts aus der klerikalen und kommunalen Obhut in den Bereich der hoheitlichen Allgemeinverwaltung verpflanzt wurde, ist es eine Sache des Staates, in den meisten europäischen Staaten eine Sache der Bürger. Damit verbunden waren beispielsweise die allmähliche Durchsetzung der Schulpflicht und die Sicherung des Einkommens und der Altersversorgung der Lehrkräfte. Die vorgeschriebenen Lerninhalte waren praktisch eine Generation lang gültig.

Das durch Verwaltungsabläufe geprägte System war prädestiniert für eine eher statische Gesellschaft, die soziale Klassen trennte und in der der Zugang zu den Schularten und die Berufswahl durch den Beruf der Eltern weitgehend festgelegt waren.

Allerdings haben deutsche Schulen diese Verwaltungstradition noch heute weitgehend beibehalten (vgl. Avenarius/Heckel, 2000). Sie wirken einerseits als unterste staatliche Behörde, was für viele Akteure einen gewissen verführerischen Charakter hat: Staatliche Anweisungen, Regeln, Vorschriften und Traditionen sind relativ sicher anwenden. Pädagogische Sachverhalte hingegen verändern sich häufig im Laufe der Zeit und werden oft subjektiv bewertet.

Die verbreitete historisch bedingte Verwaltungsprägung der Schulen in Deutschland, hat verschiedene Konsequenzen. Steht im Visier der Verwaltung eher die mit einheitlichen Maßstäben regier- und bewertbare Schule, sind Sonderwege und individuelle Maßnahmen eher Ausnahme. Die Struktur ermöglicht es relativ einfach, Schülerinnen und Schüler, die dem Unterricht nicht mehr folgen, die Klasse wiederholen zu lassen oder sie in eine niedrigere Schulart zu versetzen.

Eine weitere Konsequenz ist die häufige Abschottung der Lehrkräfte untereinander. Sie definieren ihr berufliches Handeln wesentlich durch die unterrichtliche Situation, also durch das Agieren zwischen Lehrkraft und zugewiesener Klasse. Möglichkeiten der systematischen Kooperation, des Austauschs, der gegenseitigen Fortbildung haben einen geringeren Stellenwert. Unterstützt wird dies durch den strikt geregelten und knapp bemessenen Stundenplan, meist im Halbtagsbetrieb, durch fehlende Konferenz-, Arbeits-, Bibliotheks- und Klubräume, in denen Lehrkräfte in Ruhe fachlichen Austausch, persönliche und entspannende Unterhaltung oder Gespräche über Probleme durchführen könnten. Auch die dringend notwendige Kooperation mit Eltern, mit dem sozialen und gesellschaftlichen Umfeld und zwischen einzelnen Stufen der Schulhierarchie kommt häufig zu kurz. Relativ selten finden wir in Deutschland eine weitgehend hierarchiefreie Kooperation zwischen Schule, Schulaufsicht, ja der gesamten Schulverwaltung.

Als Folgen der Verwaltungsprägung können auch der meist lehrerzentrierte Unterricht sowie die relativ wenig ausgeprägte individuelle Betreuung von Schülerinnen und Schülern gesehen werden (vgl. SCHOUTEN, 2005). Zudem haben sich Verhaltensweisen verfestigt, die häufig eher hoheitlicher Allgemeinverwaltung als einem kollegialen Miteinander entsprechen. Dieses Verhältnis zwischen »Untergebenen und Vorgesetzten«, das sich auch zum Teil im Typus des Unterrichts widerspiegelt, ist für die Entwicklung von Schulqualität in einer demokratischen, durch Mitbestimmung und Partizipation geprägten Welt ein Hindernis.

5. Organisationspädagogik

Der Zusammenhang zwischen Erziehung und Organisation wurde in der traditionellen Pädagogik (mit ganz wenigen Ausnahmen: kurz bei SPRANGER und KERSCHENSTEINER) nicht aufgegriffen (vgl. TERHART, 1986). Erkenntnisse der Organisationspädagogik sind hilfreich, um zu Bedingungen zu kommen, die günstigere Voraussetzungen für pädagogisches Handeln in der Schule schaffen. Organisationspädagogik ist ein spezieller Arbeitsbereich der Pädagogik, der Voraussetzungen, Normen, Gestaltungsprinzipien und Wirkungen der Organisiertheit von Erziehung und Unterricht im Hinblick auf den einzelnen und die Schule als System zum Thema hat. Die generelle »organisationspädagogische Doppelfrage« heißt: »Welche pädagogischen Wirkungen haben Bedingungen und Beschaffenheit des Systems Schule auf einzelne oder Gruppen des Systems – und umgekehrt, welche Wirkungen haben Bedingungen und Beschaffenheit von einzelnen oder Gruppen auf das System Schule als ganzes und andere Teilsysteme?« (vgl. ROSENBUSCH, 2005, S. 6). Deshalb beginnt die Argumentation bei der Zieltätigkeit: Unterricht und Erziehung. Schulisches Lernen steht im Mittelpunkt der Überlegungen. Wie muss eine Organisation gestaltet sein, um diese Zieltätigkeit optimal zu entwickeln, zu erleichtern und zu sichern?

Neben der Beachtung systemnotwendiger technischer Regeln und Vorschriften ist stets zu prüfen, ob die jeweilige organisatorische Maßnahme dem unterrichtlichen und erzieherischen Handeln nützt oder schadet. Notwendig sind die Zielorientierung der gesamten Organisation und die Vermeidung systemfremder Abläufe und dysfunktionaler Strukturen. Kooperationen, die wir in praktisch allen preisgekrönten Schulen, sei es national oder international finden, wären systematisch anzubahnen und zu entwickeln. Wie in vielen anderen bildungspolitisch entwickelten Ländern muss schulische Erziehung als eine gemeinsame Aufgabe aufgefasst werden, wo jeder an seiner Stelle, mit seinen Verantwortlichkeiten und Kompetenzen sich um den Erfolg der Schule kümmert. Die organisationspädagogischen Führungsprinzipien könnten eine ideelle Basis liefern:

- Organisationspädagogische Perspektivenjustierung bedeutet, dass alle Maßnahmen innerhalb und außerhalb der Schule an der pädagogischen Aufgabe orientiert und an ihr überprüft werden.
- Logik des Vertrauens zu sich selbst und zu anderen heißt, dass eine misstrauische, zurückgezogene Haltung ersetzt wird durch Offenheit im Sinne gegenseitigen Vertrauens – auch bei Missständen.
- Kollegialität trotz Hierarchie meint, dass die Gemeinsamkeiten der Ausbildung, der Zieltätigkeit dominieren gegenüber hierarchischen Attitüden und Schranken. Trotz unterschiedlicher Verantwortlichkeiten ist eine kollegiale, an der Zieltätig-

keit orientierte, fachliche und persönliche Kommunikation das Mittel der Wahl, an der jeder aus seiner Perspektive, mit seiner Kompetenz und seinen Berechtigungen im gemeinsamen, möglichst hierarchiefreien Dialog versucht, zu Gunsten der Zieltätigkeit der Erziehung und Unterrichtung der nachwachsenden Generation voranzukommen.

- Motivation durch Kooperation. Kooperation ist im Prinzip ein Grundbedürfnis von Menschen allgemein. Anthropologen nennen Kooperation eine Grundbedingung jeder evolutionären Entwicklung (vgl. J. Bauer, 2006). Es zeigt sich in vielen gut überlegten Reformvorhaben, dass gerade durch Kooperation Motivationselemente entstehen. Durch gemeinsame Überlegung und Arbeit werden häufig bessere Ergebnisse erzielt und besonders bei guter Zusammensetzung der Gruppen und Arbeitsteams hohe Zufriedenheit und Engagement erzeugt.

6. Anerkennung als pädagogische Fundamentalorientierung

Bei allem pädagogischen Agieren, sei es in der Schulverwaltung, sei es im Kollegium oder im Unterricht, im Umgang mit Eltern, Behörden und innerhalb der Arbeit von Netzwerken, spielt Anerkennung eine wichtige Rolle. Der Begriff der Anerkennung hatte im fachlichen Diskurs der Geisteswissenschaften eine bislang nur randständige Bedeutung. Dies beginnt sich zu ändern, zumal eindrucksvolle Erkenntnisse der Philosophie, Sozialpsychologie wie auch neuerdings der Neurobiologie vorliegen. Anerkennung mit dem doppelpoligen Verständnis der Anerkennung des anderen und der Anerkennung der eigenen Person umschließt den Wesenskern pädagogischer Arbeit. In dem ich den anderen in seiner Person und Einzigartigkeit anerkenne, verwirkliche ich die humanen Gebote der Toleranz, der verfassungsgemäß garantierten Unverletzlichkeit der Würde des Menschen, der Verantwortung für ein geregeltes gesellschaftliches Zusammenleben und eine Voraussetzung für gelingende Kooperation. In dem ich mich als Person selbst anerkenne, bejahe ich meine Menschenwürde, den sozialen Wert meiner Persönlichkeit und komme dadurch zu einer positiven Selbstbeziehung in Form von Selbstbewusstsein und Selbstwertgefühl als Voraussetzung für das Führen eines eigenständigen, selbstbestimmten Lebens, sowie für den beruflichen Erfolg. Beide Aspekte müssen stets gleichermaßen wirksam sein. Die Alternativen wären entweder sklavenhafte Haltung oder moralisches Chaos (Honneth, 1992). Umfangreiche neurobiologische Untersuchungen der letzten Jahre kommen zu dem Ergebnis, Menschen seien auf soziale Resonanz und Kooperation angelegte Wesen. Nichts aktiviere die Motivationssysteme so sehr, wie der Wunsch, von anderen gesehen zu werden, die Aussicht auf soziale Anerkennung, das Erleben positiver Zuwendung.

Gleichzeitig wurde entdeckt, dass Motivationssysteme abschalten, wenn keine Chance auf soziale Zuwendung besteht. Wenn soziale Isolation oder Ausgrenzung über lange Zeit anhalten, führt dies zu Apathie und zum Zusammenbruch jeglicher Motivation (J. Bauer 2006, S. 33 ff.). »Alle Ziele, die wir im Rahmen unseres normalen Alltags verfolgen ... haben aus der Sicht unseres Gehirns ihren tiefen, meist unbewussten ›Sinn‹ dadurch, dass wir letztlich auf zwischenmenschliche Beziehungen zielen, ... Das Bemühen des Menschen als Person gesehen zu werden, steht noch über dem, was landläufig als Selbsterhaltungstrieb bezeichnet wird.« (a. o., S. 37). Nichtbeachtung ist ein Beziehungs- und »Motivationskiller« und oft Ausgangspunkt für aggressive Impulse. Diese Aspekte sind leicht auf den Unterricht wie auch auf das System der Schule mit all ihren Systemmitgliedern zu übertragen: von der Schulleitung über die Lehrkräfte bis zum Hauspersonal, das in seiner spezifischen, abhängigen Position in besonderer Weise auf Anerkennung angewiesen ist und darauf reagiert.

Die Relevanz dieses Aspekts wird durch neue empirische Untersuchungen auch aus der Sozialpsychologie untermauert. Der amerikanische Sozialpsychologe Roy Baumeister kommt in seinen Forschungen zu dem Ergebnis, dass jede Ausgrenzung – Nichtanerkennung sofort unsere Entscheidungs- und Selbstkontrollfähigkeiten schwächt. Versuchpersonen, denen Anerkennung vorenthalten worden war, berichteten nicht von aufwühlenden Gefühlsreaktionen, sondern viel mehr von einer »emotionalen Taubheit«. Ausgrenzung, das Vorenthalten sozialer Anerkennung, führte in den Experimenten zu Herabsetzung der kognitiven Fähigkeiten, der Willens- und Denkkompetenz und zu unsozialem Verhalten (Baumeister/Nuss/Twenge, 2002).

7. Schatzsuche statt Defizitfahndung

In unserem verwaltungsgeprägten Schulsystem ist nicht nur der Unterricht selbst, sondern auch die Schulverwaltung darauf spezialisiert, Missstände aufzudecken, Fehler zu identifizieren, Unzulänglichkeiten anzuprangern, Fehlverhalten entgegen zu treten. Schülerinnen und Schüler, deren oft kreative Aufsätze schließlich einem roten »Schlachtfeld« ähneln, verlieren die Lust zum Schreiben, wie auch Lehrkräfte die Lust verlieren, wenn ihre kreativen Ideen nicht beachtet werden. Es ist nicht nur angenehmer, sondern auch erfolgreicher von positiven Ereignissen, Merkmalen, Leistungen auszugehen (vgl. Manzoni/Barsoux, 2002). Schatzsuche bietet drei Aspekte:

Schatzsuche als Prinzip beim Umgang mit Schülern

Schatzsuche heißt nicht pausenlos loben und bewundern. Übertriebenes Lob kann sogar schädlich sein und als Verhöhnung wirken, wenn es durch inflationären Gebrauch als unecht, als leere Masche empfunden wird. Missstände und Fehler sollen ebenfalls nicht ignoriert werden. Es geht um eine andere Einstellung Menschen gegenüber, es geht um eine neue Haltung seiner eigenen Arbeit gegenüber und es geht um Motivation. Schülerinnen und Schüler werden nicht primär als defizitäre Wesen aufgefasst, sondern als Persönlichkeiten mit ihren Vorzügen, Potenzialen, Leistungen, ihrem Wert und ihrem Bemühen. Auch schwächere Schülerinnen und Schüler können Fähigkeiten zeigen und Leistungen erbringen, die man sichtbar registrieren und hervorheben kann: etwa ein liebevoll gemaltes Bild, eine mitgebrachte selbst gefundene Pflanze, ein überraschender Erfolg in einem bestimmten Fach, im Sport, ein schöner Schmuck für das Klassenzimmer oder eine soziale Tat.

Es geht darum, die schöne Seite des gemeinsamen Lernens zu betonen, das gemeinsame Suchen, Lösen, Veranstalten und sich freuen über Ergebnisse, Fortschritte, gemeinsames Tun in einer Aura des Optimismus, der Wertschätzung und der gemeinsamen Freude am Erfolg. Dadurch lässt sich auch meist verhindern, dass sich Schülerinnen und Schüler ausgegrenzt fühlen, abschalten, in einen Teufelskreis von Versagen, Frust und Aggression geraten.

Schatzsuche als Prinzip für Schulleitung

Hier sind die Adressaten primär die Lehrkräfte:

1. Interesse, Ansporn, Ermutigung und Verstärkung durch positive Feedbacks für Lehrerinnen und Lehrer, die sich für die Schule engagieren.
2. Hervorhebung besonderer Fähigkeiten künstlerischer, sportlicher, wissenschaftlicher, organisatorischer und sozialer Art von Lehrkräften, die sich für die Schule eingesetzt werden können und dadurch Festen, Konferenzen, Elternabenden, öffentlichen Veranstaltungen ein »Gesicht« geben. Die betroffenen Lehrer erfahren Anerkennung und die übrigen profitieren davon.

Besonders hervorzuheben ist die Entdeckung und Förderung angehenden Führungspersonals. Dies ist ein häufig unterschätzter Punkt. Junge Kolleginnen bzw. Kollegen, die sich selbst weiter qualifizieren, erfolgreich Lehrerfortbildung betreiben, z. B. ihre älteren Kollegen mit einbeziehen und aktivieren können, Organisationstalent haben und eine Schule nach außen angemessen vertreten können, sind möglicherweise für Führungsaufgaben geeignet. Sie könnten nach einer systematischen Ausbildung eine landesweite Schulentwicklung fördern. Denn es gibt keine erfolgreiche Schulreform, ohne die Unterstützung der Schulleiterinnen und Schulleiter.

Schatzsuche als politischer Fischzug

Schulen sind auf vielerlei Unterstützungen angewiesen, wenn sie erfolgreich sein wollen. An erster Stelle stehen die Eltern. Sie sind aus eigenem Interesse die wichtigsten Bündnispartner der Schule, wenn sie das Gefühl haben, dass es ihren Kindern dort gut geht und sie selbst ernst genommen werden. Weitere oft recht potente Schätze können Vertreterinnen und Vertreter aus Politik, Wirtschaft, Publizistik, Medien, Kirchen sein. Wir beobachten allgemein in Deutschland zurzeit ein zunehmendes Interesse an Bildung und Schule. Und dieses Interesse sollten Schulen soweit wie möglich nützen. Wir sehen auch an der Zunahme des Stiftungswesens, dass auch im ideellen und politischen Bereich Unterstützungsbereitschaft vorhanden ist.

Zunehmend bilden sich netzwerkartige Zusammenschlüsse zwischen Schulen untereinander, zwischen Lehrkräften, zwischen Lehrkräften und Schulleitung, der Schule und Eltern, mit Wirtschaftsunternehmen und Behörden. Dazu gehören u. a. Jugendämter, Schulpsychologen, Fortbildungsinstitutionen. Schule als gemeinsame Aufgabe im Sinne der Organisationspädagogik zu verstehen, sollte das Ziel sein. Entscheidungen, Strukturen und Vereinbarungen orientieren sich dann weniger an starren Regeln und Vorschriften, sondern an den Zwangsläufigkeiten und Optimierungsmöglichkeiten der Zieltätigkeit, also von Erziehung und Unterricht.

Was beim gemeinsamen Besuch hervorragender, preisgekrönter deutscher und besonders internationaler Schulen, vor allem in den Niederlanden und Kanada auffiel:

diese Schulen arbeiteten offen, frei, selbstbewusst und kreativ mit andern Schulen, mit der Schulaufsicht zusammen – unter dem Kriterium der Schatzsuche. Sie kooperierten mit dem sozialen Umfeld und arbeiteten beispielsweise mit Design-Studios, Automobilfabriken, Zahnarztpraxen, Rhetoriktrainerinnen bzw. Rhetoriktrainern etc. zusammen. Eltern, Schülerinnen und Schüler und Umwelt wurden mit den Lehrkräften in ein gemeinsames soziales Netz eingespannt, innerhalb dessen die vom Konsens getragenen Vorhaben problemloser umgesetzt werden konnten. Man arbeitete gemeinsam an Lösungen und konnte sich auch gemeinsam über Erfolge freuen. Der Aufwand zahlt sich aus: Die Idee, Schulen aufzuschließen und durch Netzwerke Erfahrungen und Gewinn zu machen, wird in jüngster Zeit breit aufgegriffen (vgl. Solzbacher/Minderop, 2007).

Fazit

Keine Reform kann dauerhaft Erfolg haben, wenn die Mitglieder des Systems nicht davon überzeugt sind und sich mit den Zielen identifizieren. Deshalb sind Vorhaben umso erfolgreicher je problemloser in gegenseitiger Anerkennung gehandelt wird und je mehr sich die Teilnehmer einen auch persönlichen Gewinn versprechen (höheres Prestige, leichtere und angenehmere Arbeit, besseres Arbeitsklima, ein höheres Maß an Unterstützung und Anerkennung). Aus der Schulqualitätsforschung wissen wir, dass weder durch Vorgaben allein (top-down) noch durch völlige isolierte Eigenentwicklung von Schulen (bottom-up) gute Ergebnisse erzielt werden. Ausgangspunkt ist die Zieltätigkeit von Schule: Erziehung und Unterricht, deren Erfolg regelmäßig überprüft werden muss: Schulen größeren Handlungsspielraum zu geben und gleichzeitig regelmäßige Prüfungen zu etablieren, hat sich international durchgesetzt und wird nicht in Frage gestellt.

Schule und Unterricht gehören zu den schönsten und wichtigsten Aufgaben, die eine Gesellschaft zu vergeben hat. Sie können auch mit Optimismus, Zuversicht und auch Humor betrieben werden. Neugierde, Erfolgszuversicht, eine gewissen Leichtigkeit und gegenseitige Anregung helfen, wenn alle Beteiligten ihren Beitrag leisten und Schule als gemeinsame Aufgabe sehen.

Literatur

Avenarius, H./Heckel, H.: Schulrechtskunde (7. Aufl.). Neuwied, 2000.

Bauer, J.: Prinzip Menschlichkeit. Hamburg, 2006.

Baumeister, R. F./Nuss, K./Twenge, J. M.: Effects of Social Exclusion on Cognitive Processes: Anticipated Aloneness Reduces Intelligent Thought. In: Journal of Personality and Social Psychology. 2002, Vol. 83, No. 4, 817 – 827.

Baumert, J./Leschinsky, A.: Zur Rolle des Schulleiters. In: Schulmanagement, 6, 1986, 18 ff.

Bernfeld, S.: Sisyphos oder die Grenzen der Erziehung (Erstauflage 1927). Frankfurt/M., 1967.

Bonsen, M./Gathen, J. v. d./Iglhaut, C./Pfeiffer, H.: Die Wirksamkeit von Schulleitung – empirische Annäherungen an ein Gesamtmodell schulischen Leitungshandelns. Weinheim, München, 2002.

Honneth, A. C.: Kampf um Anerkennung. Zur moralischen Grammatik sozialer Konflikte. Frankfurt/M., 1992.

Manzoni, J.-F./Barsoux, J.-L.: The Set-Up-To-Fail Syndrom – How Good Managers Cause Great People to Fail. Harvard Business School Press, 2002.

Meinberg, E.: Das Menschenbild der modernen Erziehungswissenschaft. Darmstadt, 1988.

Murnane, R. J./Levy, F.: Why money matters sometimes. In: Education Week 09/11, 1996, S. 36 u. 38.

Neuberger, O.: Führen und führen lassen. Ansätze, Ergebnisse und Kritik der Führungsforschung. Stuttgart, 2002.

OECD: Demand-Sensitive Schooling? Evidence and Issues. Paris, 2006.

Rosenbusch, H. S.: Die kommunikative schulische Alltagspraxis als das Proprium erziehenden Unterrichts. Fragmentarische Überlegungen zu einem nicht abschließbaren Thema. In: Hacker, H./Rosenbusch, H. S. (Hrsg.), Erzieht Unterricht? Aktuelle Beiträge zu einem klassischen pädagogischen Thema (S. 71 – 88). Baltmannsweiler, 1990.

Rosenbusch, H. S.: Organisationspädagogik der Schule. Grundlagen pädagogischen Führungshandelns. München, Neuwied, 2005.

Schaarschmidt, U./Kieschke, U.: Gerüstet für den Schulalltag. Psychologische Unterstützungsangebote für Lehrerinnen und Lehrer. Weinheim, Basel, 2007.

Schouten, R.: In: Niedersächsisches Kultusministerium, Qualitätsnetzwerke Abschlussbericht, Heft 1, 2005, S. 96.

Solzbacher, C./Minderop, D. (Hrsg.): Bildungsnetzwerke und Regionale Bildungslandschaften. Ziele und Konzepte, Aufgaben und Prozesse. München, 2007.

Terhart, E.: Organisation und Erziehung. Zeitschrift für Pädagogik, 32 (2), 1986, S. 205 – 223.

Weiß, M.: Mehr Effizienz im Schulbereich durch dezentrale Ressourcenverantwortung und Wettbewerbssteuerung? In: Heinz-Hermann Krüger/Hartmut Wenzel (Hrsg.): Schule zwischen Effektivität und sozialer Verantwortung. Obladen, 2000, S. 45 ff.

Heinz-Wilhelm Brockmann

Neue Steuerungsarchitektur in Niedersachsen

Lange wurden die verschiedensten Baupläne erörtert. Es sollte doch ein Haus werden, das das gute Alte bewahrt und zugleich dem Neuen Raum gibt. Nun ist es entschieden: die neue Architektur des Schulwesens in Niedersachsen steht. Welches Gebäude zu erwarten ist und warum es gerade so aussehen soll – davon ist nun die Rede.

1. Außensteuerung in der Schule – eine Illusion

Systemsteuerung, das ist in der Computersprache eine Sammlung von Programmen mit der sich am Computer Einstellungen aufbauen oder verändern lassen. Jeder der einen Rechner nutzt, hat mit einem solchen Programm gearbeitet. Aus der Computersprache kommend hat sich der Begriff verselbstständigt, wie es heute oft geschieht. Bei elektronischen Systemen, biologischen Einheiten, in Wirtschaft und Verwaltung spricht man inzwischen von Systemsteuerung, wenn man damit eine Einheit von zusammengehörenden Gegenständen oder Lebewesen meint, die nach bestimmten Regeln von außen geleitet und überwacht werden sollen.

Und auch diese Unterscheidung hat sich unserer Sprache aus der Computer-Welt aufgedrängt: Wenn eine Steuerung von außen erfolgt, heißt sie »Input-Steuerung«, von außen werden Anweisungen oder Regeln in ein System gegeben. Erfolgt die Steuerung jedoch in einem Prozess, der besonders regelmäßig Ergebnisse der eigenen Arbeit von außen überwacht, bewertet und daraus Schlüsse zieht, so spricht man in der Organisationssoziologie von »Output-Steuerung« eines Systems. Und dieser Steuerung wird unter der Perspektive Langfristigkeit und Wirksamkeit heute meist der Vorzug gegeben.

Für das »System Schule« lässt sich diese Entwicklung leicht nachverfolgen. In Deutschland besitzen wir eine lange Tradition, die Schule mit genauen staatlichen Vorgaben von außen zu steuern. Lehrpläne, Stundentafeln, Finanzen, Gesetze und Erlasse sind Instrumente, die seit der Schulreform des 19. Jahrhunderts in Deutschland immer subtiler ausgefeilt und präzise eingesetzt werden. Doch die Schulforschung wie die Verwaltung der Schulen haben zunehmend Zweifel, dass die Steuerung tatsächlich in den Schulen ankommt und wirklich gelingt. Es könnte sein, dass diese Instrumente zwar angewendet werden, dass jedoch die Schulen von ihnen nur ungenau oder gar nicht gesteuert werden. Dass Lehrkräfte hinter der geschlossenen Klassentür ein hohes Maß an Unabhängigkeit besitzen, die sich einer Steuerung von außen entzieht, ist dabei vielleicht noch die bessere Seite dieser Erkenntnis. Dass aber die Ergebnisse auch internationaler Schulforschung nahe legen, in Deutschland gebe es nicht einmal im Ansatz Instrumente, um Schulen wirklich und nachhaltig von außen zu steuern, drängt sich als Verdacht immer mehr auf (vgl. Böttcher, 2003).

Aber noch viel grundsätzlicher wurde die Außensteuerung der Schule von ihrer zentralen Aufgabe her infrage gestellt. Die Pädagogik hat in den letzten Jahren immer hervorgehoben, dass das Lernen ein Prozess ist, der nur erfolgreich sein kann, wenn er von den Subjekten, den Schülerinnen und Schülern, selbst getragen und nicht von außen gesteuert wird. Rolf Arnold hat darauf hingewiesen, dass die Hirnforschung bereits deutlich gemacht habe, dass »Kopf und Herz mit diesen Außensteuerungen machen, was sie machen – fast könnte man sagen: was sie wollen.« Außensteuerung im Lernprozess ist für ihn schlicht die »Überschätzung der erzieherischen Einflussmöglichkeiten« und er stellt heraus, Lernen gelinge nur, wenn die Subjekte mit ihren Kompetenzen entsprechend ihrer eigenen Logik, ihren Möglichkeiten, Interessen und Erfahrungen für sich selbst weiterkommen« (ARNOLD, 2004).

Wenn der entscheidende Vorgang in der Schule, das Lernen selbst, sich schon einer Steuerung von außen entzieht, wenn darüber hinaus mehr als fraglich ist, ob das System Schule tatsächlich von außen wirksam gesteuert werden kann, wenn schließlich für die Schule in Deutschland aufgrund internationaler Untersuchungen festgestellt werden muss, dass sie trotz gewiss sehr umfassender und detaillierter Vorgaben im internationalen Vergleich nur zu mäßigen Ergebnissen kommt, dann stellt sich die grundsätzliche Frage, ob Steuerung der Schule von außen nicht eine Illusion ist. Die gerade im internationalen Vergleich überregulierte deutsche Schule erreicht offenbar mit ihren Regelungsmechanismen nicht den Leistungsstand, den andere Länder mit Schulsystemen schaffen, denen eine viel größere eigene Verantwortung übertragen wird.

Die Steuerung der Schule als Organisationseinheit durch Maßnahmen von außen, wie sie bisher in Deutschland eine lange Tradition hat und in differenzierter Weise gestaltet wurde, ist nach diesen Erkenntnissen als nicht erfolgreich anzusehen (vgl. OELKERS, 2003). Hirnforschung und Organisationssoziologie, nationale wie internationale Vergleichsstudien über die Leistungen von Schülerinnen und Schülern machen deutlich, dass auf diese Weise der Input-Steuerung Lernen, Arbeit und Zusammenarbeit der Schule, Entwicklung von Qualität schulischen Arbeitens und systematische Verbesserung nicht gelingen können. Die Organisation der Schule muss darum sehr grundsätzlich verändert werden, wollen wir nicht in den Ergebnissen schulischer Arbeit in Deutschland insgesamt nur durchschnittlich bleiben.

Der »vertiefende Vergleich der Schulsysteme ausgewählter PISA-Staaten«, den das BMBF im Jahre 2003 herausgegeben hat, resümiert daher zutreffend: »Feststellbar ist zugleich, dass in keinem der untersuchten Staaten am Primat der Input-Steuerung und der Selbstreferenzialität festgehalten wurde. In den Referenzstaaten ging die Übertragung von operativen Steuerungskompetenzen auf die Einzelschule stets mit der Etablierung von Strukturen der Output-Steuerung einher: Der Vorgabe von Leistungszielen/-standards durch die zentralen Instanzen und ihrer Überprüfung in externen und unabhängigen Qualitätskontrollen sowie der Verpflichtung der Schulen zur Rechenschaftslegung. Einiges spricht dafür, dass damit wesentliche Erfolgsbedingungen für Dezentralisierung und Autonomisierung definiert sind.« (BMBF, 2003)

Aus diesem Grunde hat es in Deutschland schon seit vielen Jahren eine Diskussion um größere Autonomie und Selbstständigkeit der Schulen gegeben. Sie hat in allen Bundesländern nahezu gleichzeitig eingesetzt, und wurde durch die überraschend negativen Ergebnisse internationaler Vergleichsstudien deutlich verstärkt. Gestützt auf diese internationalen Vergleiche und vor allem durch internationale Erfahrungen mit so genannten »aktive schools« hat sich in der Bildungspolitik ein immer größerer Konsens darüber herausgebildet, dass ein wesentliches Instrument zur Verbesserung schulischer Arbeit darin besteht, Schulen als lebendige Organismen zu verstehen, die ein großes Maß an Verantwortung für die Verbesserung der Qualität ihrer Arbeit übernehmen müssen und können. Für Schulen gilt darum dasselbe, was die Organisationspsychologie grundsätzlich festgestellt hat: Erfolgreiche Arbeit lebt davon, dass die, die die Arbeit leisten, Räume zur eigenen Verantwortung und Gestaltung besitzen, die Qualität ihrer eigenen Arbeit und Leistung ständig überprüfen und sich ggf. andere Ziele setzen, um Verbesserungen vorzunehmen. Das schließt Formen von Personalführung und Personalmanagement ein und kluge Strukturen der Beteiligung aller, die in einem bestimmten Prozess involviert sind.

Es schließt zugleich eine richtig verstandene und effektive Aufsicht über die Schulen ein, die sich in dieses Verständnis von eigner Verantwortung der Schule und der für sie Tätigen einfügt. Dies für die Schule in Niedersachsen einzuführen, war wesentlicher Teil der grundsätzlichen Reformen, die das Bundesland in struktureller Hinsicht für die Schule vorgenommen hat.

2. Eigenverantwortliche Schule als Herz der Schulreform in Niedersachsen

Niedersachsen hat sich mit dem Regierungswechsel im Jahre 2003 das Ziel gesetzt, alle Schulen in einen neuen Status von Eigenverantwortlichkeit zu führen. Mit dieser Reform sind sicher nicht alle Probleme der Schule zu beseitigen, die in nationalen und internationalen Studien festgestellt worden sind. Doch wird eine grundsätzliche Weichenstellung vorgenommen, die ein eigenes Selbstverständnis, eine neue Form des Arbeitens und des sich Qualifizierens in den Schulen ermöglicht. Mit dem Begriff »Eigenverantwortliche Schule« wurde auch eine Bezeichnung gewählt, mit der nicht nur die Eröffnung von Freiräumen zum Ausdruck gebracht werden soll, sondern zugleich die Übernahme von Verantwortung durch diejenigen, die in der Schule selbst handeln. Inzwischen wird dieser Begriff in vielen Bundesländern als eine glückliche Wahl angesehen.

Mit der Eigenverantwortlichkeit jeder Schule in Niedersachsen wird die entscheidende Wende zu einer Schulentwicklung vollzogen, die auf Qualitätsverbesserung zielt und deren Richtung von unten nach oben verläuft. Die Schule muss selbst, ausgerichtet an den Bildungsstandards und Kerncurricula für jedes Fach sowie den gesetzlichen Vorgaben des Landes, ein eigenes Profil entwickeln. Sie muss regelmäßig die Ergebnisse ihrer Arbeit, etwa anhand der Abschlussprüfungen, wahrnehmen. Sie muss mit allen Beteiligten Ziele der Arbeit und ggf. Verbesserungen festlegen. Sie muss moderne Elemente von Personalführung und eigene Ressourcen im Dienst dieser Ziele in eigener Verantwortung nutzen. So verwirklicht die Eigenverantwortliche Schule den Bildungsauftrag des Schulgesetzes.

Die Niedersächsische Landesregierung hat sich im Jahre 2004 entschlossen, die Eigenverantwortlichkeit als ein bildungspolitisches Ziel im Schulgesetz des Landes zu verankern. Im Bewusstsein, dass Eigenverantwortlichkeit ein Prozess ist, der in Schulen nur langsam implantiert und nicht von außen verordnet werden kann, dass aber dieser Prozess zugleich für die Schulen des Landes einen sehr grundsätzlichen und tief greifenden Paradigmenwechsel bedeutet, hat der verantwortliche Kultusminister, Bernd Busemann, damals vorgeschlagen, dieses bildungspolitische Ziel in Gesetzesform zu gießen. Diese Entscheidung folgt der Erkenntnis, dass langfristige Reformen immer der Gefahr unterliegen, zerredet und verwässert zu werden. Es ist wichtig, für diese Reformen ein klares Ziel zu setzen und die Unausweichlichkeit dieses Ziels für alle Handelnden deutlich zu machen. Nur dann kann gewährleistet werden, dass der Reformprozess selbst nicht nur als Vision verstanden wird, sondern ständig konkretes Handeln verlangt. Mit dem Gesetz zur Einführung der Eigenverantwortlichen Schule, das der Niedersächsische Landtag im Juli 2006 verabschiedet hat, ist das Niedersächsische Schulgesetz in wichtigen Vorschriften verändert worden, mit denen Eigenverantwortlichkeit der Organisationseinheit, moderne Form der Personalführung und Kontrolle der Leistungen durch Außeneinrichtungen eingeführt werden. Es wurden dabei im Wesentlichen folgende Veränderungen vorgenommen:

Zunächst stellt das Gesetz fest, dass die Schule »... im Rahmen der staatlichen Verantwortung und der Rechts- und Verwaltungsvorschriften eigenverantwortlich in Planung, Durchführung und Ausführung des Unterrichts, in der Erziehung sowie in der Leitung, Organisation und Verwaltung« ist. Diese grundsätzliche Bestimmung im § 32 des Schulgesetzes gibt die Richtung der Reform an. Mit der Eigenverantwortlichkeit wird die verbindliche Vorgabe verbunden, dass jede Schule sich ein Schulprogramm gibt. Dieses Schulprogramm »muss darüber Auskunft geben, welches Leitbild und welche Entwicklungsziele die pädagogische Arbeit und die sonstigen Tätigkeiten der Schule bestimmen« (vgl. u. a. von Maercker in diesem Buch). Weiterhin schreibt das Schulgesetz jetzt vor, dass die Schule jährlich den Erfolg ihrer Arbeit zu überprüfen und zu bewerten hat. Zugleich hat sie Verbesserungsmaßnahmen zu planen und diese nach einer »von ihr festgelegten Reihenfolge« durchzuführen. Schließlich schreibt das Gesetz vor, dass die Schule ein Budget aus Landesmitteln bewirtschaftet.

Schließlich ändert die Novelle des Schulgesetzes vom Juli 2006 die Schulverfassung in wesentlichen Punkten. Zum einen wird die Zuständigkeit der Gesamtkonferenz reduziert auf einen abschließenden Katalog von mehr pädagogischen Aufgaben. Des Weiteren wird ein Schulvorstand eingeführt, in dem die Elternschaft erheblich mehr Mitbestimmungsmöglichkeiten und eine größere Anzahl von Mandaten besitzt. Dieser Schulvorstand, der im Vergleich zur Gesamtkonferenz das kleinere Gremium ist, hat die Aufgabe »die Arbeit der Schule mit dem Ziel der Qualitätsentwicklung zu gestalten« (vgl. NSchG § 38 a, Abs. 1). Dazu hat er sehr zentrale Zuständigkeiten für die Gestaltung der Schule, wie die Entscheidung darüber, wie die Entscheidungsspielräume in eigener Verantwortung genutzt werden sollen, wie die Verwendung der Haushaltsmittel erfolgt, wie Stundentafel, Schulpartnerschaften und Schulversuche in der Schule gestaltet werden (vgl. Hasenclever in diesem Buch). Schließlich wird die Stellung der Schulleiterin/des Schulleiters insoweit gestärkt, als sie oder er jetzt Vorgesetzte bzw. Vorgesetzter aller an der Schule tätigen Personen ist, und die Gesamtverantwortung »für die Schule und für deren Qualitätssicherung und Qualitätsentwicklung« trägt (NSchG § 43). Mit der Stärkung der Stellung der Schulleiterin/des Schulleiters führt das Schulgesetz Formen moderner Personalführung ein, die sich in anderen Bereichen längst bewährt haben.

Mit dem Gesetz wird schließlich eine Niedersächsische Schulinspektion als nachgeordnete Behörde des Kultusministeriums eingeführt, die nach von ihr selbst entwickelten Methoden alle Schulen des Landes von außen regelmäßig zu untersuchen hat. Und es wird gesetzlich vorgeschrieben, dass die Schulbehörden für ihre Schulen Beratung und Unterstützung zu leisten haben. Dies wird im Gesetz nicht näher definiert, jedoch ist inzwischen der Ausbau eines differenzierten Angebots und Netzes von Beratung und Unterstützungsmaßnahmen im Land in der Entwicklung weit vorangeschritten.

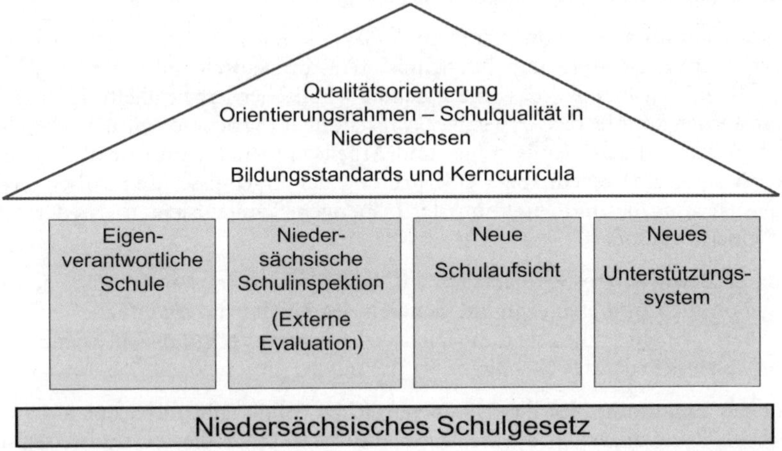

Abb. 1: Neue Architektur *© Heinz-Wilhelm Brockmann*

3. Die »Neue Schulaufsicht«

Nach der Novelle des Niedersächsischen Schulgesetzes von 2006 ruht die Gestaltung und Verbesserung der Qualität der Schulen in Niedersachsen im Wesentlichen auf vier Säulen (vgl. Abb. 1: Neue Architektur). Tragend ist die eigenverantwortlich arbeitende Schule selbst, die als lebendiger Organismus ihr Schulleben entscheidend prägt. Sie ist Ausgangspunkt aller Qualitätsentwicklung in der niedersächsischen Schullandschaft.

Von dieser Eigenverantwortlichen Schule ausgehend sind die anderen Säulen zu definieren. Das sind mit der Schulinspektion und der Landesschulbehörde zwei Seiten der »Neuen Schulaufsicht«. Die Schulinspektion, die in Niedersachsen als unabhängige Einrichtung eigenständig in Organisation und Verwaltung geschaffen worden ist, hat die Aufgabe alle Schulen des Landes im Vier-Jahres-Rhythmus von außen nach einem festgelegten Katalog zu überprüfen. Dieser Katalog ist angepasst an das Grundkonzept der Qualität von Schulen in Niedersachsen, das der Kultusminister den Schulen nach vielen Vorarbeiten im Jahre 2006 zur Orientierung empfohlen hat (vgl. LOHMANN, Orientierungsrahmen in diesem Buch).

Die andere Seite der neuen Schulaufsicht ist die Landesschulbehörde, in der die bisherige Form von Schulaufsicht in schulformbezogenen Dezernaten zusammengefasst ist. Darüber hinaus ist die Landesschulbehörde die umfassende »Service-Einrichtung«, die für die rechtliche und sächliche Unterstützung der Schulen in allen wichtigen Bereichen zur Verfügung steht.

Die vierte Säule bildet das Unterstützungssystem. Es bietet den Eigenverantwortlichen Schulen Beratungs- und Unterstützungsangebote, die die Schulen zu einem intensiven, nachhaltig wirkenden und systematisch angelegten Entwicklungsprozess nutzen können.

Landesschulbehörde und Schulinspektion

Es wäre ein Missverständnis zu meinen, dass die Eigenverantwortliche Schule der Beginn einer »Entstaatlichung« des Schulsystems in Deutschland wäre. Es gibt auch keinen Grund zu meinen, dass die Qualität schulischer Arbeit allein dadurch verbessert werden könnte, dass es weniger Aufsicht über die Schulen gibt. Auch Schulen brauchen wie andere Organisations- und Arbeitseinheiten, damit sie auf Dauer erfolgreich sind, eine regelmäßige Überprüfung der Ergebnisse ihrer Arbeit. Jedoch haben sich Aufgabe und Funktion der bisherigen Schulaufsicht in Niedersachsen entscheidend verändert.

Vor 2003 wurde die Schulaufsicht in Niedersachsen in den Bezirksregierungen wahrgenommen und stellte für die Schulen des Landes die eigentliche vorgesetzte Ebene dar. Sie nahm umfassend die Dienst-, Fach- und Rechtsaufsicht wahr: Sie hatte alle wesentlichen Angelegenheiten der Schule zu entscheiden.

Mit der Einführung der Eigenverantwortlichen Schule gibt die Schulaufsicht eine Reihe von Zuständigkeiten an die Leiterinnen und Leiter dieser Schulen selbst ab. Vorgesetzte aller an der Schule tätigen Personen und schrittweise Dienstvorgesetzte der Lehrkräfte sind Schulleiterinnen und Schulleiter selbst (vgl. Kreutzahler/Jänen in diesem Buch). Vor allem aber übernehmen Schulleiterinnen und Schulleiter die Aufgabe der Personalführung an ihren Schulen. Diese steht nicht unter dem Vorbehalt der Zustimmung des jeweiligen Schulaufsichtsbeamten, sondern muss unmittelbar, auf Dauer und verlässlich von Schulleiterinnen und Schulleitern wahrgenommen werden.

Die Schulaufsicht in der Landesschulbehörde wirkt durch ihre Vorgesetztenfunktion über die Schulleitungen in die Schulen hinein. Schulaufsichtsbeamtinnen und -beamte haben damit weniger die Aufgabe, in Einzelfragen der Schule Entscheidungen zu treffen, als vor allem die Personalführung für Schulleiterinnen und Schulleiter wahrzunehmen. Trotz intensiver regelmäßiger Beurteilungen des unterrichtenden Personals wurde eine umfassende Personalführung bisher durch zahlreiche Einzelentscheidungen behindert. Jetzt gibt diese Funktion der Schulaufsicht eine neue Verantwortung. Die Konzentration auf diese zentrale Führungsaufgabe ermöglicht ihr eine Steuerung, die, wenn sie klug wahrgenommen wird, gelingen kann. Die Schulen stehen damit erstmalig in einem gestuften Geflecht einer Personalführung, das von der Schulleiterin oder dem Schulleiter durchgängig bis zum Kultusministerium präzise verwoben ist.

Damit diese Funktion der Personalführung wahrgenommen werden kann, müssen die Schulaufsichtsbeamtinnen und -beamten eine differenzierte Kenntnis über die Schulen besitzen, für die sie zuständig sind. Diese Erkenntnisse sind zum einen aus den vorliegenden Ergebnissen schulischer Arbeit zu gewinnen, wie sie besonders durch die Ergebnisse der Abschlussarbeiten und die umfänglichen Berichte der Schulinspektion vorliegen. Darüber hinaus muss Schulaufsicht durch regelmäßige Besprechungen mit Schulleiterinnen und Schulleitern, auch durch Vernetzung und Vergleich der Schulen in ihrem Zuständigkeitsbereich, deren Stärken und Schwächen sicher einschätzen können. Die Rolle der Schulaufsicht liegt also vor allem in einer differenziert wahrnehmenden und kenntnisreichen Begleitung der Schulen von außen sowie im Einwirken auf die Schule über den Dialog mit den Schulleiterinnen und Schulleitern.

Darüber hinaus bleibt der Schulaufsicht die Aufgabe, in Konfliktfällen einzugreifen und ggf. selbst direkt zu entscheiden. Wenn bei einer Schule durch die Schulinspektion schwerwiegende Mängel festgestellt wurden und die Schulinspektion eine Nachinspektion anordnet, wenn Schulen offen zu Tage liegende Ergebnisse ihrer Arbeit nicht recht zur Kenntnis nehmen oder im Streit darüber keine eigenen Wege zur Verbesserung ihrer Arbeit finden können, wenn schließlich Konfliktsituationen etwa mit Eltern oder Schulträgern in der Schule nicht mehr gelöst werden können, dann bleibt die Verantwortung der Schulaufsicht für die Schule bestehen.

Dabei wird die Schulinspektion eine entscheidende Hilfe für die Schulen wie für die Schulaufsicht sein können. Sie ist verstanden als zentrale Dienstleistung für die Schulen, die für alle Prozesse der Qualitätsentwicklung eine solide Grundlage liefert: Eine umfassende Beschreibung der derzeitigen Stärken und Schwächen jeder Schule. Diese Dienstleistung kann umso besser wahrgenommen werden, je mehr sich die Schulen selbst als Partner der Schulinspektion verstehen und begreifen, dass die Ergebnisse dieser Überprüfung für sie selbst eine entscheidende Grundlage zur Verbesserung der Arbeit ist. Darum braucht die Schulinspektion umfassenden Einblick in alle bisherigen Planungen, Arbeiten und konzeptionellen Tätigkeiten der Schule. Sie muss den Unterricht der Schule umfassend wahrnehmen können. Sie muss durch Gespräche mit Eltern, Schülerschaft und Schulträger auch deren Sichtweisen und Bewertungen der Schule zur Kenntnis nehmen. Dieses Konzept der Schulinspektion, dass in Niedersachsen entwickelt, für das eigenes Personal in einer eigenen Laufbahn nach eigenen Konzepten geschult und ausgebildet worden ist, scheint sich insgesamt zu bewähren. Es findet große Zustimmung – so der Trend, nachdem bisher rund ein Viertel der Schulen des Landes inspiziert worden ist. Durchgängig wird von den Schulen des Landes die Tatsache als wichtig bewertet, dass mit den Inspektionsberichten für sie eine sehr differenzierte und mit verschiedenen Sichtweisen ausgestattete Bewertung der bisherigen Arbeit vorliegt, die als Grundlage für die Verbesserung schulischer Arbeit und die Entwicklung von Schulprogrammen sowie die Vereinbarung von Zielen gut genutzt werden kann.

Die Schulinspektion handelt unabhängig von Weisungen der Schulaufsicht. Die Inspektionen in den Schulen stehen nicht im Dienst einer bestimmten Einrichtung, sondern nur im Dienst der Schulen selbst. Sie sollen die eigentlichen Profiteure einer gründlichen Außenuntersuchung der Schule sein. Und sie haben auch die Verantwortung, aus Inspektionsberichten die richtigen Schlüsse zu ziehen und Konsequenzen in die Wege zu leiten (vgl. Wilken/Märkl in diesem Buch).

Dennoch muss es ein gutes Miteinander von Schulinspektion und Schulaufsicht geben. Die Schulaufsicht muss nicht nur Kenntnis über alle Ergebnisse der Inspektion haben, sondern sie muss letztlich sicherstellen, dass Konsequenzen aus festgestellten Mängeln gezogen werden. Darum hat Kultusminister Busemann beide Einrichtungen im Frühjahr des Jahres 2007 beauftragt, durch konkrete Absprachen miteinander diese Zusammenarbeit zu verabreden. Die ersten Ergebnisse von entsprechenden Beratungen in allen Abteilungen der Landesschulbehörde liegen inzwischen vor. Sie zielen insgesamt darauf ab, konkrete Verabredungen gemeinsamen Handelns im Verlauf der Schulinspektion zu treffen, ohne dass die Unabhängigkeit beider Seiten damit auch nur im Ansatz infrage gestellt wird.

Beratung und Unterstützung

Mit der Schulgesetznovelle vom Juni 2006 sind die Schulbehörden verpflichtet, den Schulen Beratung und Unterstützung zu gewähren. Darum wird derzeit im Land ein dichtes Netz von Angeboten konzipiert, dass an den wirklichen Bedürfnissen der Schulen orientiert ist. Nicht von außen, nur von den Schulen selbst ist zu definieren, was sie an Hilfe brauchen. Darum muss das Angebot breit, flexibel, regional vernetzt und »Nachfrageorientiert« gestaltet werden. Die Schulen müssen außerdem durch ein eigenes Budget in die Lage versetzt werden, ihre eigenen Wünsche an Hilfe auch zu erfüllen. Dies ist ab dem Jahr 2008 in Niedersachsen vorgesehen.

Die Schulen brauchen Möglichkeiten, Angebote zur Qualifizierung und Beratung in ihrer Nähe zu finden. Dazu wird die regionale Lehrerfortbildung schrittweise auf neue Träger umgestellt, unter denen vermehrt Universitäten und Einrichtungen der Erwachsenenbildung sind. Das Land qualifiziert darüber hinaus eine große Anzahl von Trainerinnen und Trainer für Unterrichtsqualität (vgl. Schack/Mau in diesem Buch). Das sind Lehrkräfte, die durch ein längeres Trainingsprogramm in die Lage versetzt werden sollen, in der Schule selbst und in einem längeren Prozess mit den Lehrkräften aller Schulen für die Verbesserung von Unterrichtsqualität zu arbeiten. Soll dies wirksam sein, braucht es hierfür wirklich einen längeren und nachhaltigen Prozess, der letztlich von der Schule selbst getragen werden muss.

Ebenfalls werden durch das Land Lehrkräfte qualifiziert, die für Schulentwicklungsberatung zur Verfügung stehen, wenn Schulen in organisatorischen Fragen Hilfe brauchen, bei der Steuerung von Gruppenprozessen sowie bei Konflikten in der und um die Leitung der Schule. Schließlich werden Fachberaterinnen und Fachberater für alle Lehrämter eingesetzt, deren Kompetenz vor allem in fachspezifischen Fragen zur Verfügung steht (vgl. Winter/Berghaus in diesem Buch). Damit hält das Land eine Vielzahl von Beraterinnen und Beratern vor, die von den Schulen selbst und nicht erst durch Anweisung der Schulaufsicht eingesetzt werden können.

Schließlich führt das Land auch weiterhin landesweite Beratungs- und Qualifizierungsmaßnahmen durch. Diese dienen vor allem dazu, besondere Qualifizierungsmaßnahmen und bildungspolitische Innovationen in der Schullandschaft umzusetzen. Als Beispiel seien hier die besondere Qualifizierung der Schulleiterinnen und Schulleiter für ihre Aufgabe in der Leitung der Eigenverantwortlichen Schule sowie die Vorbereitung eines Konzepts der individuellen Lernentwicklung an allen Schulen genannt. Beide Maßnahmen können wohl nur vom Land entwickelt und zentral durchgeführt werden. Die Qualifizierung der Schulleiterinnen und Schulleiter ist im Kern eine Führungsaufgabe für eine Personengruppe, die für das Gelingen der neuen Eigenverantwortlichkeit der Schulen ganz entscheidend ist. Eine solche Führungsaufgabe kann das Land als oberster Dienstherr nicht freien Anbietern überlassen, weil es eine originäre Führungsaufgabe des Ministeriums ist, Anforderungen und Ansprüche für Führungskräfte der Schulen selbst zu bestimmen. Das gilt auch für die Implementierung neuer bildungspolitischer Vorhaben, wie es das Konzept »Individuelle Lernentwicklung« darstellt. Das kann auch nicht nur der Nachfrage der Schulen überlassen werden. Bei einer solchen Innovation muss ein gesamtes Konzept der Information und Qualifizierung von Lehrkräften im Interesse der Schülerinnen und Schüler sicherstellen, dass alle Schulen gleichzeitig angesprochen werden.

Damit aber Qualifizierung und Beratung wirklich nachfrageorientiert verlaufen, werden die Schulen ab dem Jahre 2008 über ein eigenes Budget für diese Maßnahmen verfügen. Damit können sie sich bei landeseigenen Angeboten aber auch auf dem »freien Markt« bedienen. Denn auf diesem freien Markt ist das Angebot von Verlagen, Stiftungen und Einrichtungen der Wirtschaft inzwischen reichhaltig. Die Schulen des Landes werden dabei durch einen Überblick im Internet unterstützt. Sie müssen jedoch selbst entscheiden, welche Hilfe sie für sich in Anspruch nehmen. Das Land erwartet, dass durch die Nachfrage der Schulen und ihre Möglichkeit, diese zu befriedigen, hier ein »Markt« entsteht, der die Qualität der Angebote ganz selbstständig regeln wird. Erfahrungen aus anderen Bereichen der Erwachsenenbildung bestätigen dies.

Bei seiner Rede zur Einbringung des Gesetzes »über die Eigenverantwortlichkeit der Schule in Niedersachsen« betonte Kultusminister Busemann, dass diese Novelle des Schulgesetzes einen längeren Prozess in Gang setze, in dem die Schulen die Geschwindigkeit der Reformen selbst bestimmten (Busemann 2006). Eigenverantwortlichkeit muss auch von innen wachsen. Gerade deshalb dürfte diese Schulreform so nachhaltig wirken sein, wie kaum eine zuvor.

Literatur

Busemann, Bernd: Regierungserklärung und Einbringungsrede zur Einführung der Eigenverantwortlichen Schule in der Sitzung des Niedersächsischen Landtages vom 16. 5. 2006, Niedersächsisches Kultusministerium, Hannover, 2006.

Böttcher, Wolfgang: (Was könnten) Bildungsstandards und Kerncurricula bewirken?, ghs Kongress. In: ghs 2003, S. 2.

Arnold, Rolf: Die Systematik des pädagogischen Feldes, rlp, Sonderbeilage 2004, S. 5 ff.

Oelkers, Jürgen: Wie man Schule entwickelt. Eine bildungspolische Analyse nach PISA, Weinheim/Basel/Berlin, 2003.

Niedersächsisches Schulgesetz i. d. F. vom 3. 3. 1998, zuletzt geändert durch das Gesetz zur Einführung der Eigenverantwortliche Schule vom 11. 7. 2006.

2. Schulentwicklung in der Praxis

2.1 Wege zur inneren Qualitätsentwicklung

Armin Lohmann

Hilfe und Herausforderung: Orientierungsrahmen Schulqualität in Niedersachsen

Der »Orientierungsrahmen Schulqualität in Niedersachsen« schafft in Schulen und Schulbehörden Klarheit über gültige Begriffe und Qualitätsansprüche des Landes Niedersachsen. Darüber hinaus bietet er den Schulen auch Sicherheit, ihren schuleigenen Qualitätszustand feststellen und einordnen zu können. Eigenverantwortliche Schulen werden mit Hilfe dieses Instruments ihre innerschulischen Steuerungsprozesse nach selbst festgelegten Prioritäten ausrichten, steuern und ausfüllen. Langfristig wird es ihnen gelingen, der eigenen Schulöffentlichkeit und der Schulinspektion gezielt Auskunft über schulische Ergebnisse und Erfolge zu bieten – Rechenschaftslegung.[1]

Allen Schulen des Landes bleibt künftig die mühselige Diskussion erspart, »*Was ist eine gute Schule?*« und »*Wie gut ist unsere Schule?*« Seit 2006 liefert das Land hierzu eine klare Hilfe mit dem »Orientierungsrahmen Schulqualität in Niedersachsen« (Niedersächsischen Kultusministerium, 2006). In ihm wird der Qualitätsanspruch des Landes Niedersachsen widergespiegelt. Sein Qualitätsverständnis wird mit sechs Qualitätsbereichen und 25 Merkmalen vorgestellt, die eine »gute Schule« beschreiben. Er ist für die praktische Arbeit in den Schulen gedacht und bietet Hilfen für die Entwicklung eines gemeinsamen Qualitätsverständnisses bei der innerschulischen Profilbildung. Darüber hinaus sorgt der Orientierungsrahmen für begriffliche Klarheiten und unterstützt den schulinternen Konsens (Hasenclever in diesem Buch). Er dient der Bestandsaufnahme, erleichtert die Schulprogrammentwicklung und -fortschreibung (von Maerker in diesem Buch) und liefert zudem Anregungen für die Vorbereitung oder auch Auswertung der Schulinspektion (Wilken/Märkl in diesem Buch).

Warum ein einheitlicher Referenzrahmen?

Es ist keine Erfindung der letzten Jahre, dass Schulen an der Verbesserung ihrer Qualität arbeiten. Aber mit der PISA-Debatte ist im deutschen Schulwesen ein deutlicher Professionalisierungsschub zu registrieren. So auch in Niedersachsen. Das betrifft vor allem die Organisation der Entwicklungsprozesse, das interne Bemühen um die Schulkultur (Kreutzahler/Jänen in diesem Buch) oder gezielte Planungen zur Qualitätsverbesserung des Unterrichts und der individuellen Förderung von Schülerinnen und Schülern (Mau/Schack in diesem Buch). Zugleich hat sich die öffentliche Aufmerksamkeit für die Qualität des Schulsystems und das Wirken der

1 Der Autor bezieht sich im Wesentlichen auf seinen Aufsatz zur Einführung des »Orientierungsrahmen Schulqualität in Niedersachsen« im Schulverwaltungsblatt des Niedersächsischen Kultusministeriums 11/2006.

Einzelschule gewandelt. Eltern fordern zunehmend Auskunft über Erfolge und Misserfolge der Schule. Schulqualität wird inzwischen als »Qualität vor Ort« verstanden. Das führt einerseits zu bemerkenswerten schulischen Initiativen und Unterrichtsprojekten, andererseits gerät der Bezug der Einzelschule zum Gesamtsystem leicht aus dem Blick, solange es kein gemeinsames Verständnis von Schulqualität gibt. In diesem Zusammenhang stellen sich berechtigte Fragen: Wie gut ist unsere Schule und wie lässt sich ihre Qualität feststellen, entwickeln und verbessern?« Hierzu hat es bis 2006 in Deutschland keine bindenden Aussagen gegeben.

Ein Blick über die Grenzen in die Niederlande, nach Schottland, Österreich und über die Ozeane hinweg nach Kanada oder Neuseeland verdeutlichen, warum diese Länder in ihrer Schul- und Qualitätsentwicklung weiter vorangeschritten sind. Sie offerieren ihren Schulen ein Qualitätskonzept z. B. wie in Schottland »Wie gut ist unsere Schule?« (DÖBRICH/STERN, 2001). Diese Qualitätsorientierung bietet eine sehr differenzierte Überprüfung der organisatorischen Strukturen, der schulischen Prozesse und ihrer Auswirkungen. Sie nehmen jeweils das ganze System in den Blick. Diese Länder haben früh erkannt, wie wichtig ein Qualitätskonzept für gute Schulen mit klaren Kriterien für eine systematische Qualitätsentwicklung ist. An dieser vorbildlichen Entwicklung orientierte sich auch Niedersachsen und entwickelte mit Unterstützung von Projektschulen des »BLK-Programms QuiSS« (**Qu**alitätsverbesserung **i**n **S**chulen und **S**chulsystemen – QuiSS C/2002-2004)[2], der »Qualitätsnetzwerke« (vgl. Niedersächsisches Kultusministerium, 2005) und der »Bildungsregionen« (www.mk.niedersachsen.de; www.kooperation-das-macht-schule.de) den gültigen Orientierungsrahmen (vgl. Abb. 1). Auf der Basis dieses Qualitätsverständnisses wurden auch die Ansprüche und Kriterien für die Niedersächsische Schulinspektion angepasst (WILKEN/MÄRKL in diesem Buch), und seit 2005 ist das standardisierten Selbstevaluationsverfahren SEIS mit dem niedersächsischen Orientierungsrahmen abgeglichen. Damit ist Niedersachsen das erste Bundesland, dem es gelungen ist die Qualitätsorientierung mit systematischer Evaluation zu verzahnen. Der Orientierungsrahmen findet inzwischen weit über die Landesgrenzen hinaus Beachtung und wurde – mehr oder weniger unverändert – auch von anderen Bundesländern übernommen. Auch den deutschen Auslandsschulen dient der Orientierungsrahmen als Modell zur innerschulischen Konzeptentwicklung.

Was bietet der »Orientierungsrahmen Schulqualität in Niedersachsen«?

Der Orientierungsrahmen erklärt Begriffe, Merkmale. Er beschreibt konkret und anschaulich ein gutes Schulklima, bietet Hinweise zur Verbesserung der Lernkultur und des Unterrichts, ermuntert Schulleiterinnen und Schulleiter ihre Personalentwicklung und -fürsorge stärker zu pflegen und verschafft dem Schulmanagement Orientierungssicherheit zur strategischen Weiterentwicklung der eigenen Schule. Darüber hinaus bietet der Orientierungsrahmen viele Anregungen und Anhalts-

2 Im Rahmen von **QuiSS** haben einige allgemein bildende Schulen Niedersachsens mit dem EFQM-Modell gearbeitet und Kriterien für den Orientierungsrahmen geliefert.

Orientierungsrahmen Schulqualität in Niedersachsen

Qualitätsbereich 1: Ergebnisse und Erfolge	Qualitätsbereich 2: Lernen und Lehren	Qualitätsbereich 3: Schulkultur	Qualitätsbereich 4: Schulmanagement	Qualitätsbereich 5: Lehrerprofessionalität	Qualitätsbereich 6: Ziele und Strategien der Schulentwicklung
1.1 Kompetenzen	2.1 Schuleigenes Curriculum	3.1 Schule als Lebensraum	4.1 Führungsverantwortung der Schulleitung	5.1 Personalentwicklung	6.1 Schulprogramm
1.2 Schulabschlüsse und weiterer Bildungsweg	2.2 Persönlichkeitsentwicklung	3.2 Gesundheitsförderung im Schulalltag	4.2 Qualitätsentwicklung	5.2 Weiterentwicklung beruflicher Kompetenzen	6.2 Evaluation
1.3 Zufriedenheit der Beteiligten	2.3 Lehrerhandeln im Unterricht	3.3 Beteiligung der Schülerinnen, Schüler und Eltern	4.3 Verwaltung und Ressourcenmanagement	5.3 Lehrerkooperation	6.3 Optimierung des Schulumfeldes und der Rahmenbedingungen
1.4 Gesamteindruck der Schule	2.4 Leistungsanforderungen und Leistungsbewertung	3.4 Kooperation mit Schulen, Betrieben und anderen Partnern	4.4 Unterrichtsorganisation		
	2.5 Individuelle Förderung und Unterstützung		4.5 Arbeitsbedingungen		
	2.6 Außerunterrichtliche Schülerbetreuung				

Abb. 1: Niedersächsisches Kultusministerium – Orientierungsrahmen

punkte zur Entwicklung von Schulqualität, indem er eine ideale Schulwirklichkeit abbildet, die es lohnt anzustreben und umzusetzen. Und dort, wo sie in den Schulen noch nicht verwirklicht ist, kann sie mit Hilfe dieses Referenzrahmens angestoßen werden.

Wie ist der Orientierungsrahmen aufgebaut?

Er ist für die praktische Arbeit gedacht. Deshalb bietet er der Schule einen Überblick über wichtige Qualitätsbereiche und -merkmale, indem er einerseits die Vielschichtigkeit der Beschaffenheit und Güte einer Einzelschule sichtbar macht, andererseits einzelne fachliche Aspekte in einem Gesamtzusammenhang darstellt. Insofern bestehen zwischen den Qualitätsbereichen und -merkmalen vielfältige, sich gegenseitig beeinflussende Zusammenhänge bzw. (mitunter komplexe) Wechselwirkungen.

Es werden sechs Qualitätsbereiche unterschieden:

1. Ergebnisse und Erfolge
2. Lernen und Lehren
3. Schulkultur
4. Schulmanagement
5. Lehrerprofessionalität
6. Ziele und Strategien der Schulentwicklung

Diese Qualitätsbereiche sind in insgesamt 25 Qualitätsmerkmale untergliedert (siehe Abb. 1 Orientierungsrahmen). Dabei wird jedes Qualitätsmerkmal nach einem dreistufigen Prinzip in einer tabellarischen Übersicht differenzierter beschrieben:

- in Teilmerkmalen (erste Spalte links) werden die Qualitätsmerkmale ausdifferenziert z. B. 2.1.1 »Fachbezogene schuleigene Arbeitspläne« oder 3.3.1 »Umgangsformen«.
- Ziele und Anhaltspunkte (mittlere Spalte) werden in Form von weiterführenden Fragestellungen übersetzt wie z. B. zu 3.1.1: »Werden soziale Umgangsformen gemeinsam entwickelt, vereinbart und gelebt?« und schließlich wird
- in Beispiele für Nachweise (rechte Spalte) wird stichwortartig verdeutlicht, woran eine Schule die Erreichung entsprechender Ziele ggf. nachweisen kann. Auch diese »Nachweise« sind lediglich als Anregungen zur Reflexion und Bewertung und nicht im strengen Sinne als eindeutige Indikatoren zu verstehen.

Nicht alle Qualitätsmerkmale oder Teilmerkmale sind gleich gewichtig und nicht alle können gleichzeitig in den Blick genommen bzw. bearbeitet werden. Je nach ihren spezifischen Bedingungen, ihrem Entwicklungsstand bzw. nach den Ergebnissen ihrer Selbstevaluation oder der Schulinspektion setzt die Schule Akzente.

Wie können Schulen den Orientierungsrahmen nutzen?

Für die Qualitätsentwicklung der Einzelschule gibt es keinen Königsweg. Es stehen verschiedene Verfahren und Instrumente zur Verfügung, mit denen Schulen den ak-

Steuerungskreislauf
Wie funktionieren Qualitätsentwicklung und Evaluation in der Eigenverantwortlichen Schule mit Hilfe des Orientierungsrahmen ?

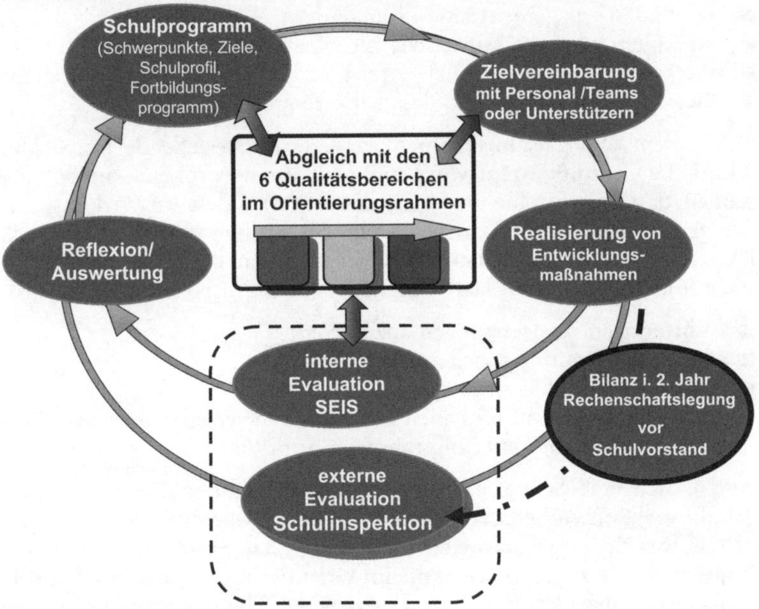

Abb. 2: © Steuerungskreislauf Niedersächsisches Kultusministerium

tuellen Stand ihrer Arbeit feststellen und weiterentwickeln können. Der vorliegende »Orientierungsrahmen Schulqualität in Niedersachsen« eignet sich hierzu in besonderer Weise. Eine Schule, die die Qualität ihrer Arbeit **erstmalig** in systematischer Weise verbessern will, sollte ihre Aufmerksamkeit zunächst einem oder nur wenigen Themenfeldern widmen, die ihr »unter den Nägeln brennen«. Sinnvoll und arbeitserleichternd ist, diese Themenfelder im Orientierungsrahmen zu identifizieren, indem das Kollegium den Orientierungsrahmen als Instrument für eine erste Bestandsaufnahme nutzt. Dafür empfiehlt es sich, gemeinsam mit allen Beteiligten folgende Fragen in den Blick zu nehmen:

- Wie gut ist eigentlich unsere Schule? Wie können wir das für uns feststellen, ohne das Risiko einer Bloßstellung einzugehen?
- Wo stehen wir?
- Wo liegen unsere Stärken und Verbesserungsbereiche?

Für einen gemeinsamen Überblick eignet sich z. B. eine Priorisierung, indem die Mitglieder einer Gesamtkonferenz sowie alle weiteren Mitarbeiterinnen und Mitarbeiter der Schule bis sechs Punkte (entsprechend der Anzahl der Qualitätsbereiche) auf das Poster in die Qualitätsmerkmale des Orientierungsrahmen dort hinkleben, wo ihres Erachtens die Schule Stärken aufweist. Es ist nun Aufgabe der Schulleitung in einem weiteren Klärungsprozess zu entscheiden, welche der weniger gepunkteten Felder die künftige Entwicklungsarbeit der Schule bestimmen werden. Folgende Fragen können hierbei hilfreich sein:

- Wie finden wir gemeinsame Lösungsansätze?
- Wo wollen wir hin? Auf welche Ziele verständigen wir uns?
- Wie können wir unsere Ziele erreichen? Welche Maßnahmen vereinbaren wir?
- Wie stellen wir später fest, dass wir erfolgreich waren?

Mit dem Orientierungsrahmen werden also bestehende Entwicklungen in das schulische Gesamtkonzept von Schulqualität eingeordnet. Schulen entdecken recht schnell, dass das einzelne professionelle Lehrerhandeln im Wirkungszusammenhang der gesamten schulischen Arbeit steht. Sie werden aber auch feststellen, dass das komplette Angebot der Qualitätsbereiche/-merkmale, Ziele und Anhaltspunkte sich nicht auf einmal nutzen lässt, aber Hilfestellungen bietet,

- an bisherigen Anstrengungen anzusetzen,
- im Schulprogramm gezielt fortzufahren,
- neue Schwerpunkte zu setzen,
- alle Maßnahmen mit zeitlichen Prioritäten zu versehen und anschließend mit den Hinweisen des Orientierungsrahmens zu prüfen.

Will sich eine Schule auf eine externe Evaluation durch die Niedersächsische Schulinspektion vorbereiten (WILKEN/MÄRKL in diesem Buch), sollte sie im Vorfeld klären, was sie bisher erarbeitet und erreicht hat. Hilfreich sind die von der Schulinspektion gesetzten Kriterien, die im Orientierungsrahmen an den entsprechenden Stellen extra markiert sind. Für diese interne Überprüfung sind die den Qualitätsmerkmalen zugeordneten Ziele und Anhaltspunkte bzw. Beispiele für Nachweise eine konkrete Praxisunterstützung. Die Schule kann leicht feststellen, welche Nachweise sie der Schulinspektion vorlegt. In den Fällen, in denen die Schule bereits durch eine Schulinspektion bewertet worden ist, wird empfohlen, den Bericht für weitere Impulse zu nutzen. Ein Abgleich mit dem Orientierungsrahmen lohnt sich, weil er die Qualitätsorientierung innerhalb der Schule erleichtert.

Literatur

DÖBRICH, PETER/STERN, CORNELIA: Was ist eine gute Schule? Gütersloh, 2001.

LOHMANN, ARMIN: Der neue Orientierungsrahmen – Bessere Qualitätsausrichtung mit Hilfe des neuen »Orientierungsrahmens«. In: Schulverwaltungsblatt des Niedersächsischen Kultusministeriums, 9/2006, S. 347.

NIEDERSÄCHSISCHES KULTUSMINISTERIUM: »Orientierungsrahmen Schulqualität in Niedersachsen«, Hannover, 2006 (Broschüre mit einem Plakat, als Übersicht mit allen Qualitätsbereichen, -merkmalen und Teilmerkmalen für die Arbeit in den Schulen; weitere Materialien im Internet unter www.mk.niedersachsen.de.

NIEDERSÄCHSISCHES KULTUSMINISTERIUM: Qualitätsentwicklung in Netzwerken, Abschlussbericht Heft 1 und 2, Hannover, 2005 – Zwischen 2002 und 2005 haben sich 64 ausgewählte Schulen aller Schulformen gemeinsam der Aufgabe der »Qualitätsentwicklung in Netzwerken« gestellt. Ihre pädagogische Schulentwicklung richteten sie auf der Grundlage des Niedersächsischen Orientierungsrahmens von

2001 und 2003 aus, indem sie vor diesem Hintergrund ihre Prozesse und Schulerfolge regelmäßig durch eine standardisierte Selbst- als auch externe, Evaluation überprüften.

Bildungsregionen: www.mk.niedersachsen.de: Im Projekt »Erweiterte Eigenverantwortung in Schulen und Qualitätsvergleiche in Bildungsregionen« in Braunschweig und im Emsland arbeiten 148 Schulen mit dem Ziel die Qualitätsvorgaben des Orientierungsrahmens mit ihrer inneren Schulentwicklung abzugleichen. Hierzu setzten sie das standardisierte Selbstevaluationsverfahren SEIS ein, das ihnen Vergleichsmöglichkeiten zu den Ansprüchen des Orientierungsrahmens und zu anderen Schulen gleicher Schulformen bietet. Die Erfahrungswerte dieser Schulen wurden bei der Weiterentwicklung des Orientierungsrahmens berücksichtigt.

www.kooperation-das-macht-schule.de

Wolf-Dieter Hasenclever

Die Idee verankern: Erste Schritte in der Praxis

Die ersten Schritte in die Eigenverantwortlichkeit können entscheidend für die Entwicklung einer Schule in den nächsten Jahren sein. Sie sollten daher mit Augenmaß und zugleich mit klarer Zielsetzung angegangen werden. Einige grundlegende Abläufe sind formal vorgegeben. Aber es kommt wesentlich darauf an, dass insbesondere die Lehrerinnen und Lehrer die Eigenverantwortung als Chance auch im pädagogischen Alltagshandeln erfahren. Dies kann gelingen, wenn Schulleiterinnen und Schulleiter die neuen Kooperationsmöglichkeiten im Schulvorstand klug zu nutzen verstehen und konstruktive Diskussionen auch im gesamten Kollegium initiieren.

Bei der Einführung der Eigenverantwortlichen Schule ist neben allen notwendigen formalen Schritten eines entscheidend: Die Idee der selbst verantworteten Freiheit! Sie ist in unserem Schulsystem die eigentlich neue Triebfeder. Guten fachlichen Unterricht mit konsequenter Erziehungs- sowie Entwicklungsarbeit zu verbinden, eröffnet kreative Prozesse, wenn alle an Schule Beteiligte diese Perspektive gemeinsam mitgestalten und ihre Wege zum neuen Schulprofil selbst festlegen und zu verantworten beginnen. Der Startschuss für dieses neue Gestaltungsprinzip ist die Wahl des neuen Schulvorstandes. Der damit verbundene Beginn einer Diskussion ist auf die Entwicklung der Schule in den nächsten Jahren ausgerichtet. Konkret werden die neuen Ideen mit dem zukünftigen Schulprogramm verbunden.

Eigenverantwortung als Chance für die Lehrerinnen und Lehrer

Bisher war im Schulalltag fast alles geregelt, zum Teil durch Erlasse und bürokratische Eingriffe, zum Teil durch Routinen und eingefahrene Praxis, fast schon überreguliert. Die neue Eigenverantwortung ermöglicht und erfordert von allen Beteiligten dagegen eine neue Blickrichtung auf die Entwicklungsmöglichkeiten ihrer Schule, die sich auf die Erhöhung der Zukunftschancen der der Schule anvertrauten Kinder und Jugendlichen konzentriert. Die Selbstevaluation und das Entstehen eines Schulprogramms sind die Instrumente, die diese neuen Perspektiven fast zwangsläufig herstellen. Klar ist, dass es bei der bevorstehenden Schulentwicklung nicht um mehr Unterricht oder um mehr Belastung im Schulalltag geht. Vielmehr kommt es darauf an, den Innovationsprozess zum Bestandteil des Alltagshandelns werden zu lassen. Schnell wird sich erweisen, dass dies – nach anfänglichen zeitlichen Anlaufinvestitionen – zu einer realen Entlastung des täglichen Schulbetriebs und zu einer Bereicherung von Erziehung und Unterricht führen kann. Dazu muss aber die Idee der Eigenverantwortung auch in das Unterrichtshandeln umgesetzt werden – und umgesetzt werden dürfen. Es geht daher zunächst darum, die bisher sehr oft vorhandenen Hinderungsgründe für eigenverantwortliches Lernen, Gestalten und Handeln in der Schule zu erkennen und zu identifizieren. Dies ist eine entscheidende Aufgabe für die Kollegien: Lehrerinnen und Lehrer können am besten erkennen, was ihre Schülerinnen und Schüler an Organisation, Lern- und Sozialklima benötigen, um sich zu Persönlichkeiten zu entwickeln, die für ihr Lernen und Handeln eigenverantwortlich einstehen können (vgl. LOHMANN/HASENCLEVER in diesem Buch). Dazu brauchen sie jedoch die Unterstützung einer sie stärkenden Schulleitung.

Gelingt es, durch die Idee der Eigenverantwortung mehr Raum zum Experimentieren, Modellieren, eigenverantwortlichem Entwickeln und Herstellen neuer Unterrichts- und Beteiligungsmodelle zu geben, wird sich dies unweigerlich auch auf den Bildungsprozess der Kinder und Jugendlichen auswirken. Hierfür gibt es eine Menge Beispiele, die sich bereits seit langem in der einen oder anderen Weise an vielen niedersächsischen Schulen finden lassen und denen eine Verbreitung im Rahmen der Eigenverantwortlichkeit zu wünschen wäre: Von der Einführung eines Mentorensystems (große Kinder kümmern sich institutionell festgelegt um kleinere) über die Einrichtung nachhaltig ausgerichteter Schülerfirmen bis hin zu Konfliktschlichtungsausschüssen usw. Die Möglichkeiten sind vielfältig.

Die Chance, die der Gesetzgeber der Entwicklung der Schulen in Niedersachsen gegeben hat, sollte aktiv wahrgenommen werden. So werden unter dem Strich alle Beteiligten gewinnen.

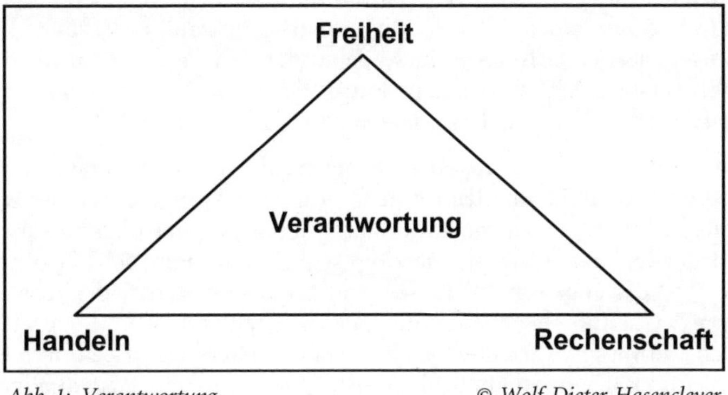

Abb. 1: Verantwortung © *Wolf-Dieter Hasenclever*

Die Rolle der Schulleiterin bzw. des Schulleiters

Auf Grund der Funktionen als Vorsitzende bzw. Vorsitzender der Gesamtkonferenz und des Schulvorstands und der im Schulgesetz festgeschriebenen »Gesamtverantwortung für die Schule und deren Qualitätssicherung und Qualitätsentwicklung« (§ 43 NschG) haben Schulleiterinnen und Schulleiter eine Schlüsselrolle (vgl. KREUTZAHLER/JÄNEN in diesem Buch). Wesentlich von ihnen hängt es ab, ob die verschiedenen Gruppen in der Schule und im Schulvorstand produktiv und konstruktiv miteinander umgehen und ob gute Ideen ernsthaft diskutiert und nach Möglichkeit umgesetzt werden. So wie das Land jetzt Vertrauen in die Fähigkeit zur Eigenverantwortung in seine Schulen setzt, sollten die Schulleiterinnen und Schulleiter Vertrauen in die Fähigkeit zu verantwortlichem Handeln in ihre Kollegien und in die neuen Gremien und ihre Mitglieder setzen. Auseinandersetzungen über Formalien sind dabei eher hinderlich. Vielmehr sollten Schulleiterinnen und Schulleiter eine moderierende Funktion ausüben und zugleich eine inhaltliche Führungsrolle übernehmen. Dies ist der Schlüssel zu einem erfolgreichen Veränderungsprozess (»Change Management«). Ein gemeinsamer Aufbruch der Schule in das neue Spannungsfeld von Freiheit und Verantwortung kann nur so beginnen. Gerade zu Beginn, also bei den ersten Schritten, werden durch Impulse in Wahrnehmung der Leitungsrolle durch die Schulleiterinnen und Schulleiter entscheidende Signale gesetzt, die die Schule für eine geraume Zeit prägen werden (vgl. Dubs, 2005).

Dabei kommt es z. B. darauf an, bei den Überlegungen zur strategischen Ausrichtung der Schule nicht nur den Schulvorstand, der nach Schulgesetz den Vorschlag für ein Schulprogramm und für die Schulordnung erteilt, sondern auch die Gesamtkonferenz, in der ja auch Schüler und Eltern (in der Regel andere als im Schulvorstand) vertreten sind, von Anfang an inhaltlich mit einzubeziehen. Das Beziehungsverhältnis zwischen beiden Gremien ist vom Gesetzgeber bewusst so gestaltet worden, dass der Schulvorstand als Auftraggeber gegenüber dem pädagogischen Gestaltungsgremium der Gesamtkonferenz agiert. »Will die Gesamtkonferenz von den Entwürfen des Schulvorstandes für das Schulprogramm abweichen, so ist das Benehmen mit dem Schulvorstand herzustellen. Bei den ihm obliegenden Aufgaben entscheidet der Schulvorstand grundsätzlich selbstständig und abschließend. Er ist dabei insoweit an keine vorangegangenen Schulbeschlüsse gebunden, als er diese förmlich aufheben müsste. Selbstverständlich wird er seine Entscheidungen aber im Lichte der bisher an der Schule geltenden Beschlusslagen fassen« (Bade/Bräth, 2007).

Nach ausgewerteten Erfahrungen in Projektschulen der Qualitätsnetzwerke und Bildungsregionen wird dieser Abstimmungsprozess inhaltlich durch die Einrichtung einer Arbeits- oder Steuergruppe am besten geleistet, an der die strategisch interessierten »Vordenker« aller Gruppen beteiligt sein sollten.[1] Für ihren Erfolg – und ihre Motivation – ist der enge inhaltliche Kontakt zur Schulleiterin oder zum Schulleiter und der von der Leitung gegebene Rückhalt entscheidend (vgl. hierzu Humpert in diesem Buch). Erfolgreich arbeiten solche Gruppen dann, wenn sie durch eine offene Arbeitsweise und kontinuierlichen, allen Mitgliedern der Schule zugänglichen Dialog für Akzeptanz ihrer Vorschläge sorgen. Die Steuergruppe wird damit zum entscheidenden Instrument auch für die Schulleiterin oder den Schulleiter, die Qualitätsentwicklung der Schule zu einer Angelegenheit aller Schulmitglieder zu machen. So wird sie oder er auf der einen Seite Entlastung finden – aber auf der anderen Seite in hohem Maße der ihr bzw. ihm auferlegten Gesamtverantwortung gerecht werden. Wird dieses Instrumentarium konsequent genutzt und findet die Schulleiterin oder der Schulleiter nicht zuletzt dadurch genügend Unterstützung im Kollegium, kann der Prozess der Selbstevaluation tatsächlich zu einem kontinuierlichen, gewissermaßen in die Schule implementierten Qualitätsentwicklungsprozess führen. Schnell wird dann deutlich, dass er zu einer fühlbaren Entlastung nicht nur der Schulleitung,

1 Dieses gilt auch für kleinere Schulen; o. g. Projektschulen arbeiten bereits mit 12 Lehrkräften recht erfolgreich mit Steuergruppen. Kleinere Grundschulen haben sich freiwillig in einem Schulverbund mit einer gemeinsamen Steuergruppe organisiert.

sondern aller Lehrkräfte führt, deren tägliche Arbeit – der Unterricht, der Umgang mit den Schülerinnen und Schülern und die Beziehung zur Elternschaft – davon sichtbar profitieren (vgl. Reißmann in diesem Buch). Ausdrücklich muss betont werden, dass die Schulen mit der Eigenverantwortlichkeit nicht überfordert werden sollen – und sie sollen sich selbst auch nicht überfordern. Vielmehr sollte der Weg in die Eigenverantwortlichkeit behutsam und mit Augenmaß angegangen werden. Dabei dürfen und werden Schulen ein unterschiedliches Tempo einschlagen, schließlich kann der damit verbundene Paradigmenwechsel gar nicht innerhalb eines oder weniger Jahre komplett umgesetzt werden. Aber die erheblichen Chancen für ein erfolgreiches und zufrieden stellendes Arbeiten werden auf diesem Weg schnell sichtbar.

Die ersten Schritte sollen gelingen

Gelingen die ersten Schritte, die auf dem Weg in die Eigenverantwortlichkeit zu gehen sind, ist der Erfolg des Unternehmens »Eigenverantwortung für die einzelne Schule« kaum mehr aufzuhalten. Folgende erste Schritte sind in der Praxis an allen niedersächsischen Schulen ab dem Schuljahr 2007/2008 zu leisten:

- Alle Schulen werden nach Schuljahresbeginn, bald nachdem sich die Klassenelternräte konstituiert haben, einen Schulvorstand wählen.
- Alle Schulen beginnen mit der Selbstevaluation, indem sie überprüfen, welche Stärken und Schwächen sie haben. Abgeschlossen muss dieser Prozess spätestens bis zum Ende des Schuljahrs 2008/2009 sein.
- Parallel zu den gewonnenen Erkenntnissen soll das Schulprogramm entwickelt werden.

Die Arbeit des Schulvorstands

Die auffälligste äußere Veränderung im Rahmen der Einführung der Eigenverantwortlichen Schule ist die Neueinrichtung des Schulvorstandes als zentrales Entscheidungsorgan der Schule. Bei der Entscheidung des Landtags zu diesem Modell liegt das Leitbild einer Schulgemeinschaft zu Grunde, die sich aus professionellen Pädagogen, engagierten Schülerinnen und Schüler und Erziehungsberechtigten zusammensetzt. Sie alle sind auf Zeit mit existenziellem Interesse an die Schule als Arbeitsplatz und Lernort gebunden. Für sie alle nimmt die Schule einen wichtigen Platz im Leben ein. Daher haben sie grundsätzlich gemeinsam das Anliegen, die Schule, die maßgeblich über die Chancen der Kinder bestimmt, zu einer guten, aktiven Schule zu machen. Ermöglicht wird das durch die Mobilisierung der unterschiedlichen Kräfte einer Schule. »Einzelne Gruppeninteressen können in diesem Gremium nur in ein angemessenes Verhältnis zum Gesamtinteresse der Schule gesetzt werden, weil der Schulvorstand den allgemeinen und schulformspezifischen Bildungsauftrag der Schule in den Mittelpunkt seiner Beratungen und Entscheidungen stellt. Insoweit dient die Arbeit des Schulvorstands der Gewährleistung einer in fachlicher und pädagogischer Hinsicht qualitätsvollen Arbeit in der Schule« (vgl. Bade/Bräth, 2007).

Im Schulvorstand werden die Schulleiterinnen und Schulleiter als Vorsitzende mit den gewählten Vertreterinnen und Vertretern der Schüler, der Erziehungsberechtigten und Lehrkräfte verantwortlich zusammenarbeiten. Bei der Zusammensetzung herrscht grundsätzlich eine Halbparität: Der Schulleiterin bzw. dem Schulleiter als gesetztem Mitglied und den gewählten »Profis« steht ein gleicher Anteil von stimmberechtigten Vertreterinnen und Vertretern der Erziehungsberechtigten und der Schülerschaft zur Seite, jeweils in der Regel mit einem Viertel der Sitze. Ausnahmen gibt es bei Grundschulen, wo die Eltern die Hälfte der Sitze einnehmen und bei Schulen mit mehrheitlich volljährigen Schülern und Schülerinnen wie z. B. Kollegs und bei bestimmten Berufsschulen, wo diese wiederum die Hälfte der Sitze bekommen. Bei Stimmengleichheit gibt die Stimme der Schulleiterin oder des Schulleiters den Ausschlag. Der Einfluss von Eltern und Schülerinnen und Schülern auf die Entwicklung ihrer Schule wird durch den Schulvorstand erheblich gestärkt.

So entscheidet der Schulvorstand in Zukunft u. a. über die Frage, ob und in welchem Umfang die Schule Entscheidungsspielräume im Rahmen der »Deregulierung« in Anspruch nehmen wird (vgl. Krohne in diesem Buch), und über den von der Schulleitung vorgelegten Plan zur Verwendung der Haushaltsmittel. Darüber hinaus ist er zuständig für die Ausgestaltung der Stundentafel, Partnerschaften, Anträge auf Genehmigung von Schulversuchen (§ 22 NSchG) sowie die Grundsätze für die Tätigkeit der Pädagogischen Mitarbeiterinnen und Mitarbeiter an Grundschulen, Gestaltung des zeitlichen Rahmens der Jahresplanung wie z. B. die Durchführung von Projektwochen oder besonderer schulinterner Fortbildungen, die Werbung und das Sponsoring der Schule und die jährliche Überprüfung der Arbeit der Schule nach § 32 Abs. 3 (vgl. Jünke in diesem Buch).

Die Arbeit des Schulvorstands eröffnet die große Chance, neue Formen der Zusammenarbeit zwischen den Lehrkräften, den Eltern und den Schülerinnen und Schülern zu entwickeln. Als wesentliches Kollegialorgan tritt der Schulvorstand in der Eigenverantwortlichen Schule an die Stelle der Gesamtkonferenz.

In diesem gegenüber den Gesamtkonferenzen erheblich verkleinerten Gremium können und sollen intensive Diskussionen über das Selbstbild der Schule, ihre fachlichen und pädagogische Qualität und Verbesserungsmöglichkeiten stattfinden. Die Effizienz seiner Arbeit hängt nicht nur von der verantwortlichen Leitung durch die Schulleiterin oder den Schulleiter ab, sondern auch von dem Willen der drei Gruppenvertretungen, Schüler-, Eltern- und Lehrerschaft. Besonders, wenn eine gute Rückkopplung der Schulvorstandsmitglieder in ihre jeweiligen Gruppen gegeben ist, können die unterschiedlichen Kenntnisse und Kompetenzen der verschiedenen Gruppen der Schulgemeinschaft im gemeinsamen Interesse in die Qualitätsentwicklung der Schule eingebracht werden. Die Schulleiterinnen und Schulleiter haben dort die Möglichkeit, ihre Konzeptionen und Ideen vorzutragen und auf eine breite Grundlage zu stellen, sich also für ihre Pläne in der ganzen Schulgemeinschaft Rückendeckung zu verschaffen. Durch das Recht der Schulvorstände, sachkundige Gäste zu einzelnen Themen oder auch ständige beratende Mitglieder hinzuzuziehen, besteht zumindest mittelfristig eine große Chance, in stärkerem Umfang als bisher bürgerschaftliches Engagement für die Entwicklung der Schule vor Ort zu mobilisieren.

Wie beginnen?

Im praktischen Zeitablauf wird es zunächst einmal um eine vernünftige Konstituierung gehen. In den ersten vier Wochen des neuen Schuljahrs werden die Klassenelternräte und die Klassensprecher gewählt. Ca. 5 – 6 Wochen nach Schuljahrsbeginn werden sich also Schüler- und Schulelternräte gebildet haben und die Wahlen ihrer Vertreterinnen und Vertreter im Schulvorstand durchführen können. Etwas später (wegen der Beteiligung der ebenfalls zu wählenden Eltern- und Schülervertreter in der Gesamtkonferenz) werden auf der ersten Gesamtkonferenz ohne Stimmrecht der Eltern- und Schülervertreterinnen und -vertreter die vom pädagogischen Personal zu wählenden Schulvorstandsmitglieder bestimmt. Erst dann kann sich der Schulvorstand konstituieren. In der Regel dürften die Einladungen zur ersten Sitzung vor den Herbstferien verschickt werden und die erste Sitzung könnte dann kurz nach den Herbstferien stattfinden.

Schade wäre es, wenn der Schulvorstand zu Beginn zu viel Zeit mit der Diskussion einer Geschäftsordnung aufwenden würde. Es mag sinnvoll sein, sich über Einladungsfristen u. ä. zu verständigen, die bisher gültige Konferenzordnung kann dabei Orientierungshilfe bieten. Jedoch sind die zentralen Dinge, wie z. B. die Beschlussfähigkeit, bereits so durch das Schulgesetz geregelt, dass unmittelbar mit der Sachdiskussion im Schulvorstand begonnen werden könnte (weitere Informationen unter www.nibis.de).

Zunächst ist es bei der inhaltlichen Arbeit erfolgversprechend, sich auf ein Thema oder wenige Themenfelder zu konzentrieren. Die neu gewählten Mitglieder des Schulvorstands werden mit eigenen Vorstellungen und Erfahrungen in die Diskussion gehen. Erfahrungen in Projektschulen der Bildungsregionen und ProReKo zeigen, dass z. B. eine Schule sich am Anfang leichter tut, möglichst einen Vorschlag einer jeden Gruppe Ernst zu nehmen und in den jeweils vorgeschlagenen Bereichen mit kleineren schnell umzusetzenden, ganz konkreten, unmittelbar erfahrbaren Verbesserungen zu beginnen. Beispiele sind eine verbesserte Koordination der Schülerbeförderung, ein effektives Benachrichtigungswesen für die Eltern in Bezug auf schulische Informationen, besser planbare Vertretungsregelungen für die Lehrer, klare Fortbildungskonzeptionen zur Stärkung der Lehrerprofessionalität, usw. Schulen, die bereits Erfahrung mit Schulprogramm und Schulinspektion haben, werden in der Regel im Vorstand diese Erfahrungen reflektieren und zum Anlass von Verbesserungsvorschlägen nehmen.

Haben die Mitglieder des Schulvorstands erst einmal die Erfahrung gemacht, dass ihre Anregungen ernsthaft diskutiert und zum Teil auch umgesetzt werden, wird sich schnell ein sehr konstruktives Klima der Zusammenarbeit einstellen.

Bestandsaufnahme und Schulprogramm

Die Bestandsaufnahme ist der ideale Einstieg für die inhaltliche Arbeit im Schulvorstand. Wenn sie schon vorliegt, sollte sie mit den Mitgliedern des Schulvorstandes bilanziert werden. Bei Schulen, die noch keine Selbstevaluation vorgenommen haben und auch noch keine Schulinspektion erlebt haben, wird zunächst sinnvollerweise mit den Grundsätzen der notwendigen Bestandsaufnahme begonnen. Dabei sind folgende Leitfragen eine mögliche Orientierungshilfe:

- Wo stehen wir? Wo liegen unsere Stärken und Verbesserungsbereiche?
- Wo wollen wir hin? Auf welche Ziele verständigen wir uns?
- Wie können wir unsere Ziele erreichen? Welche Maßnahmen vereinbaren wir?
- Wie stellen wir am Ende der Maßnahmen fest, dass wir erfolgreich waren?

Das Land bietet zur Beantwortung dieser Fragen mehrere erprobte Verfahren an, die zum großen Teil in diesem Buch an anderer Stelle näher erläutert werden. Diese Mittel sind der »Orientierungsrahmen Schulqualität in Niedersachsen« (vgl. LOHMANN in diesem Buch), das darauf abgestimmte Selbstevaluationsinstrument »SEIS« (Selbstevaluation in Schulen http://www.das-macht-schule.de/seis-instrument/) der Bertelsmann-Stiftung und das bereits von den niedersächsischen ProReKo-Schulen (http://www.proreko.de) genutzte Qualitätsmanagementverfahren nach dem EFQM-Modell (European Foundation of Quality Management). Grundsätzlich sind den Schulen die Methoden und Verfahren freigestellt, mit denen sie ihre Selbstevaluation und ihre Programmentwicklung betreiben. Der Gesetzgeber hat entschieden, dass alle Schulen eine Selbst-Evaluation bis zum Ende des Schuljahres 2008/2009 durchgeführt haben müssen. Aus der Bestandsaufnahme entwickelt sich das Schulprogramm (vgl. VON MAERKER u. a. in diesem Buch). Es beinhaltet:

1. ein Leitbild mit klaren Aussagen zur pädagogischen Profilentwicklung,
2. lang-, mittel- und kurzfristige Zielsetzungen, die mit der Entwicklung der Schule kontinuierlich fortgeschrieben werden,
3. einen Maßnahmenkatalog zur Qualitätsentwicklung mit einem realistischen Zeitplan für die Umsetzung,
4. ein daran orientiertes Fortbildungskonzept,
5. einen Plan für regelmäßige Bilanzierungen (Rechenschaftslegung vor dem Schulvorstand)
6. sowie ein langfristiges Evaluationskonzept.

Erfahrungen zeigen, dass Schulen für diesen Prozess oft bis zu 18 Monate benötigen; manche haben allerdings sowohl die Bestandsaufnahme (Selbst-Evaluation) als auch ein qualitativ anspruchsvolles Schulprogramm in einem Jahr auf den Weg gebracht. Für die Schulleitungen ist das Schulprogramm ein nicht zu unterschätzendes Führungs- und Planungsinstrument, das in der Eigenverantwortlichen Schule Transparenz und Verbindlichkeit schafft.

Unterstützung organisieren

Die verstärkte Übernahme von Verantwortung für ihre Arbeit und ihre Leistung weckt in vielen Schulen und gerade auch bei Schulleiterinnen und Schulleitern verständliche Befürchtungen. Dabei geht es nicht nur um Fragen nach dem zusätzlich entstehenden Aufwand, sondern auch nach der Unterstützung, die den Schulen bereitgestellt wird. Dies gilt nicht nur für rechtliche und verwaltungstechnische Angelegenheiten, sondern auch für Beratung und Anregung von außen (vgl. WINTER/BERGHAUS in diesem Buch). Denn zweifellos bedeutet mehr Freiheit an einer demokratisch organisierten Schule auch mehr Abstimmungs- und Diskussionsbedarf.

Gerade am Anfang ist es daher für die Schulleitungen und die Schulvorstände auch wichtig, bei der Bestandsaufnahme ohne Scheu auch Bereiche zu definieren, in denen die Schule auf sich allein gestellt nicht klarkommen kann. In solchen Situationen Unterstützung anzufordern oder zu organisieren, gehört zu den wesentlichen Qualitäten von Schulleitung. Hier kann auf ein vielfältiges Angebot des Landes und zusätzlich, in sicher steigendem Maße, auch auf eigene Budgetmittel zurückgegriffen werden, die ihr den Zugang zu dem großen Markt an freien Beratungs- und Unterstützungsangeboten eröffnen. Gespräche mit den zuständigen Dezernenten und – je nach den Schulinspektionsergebnissen – auch Zielvereinbarungen über mögliche Unterstützungsmaßnahmen werden eher die Regel als die Ausnahme sein (vgl. hierzu Rolff/Schmidt, 2002).

Allerdings sollten Zielvereinbarungen auch zu Verbesserungen bereits guter Ergebnisse motivieren – die Stärken stärken! In jedem Fall müssen sie inhaltlich von dem »schwächeren Glied« vorbereitet werden. Leitfragen dazu sind: »Welche Ziele sind für uns realistisch? – Was können wir leisten? – Welche Unterstützung brauchen wir dazu?« Das neue Rollenverständnis der Dezernentinnen und Dezernenten der Landesschulbehörde im Hinblick auf die Eigenverantwortlichkeit der Schulen wird sich an der Praxis solcher dialogischen Beratungsgespräche erweisen, denn ebenso wie die Schulen müssen auch die Behörden zu umlernenden Systemen werden.

Ohne Zweifel – die Dynamik der Eigenverantwortung beginnt mit den ersten Schritten. Sie sind oft schwierig, aber schnell wird sich erweisen, dass der begonnene Prozess frischen Wind und neue Motivation in alle Bereiche unseres Bildungssystems bringen wird.

Literatur

Bade, Rolf/Bräth, Peter: Der Schulvorstand der Eigenverantwortlichen Schule – Organisation und Aufgaben. In: Schulverwaltungsblatt für Niedersachsen, 6/2007.

Brackhahn, Bernhard/Brockmeyer, Rainer/Bethge, Thomas, Hornsteiner/Angelika: Qualitätsverbesserung in Schulen und Schulsystemen – QuiSS, BLK – BMBF Modellprogramm, Bd. 6, Neuwied, 2004.

Berkemeyer, Nils/Holtappels, Günter/Lork, Carolin: Steuergruppenarbeit im Projekt QNW. In: Qualitätsentwicklung in Netzwerken, Abschlussbericht, Niedersächsisches Kultusministerium, Hannover, 2005.

Dubs, Rolf: Die Führung einer Schule, Schule, Stuttgart, 2005.

Grimme, Gisela/Hoffmann, Susanne: Eigenverantwortliche Schule, Chance oder Risiko. In: Schulverwaltungsblatt für Niedersachsen, 4/2007.

Hasenclever, Wolf-Dieter: Der Schulvorstand in Niedersachsen: ein zentraler Baustein der Eigenverantwortlichen Schule. In: Schulmanagement 4/2007.

Rolff, Hans-Günter/Schmidt, Hans-Joachim: Brennpunkt Schulleitung und Schulaufsicht, Neuwied, 2002.

Gerhard Krohne

Eigenverantwortung: Chancen neuer Gestaltungsfreiheit

Die Schule soll ihre Arbeit künftig mehr als bisher an staatlichen Qualitätsvorgaben (zentrale Abschlussprüfungen u. a.) ausrichten und ist laut Niedersächsischem Schulgesetz für ihre Qualitätsentwicklung in erster Linie selbst verantwortlich. Weil die Schule in der Regel am besten weiß, auf welchen Wegen sie die vorgegebenen Ziele erreichen kann, werden ihre Freiräume deutlich erweitert (»Deregulierung«).

Klärung: was »Deregulierung« nicht bedeutet

Wer »*Deregulierung*« sagt, meint in der Regel, dass Vorschriften vollständig entbehrlich sind und damit Verfahren vereinfacht werden. Dieses Missverständnis gilt es von vornherein zu vermeiden: »*Deregulierung*« bedeutet hier gerade nicht, dass die betroffenen Aufgaben einfach ersatzlos entfallen können! »*Deregulierung*« heißt vielmehr Entlastung von vorgegebenen Regelungen.

Gemeint ist insbesondere die Erweiterung von pädagogischer Verantwortung: Befugnisse und Aufgaben werden übertragen, damit Freiräume eigenverantwortlich gestaltet werden können. Ziel ist es, die Prozesse der inneren Qualitätsentwicklung zu fördern und damit die Ergebnisse der Schülerinnen und Schüler zu verbessern. Bewusst ist diese Verantwortung von der bisher regelnden Schulbehörde an die Schulen, an die unmittelbar vor Ort Handelnden übertragen worden, weil sie am besten selbst wissen, was sie brauchen und wie sie die neuen Freiräume kreativ nutzen können. Deregulierung ist im besten Sinne die Realisierung des Subsidiaritätsprinzips.

Grenzen der Eigenverantwortung – staatliche Rahmenvorgaben

Neben den Vorgaben des Niedersächsischen Schulgesetzes sind Schulen nicht nur zu interner und externer Evaluation verpflichtet, sondern beteiligen sich außerdem mit bestimmten Jahrgängen und in ausgewählten Fächern an zentralen Vergleichsarbeiten sowie an den seit 2006 durchgeführten Abschlussprüfungen für alle Schulformen. Bereits jetzt zeigen erste Erfahrungen, dass die zentralen Aufgabenstellungen die fachliche Arbeit in den Schulen nachhaltig positiv beeinflussen. Daneben setzen weitere Vorgaben der Eigenverantwortung von Schulen Grenzen: der Fächerkanon der Stundentafeln, die Regelungen zur Zensurenerteilung und die Versetzung stehen ebenso wenig zur Disposition wie die die spezifische Arbeit bestimmter Schulformen definierenden Vorgaben. Ebenso wird weiterhin die Zensierung ausschließlich durch Lehrkräfte vorgenommen. Neu ist allerdings, dass sie sich dabei auch an den von der Gesamtkonferenz beschlossenen pädagogischen Grundsätzen des Leitbildes zu orientieren haben, ohne dabei die staatlichen Vorgaben zur Zensurenerteilung außer Acht zu lassen.

Schulen Verantwortung übertragen

Ein Blick in die Sammlung aller für den Schulbereich in Niedersachsen gültigen Rechtsvorschriften, die so genannte VORIS-Liste im Bereich des Niedersächsischen Kultusministeriums, verdeutlicht die Regelungsvielfalt und zugleich die Überregulierung: am 1. 1. 2006 enthielt die Liste neben 8 Gesetzen, 22 Staatsvertragsgesetzen, 12 Staatsverträgen und 54 Verordnungen auch insgesamt 192 Rechtsvorschriften der unteren Ebene, die als »Runderlasse« bekannt sind. Unter letzteren wirken lediglich 92 Erlasse unmittelbar auf das innere System der Schule.

Diese 92 Erlasse wurden in einer ersten Stufe der Deregulierung in den Blick genommen. Davon sind inzwischen 15 Erlasse außer Kraft getreten und werden nicht erneuert. 19 Erlasse werden mittels einer Rechtsvorschrift zum 1. 8. 2007 ganz oder teilweise in die Entscheidungsbefugnis der Schulen übertragen. Drei, die den Bereich der dienstrechtlichen Befugnisse und der Beurteilung der Lehrkräfte betreffen, werden zum selben Zeitpunkt zu zwei Erlassen zusammengefasst und mit erweiterten Entscheidungsbefugnissen für die Schulen ausgestattet. Mit neun weiteren Erlassen, die den Status von Handreichungen haben, sind 50 % der in der Schule unmittelbar wirksamen Erlasse in die erste Stufe der Deregulierung einbezogen worden. Wichtig ist darüber hinaus, dass

1. außer Kraft getretene Erlasse weiter als Handreichungen zur Verfügung stehen und
2. die Nutzung der Gestaltungsspielräume in der Schule nicht durch zusätzliche Genehmigungsverfahren der Schulaufsicht erschwert werden darf.

Ebenfalls zum 1. 8. 2007 werden Schulleiterinnen und Schulleiter durch Übertragung von dienstrechtlichen Befugnissen zu Dienstvorgesetzten aller an der Schule Beschäftigten. Ausgenommen von dieser Regelung sind die kommunalen Bediensteten, für die sie aber Vorgesetzte bleiben. Auch wenn diese Form der Übertragung zunächst in einem zeitlich gestuften Verfahren auf die größeren Schulen mit mehr als 20 Vollzeitlehrereinheiten begrenzt wird, so ist doch zum 1. 8. 2008 beabsichtigt, die Entscheidungen über Einstellungen im Eingangsamt, die befristete Einstellung von Vertretungslehrkräften sowie die Möglichkeit der Versetzung und Abordnung von Lehrkräften auf alle Schulen zu übertragen. Ebenso werden Schulleiterinnen und Schulleiter aller Schulformen künftig ihre Lehrkräfte selbst im Unterricht besuchen und beurteilen, und nicht, wie bisher üblich, von Angehörigen der Schulaufsicht. Gerade die Entscheidung über Personalmaßnahmen in der eigenen Schule vor Ort eröffnet unmittelbare Gestaltungsspielräume und Chancen zur Qualitätsverbesserung.

Eigenverantwortung nutzen – Chancen der Gestaltungsfreiheit

Die niedersächsischen Erfahrungen im Umgang mit ermöglichten Gestaltungsspielräumen sind noch jung und vorläufig. Die folgenden Beispiele, die auch auf weitergehenden Überlegungen beruhen, mögen als Anregungen dienen.

Beispiel 1: Rhythmisierung des Unterrichtstages

Wenn eine Schule über die Länge einer Unterrichtsstunde und damit auch über die Rhythmisierung des Unterrichtstages selbst entscheiden kann, eröffnen sich neue Möglichkeiten. Nehmen wir z. B. eine Schule in einem schwierigen Einzugsgebiet. Fast Dreiviertel der Schülerinnen und Schüler dieser Beispielschule kommen morgens regelmäßig ohne Frühstück in den Unterricht und sind durch Erlebnisse und Vorkommnisse aus ihrem häuslichen Umfeld so in Anspruch genommen, dass ein geregelter gemeinsamer Unterrichtsbeginn nahezu unmöglich ist. Die Beispielschule hat sich nun entschieden, eine dreißigminütige Phase zu Beginn jeden Unterrichtsvormittags »vorzuschalten«, in der Lehrkräfte mit Unterstützung der Sozialpädagogin/des Sozialpädagogen und freiwillig helfender Schülerinnen und Schüler ein einfaches gesundes und sehr preiswertes Frühstück anbieten und zu Gesprächen, auch unter vier Augen, zur Verfügung stehen. Auch der Schulleiter mischt sich während dieser Zeit unter seine Schülerinnen und Schüler. Danach beginnt der Unterricht.

»Finanziert« wird dieses Modell so: von jeder der sechs Unterrichtsstunden des Vormittags werden fünf Minuten »abgezweigt«, um dadurch die dreißig Minuten für die dem Unterricht vorgeschaltete Phase zu gewinnen. Lehrerinnen und Lehrer führen während dieser Phase die Betreuung im Wechsel durch und arbeiten die an ihren Unterrichtsstunden fehlenden fünf Minuten so im Laufe eines Monats nach. Die Anwesenheit der Schülerinnen und Schüler wird zu Beginn kontrolliert; wer nicht am Frühstück teilnimmt, kann sich z. B. im Klassenraum mit anderen Schülern treffen oder arbeiten. Der nachfolgende Unterricht ist nach Aussagen der Beteiligten, sowohl der Schülerinnen und Schüler als auch der Lehrkräfte, wesentlich effektiver und stressfreier als nach dem alten Modell, obwohl weniger Zeit für den eigentlichen Unterricht zur Verfügung steht. Darüber hinaus sind an der Beispielschule die Vierzigminutenstunden, von wenigen Ausnahmen abgesehen, durch Achtzigminutenstunden ersetzt worden, um den Schülern einen geeigneteren Rahmen zum eigenständigen Lernen und Üben sowie zur eigenen Präsentation ihrer Ergebnisse zu ermöglichen. Es ist klar, dass dieses Modell genau für diese Beispielschule »passt«. Warum sollen aber andere Schulen nicht für sie passende Modelle kreieren dürfen? Wie man dabei eine nicht gewollte Veränderung der Arbeitszeit der Lehrkräfte vermeidet, wurde gezeigt.

Beispiel 2: Veränderung von Lernkontrollen

Die Anzahl der benoteten (schriftlichen) Lernkontrollen liegt bei den Langfächern im Mittel bei sechs pro Schuljahr. Künftig haben die Schulen die Möglichkeit, neben vier weiter verbindlich vorgeschriebenen zwei andersartig gestaltete, aber auch benotete Lernkontrollen zu verlangen. Dies können z. B. Referate oder Präsentationen von längerfristig erarbeiteten Ergebnissen von Gruppenarbeiten sein. Ziel sollte es sein, Schülern die Möglichkeiten zum Auftreten vor der Gruppe und zum Vertreten einer eigenen Position zu geben.

Gerade der eben geschilderte Typ von Prüfungen trägt zur in § 2 des Schulgesetzes geforderten Persönlichkeitsbildung u. U. mehr als eine schriftliche Arbeit bei, weil hier neben dem rein Fachlichen Aspekte wie Medieneinsatz, Zeitplanung, Vortragsstil und Beantwortung von Fragen zusätzliche Anteile der Prüfungsleistung sind. Auf diesem Wege können diese in der Oberstufe gängigen Prüfungsverfahren schon früh vorbereitet und geübt werden.

Beispiel 3: Schulinterne Lehrerfortbildung

Bei der Festlegung des Zeitpunktes und der Dauer von schulinternen Lehrerfortbildungen zeigt sich beispielhaft, wie gut die im schulischen Verantwortungsprozess Beteiligten zusammenarbeiten und ob tatsächlich die Verbesserung der Ergebnisse der Schülerinnen und Schüler im Mittelpunkt steht. Man wird nach Möglichkeit versuchen, solche Fortbildungen auch künftig in der unterrichtsfreien Zeit zu organisieren, stößt dabei aber an Grenzen. Gibt es gute Gründe, eine Fortbildung z. B. mit dem ganzen Kollegium und Eltern- und Schülervertretern während der Unterrichtszeit durchzuführen, ist es wichtig, gerade Eltern sowie Schülerinnen und Schülern, aber auch dem Kollegium, zu verdeutlichen, worin die Ziele der Veranstaltung liegen und warum es keine sinnvollen zeitlichen Alternativen gibt. Ist man sich über die Ausnahme der Durchführung während der Unterrichtszeit einig, sollte darüber und über die zeitliche Planung schriftlich informiert werden. Möglichst plant die Schule auch Alternativen für die u. U. erforderliche Betreuung von minderjährigen Schülern.

Beispiel 4: Klassenbildung

Eine nicht ganz konfliktfreie Nutzung von Entscheidungsspielräumen liegt in der Möglichkeit, durch die Öffnung des Erlasses zur Klassenbildung in Absprache mit den Eltern eines bestimmten Jahrganges eine zusätzliche Klasse einzurichten. Da es dafür aber keine zusätzlichen Lehrerstunden gibt und die mit den Eltern und dem Schulvorstand getroffene Vereinbarung auch für das Folgejahr, also insgesamt zwei Jahre gilt, muss zwischen »kleineren Klassen in diesem Jahrgang bei gekürztem Unterricht« und »voller Unterrichtsversorgung für größere Klassen« gründlich abgewogen werden.

Nehmen wir das Beispiel eines künftigen siebten Jahrgangs, für den jetzt geplant werden soll. In diesem Jahrgang werden 96 Schüler sein, was nach dem Klassenbildungserlass zu $96 : 32 = 3$ Klassen führen wird (wären es 97 Schüler, dürfte eine weitere Klasse »aufgemacht« werden). Die diesen drei Klassen zur Verfügung stehenden Lehrerstunden belaufen sich unter Berücksichtigung der zwei Poolstunden pro Lerngruppe auf $3 \times 31 + 3 \times 2 = 99$ Unterrichtsstunden pro Woche, wovon 31 Stunden den Pflichtunterricht laut Stundentafel abdecken und die sechs Poolstunden für Fördermaßnahmen, als Verfügungsstunde für die Klassenleitung oder für Arbeitsgemeinschaften eingesetzt werden dürfen. Bildet man nun vier Klassen mit jeweils 24 statt 32 Schülern, haben diese $99 : 4 \approx 25$ Wochenunterrichtstunden statt der laut Stundentafel vorgesehenen 31. Da eine Kürzung von Pflichtunterricht nicht erwünscht und auch nicht zulässig ist, gilt es nun für die zwei Jahre genau abzuwägen: die zusätzlich benötigten $4 \times 6 = 24$ Wochenstunden müssten aus den Poolstunden oder sonstigen Zuschlagsstunden der Schule genommen werden. Diese Entscheidung wird u. U. erleichtert, wenn für bestimmte Fächer zu wenig Lehrkräfte zur Verfügung stehen (Mangelfächer) und der Stundenumfang schon deswegen gekürzt werden muss.

Gerade das letzte Beispiel zeigt, dass hier nicht die Schulleiterin oder der Schulleiter allein entscheiden sollte, sondern dass sie oder er sich sehr gründlich mit den Eltern des betroffenen Jahrgangs abstimmen muss. Forderungen den wegen der Kürzung ausgefallenen Unterricht nachzuholen, sind dann nicht mehr möglich, wenn darüber eine Vereinbarung getroffen wurde. Die Eltern müssen diese Regelung für zwei Jahre akzeptieren: eine schwierige Entscheidung, die nur vor Ort im Einzelfall und nicht zentral für alle 3115 öffentlichen Schulen in Niedersachsen getroffen werden kann. Aber gerade darin liegt der Sinn der Übertragung von erweiterter Eigenverantwortung: nach Möglichkeit die Beteiligten vor Ort in Kenntnis der Auswirkungen selbst entscheiden zu lassen.

Beispiel 5: Nutzung der Stundentafeln

Selbst wenn man berücksichtigt, dass die laut Stundentafel vorgesehene Stundensumme eines Faches z. B. in der Sekundarstufe I insgesamt nicht verändert wird, kann durch kreativen Umgang mit der Stundentafel das Ziel besserer Ergebnisse und Abschlüsse leichter erreicht werden.

In der Beispielschule wurde in den letzten Einschulungsjahrgängen, der Klasse 5, ein hoher Anteil an Aussiedlerkindern mit schlechten Deutschkenntnissen diagnostiziert. In Mathematik waren die neuen Schülerinnen und Schüler aus dem großen Einzugsbereich dieser Schule auf einem akzeptablen Wissens- und Könnensniveau. Um das Problem mit den Deutschkenntnissen in den Griff zu bekommen, erhalten nun alle Klassen im 5. Jahrgang von diesem Schuljahr an 6 statt 5 Jahreswochenstunden in Deutsch und 4 statt 5 in Mathematik, wobei Deutsch im 1. Halbjahr mit 7, im 2. Halbjahr mit 5 Wochenstunden unterrichtet wird, Mathematik entsprechend im 1. Halbjahr mit 3 und im 2. Halbjahr mit 5. Später, wenn dieser Jahrgang die Jahrgangsstufe 9 erreicht haben wird, erhält er dann nur 3 statt 4 Jahreswochenstunden in Deutsch, aber 4 statt 3 in Mathematik. So bleiben sowohl die Stundensumme pro Fach als auch die pro Unterrichtswoche insgesamt unverändert.

Ein solches Modell lässt sich nicht nur auf andere Fächerpaare, sondern auch auf die Organisation von projektartiger Arbeit im Verbund mehrerer Fächer während einer zeitlich begrenzten Phase (z. B. 6 Wochen) übertragen. So kann man die zugehörigen thematische Schwerpunkte des einen Faches zunächst vollständig abarbeiten, dann die des nächsten und des dritten Faches, um schließlich die fächerübergreifenden gemeinsamen Ergebnisse des Gesamtprojekts in Angriff zu nehmen und herauszuarbeiten. Die Stundenanteile der beteiligten Fächer richten sich dabei nach den Rahmenvorgaben der Stundentafeln.

Ausblick

Ein Blick in die Schulen der erfolgreichen PISA-Länder, die ein ähnliches Menschenbild wie wir in der Bundesrepublik Deutschland haben, zeigt, wie der Weg zur internationalen Spitze im Bildungswesen gestaltet werden kann: auf der einen Seite klare staatliche Rahmenvorgaben (z. B. Abschlussprüfungen, eine genaue Ermittlung der Ergebnisse der einzelnen Schule und ein konsequenter mit Folgen versehener Umgang damit) und andererseits die größtmöglichen Freiräume der Schule zur Gestaltung des Weges zu diesen Ergebnissen – das ist die Basis für Erfolg. Hier hat nicht nur in Niedersachsen in den letzten Jahren ein Umdenken eingesetzt, das zu Hoffnung berechtigt. Trotzdem bleibt aber gerade bei der Übertragung von Freiräumen oder dienstrechtlichen Befugnissen auf Schulen auch in Niedersachsen noch Einiges zu tun. Es geht nicht mehr nur um eine Optimierung, es geht um ein Neudenken von Schule. Das braucht eigene Regeln und Wege und verträgt deshalb in dem Findungsprozess zur Qualität noch mehr Gestaltungsfreiräume. Für innovative Geister besteht aber auch schon jetzt die Möglichkeit, die Schulentwicklung weiter zu modernisieren: mittels »Antrag auf Schulversuch« nach § 22 des Schulgesetzes sind Erkundungen und Erprobungen jenseits des bisher Möglichen denkbar und wünschenswert.

Literatur

Niedersächsisches Kultusministerium, Arbeitsgruppe »Eigenverantwortliche Schule« Abschlussbericht, Hannover, 2005.

Jens Reißmann

Es geht nicht ohne: Evaluation

Die Eigenverantwortliche Schule muss ihre Qualitätsentwicklung und Qualitätssicherung planvoll steuern und gestalten. Das geht nicht ohne systematische Formen der Bestandsaufnahme, Analyse und Bewertung; kurz: regelmäßige Evaluation und eine daran anknüpfende Maßnahmeplanung sind unabdingbar. Die Gesamtplanung der Schule bleibt aber bloßes Programm, wenn sie nicht auf den schulischen Arbeitsebenen, in den Jahrgängen, Klassen und Fächern konkretisiert und umgesetzt wird und in die eigentlichen Lehr- und Lernprozesse hineinwirkt. Dabei sind gleichermaßen Ergebnisse und ergebnisrelevante Prozesse zu definieren und in den Blick zu nehmen. Wirkungsvoll wird Evaluation erst durch ein sinnvolles Zusammenspiel von Selbst- und Fremdevaluation. Mit dem SEIS-Instrumentarium und dem System der Schulinspektion liegen dafür erprobte Konzepte vor.

1. Evaluation – zwischen Kontrolle und Entwicklungssteuerung

Evaluation ist einer der pädagogischen Modebegriffe der letzten Jahre. In der Regel wird er in den Schulen mit Überprüfung und Kontrolle assoziiert und löst entsprechend wenig Begeisterung aus. Wer lässt sich schon gern kontrollieren? Ist Kontrolle nicht stets auch Ausdruck von Misstrauen? Aber die Gleichsetzung von Evaluation und Kontrolle greift zu kurz.

Das Wort »Evaluation« heißt so viel wie »Bewertung« oder auch »Auswertung«. Das lateinische »valere« bedeutet dabei nicht nur »wert sein«, sondern auch »stark sein«, »Kraft haben«. Evaluieren meint also eigentlich bewerten, um zu stärken.

Im Kontext von Schule geht es um die Bewertung pädagogischer Ergebnisse und Prozesse. Dies kann sich auf einzelne Unterrichtsstunden oder auf längerfristige Lehr- und Lernprozesse, auf Fachleistungsergebnisse oder komplexe Kompetenzen, auf Teilbereiche der Schule wie das Schulmanagement, das Schulklima oder das Lehrerhandeln im Unterricht oder aber auf die »Schule als Ganzes« oder das Schulsystem beziehen. All das kann selbstverständlich bewertet werden – und all das wird auch im Kontext von Alltagshandeln und -kommunikation von den Beteiligten mehr oder weniger deutlich bewertet. Es gibt kein Handeln im Feld Schule, dem nicht auch persönliche Werturteile zugrunde liegen.

Evaluation meint aber mehr. »Evaluation ist eine methodisch kontrollierte, verwertungs- und bewertungsorientierte Form des Sammelns und Auswertens von Informationen.« (Kromrey, 2003). Es geht also um eine systematische Form der Bewertung. Evaluationsverfahren definieren und legen in der Regel offen: Was wird evaluiert und mit welchem Ziel? Wer evaluiert (bewertet)? Wie werden welche Informationen oder Daten gesammelt und zusammengestellt? Nach welchen Kriterien werden sie bewertet?

Dabei kann Evaluation verschiedene Funktionen haben: Sie kann als Forschungsvorhaben angelegt sein, als Kontrolle im Rahmen von Rechenschaftslegung oder als Entwicklungsprinzip. Im ersten Fall dient sie Forschungsinteressen und orientiert sich an streng wissenschaftlichen Standards. Im zweiten Fall überprüft sie die Einhaltung oder Erfüllung von Vorgaben. Im dritten Fall geht es darum, über Evaluation einen Entwicklungs- bzw. Lernprozess zu steuern.

Im Kontext der Eigenverantwortlichen Schule geht es um Evaluation, die nicht primär oder gar ausschließlich der Kontrolle oder Forschung dient, sondern vor allem der Suche nach Verbesserungsmöglichkeiten bzw. der Entfaltung vorhandener Potenziale: Evaluation als Verfahren der Entwicklungssteuerung, als Hilfe zur Selbsthilfe. Insofern ist Evaluation eher ein Instrument der Emanzipation[1] – und ihre ernsthafte Anwendung Ausdruck eines professionellen Selbstbewusstseins.

Evaluationsverfahren zielen primär auf die Verbesserung von Qualität (Reißmann, 2003). Qualitätskriterien sind zugleich Bewertungskriterien der Evaluation. Die Evaluation von Unterricht schließt die Frage ein, was guter Unterricht ist bzw. welche Kriterien guten Unterricht kennzeichnen – und sie zielt darauf, Unterricht zu verbessern. Die Evaluation der Schule als Ganzes nimmt entsprechend Bezug auf Kriterien guter Schule (Orientierungsrahmen Schulqualität in Niedersachsen, 2006 und Lohmann in diesem Buch). Daher sind Evaluationsverfahren immer auch verbunden mit der Klärung oder Definition von Qualitätskriterien, aber auch mit der Frage von sinnvollen Optimierungs- und Verbesserungsstrategien. Evaluation und Qualitätsentwicklung stehen in einem funktionalen Zusammenhang.

2. Eigenverantwortung und Evaluation

Zweifellos ist die Popularität von Begriffen wie »Evaluation«, »Qualitätsentwicklung« im Sprachgebrauch der Bildungsforschung, -politik und -verwaltung eine Folge der öffentlichen Debatten um die TIMSS- und PISA-Ergebnisse. Offensichtlich gibt es im internationalen Vergleich Mängel und Defizite in unserem Schul- und Unterrichtssystem, also Verbesserungsbedarf. Evaluation soll vorhandene Stärken, insbesondere aber auch Schwächen und Verbesserungspotenziale identifizieren helfen.

Ob der Verbesserungsbedarf unserer Schulen so dramatisch ist, wie die mitunter aufgeregte öffentliche Debatte suggeriert, ist nicht leicht zu entscheiden. Zweifellos feiern dabei auch verbreitete Vorurteile gegen Schule und Lehrerschaft fröhliche Urständ. Dennoch: die Schule ist eine der wichtigsten gesellschaftlichen Institutionen, von daher erfährt ihre Leistungsfähigkeit zu Recht eine besondere Aufmerksamkeit. Von der Schule erwarten wir wesentliche bzw. grundlegende Beiträge zur Persönlichkeitsbildung (Individuierung), zur Einbindung der Heranwachsenden in die demokratische Gemeinschaft (Sozialisation) und zur Vorbereitung auf die Berufs- und Arbeitswelt (Qualifizierung) – kurz: Bildungsleistungen (vgl. Lohmann/Hasenclever in diesem Buch, Persönlichkeitsbildung). Bildung ist Menschenrecht – und gilt

---

1 Dieses pädagogische Modewort der 70er Jahre bedeutet so viel wie »Sich aus dem Zugriff lösen« oder »Sich aus Abhängigkeiten befreien«.

zugleich als zentrale Ressource der modernen Wissensgesellschaft. Nicht ohne Grund besteht eine allgemeine Schulpflicht. Doch es zeigt sich nun: Wir wissen erstaunlich wenig, wie gut unsere Schulen ihren Auftrag erfüllen. Zumindest in Teilbereichen (z. B. Förderung von Migrantenkindern; Förderung unterschiedlicher Begabungen) bleibt unser Schulsystem offensichtlich deutlich hinter den Leistungen anderer Länder zurück. Was die Schulen ansonsten tatsächlich leisten, bleibt weitgehend im Bereich von Vermutungen und Hoffnungen. Zugleich werden Schulen mit ständig neuen Erwartungen und Herausforderungen konfrontiert, die aus gesellschaftlichen Wandlungsprozessen und Umbrüchen resultieren.

In dieser, hier nur sehr grob skizzierten Situation »business as usual« zu betreiben, erscheint fahrlässig. Die regelmäßige und verlässliche Vergewisserung über die eigene Situation und Entwicklung ist unabdingbar.

Verstärkt wird diese Einschätzung durch das, was viele einen »Paradigmenwechsel« in der Steuerung des Schulwesens nennen. Er ist verbunden mit einer Verlagerung von Entscheidungsbefugnissen auf die Ebene der Einzelschulen und einer Erweiterung von Gestaltungsspielräumen. Nachdem Jahrzehnte lang versucht wurde, das komplexe administrative, soziale und pädagogische Geschehen der Schule zentral »en detail« zu regeln, setzt sich nun die Erkenntnis durch, dass Schulen angesichts unterschiedlicher Ausgangs- und Rahmenbedingungen und durchaus vorhandener Problemlösekompetenz vor Ort sehr wohl eigene, flexible Wege beschreiten sollten, um den Bildungsauftrag zu erfüllen.

Mehr Gestaltungsfreiraum bedeutet aber, dass die Schulen selbst in erhöhtem Maße die Qualität ihrer Prozesse und Ergebnisse überwachen müssen: insbesondere die so genannten Kernprozesse, also den Unterricht und die Erziehung, aber auch die vielfältigen das Lernen und Lehren begleitenden und unterstützenden Maßnahmen, Beschlüsse und schulinternen Einrichtungen und Regeln. Eigenverantwortung bedeutet, Antworten geben können: Wo stehen wir? Welche Ziele haben wir? Wie können wir diese Ziele am besten erreichen? Wie können wir feststellen, ob wir die Ziele erreicht haben? Eigenverantwortung heißt immer auch Selbstvergewisserung und Selbstüberprüfung als Ausgangspunkt für Lernen und Weiterentwicklung. Insofern hängen Eigenverantwortung und Evaluation zusammen. Zudem gibt es einen Zusammenhang zum Bildungsauftrag: Eine Schule, die Eigenverantwortung und regelmäßige Selbstüberprüfung und -reflexion ihrer Prozesse und Ergebnisse sowie die darauf bezogene Lernbereitschaft und -fähigkeit glaubhaft »vorlebt«, ist ein überzeugendes Modell für die Persönlichkeitsentwicklung ihrer Schülerinnen und Schüler.

Beide Entwicklungen, der gestiegene Erwartungsdruck in der Öffentlichkeit im Hinblick auf deutliche Qualitäts- und Leistungsverbesserungen in den Schulen bzw. bei Schülerinnen und Schülern und die zunehmende Verlagerung von Entscheidung und Verantwortung auf die einzelnen Schulen machen Evaluation zu einem unverzichtbaren Element der Schulentwicklung. Es geht nicht mehr ohne! Das gilt auch für die pädagogischen Arbeitsprozesse: Regelmäßige Reflexion mit Schülerinnen und Schülern nach abgeschlossenen Unterrichtsthemen(-einheiten) oder z. B. in Fachbereichen zur Entwicklung schuleigener Arbeitspläne gehören zur beruflichen Alltagspraxis von Lehrerinnen und Lehrern in Eigenverantwortlichen Schulen. Die Frage ist nur noch, welche Verfahren sinnvoll und geeignet, effektiv und effizient sind.

3. Einbeziehung aller Ebenen

Die Eigenverantwortliche Schule soll Motivation und Engagement herausfordern, das Lehren und Lernen optimieren und insgesamt zu Qualitätsverbesserungen führen. Dabei sind Evaluationen als Formen der Bestandsaufnahme, der Selbstvergewisserung und Reflexion sowie als Basis für Optimierungsprozesse auf allen wichtigen Handlungs- und Entscheidungsebenen sinnvoll und notwendig:

- auf der Ebene einzelner Schulpersonen (z. B. Schulleiterinnen und Schulleiter, Lehrerinnen und Lehrer, aber auch Schülerinnen und Schüler),
- auf der Ebene der wesentlichen sozialen Gliederungen oder Organisationseinheiten der Schule (z. B. Klassen, Fachkonferenzen, Jahrgangsteams),
- auf der Ebene der Einzelschule als Ganzes (gefordert sind hier die Schulleitung, das Kollegium, die Gesamtkonferenz und der Schulvorstand) oder
- auf der Ebene des Schulsystems eines Landes (durch die Schulbehörden).

Zur letztgenannten Ebene gehören zum Beispiel die Ergebnisse von internationalen Schülerleistungsvergleichen oder von landesweiten Vergleichs- und Abschlussarbeiten. Aber auch die Entwicklung der Schulabschlüsse (Abschlussquoten), der Abbrecher- und Wiederholerquoten sowie die landesweite Auswertung von Ergebnissen der Schulinspektion sind Gegenstand der Evaluation auf der Schulsystemebene. Zielsetzung ist hier ein landesweites Bildungsmonitoring, das alle relevanten Entwicklungen im Schulbereich in den Blick nimmt und dazu Daten und Informationen sammelt und im Hinblick auf eine Optimierung der so genannten Inputsteuerung auswertet. Dies betrifft z. B. Entscheidungen über den Ressourceneinsatz durch das Land, die Qualifizierung der Lehrkräfte und des Führungspersonals, Erlasse und andere Rahmenvorgaben und Regelungen. Gefordert ist hier in erster Linie die zentrale Steuerungsebene des Landes.

Die eigenverantwortliche Schule steht vor der Herausforderung, die anderen angesprochenen Handlungs- und Entscheidungsebenen gezielt und sinnvoll zu verknüpfen: (1) die Gesamtsteuerung der jeweiligen Schule – (2) die Umsetzung im Rahmen der zentralen schulischen Organisationseinheiten (vor allem Klassen, Fächer) – und (3) die Umsetzung auf der eigentlichen Arbeitsebene individuellen Lehrens und Lernens (siehe Übersicht Evaluation).

zu (1) Es hat sich inzwischen herumgesprochen: Die Schule wirkt auch als soziale und pädagogische Handlungseinheit; sie entwickelt und verändert sich als Organisation oder Institution und als »Betrieb«. Sie sieht sich dabei vor immer wieder neue Herausforderungen gestellt. Schule kann und muss daher als Ganzes gestaltet bzw. gesteuert werden. Dies ist zunächst Aufgabe der Schulleiterin bzw. des Schulleiters, die oder der gegenüber dem Schulvorstand diesbezüglich rechenschaftspflichtig ist (vgl. KREUTZAHLER/JÄNEN in diesem Buch). Selbstverständlich sollte Schulentwicklung Qualitätsentwicklung sein, also ein Bemühen um Qualität und Qualitätsverbesserung auf der Basis von Evaluation.

Dabei geht es darum, die Schule als »System«, das heißt in allen wesentlichen Ergebnissen, Abläufen, Regelungen und Organisationsstrukturen und Zusammenhängen in den Blick zu nehmen und möglichst gezielt und kontinuierlich zu verbessern. Der »Orientierungsrahmen Schulqualität in Niedersachsen« bietet hierzu einen Überblick über alle relevanten Handlungsfelder (vgl. Lohmann in diesem Buch).

Eine Selbstevaluation kann die Schule anhand vorhandener und erprobter (ggf. auch selbst entwickelter) Instrumente und Verfahren durchführen. Erprobt sind z. B. das Selbstevaluationsverfahren SEIS oder die Selbstbewertung nach dem EFQM-Modell. Sie wird in Niedersachsen aber auch regelmäßig durch externe Fachleute im Rahmen der Schulinspektion vorgenommen (vgl. Wilken/Märkl in diesem Buch). Alle genannten Evaluationssysteme sind auf das Gesamtkonzept des Niedersächsischen Orientierungsrahmens abgestimmt. Sie beziehen alle Gruppen der Schule ein und zielen auf eine schulintern abgestimmte Gesamtplanung der Schulentwicklung (Schulprogramm, Maßnahmeplanung).

zu (2) Im Mittelpunkt dieser Schulentwicklung müssen zweifellos der Unterricht sowie die Erziehungsarbeit stehen. Alle Maßnahmen sollten letztlich direkt oder indirekt diese so genannten Kernprozesse der Schule positiv beeinflussen und fördern. Sie werden zunächst auf der Ebene bestimmter Organisationseinheiten der Schule geplant und umgesetzt wie Fachkonferenzen, Klassen und Klassenkonferenzen, Jahrgangsteams. In diesen Organisationseinheiten ist festzulegen, wie die Entwicklungsplanung der Schule als Ganzes konkrete Gestalt annimmt: in Form schuleigener Arbeitspläne oder abgestimmter Regelungen und Verbesserungsmaßnahmen, die sich auf Fächer, Klassen, Jahrgänge beziehen. Hier wird über die jeweilige fachbezogene Umsetzung der neuen Kerncurricula, des Methodenkonzepts oder von Fördermaßnahmen entschieden. Hier werden konkrete Regelungen zum Umgang mit Leistungsbewertung oder Hausaufgaben, zum Einsatz neuer Medien, Lehr- und Lernmittel oder zur Einbeziehung außerschulischer Lernorte usw. getroffen. Hier wird die Entwicklung des Arbeits- und Sozialverhaltens der Schülerinnen und Schüler in den Blick genommen, werden die Elternarbeit, die kollegiale Zusammenarbeit und Fortbildungserfordernisse abgestimmt.

Es geht auf dieser Ebene im Wesentlichen darum, die Überprüfung, Bewertung und Optimierung der Unterrichtsprozesse und -ergebnisse oder der Erziehungsarbeit kollegial abzustimmen und zu organisieren. Ziel ist dabei auch, die pädagogische und fachliche Kommunikation und Kooperation zu fördern, die Zusammenarbeit in den Lerngruppen sowie zwischen den Schuljahrgängen zu optimieren.

Schulentwicklung ist also eine Aufforderung auch an alle einschlägigen Organisationseinheiten der Schule, jeweils fach- oder fachbereichsspezifisch, klassen- oder jahrgangsbezogen Bestandsaufnahmen durchzuführen bzw. vorhandene Evaluationsergebnisse auszuwerten, Verbesserungsmaßnahmen zu planen und umzusetzen – immer mit Bezug auf die allgemeinen Ziele der Schule, die sich im Leitbild und im Schulprogramm niederschlagen oder in Auswertungen von Bestandsaufnahmen oder Ergebnisbilanzierungen.

Dabei können mit Rückgriff auf die üblichen Evaluationsverfahren – Daten- und Dokumentenanalyse, Beobachtung, Befragung (Fragebogen/Interview) – verschiedene Maßnahmen verabredet werden: z. B. kollegiale Unterrichtshospitationen, Austausch von Klassenarbeiten, Bilanzierung von Vergleichs- und Abschlussarbeiten, Befragungen zum Klassenklima oder zur Zufriedenheit der Eltern.

zu (3) Letztlich wird es aber wesentlich darauf ankommen, dass Evaluation und Qualitätsentwicklung auch die Ebene individuellen Handelns, vor allem das Lehren und Lernen erreichen.

Auf der Ebene der individuellen Lehr- und Lernprozesse geht es um Verfahren, durch die einzelne Lehrkräfte, aber auch und vor allem die Schülerinnen und Schüler selbst ihren Lehr- bzw. Lernprozess überprüfen, bewerten und verbessern können. Ziel ist die zunehmend eigenverantwortliche Steuerung des eigenen Lernprozesses.

Für die Lehrkräfte heißt das, im Schulalltag praktikable Formen und Verfahren zu finden, die eine Überprüfung und Reflexion des eigenen Unterrichts ermöglichen: Selbstbewertungen, kollegiale Hospitation, Feedback durch Schülerinnen und Schüler usw. – Schulbuchverlage und Andere präsentieren inzwischen ein buntes Angebot an individuellen Selbstevaluations- oder Supervisionsinstrumenten. Letztlich werden alle Planungen und Beschlüsse auf Ebene der Schule (Leitbild, Schulprogramm, Maßnahmeplanung in Folge der Schulinspektion usw.) oder der Klassen- und Fachkonferenzen erst im Handeln der einzelnen Lehrkräfte wirksam, der Lehrerinnen und Lehrer als erwachsene Menschen mit Lebenserfahrung und als (mal mehr, mal weniger erfolgreiche) Experten für Erziehung, Didaktik und Methodik. Daher ist es wichtig, die einzelnen Lehrkräfte über Gespräche, Vereinbarungen und Konferenzbeschlüsse in das Gesamtkonzept der schulischen Qualitätsentwicklung einzubinden.

Ziel aller Bemühungen sind die Schülerinnen und Schüler, sind ihr Lernprozess und ihre Lernergebnisse. In der eigenverantwortlichen Schule geht es darum, eigenverantwortliches und selbst organisiertes Lernen zu fördern. In der modernen Wissensgesellschaft haben Menschen niemals ausgelernt. Lernbereitschaft und die Fähigkeit, den eigenen Lernprozess effektiv zu gestalten, sind wesentliche Voraussetzungen und Kompetenzen. Daher ist die Überprüfung und Bewertung des eigenen Lernprozesses durch die Schülerinnen und Schüler von großer Bedeutung. Sie müssen ihre Stärken und Schwächen nicht nur bezogen auf einzelne Fächer oder Lerninhalte, sondern auch auf Lernstrategien und -methoden, die Organisation von Arbeitsprozessen, das Zeitmanagement usw. analysieren und reflektieren. Auch für diese Art der Evaluation liegen Konzepte und Instrumente vor (Portfolioarbeit, Lerntagebücher, Arbeit mit so genannten Kompetenzrastern (Rubrics), Gruppenauswertungen im Stuhlkreis, usw.).

4. Ergebnisse und Prozesse

Qualitätsentwicklung erfordert, dass auf allen genannten Ebenen Ziele abgestimmt und vereinbart werden und die Zielerreichung in geeigneter Form evaluiert wird. Diese Ziele sollten wünschenswerte Ergebnisse definieren (z. B. Verbesserung der Abschlussquoten oder der Leistungsergebnisse in bestimmten Fächern, Reduzierung von Mobbing- oder Gewaltvorkommnissen), sich aber auch auf für die Ergebniserreichung wichtiger Prozesse beziehen (Lehrerkooperation und -fortbildung, Förderung selbstständigen Lernens, Ausbildung und Einsatz von »Konfliktlotsen« usw.), Evaluationsverfahren prüfen und bewerten, in wie weit die Ziele auch erreicht wurden. Sie sind Grundlage für deren Revision oder Fortschreibung.

Auf allen Ebenen der Qualitätsentwicklung sind im Rahmen von Evaluation also die Ergebnisse und die für die Ergebnisse relevanten Prozesse in den Blick zu nehmen. Dabei verschiebt sich die Aufmerksamkeit derzeit zunehmend auf die »Ergebnisse«. Die aktuelle Betonung einer »Output-Steuerung« spiegelt das wider (vgl. Offen-Grodzki/Othmer in diesem Buch).

Selbstverständlich sind die Ergebnisse der Schule das Entscheidende, und sie sind mitunter in der Debatte um Schul- und Unterrichtsqualität etwas vernachlässigt worden. Auch die Schulinspektion konzentriert sich derzeit überwiegend auf Kriterien der Prozess-Qualität, da für eine vergleichende Bewertung der Ergebnis-Qualität die Datenlage noch sehr unbefriedigend ist. Die Ergebnisse von Schule, insbesondere die Schülerleistungsergebnisse, stehen selbstverständlich in einem Zusammenhang mit der Organisation der innerschulischen Arbeitsprozesse, insbesondere mit dem Unterricht; die Kausalbeziehungen sind aber nicht immer ganz einfach. Zudem spielen außerschulische Faktoren (z. B. familiärer Hintergrund) und personale Besonderheiten (z. B. Lehrerpersönlichkeit) eine nicht unerhebliche Rolle.

Es ist ohnehin nicht ganz einfach, erwartete »Ergebnisse von Schulen« zu definieren, schon gar nicht lassen sie sich aber auf das leicht Messbare reduzieren. Die Ergebnisse von Schule sind komplex – man führe sich nur den Bildungsauftrag nach § 2 des Niedersächsischen Schulgesetzes vor Augen – und nicht so ohne weiteres in Daten, Kennzahlen oder Statistiken zu fassen (vgl. Lohmann/Hasenclever in diesem Buch). Anders formuliert: auch die Bewertung der Ergebnisse von Schule und Unterricht ist nicht ohne Verständigungs- und Klärungsprozesse, nicht ohne pädagogischen Diskurs möglich.

Evaluation als Bewertung oder Auswertung schulischer Prozesse und Ergebnisse ist also immer mit Reflexions- und Verständigungsprozessen verbunden, sie ist Vergewisserung über den Stand der Lernprozesse, der pädagogischen Arbeit und der Schulentwicklung.

Ergebnisse lassen sich zwar nicht so ohne weiteres auf »harte Daten« reduzieren, dennoch sollte Evaluation so weit wie möglich objektive Daten mit heranziehen (z. B. Abschlussquoten und -ergebnisse, Wiederholerquoten). Darüber hinaus sind aber auch qualitative Einschätzungen von Beteiligten (Lehrerinnen und Lehrer, Schülerinnen und Schüler, Eltern, weiterführende Schulen usw.) einzuholen, möglichst nach dem »Mehraugen-« oder »360-Grad-Prinzip«, also als Einschätzung von verschiedenen Seiten bzw. aus mehreren Perspektiven.

Auf jeder der oben genannten Handlungsebenen sollte also geprüft werden, welche objektiven Daten ggf. erhoben oder herangezogen werden können und welche Einschätzungen von Beteiligten vorliegen oder zu erheben sind.

5. Selbstevaluation und Fremdevaluation

Die Evaluation der individuellen Lehr- und Lernprozesse (Wie kann ich meinen Unterricht verbessern? Wie kann ich meinen Lernprozess und meine Leistungsergebnisse verbessern?), aber auch der Fachkonferenzen und schulischen Teams (Wie können wir unsere Zusammenarbeit verbessern? Wie können wir die Einführung der Kerncurricula in die neu zu entwickelnden Schularbeitspläne überprüfen? Wie können wir die angestrebte Teamfähigkeit von Schülerinnen und Schülern qualitativ testen? usw.) wird in den kommenden Jahren an Bedeutung gewinnen. Es zeichnet sich ab, dass geeignete Evaluationsverfahren oder -instrumente (z. B. Fragebögen, Beobachtungsbögen, Checklisten) verstärkt nachgefragt werden. Auch der Erfahrungsaustausch zwischen Schulen wird an Bedeutung gewinnen. Abzustimmen sind diese Evaluations- und Entwicklungsmaßnahmen jeweils mit der Gesamtentwicklung der Schule und ihrer Entwicklungsplanung.

Evaluationsinstrumente müssen im Schulalltag einfach anwendbar und auswertbar sein – und brauchbare Ergebnisse liefern. Das heißt, sie sollten praktikabel, zweckmäßig und fair sein und sich auf den »reale(n) Alltag in der Bildungs- und Erziehungsarbeit, im Unterricht, im Schulklima« beziehen (Lohmann, 2003). Nur dann werden sie auf Akzeptanz stoßen. Evaluationsverfahren und -instrumente müssen zwar nicht unbedingt wissenschaftlichen Ansprüchen genügen, aber doch ein Mindestmaß an Zuverlässigkeit (Reliabilität) und Gültigkeit (Validität) garantieren (vgl. Schratz u. a., 2000; Lohmann, 2003; Kempfert/Rolff, 2005)[2]. Vor allem müssen sie weiterführende Reflexions-, Abstimmungs- und Planungsprozesse anstoßen. Es geht also nicht darum, alles und jedes permanent zu evaluieren. Die Arbeitszeit, auch und insbesondere die pädagogische, ist kostbar. Qualitätsverantwortung zeigt sich auch darin zu entscheiden, was wie aufwändig evaluiert werden sollte, wo ggf. einfache Formen der Erfahrungsreflexion hinreichend sind bzw. wann und wo Evaluation auch verzichtbar ist oder bloßes Ritual zu werden droht.

Bezogen auf die Evaluation der Schule als Ganzes sind mit der Einführung der Eigenverantwortlichen Schule einige wesentliche Neuerungen verbunden. Sie beziehen sich darauf, in den Schulen ein zusammenhängendes System von Selbst- und Fremdevaluierung als Grundlage der schulischen Qualitätsentwicklung zu etablieren.

(1) Alle eigenverantwortlichen Schulen sind verpflichtet, regelmäßig (demnächst jährlich) die Ergebnisse und Erfolge ihrer Arbeit zu bewerten und zu analysieren. In den Schuljahren 2007/2008 und 2008/2009 soll dazu eine erste Selbstevaluation durchgeführt werden. Diese soll im Sinne einer Bestandsaufnahme die wesentlichen Stärken und Schwächen feststellen – aus der Sicht und Einschätzung der schulischen Gruppen. (Von »Selbstevaluation« kann gesprochen werden, wenn die eigentliche Bewertung von den Beteiligten bzw. Betroffenen selbst vorgenommen wird.[3])

2 Diese Problematik kann hier nicht näher ausgeführt werden.

3 Häufig werden Selbst- und Fremdevaluation anhand weiterer Kriterien definiert (Wer ist »Auftraggeber«? Wer legt Verfahren und Kriterien fest?) und von »interner bzw. externer Evaluation« unterschieden.

Die Schulen in Niedersachsen können dabei auf das Instrumentarium SEIS (»Selbstevaluation in Schule«) zurückgreifen (vgl. www.das-macht-schule.de). Die Selbstbewertung basiert ganz wesentlich auf umfassenden Einschätzungen schulischer Handlungsfelder bzw. Qualitätsbereiche, die von den beteiligten schulischen Gruppen vorgenommen werden. Die Bewertungskriterien dieses Instrumentariums sind zwar im Rahmen eines internationalen Pilotprojekts der Bertelsmann Stiftung entwickelt, inzwischen aber relativ weitgehend dem niedersächsischen Referenzrahmen für Schul- und Unterrichtsqualität (Orientierungsrahmen Schulqualität in Niedersachsen) angepasst worden. SEIS erweist sich als besonders hilfreich, weil die erhobenen Einschätzungen der Eltern und Schülerinnen und Schüler ausgewählter Jahrgangsstufen sowie aller Lehrerinnen und Lehrer, des mitarbeitenden Personals und der Schulleitung in einem extern ausgewerteten Schulbericht der Schule zurückgespiegelt werden, so dass die Schule »nur noch« die Priorisierung ihrer Maßnahmen vornehmen muss. Darüber hinaus ermöglicht SEIS Vergleiche mit anderen Schulen und damit eine zusätzliche Standortbestimmung der eigenen Schulqualität (vgl. STERN u. a., 2006).

(2) Die Berufsbildenden Schulen sind bereits verpflichtet, eine systematische Qualitätsentwicklung nach dem EFQM-Modell einzuführen. Dabei werden innerschulisch vorliegende Ergebnisse und zu Grunde liegende schulische Prozesse analysiert und bewertet. Aus dieser Analyse und Bewertung, die sich auf 9 Kriterien (5 so genannte Befähiger-Kriterien und 4 Ergebnis-Kriterien) mit insgesamt gut 30 Teilkriterien bezieht, werden Stärken und Verbesserungsbereiche identifiziert und mögliche Verbesserungsmaßnahmen abgeleitet. Diese werden in einem innerschulischen Verständigungs- und Klärungsprozess »priorisiert« und in Form eines Aktionsplanes festgelegt. Anschließend wird die Umsetzung des Aktionsplans organisiert und der Erfolg der einzelnen Maßnahmen erneut analysiert (vgl. KOTTER, 2004).

Hier wie bei SEIS geht es darum, systematische Bewertungen der schulischen Arbeit vorzunehmen und sich in einem möglichst breiten Konsens auf gut begründete Verbesserungsmaßnahmen zu verständigen. Beide Instrumentarien verstehen sich als Einstieg in eine eigenverantwortliche Steuerung der schulischen Qualitätsentwicklung. Sie gehen davon aus, dass die umfassende Qualitätsfürsorge nicht nur die Kommunikation und Kooperation der Beteiligten fördert, sondern auch Arbeitszufriedenheit und Motivation steigert, die pädagogische Arbeit optimiert und letztlich also zu besseren schulischen Leistungen bzw. Ergebnissen führt.

(3) Mit der Schulinspektion ist darüber hinaus ein umfassendes System der systematischen Fremdevaluation etabliert worden. (Von Fremdevaluation kann man sprechen, wenn die eigentliche Bewertung nicht von den Beteiligten bzw. Betroffenen, sondern von externen Fachleuten vorgenommen wird.) Dieses System wird an anderer Stelle näher beschrieben (vgl. WILKEN/MÄRKL in diesem Buch). Die Schulinspektion liefert der Schule mit dem Inspektionsbericht eine differenzierte Rückmeldung zu allen einschlägigen Qualitätskriterien und damit eine solide Basis für ihre Maßnahmeplanung.

Selbstevaluation der Schule als Ganzes (etwa durch SEIS oder EFQM) ist ein für die Schule aufwändiges Verfahren, das aber hilfreich ist für innerschulische Verständigungs- und Klärungsprozesse. Es kann zudem helfen, Schule als gemeinsames »Unternehmen« zu begreifen und zielgerichtet weiterzuentwickeln. Welche Verfahren der Selbstevaluation die Schule letztlich auswählt und anwendet, ist ihre Entscheidung und soll für den Bereich der allgemein bildenden Schulen in Niedersachsen nicht vorgegeben werden. Die Schule entscheidet auch über die Frage, wie mit den Ergebnissen und Daten umgegangen wird.

Der Vorteil der Selbstevaluation liegt darin, dass die Beteiligten bzw. Betroffenen selbst die Be- und Auswertung vornehmen, sie dadurch aktiv in den Prozess der Qualitätsentwicklung einbezogen werden. Selbstevaluation ist also ein unverzichtbares Element für eine selbstbewusste, eigenverantwortliche Steuerung von Entwicklungs- bzw. Lernprozessen – egal ob auf der Ebene der Schule, der Fachkonferenzen oder der Schülerinnen und Schüler. Sie dient vor allem dazu, gemeinsame und unterschiedliche Einschätzungen und Sichtweisen der Beteiligten zu verdeutlichen, um die Konsens- oder Kompromisssuche zu erleichtern, aber auch dazu, die Umsetzung von Maßnahmen zu begleiten sowie die Ergebnisse und Erfolge so zu überprüfen, dass ggf. kurzfristig »umgesteuert« werden kann.

Fremdevaluation ist als Ergänzung unverzichtbar, da sie ein Korrektiv darstellt zur Selbstwahrnehmung und -bewertung. Der neutrale Blick von außen – etwa im Rahmen der Schulinspektion – durch ausgewiesene Fachleute, die nicht in die Entwicklung und die Gruppendynamik der jeweiligen Schule eingebunden sind, nimmt manches anders wahr. Er kann z. B. »blinde Flecke«, konfliktbedingte Tabuthemen, Selbstüberschätzungen oder -unterschätzungen verdeutlichen. Mitunter bestätigen sich auf diese Weise die Selbstbewertungen, und diese gewinnen so an Motivationskraft. Mitunter kommt es aber auch für die Beteiligten in der Schule zu überraschenden Sichtweisen oder zu unerwartet kritischen Bewertungen, die zunächst Abwehrreaktionen auslösen. Die Qualitätsverantwortung der Schulleitung zeigt sich auch darin, wie souverän und konstruktiv mit dieser Kritik umgegangen wird.

Die Schulinspektion als Fremdevaluation konfrontiert die Schule in regelmäßigen Abständen mit einer kritischen Außensicht und mit Bewertungen ihres Entwicklungsstandes. Sie zieht hilfreiche Zwischenbilanzen auf dem Weg der Schule in die Eigenverantwortung. Die Selbstevaluation begleitet und steuert diesen Weg.

Im Zusammenwirken von Selbst- und Fremdevaluation können die Schulen ihre Qualitätsentwicklung gestalten und sich glaubhaft zu »lernenden Organisationen« entwickeln.

Überblick über in niedersächsischen Projektschulen erprobte Selbstevaluationsverfahren

Unter »Selbstevaluation« werden hier systematische, erfahrungs- und datenbasierte Verfahren der Bewertung verstanden, bei denen die an Schule Beteiligten identisch sind mit den evaluierenden Akteuren. Kurz: Die Beteiligten nehmen eine Selbstbewertung der Schule bzw. der Lehr- und Lernprozesse vor. Regelmäßige Formen der Selbstevaluation fördern das Qualitätsbewusstsein und die Qualitätsverantwortung und sind Grundlage für kontinuierliche Verbesserungsprozesse.

Evaluationsschwerpunkte und -ziele	Evaluationsverfahren und -instrumente	Aufwand/Kosten
Schülerlernprozess: **Evaluation der individuellen Lernentwicklung der Schülerinnen und Schüler und Förderung selbstständigen Lernens** ■ Selbstvergewisserung der Schülerinnen/Schüler über eigene Stärken, Schwächen, Lernentwicklungen ■ regelmäßiges Feedback für Schülerinnen und Schüler ■ Vereinbarung von Prioritäten ■ Erwerb von personaler und sozialer Kompetenz (begründete Selbsteinschätzung und -bewertung, Umgang mit Kritik, Kommunikationsfähigkeit, Planung eigener Arbeitsprozesse) ■ Anerkennung für Lernfortschritte und Leistungen	■ Tests, Vergleichsarbeiten ■ Lerntagebücher, Lernprotokolle mit Selbsteinschätzungen zu Lernfortschritten ■ Schülerbefragung und Auswertungsgespräch ■ Schülerbeobachtung (Lernprozess, Arbeitsverhalten, Lernfortschritte) ■ Checklisten zur (Selbst-)Einschätzung von Schülerleistungen/-präsentationen (Kompetenzraster/»Rubrik« bzw. »rubrics«) ■ Schülerportfolios (Dokumentation und Auswertung der Lernfortschritte und -ergebnisse) ■ Leitfragen zur Lernentwicklung im Unterricht ■ Gruppenauswertung im Stuhlkreis (»Was war für das Lernern förderlich?« »Was hat gehindert?«) ■ »Schattenstudien« ■ Videoaufnahmen und Auswertung ■ Foto-Dokumentation ■ u. a.	■ Prüfung von Literaturhinweisen ■ Herstellung von Materialien (Checkliste, Fragebogen u. a.) ■ Entwicklung von Bewertungskriterien (Rubriken) ■ Abstimmung in Fachteams ■ Vereinbarungen Lehrkraft – Schüler/Schülerin ■ Auswertungsgespräche in der Lerngruppe ■ Kosten für Kopien, Videos u. a.
Unterricht und Erziehung: **Evaluation und Professionalisierung des Lehrerhandelns** ■ professionelle Wahrnehmung des Unterrichts ■ Selbstvergewisserung über eigene pädagogische, didaktische, methodische Stärken und Verbesserungsbereiche ■ regelmäßiges Feedback zum Lehrerhandeln ■ Prioritätensetzung zur weiteren Professionalisierung (individuelle Fortbildungsplanung) ■ kollegiale Beratung und Unterstützung ■ Austausch von Erfahrungen, Konzepten und Materialien	■ Vergleich von Schülerarbeiten im Jahrgang (Austausch von Tests; Vergleichsarbeiten) ■ Fragebögen, Checklisten zur regelmäßigen Selbsteinschätzung des eigenen Unterrichts ■ kollegiale Hospitation (Leitfragen, Leitfaden) ■ regelmäßige Rückmeldungen der Schülerinnen/Schüler/Eltern zum Unterricht, zum Lernerfolg, zum Lernklima, usw. (einfacher Fragebogen zur Selbstauswertung, Zielscheibenabfrage, Spinnennetz-Analyse) ■ Gruppenauswertung im Stuhlkreis in der Klasse (»Was hat gefördert?« »Was hat gehindert?«)	■ Prüfung von Literaturhinweisen ■ Herstellung von Materialien (Checkliste, Fragebogen u. a.) ■ Feedback-Auswertung ■ Vereinbarungen mit Schülerinnen/Schülern bzw. Lerngruppen, ■ Entwicklung von Bewertungskriterien ■ Planungs- und Auswertungsgespräche im Team ■ Einbeziehung externer Beratung

Evaluationsschwerpunkte und -ziele	Evaluationsverfahren und -instrumente	Aufwand/Kosten
■ Stärkung personaler und sozialer Kompetenz (z. B. Umgang mit Kritik, Kommunikations- und Kooperationsfähigkeit) ■ Anerkennung von Leistung ■ Förderung der Teamarbeit ■ Stärkung der persönlichen Verantwortung für die pädagogische Arbeit	■ regelmäßige Reflexion mit der Lerngruppe nach abgeschlossenen Unterrichtsthemen (»Wodurch/Wie stark wurde die Fach-, Lern-, Sozial-, Methoden- und Kommunikationskompetenz gefördert?«) (Fragebogen, Gruppengespräch) ■ Videoaufnahmen von Unterrichtssequenzen (Auswertung im Team)	■ Beschaffung von Unterrichtsvideos ■ Fortbildungsplanung ■ Kosten für Kopien, Videos, Fortbildungen
Unterricht und Erziehung: **Evaluation und Optimierung der pädagogischen Arbeit über/durch die Fach- und Klassenkonferenzen/Teams/Fachbereiche/ Abteilungen** ■ Umsetzung des Leitbildes der Schule und des Schulprogramms ■ Umsetzung der Kerncurricula ■ Überprüfung und Fortschreibung schulischer Facharbeitspläne ■ Abstimmung von Regeln, Hausaufgaben, Leistungsbewertungen usw. ■ Planung von Förderkonzepten und -maßnahmen ■ Fortbildungsplanung ■ Optimierung der Elternarbeit und der Einbeziehung externer Partner	■ Fotoevaluation wird von mehreren Kleingruppen durchgeführt und dokumentiert visuell die Umsetzung des Leitbildes. Nach der Foto-Tour werden die Aufnahmen ausgestellt, ausgewertet und in Steuergruppen, Gesamtkonferenzen ausgewertet. Fotoevaluation eignet sich auch zur Feststellung von »«Wohlfühlorten« und »Schlechtfühlorten« in der Schule. ■ Auswertung von Parallel- bzw. Vergleichsarbeiten ■ Gruppenauswertung nach kollegialer Hospitation (Bildung »professioneller Lerngemeinschaften«) ■ gemeinsame Entwicklung und Überprüfung von Indikatoren zur Unterrichts- und Erziehungsarbeit (Bezug: »Orientierungsrahmen Schulqualität«) (Zielscheiben, Spinnenanalyse) ■ Jahrgangsauswertung der Facharbeitspläne und der durchgeführten Unterrichtsevaluationen ■ Vergleiche von Schülermappen, Arbeitsheften, Schülerpräsentationen verschiedener Klassen	■ Zentrale Leitfragen zum Leitbild oder zum Schul- und Lernklima werden vorher formuliert und Arbeitsgruppen bei ihrer Foto-Tour mit auf den Weg gegeben. ■ Entwicklung, Foto-Tour und Auswertung ■ Entwicklung von Leitfäden, Fragebögen, Checklisten usw. ■ Befragungen und Auswertungen ■ Kosten für Entwicklung (Fotos) und Materialien

Evaluationsschwerpunkte und -ziele	Evaluationsverfahren und -instrumente	Aufwand/Kosten
	■ Befragungen von Eltern, Schülerinnen/Schülern ■ Gespräche mit bzw. Befragungen von Lehrkräften anderer Jahrgangsstufen, anderer Schulen (Leitfaden, Fragebogen) ■ regelmäßige Planungs- und Reflexionsrunden in Teams	
	■ **SEIS** (»Selbstevaluation in Schulen«, entwickelt durch die Bertelsmann Stiftung): systematische Befragungen schulischer Gruppen, abgestimmt auf die Qualitätsbereiche des Orientierungsrahmens »Schulqualität in Niedersachsen« (s. u.)	■ **SEIS:** 80 € Servernutzung + Kosten für Druck der Fragebögen ■ Zeit für Befragung und Auswertung ein bis zwei Vormittage – je nach Größe der Schule (Kosten s. u.)
	■ **IQES** (»Instrumente für die Qualitätsentwicklung und Evaluation in Schulen«, entwickelt von Prof. Helmke): Schülerfragebogen zur Qualität des Unterrichts in Deutsch, Mathematik, Englisch	■ *(bisher nicht in Niedersachsen erprobt)* Befragung und Auswertung
	■ **SefU** (»Schüler als Experten für Unterricht«, entwickelt von der Universität Jena): Schülerfragebogen zum Unterricht	■ Befragung und Auswertung
Schulentwicklung (»**Schule als Ganzes**«): ■ regelmäßige Evaluation der IST-Situation (Bestandsaufnahme) und Stärken-Schwächen-Analyse ■ regelmäßige Bilanzierung der Ergebnisse und Erfolge ■ Priorisierung vorrangiger Maßnahmen (Maßnahmeplanung) ■ systematische Entwicklungsplanung	■ **Bestandsanalyse mit Hilfe des Orientierungsrahmens »Schulqualität in Niedersachsen«** durch eine ggf. extern moderierte Stärken-Schwächen-Analyse	■ benötigt externe Moderation von ein bis zwei Tagen ■ Kosten für einen Moderationstag je nach Anbieter ca. 300 bis 1.300 €
	■ **PEB** (»Pädagogische Entwicklungsbilanzen«, entwickelt vom DIPF): Schüler-, Lehrer-, Elter-Fragebögen zu allen Qualitätsbereichen	■ Kosten: je nach Größe der Schule 500 €; extra Zeit für Befragung und Auswertung

Evaluationsschwerpunkte und -ziele	Evaluationsverfahren und -instrumente	Aufwand/Kosten
■ Leitbildentwicklung, Fortschreibung des Schulprogramms ■ Aufbau eines schulischen Qualitätsmanagements	■ der Schule; automatisierter Schulbericht mit schulformbezogenen Referenzwerten	■ Unterstützung erforderlich – Kosten pro Moderationstag je nach Anbieter 300 bis 1.000 €
	■ **SEIS:** planmäßiges Verfahren einer grundlegenden Bestandsaufnahme zur systematischen Weiterentwicklung des Schulprogramms und zur Vorbereitung auf die Schulinspektion; ist mit dem »Orientierungsrahmen Schulqualität« abgeglichen; erspart Schulen eine umfassende Auswertung. Die Schule erhält einen schriftlichen Schulbericht mit Vergleichswerten zu anderen Schulen. Das Verfahren kann spätestens alle drei Jahre wiederholend eingesetzt werden. Auf Wunsch können Schulen eine gesonderte Berichtsanalyse mit Kommentaren zum Schulbericht durch extra qualifizierte Analysten anfordern. Wird SEIS vernetzt oder im Schulverbund ausgewertet, kann gemeinsamer Handlungsbedarf identifiziert werden, der die Qualifizierungskosten in den Schulen erheblich senken kann (vgl. Hohnschopp und Minderop in diesem Buch)	■ Kosten pro Befragung: 80 € ■ Servernutzung + Kosten für Fragebogendruck und -versand 170 € ■ Befragung und Auswertung ■ Externer Bewertungs- und Analystenbericht falls gewünscht 200 € (ab 2009)
	■ **Peer Reviews:** systematische Untersuchungen durch »kritische Freunde« bzw. unabhängige Experten (z. B. Schulleiterinnen/-leiter anderer Schulen, Schulentwicklungsberaterinnen/-berater); mündliche Rückmeldung, ggf. Bericht	■ ggf. Kosten für zwei bis drei Peer-Review-Tage (inkl. Rückmeldung) ■ Auswertung und Maßnahmeplanung ■ Kosten ab 500 bis 1.500 €

Evaluationsschwerpunkte und -ziele	Evaluationsverfahren und -instrumente	Aufwand/Kosten
	■ **EFQM:** Qualitätsmanagement-Modell der »European Foundation for Quality Management« zur umfassenden Leistungsbewertung und Optimierung der Gesamtorganisation im Hinblick auf eine »exzellente« Organisation. Erfasst und bewertet werden alle relevanten Prozesse/Abläufe und Ergebnisse. Bezüge zum Orientierungsrahmen »Schulqualität in Niedersachsen« sind gegeben. In Niedersachsen verbindlich für BBS. *(**Problem:** EFQM erfordert ein arbeitsteiliges Vorgehen und einen hohen Abstimmungsaufwand, der an kleineren Schulen ggf. schwer realisierbar ist.)*	■ Kosten für a) Erwerb einer Lizenz und eines Qualitätshandbuches (ca. 350 €) und b) für Qualifizierung von eigenem Personal zu EFQM-Assessoren ■ Moderatorenbegleitung an drei bis × Tagen (Kosten zwischen 350 bis 1.500 € pro Tag) ■ Mindestkosten 2.000 €
	■ **Q2E** (»Qualität durch Evaluation und Entwicklung«, in der Schweiz für große BBS und Gymnasien entwickelt): Modell zum Aufbau eines schulischen Qualitätsmanagements auf der Basis eines selbst entwickelten Qualitätsleitbildes. Schulen müssen bestimmte Referenzwerte erreichen, um durch externe Evaluation für Q2E zertifiziert werden zu können.	■ Aufwand für Leitbildentwicklung ■ Fortbildung für Schulleitung, Steuergruppen
© Lohmann/Reißmann 2007	■ **ISO 9001:** Totel Quality Management-Verfahren mit dessen Hilfe Schulen prüfen können, ob sie den Anforderungen des Qualitätsmanagements des »Deutschen Instituts für Normierung = DIN« entsprechen. Der Normenkatalog ist mit dem **D**achverband für »**I**nternational **O**rganisation of Standardisation = ISO« abgestimmt	■ Moderation sowie eine Bewertung von außen erforderlich ■ Kosten für Lizensierung (1.800 €) ■ Kosten für Moderatorentag ca. 1.000 bis 2.000 € ■ Gesamtaufwand ca. 5.000 € und mehr.

Literatur

NIEDERSÄCHSISCHES KULTUSMINISTERIUM (Hrsg.): Orientierungsrahmen Schulqualität in Niedersachsen; Hannover, 2006[3].

KEMPFER, GUY/ROLFF, HANS-GÜNTER: Qualität und Evaluation, Weinheim, 2005.

KROMREY, HELMUT: Evaluierung und Evaluationsforschung: Begriffe, Modelle und Methoden. In: Psychologie in Erziehung und Unterricht, S. 50, München Basel, 2003.

KOTTER, KARL-HEINZ (Hrsg.): Unsere Schule auf dem Weg in die Zukunft. Schulentwicklung nach dem EFQM-Modell (2. Auflage), Wolnzach, 2004.

LOHMANN, ARMIN: Evaluation. In: Pädagogische Führung, 1/2003.

LOHMANN, ARMIN: Externe Evaluation – Balance zwischen Bewertung und Entwicklungsförderung. In: Pädagogische Führung, Heft 3/2006.

REIßMANN, JENS: Erläuterungen zur Schulqualität, Orientierungsrahmen Schulqualität in Niedersachsen; NIEDERSÄCHSISCHES KULTUSMINISTERIUM (Hrsg.), Hannover, 2003[2].

SCHRATZ, MICHAEL (Hrsg.): Qualitätsentwicklung – Verfahren, Methoden Instrumente, Weinheim, 2000.

STERN, CORNELIA/EBEL, CHRISTIAN/VACCARO, ERIC/VORNDRAN, OLIVER (Hrsg.): Bessere Qualität in allen Schulen, Praxisleitfaden zur Einführung des Selbstevaluationsinstruments SEIS, Gütersloh, 2006.

SCHRATZ, MICHAEL/IBY, MANFRED/RADNITZKY, EDWIN (Hrsg.): Qualitätsentwicklung – Verfahren – Methoden – Instrumente, Weinheim, 2000.

Ulrich Mühlenhoff

Ressourcen steuern: Umgang mit dem Budget

Die den Schulen zur Verfügung stehenden Ressourcen sind begrenzt, die Erwartungen an ihre Leistungsfähigkeit aber fast grenzenlos. Daraus ergibt sich die Verpflichtung, die knappen Mittel möglichst effizient einzusetzen. Wie das zu geschehen hat, wissen die Akteure vor Ort sehr gut. Ein Grund mehr, den Schulen eine möglichst umfassende Budgetverantwortung zu übertragen, damit sie flexibler entscheiden und schneller handeln können, was durch die positiven Erfahrungen der Modellversuche unterstrichen wird.

1. Budgetierung – aus wenig viel machen

Budgetierung ist im öffentlichen Dienst weit verbreitet. Gemeinden, Landkreise und das Land verteilen ihre begrenzt verfügbaren Ressourcen (Personal, Geld-, Sachmittel) zweckgebunden auf kleinere Etats der Ressorts bzw. Abteilungen, die in den Haushaltsplänen dargestellt sind. Die Verteilung stellt das Ergebnis eines intensiven politischen und fachlichen Abstimmungsprozesses dar. Die Budgetgeber möchten mit diesen Etats die erwarteten Ausgaben begrenzen und ihre Ziele umsetzen.

Schulen haben gleich zwei Geldgeber. Nach den Regelungen des NSchG (§§ 112 und 113) trägt das Land die persönlichen Kosten für die Lehrkräfte, die Schulträger dagegen die sächlichen Kosten der öffentlichen Schulen und die persönlichen Kosten, die das Land nicht trägt. Beide stellen in getrennten Etats zweckgebundene Mittel zur Verfügung, die von den Schulen als Budgets zum Teil entweder selbst bewirtschaftet oder durch die Landesschulbehörde bzw. die Schulträger verwaltet werden, was vor allem für die Personalausgaben und die Gebäudekosten zutrifft.

Schulen sind also durchaus erfahren im Umgang mit begrenzten Mitteln – letztlich sind ja alle ihre Ressourcen budgetiert. So unterliegen das mögliche Unterrichtsangebot und die Versorgung mit Lehrerstunden Auflagen und Beschränkungen, die stark von der Schülerzahl abhängen. Diese beeinflusst auch die Höhe der übrigen Mittel, die die Schulträger und das Land in ihren Teilbudgets den Schulen zur Verfügung stellen, damit davon u. a. die Ausstattung der Schule und die Kosten der Lehrkräfte für Fortbildung, Schulfahrten oder auch Unterstützungskräfte bezahlt werden können.

Die Schulen müssen mit den begrenzten Mitteln die von ihnen erwarteten Dienstleistungen erbringen und die damit verbundenen Ausgaben abdecken. Das ist nicht immer einfach, vor allem wenn sich die Mittel auf diverse isolierte Einzeletats verteilen und diese möglicherweise unterschiedlichen Bewirtschaftungssystemen unterliegen. Das mindert die Transparenz, verringert die Flexibilität und erschwert insgesamt die Erledigung der Aufgaben.

Reichen bei einer Schule die Mittel nicht aus, sind die erforderlichen Etatüberschreitungen mit der mittelüberwachenden Instanz zu klären. Deren Zustimmung ist aber nur möglich, wenn der zusätzlich erforderliche Betrag aus anderen Haushaltsbereichen abgedeckt werden kann und darf. Hat man dagegen am Ende des Haushaltsjahres seine Mittel nicht vollständig verausgabt, können die Reste nur dann auf das Folgejahr übertragen werden, wenn der Budgetgeber das geregelt hat. Falls nicht, wird das wirtschaftliche (sparsame!) Verhalten aus Sicht der Budgetnutzer bestraft, was dann oft zu den bekannten hektischen Ausgaben am Jahresende führt. Eine derart kleinteilige und wenig flexible Form der Mittelverteilung und -verwaltung hilft den Schulen bei der Bewältigung ihrer anspruchsvollen Aufgaben nicht.

Das gilt erst recht, wenn die Schulen stärker eigenverantwortlich handeln sollen. Sie sind die Akteure vor Ort, die über die besseren Detailkenntnisse für anstehende Problemlösungen verfügen. Deshalb werden sie im Rahmen eines veränderten Steuerungsmodells (vgl. Offen-Grodzki in diesem Buch) künftig Aufgaben wahrnehmen, die bisher einer höheren Hierarchieebene vorbehalten waren. Erfolgreich können sie das aber nur tun, wenn gleichzeitig ihre Handlungsspielräume erhöht und der Entscheidungsvollzug erleichtert werden. Dazu kann auch die Gestaltung der schulischen Haushalte einen Beitrag leisten:

a) Werden Einzeletats zu einem Gesamtbudget zusammengefasst, das einen internen Ausgleich der einzelnen Positionen erlaubt, können die verfügbaren Mittel weitaus flexibler genutzt werden.
b) Mit der Möglichkeit der Übertragung von Haushaltsresten lohnt sich wirtschaftliches Verhalten und wird vorausplanendes Handeln erst möglich. Auch wenn die Mittel damit insgesamt gesehen nicht vermehrt werden, lassen sie sich sinnvoller verwenden, weil Schwerpunkte gesetzt und einzelne Etatpositionen eigenverantwortlich im Rahmen der Deckungsfähigkeit durch das Gesamtbudget – ohne komplizierte Antragsverfahren – überschritten werden können.

Nur um diese Form der erweiterten Budgetierung, wie sie in Niedersachsen vorgesehen ist, geht es in diesem Beitrag, wobei der Schwerpunkt auf der Bewirtschaftung der Landesmittel liegt.

2. Budgetierung – bisherige Erfahrungen

Auf die zuvor schon angedeutete budgetierte Personalausstattung soll hier nur eingegangen werden, wenn sie mit anderen Haushaltspositionen ganz oder teilweise zu einem gemeinsamen Budget verknüpft ist. In der isolierten Form der Personalbudgets sind die Gestaltungsspielräume sehr begrenzt.

Weiter gehende Möglichkeiten ergeben sich erst, wenn die dem Lehrer- oder Mitarbeitereinsatz zu Grunde liegenden Personalkosten Bestandteil eines Gesamtbudgets sind, über dessen Verwendung die Schule flexibel entscheiden kann. Zu diesem sehr weitgehenden Verfahren sind im Schulversuch ProReKo (s. u.) erste Erfahrungen gesammelt worden, die vor einer möglichen Übertragung auf andere Schulen noch abschließend bewertet werden müssen. Aber auch ohne die vollständige Einbeziehung der Personalkosten haben niedersächsische Schulen positive Erfahrungen mit verschiedenen Formen der Budgetierung gesammelt. Allerdings hängt die Wertschätzung eines Budgets in starkem Maße von der Höhe und den vergrößerten möglichen Entscheidungs- und Handlungsspielräumen ab.

a) So ist bei der 1998 per Erlass geregelten Budgetierung der Haushaltsmittel für die Lernmittelfreiheit, Dienstreisen bei Schulfahrten sowie bei der schulinternen Lehrerfortbildung der verfügbare Gesamtbetrag je Schule relativ gering. Die Veränderungen bei der Lernmittelfreiheit führten zu weiteren Verminderungen, so dass sich in der Tat nur sehr kleine Spielräume ergeben, die aber durchaus genutzt wurden.
b) Der 2000 begonnene Modellversuch der Personalkostenbudgetierung (PKB) an größeren Schulen, an dem sich neben einzelnen Gymnasien mittlerweile alle berufsbildenden Schulen beteiligen, umfasst zusätzlich zu den zuvor genannten Positionen noch die anteiligen Mittel für nebenberufliche und befristet einzustellende Lehrkräfte. Der Gesamtbetrag für die PKB liegt derzeit bei ca. 750 € je Vollzeitlehrereinheit (VZLE), so dass sich allein in Abhängigkeit von der Schulgröße Beträge ergeben, die bei den berufsbildenden Schulen zwischen etwa 40.000 € und 100.000 € je Schule liegen. Hierbei sind verschiedene Ausgleichbeträge für besondere Härten einzelner Schulen berücksichtigt. Hinzu kommen Einnahmen in sehr unterschiedlicher Höhe, die durch die Beteiligung der berufsbildenden Schulen an Weiterbildungsmaßnahmen (§ 54 NSchG) entstehen. Die in diesem Gesamtbudget vereinigten Mittel können innerhalb des großzügigen Entscheidungsrahmens frei verwendet werden. Die zu Grunde liegenden Haushaltstitel sind gegenseitig deckungsfähig und für entstehende Haushaltsreste ist die Übertragbarkeit auf das Folgejahr vorgesehen. Diese großen bis sehr großen Schulen gehen sehr selbstverständlich und sicher mit ihren Gesamtbudgets um. Die Verteilung und intentionsgemäße Verausgabung der Mittel funktionieren weitestgehend problemlos, was gleichermaßen für die technische Abwicklung der Geschäftsvorfälle und die Rechenschaftslegung gilt. Der größte Teil des Geldes wird in den meisten Fällen für den flexiblen Lehrkräfteeinsatz zur Verbesserung der Unterrichtsversorgung und die im BBS-Bereich oft sehr teure Fort- und Weiterbildung genutzt.
c) Schulen im Projekt »Erweiterte Eigenverantwortung in Schulen und Qualitätsvergleiche in Bildungsregionen und Netzwerken« haben zusätzlich zu den aus anderen Zusammenhängen vorhandenen Budgetanteilen die Möglichkeit der Kapitalisierung von Stellenanteilen für die Dauer des Projekts. Diese Möglichkeit können auch Ganztagsschulen nutzen.
d) Ein erhöhtes Budget erhalten Verlässliche Grundschulen sowie Schulen, für befristete Beschäftigungsverträge bzw. die Vergütung der pädagogischen Mitarbeiterinnen und Mitarbeiter.
e) Der umfassendste Budgetierungsansatz findet sich bei den »ProReKo«-Schulen. Den 19 berufsbildenden Schulen, die an dem 2003 begonnenen Modellversuch »Projekt Regionale Kompetenzzentren« teilnehmen, stehen zusätzlich zu den schon genannten Etats auch die vollständigen Mittel für das Personal in einem Gesamtbudget zur Verfügung. Diese Schulen verfügen über eigene Stellenpläne, die sie selbstständig bewirtschaften. Sie müssen die Kosten für ihre Lehrkräfte aus den Zuweisungen des Gesamtbudgets bezahlen. Als weitere Besonderheit des

Schulversuchs ist zu erwähnen, dass das Land Niedersachsen und die Schulträger ihre Mittel in ein gemeinsames Schulbudget einbringen und deren gegenseitige Deckungsfähigkeit vereinbart haben (vgl. Vereinbarung im Anhang). Mit dieser Steigerung der Gesamtbudgetsumme erhöht sich auch das Nutzungspotenzial, ohne dass 1 € zusätzlich investiert wurde. Immerhin belaufen sich allein die vom Land und den Schulträgern gewährten Budgets der ProReKo-Schulen auf Summen, die zwischen gut drei und fast sieben Millionen Euro betragen. Hinzuzurechnen sind ggf. die Einnahmen durch die Beteiligung an Weiterbildungsmaßnahmen (§ 54 NSchG) und/oder durch andere wirtschaftliche Aktivitäten der ProReKo-Schulen. Auch wenn man berücksichtigt, dass der weitaus größte Teil der Mittel durch die festgelegten Personalkosten nicht disponibel ist, ergeben sich doch sehr umfassende Gestaltungsmöglichkeiten für diese Schulen. So stehen ihnen beispielsweise die Mittel von vorübergehend unbesetzten Planstellen zur Verfügung, die für flexible Vertretungslösungen oder für andere förderliche Aktivitäten genutzt werden können. Diese Schulen haben die große Chance, z. B. durch konzentrierten Mitteleinsatz ihre Entwicklungsziele wirkungsvoll zu fördern oder kurzfristig auf veränderte Bildungsbedürfnisse in der Region reagieren zu können. Schulen mit einer so weitgehenden Budgetverantwortung können und müssen schon fast wie ein Wirtschaftsbetrieb geführt werden. Damit die Mitarbeiter und Führungskräfte den damit verbundenen erhöhten Anforderungen Rechnung tragen können, werden sie entsprechend geschult. Die zur Erledigung der anspruchsvollen Aufgaben erforderlichen freien Arbeitskapazitäten sind naturgemäß in größeren Einrichtungen wie den berufsbildenden Schulen, großen Gesamtschulen oder Gymnasien eher verfügbar.

3. Die Budgets der Eigenverantwortlichen Schulen

Im § 32 (4) NSchG ist die Frage des Budgets für die Eigenverantwortlichen Schulen vom Grundsatz her geregelt: »Die Schule bewirtschaftet ein Budget aus Landesmitteln nach näherer Bestimmung im Haushaltsplan des Landes. Sie kann nach näherer Bestimmung des Kultusministeriums, die der Zustimmung des Finanzministeriums bedarf, Girokonten führen; dabei können Ausnahmen von den Vorschriften über Zahlungen, Buchführung und Rechnungslegung (§§ 70 bis 72, 75 bis 80 der Landeshaushaltsordnung) zugelassen werden.«

Aus welchen Bestandteilen sich die Schulbudgets zusammensetzen und welche Bewirtschaftungsauflagen damit verbunden sind, wird auf dem Erlasswege geklärt. Der derzeit (April 2007) vorliegende Entwurfsstand sieht in Abhängigkeit vom Umfang der Aufgabenübertragung verschiedene Lösungen für die Budgetierung vor. Alle eigenverantwortlichen Schulen erhalten unabhängig von ihnen bereits zustehenden Budgetanteilen jedenfalls ein Basisbudget, das die Mittel für Schulfahrten und die schulinterne Fortbildung (SchiLF) enthält. Es bietet auf Grund seiner Zusammensetzung sicherlich nur begrenzte Möglichkeiten, stellt aber den ersten Schritt zur eigenverantwortlichen Budgetbewirtschaftung dar und ermöglicht das Sammeln von Erfahrungen.

Die Verantwortung für die Bewirtschaftung der Budgets liegt bei den Schulen. Sie haben die Obergrenzen einzuhalten, wobei von einer gegenseitigen Deckungsfähigkeit der einzelnen Budgetpositionen wie auch von der Übertragbarkeit der Haushaltsreste auszugehen ist. Näheres ist dem künftigen Erlass und den Umsetzungsbestimmungen zu entnehmen. Bis dahin ist auch geklärt, zu welchen Modalitäten die Zahlungsvorgänge abgewickelt werden – entweder über ein einzurichtendes Schulgirokonto oder übergangsweise durch die Landesschulbehörde. Unabhängig davon werden die Personalausgaben durch das Nds. Landesamt für Bezüge und Versorgung geleistet und gegebenenfalls schulintern im Budget berücksichtigt.

4. Der Umgang mit dem Budget

Wenn die Budgetgeber solche Freiräume gewähren, übertragen sie damit auch ein hohes Maß an Verantwortung. Das ruft schnell Bedenkenträger verschiedenster Herkunft auf den Plan. Die einen befürchten fehlgeleitete Ausgaben und mangelhaften Haushaltsvollzug, wenn derartiges Handeln und Entscheiden in die Hände von Laien gelegt wird. Die anderen sehen zusätzliche Aufgaben auf die Schulen zukommen, ohne dass ein adäquater Nutzen damit verbunden ist.

Es ist schon so, dass man sich bei der Bewirtschaftung von Haushalten schnell im Gestrüpp der Rechts- und Verwaltungsvorschriften verheddern kann, zumal das Behörden- und Juristendeutsch Ungeübten oft nur schwer zugänglich ist. Allerdings haben die Schulleitungen in den letzten Jahren zunehmend an Verwaltungspraxis gewonnen, so dass sie auch diese Hürde meistern werden. Leicht verständliche Umsetzungshilfen seitens des Kultusministeriums und der Landesschulbehörden werden die Sicherheit in der Durchführung fördern und den zusätzlichen Arbeitsaufwand reduzieren.

Die folgenden Hinweise zum Umgang mit den verschiedenen Formen der Gesamtbudgets sollen dazu beitragen, den zuvor genannten Bedenken zu begegnen und zugleich die Voraussetzungen für eine erfolgreiche und akzeptierte Bewirtschaftung zu schaffen. Wegen der Unterschiedlichkeit der geplanten Budgets können die Hinweise nur allgemeiner Art sein, auch wegen der noch nicht abschließend geklärten Bewirtschaftungsvorgaben. Diese erscheinen mit dem Erlass zur Budgetübertragung und enthalten u. a. konkrete Hinweise zum Buchungs- und Abrechnungsverfahren, die in jedem Fall zu beachten sind.

Verantwortlichkeiten und Ziele klären

Je nach Umfang und Zusammensetzung des Gesamtbudgets und je nach Organisation des Zahlungsverkehrs sind u. U. viele und sehr unterschiedliche Arbeitsgänge bei der Bewirtschaftung der Mittel zu erledigen. Die Gesamtverantwortung für die Verwaltung und Verausgabung der Mittel liegt bei dem Schulleiter bzw. der Schulleiterin und umfasst den gesamten Bewirtschaftungsprozess. Das bedeutet aber nicht, dass jeder einzelne Schritt durch die Schulleitung selbst erledigt werden muss. Wenn bei umfassenderen Gesamtbudgets arbeitsteilig vorgegangen werden soll, sollte allerdings eindeutig geklärt und festgehalten sein, wer was erledigt und wer wofür die Verantwortung übernimmt. Das gilt sowohl für die verwaltungstechnische Abwicklung der Buchungs- und Zahlungsvorgänge wie auch für die Entscheidung, wofür die

Mittel ausgegeben werden. Auch ist zu klären und festzuhalten, in welchem Umfang die Schulleitung eigenverantwortlich über die Verausgabung der Mittel entscheidet und welcher Bindung sie durch die Entscheidungen des Schulvorstandes unterliegt.

Die Haushaltsplanentscheidungen des Schulvorstandes sollten das Erreichen der selbst gesetzten Entwicklungsziele der Schule fördern, wie sie u. a. im Schulprogramm beschrieben sind. Daher muss der Schulvorstand darauf achten, dass diese Zielsetzungen auch bei der Gestaltung des Haushaltsplans schwerpunktmäßig berücksichtigt werden. Gleiches gilt für die Schulleitung bei der Umsetzung dieser Vorgaben im aktuellen Tagesgeschäft.

Budgetplanung und -bewirtschaftung

Um für alle Beteiligten eine verlässliche Entscheidungsgrundlage zu schaffen, müssen zunächst die für die kommende Haushaltsplanung relevanten Informationen zusammengestellt werden. Den bekannten bzw. absehbaren Mittelzuweisungen der einzelnen Haushaltspositionen sind die schon bekannten festen sowie geschätzten erwarteten Ausgaben gegenüberzustellen. Nur über den Rest kann im Rahmen der Vorgaben zur Bewirtschaftung des Gesamtbudgets noch »frei« verfügt werden.

Diese Informationen müssen übersichtlich aufbereitet werden, da der Schulvorstand auf dieser Basis seine weiteren Entscheidungen zur Nutzung des Gesamtbudgets vornimmt. Hierbei ist vor allem bei einer größeren Zahl von Datensätzen der Einsatz von Tabellenkalkulationsprogrammen sehr hilfreich. Diese einfach zu erstellenden Tabellenwerke mit ihrer automatisierten Saldenbildung können im Falle ihrer Fortschreibung auch bei der laufenden Bewirtschaftung des Budgets zur Überwachung der Einhaltung von Obergrenzen genutzt werden. Die laufenden Buchungen der Geschäftsvorfälle müssen nach den Vorgaben des Haushaltsreferates bzw. der Landesschulbehörde erfolgen, die dazu entsprechend aufbereitete Unterlagen zur Verfügung stellen. Das gilt sowohl für grundlegende Informationen zum Haushaltsrecht wie auch für anwendungsbezogene Hinweise zum Umgang mit dem Budget.

Rechenschaftslegung

Die Schulleiterin bzw. der Schulleiter ist als Gesamtverantwortliche/r für das Budget gegenüber dem Schulvorstand und natürlich gegenüber dem Budgetgeber rechenschaftspflichtig. So möchte der Schulvorstand gerne wissen, ob seine Entscheidungen auch intentionsgemäß umgesetzt wurden. Das Land kontrolliert die Korrektheit der Mittelverwendungsnachweise und will wissen, wie erfolgreich die Schule gearbeitet hat und ob das Gesamtbudget nicht überschritten wurde.

Erhöhte Aufgabenübertragung und Eigenverantwortung sind ohne eine umfassende und transparente Rechenschaftslegung nicht denkbar. Daher sollte sie als eine Bringschuld positiv bewertet werden, die den Budgetgeber und die Interessierten in der Schule in verständlicher Form über die Verwendung der Mittel informiert, was auch die gewünschten Beteiligungsprozesse in der Schule fördert.

Auch hier kann ggf. auf die möglicherweise schon zu Planungszwecken eingesetzten Excel-Tabellen oder auf Hilfsmittel des Kultusministeriums bzw. der Landesschulbehörden für die Abrechnung der Budgets zurückgegriffen werden, wodurch sich der Aufwand verringern lässt.

Fortbildung und Unterstützung

Die Verwaltung der Budgets gestaltet sich unterschiedlich schwierig: je umfassender der Ansatz für das Gesamtbudget ausfällt, desto umfangreicher und anspruchsvoller sind die zu erledigenden Aufgaben. Daher ist es sinnvoll, zunächst einmal die anfallenden Arbeitsgänge quantitativ und qualitativ zu beschreiben. In einem zweiten Schritt ist zu überlegen, wer diese Aufgaben verantwortlich übernehmen kann. Danach muss geklärt werden, ob und falls ja, welche Fortbildungsmaßnahmen für die Mitarbeiterinnen und Mitarbeiter noch erforderlich sind, damit sie ihrer Aufgabe auch qualifiziert nachkommen können. Hierbei ist zu prüfen, ob dazu bereits geeignete Fortbildungsangebote bestehen oder ob man sie selber organisieren muss – ggf. in Absprache mit anderen Schulen, die ein ähnliches Problem haben. Daraus kann sich u. U. ein unkompliziertes Netzwerk entwickeln, dass die Möglichkeit zu Rat, Hilfe und gegenseitigem Erfahrungsaustausch bietet. Darüber hinaus stehen natürlich auch die Mitarbeiterinnen und Mitarbeiter der Landesschulbehörde zur Verfügung, die vor allem bei anstehenden Zweifelsfällen rechtzeitig um Rat gefragt werden können.

5. Fazit

Die Übernahme einer erweiterten Budgetverantwortung wird den Schulen erhöhte Handlungsspielräume ermöglichen, die sie flexibel und sinnvoll für die schulische Entwicklung nutzen können. Die damit verbundenen zusätzlichen Arbeiten halten sich in Grenzen, setzen aber eine entsprechende Einarbeitung oder Fortbildung voraus. Die Schulbehörden werden die Umsetzung der erweiterten Budgetverantwortung beratend begleiten.

Zum Anhang:

Die anliegende Mustervereinbarung zum gemeinsamen Budget wurde in einem längeren Abstimmungsprozess zwischen den Schulen, dem Kultusministerium und den Schulträgern erstellt. Sie regelt einerseits verbindlich die zentralen Punkte des gemeinsamen Budgets (gegenseitige Deckungsfähigkeit, Übertragbarkeit), lässt andererseits aber individuelle Gestaltungsspielräume (Art der Budgetbestandteile, Buch- und Kassenführung, etc.), was sich für die Akzeptanzfindung als förderlich erwiesen hat.

Entwurf einer Mustervereinbarung

Mustervereinbarung

über die Budgetierung und Finanzierung der berufsbildenden Schulen als Regionale Kompetenzzentren

zwischen

dem Nds Kultusministerium, den BBS ... xy... und dem Schulträger ... xy...

1. Geltungsbereich und Grundlagen

Diese Vereinbarung wird vom ... xy... – nachfolgend Schulträger –, den BBS ... xy... – nachfolgend Schule – und dem Niedersächsischen Kultusministerium abgeschlossen.

Mit dieser Vereinbarung werden die Zielsetzungen des vom Landtag beschlossenen Projektes »Berufsbildende Schulen in Niedersachsen als regionale Kompetenzzentren (ProReKo)« hinsichtlich eines gemeinsamen Budgets für die Schule ..., in dem die Mittel des Landes Niedersachsen und des Schulträgers zusammengeführt werden, umgesetzt. Rechtliche Basis dieser Zielvereinbarung ist der § 113a (Experimentierklausel) NSchG.

Danach kann das Niedersächsische Kultusministerium im Einvernehmen mit dem Schulträger zur Erprobung von Modellen der eigenverantwortlichen Steuerung von Schulen, auch außerhalb von Vereinbarungen nach § 113 (2) NSchG, Ausnahmen von den Vorschriften der §§ 112 und 113 (1) NSchG zulassen, so weit erwartet werden kann, dass dadurch die Wirtschaftlichkeit und Leistungsfähigkeit in der Verwaltung der Schulen verbessert wird. Daneben findet § 5 Abs. 1 Haushaltsgesetz 2004 – HG 2004 – vom 12. 12. 2003 – GVBl. S. 434 – hinsichtlich der Übertragbarkeit, der Deckungsfähigkeit und der Verwendung von Einnahmen Anwendung.

Hier können ggf. weitere Regelungen aufgeführt werden, z. B.:

- ***Organisationsvereinbarungen zwischen Schule und Schulträger,***
- ***Bewirtschaftungsrichtlinien sowie Haushalts- und Geschäftsverfügungen des Schulträgers.***

2. Zielbestimmung

Mit Blick auf die Zielsetzung des Projektes, eine effektive und effiziente Bewirtschaftung grundsätzlich sämtlicher den Schulen zur Verfügung stehenden Mittel zu erreichen, werden die Haushaltsmittel des Schulträgers und des Landes in einem von der Schule eigenverantwortlich zu bewirtschaftenden Budget vereinigt.

Mit einem Haushaltsvermerk im jeweiligen Haushaltsplan wird sicher gestellt, dass alle Mittel innerhalb des Budgets der Schule gegenseitig deckungsfähig sind,

Einnahmen für Mehrausgaben verwendet und nicht in Anspruch genommenen Mittel in das folgende Haushaltsjahr übertragen werden können.

Weitere Haushaltsmittel, die zukünftig für Schulen budgetiert werden sollen, können in gegenseitigem Einvernehmen in das gemeinsame Budget einbezogen werden.

3. Geltungsdauer

Die Zusammenführung der Mittel zu einem Budget erfolgt erstmals ab dem Haushaltsjahr 2005 für die Laufzeit des Projektes Regionale Kompetenzzentren. Verläuft die Erprobung erfolgreich, wird eine auf Dauer angelegte Regelung angestrebt.

4. Zusammenführung des Schulbudgets

Seitens des Landes sind die für die Schulen im Kapitel 0722 zusammengefassten Mittel für die Sach- und Personalkosten, die anteilmäßig auf die teilnehmenden Schulen (Maßstab Soll-Budgetstunden) verteilt werden, Bestandteil des gemeinsamen Budgets. Hinzu kommen die von der Schule erwirtschafteten Anteile an den Entgelten nach § 54 NSchG.

Seitens des Schulträgers sind die für die Schule im Unterabschnitt »2500 Berufliche Schulen« des Haushaltsplanes und konkret in der Anlage NN zu dieser Zielvereinbarung genannten Haushaltsstellen Bestandteil des gemeinsamen Budgets.

Hier oder in einer Anlage werden die einzelnen Einnahme- und Ausgabehaushaltsstellen aufgeführt; als Minimum ist der schon bisher budgetierte Bereich vorzusehen; Erweiterungen bis hin zu den gesamten Aufwändungen des Schulträgers für die Schule sind möglich.

Das NLBV übernimmt weiterhin die Berechnung und Zahlbarmachung der Bezüge der Landesbediensteten. Zum Zwecke der Budgetplanung und -überwachung erhalten die Schulen monatlich eine Bruttopersonalkostenübersicht, in der die vom Land gezahlten Monats- und Jahresbezüge je Person aufgelistet sind.

Haushaltsmittel des Landes, die für die Personalkosten/Bezügezahlungen durch das NLBV in Anspruch genommen werden, sind von einer Überweisung ausgenommen. Gleiches gilt auch für die Mittel des Schulträgers für Bezügezahlungen an seine Beschäftigten.

Nicht verbrauchte Mittel, die sich im Falle der Kündigung oder der Nichtfortführung am Ende der Erprobung des Modells ergeben, sind an das Land Niedersachsen bzw. an den Schulträger zu erstatten.

5. Überweisung der Budgetmittel

Das Land Niedersachsen und der Schulträger stellen jeweils die budgetierten Mittel für die Schule fest und überweisen diese auf das Schulgirokonto.

Die budgetierten Mittel eines Haushaltsjahres werden auf Anforderung der Schule überwiesen. Der Abruf darf nur insoweit und nicht eher erfolgen, als die Überweisung zur rechtzeitigen Leistung der auf Schulebene fälligen Rechnungsbeträge erforderlich ist.

6. Mittelbewirtschaftung und Verwendungsnachweise

Die Schulleiterin bzw. der Schulleiter entscheidet im Rahmen der übertragenen Ressourcenverantwortung über die Bewirtschaftung der budgetierten Mittel und die Verfügungsberechtigung über das Schulgirokonto.

Die ordnungsgemäße Verwendung der budgetierten Mittel ist nach Abschluss eines Haushaltsjahres nachzuweisen. Eventuelle Reste werden ausgewiesen und je nach Zuständigkeit in das nächste Haushaltsjahr übertragen. Näheres kann durch eine Geschäftsanweisung geregelt werden. Haushaltsüberschreitungen sind nicht zulässig. Eine Haushaltssperre nach § 41 LHO und § 29 GemHVO erfasst auch die in dieser Zielvereinbarung definierte Mittelbewirtschaftung durch die Schule.

Das Land Niedersachsen, der Schulträger sowie die kommunalen Rechnungsprüfungsämter und der Landesrechnungshof sind berechtigt, die Verwendung der Mittel in der Schule zu überprüfen, die dazugehörigen Unterlagen einzusehen und Auskünfte zu verlangen.

7. Evaluation

Zur Hälfte der Laufzeit ist eine Zwischenevaluation und am Ende der Erprobung eine abschließende Evaluation vorgesehen. Sie soll von einem Team durchgeführt werden, das sich zusammensetzt aus

- Vertreterinnen und Vertretern des Niedersächsischen Kultusministeriums
- Mitgliedern des Arbeitsbereichs Budgetierung von ProReKo
- Vertreterinnen und Vertretern des Schulträgers und
- Vertreterinnen und Vertretern der berufsbildenden Schulen.

Einzelheiten der Evaluierung (Bestandsaufnahme, Zeitrahmen, Umfang, Fragestellungen, evtl. Beteiligung externer Stellen, usw.) werden durch die Projektgruppe auf Basis eines Vorschlags des Arbeitsbereichs Budgetierung festgelegt.

8. Kündigung

Die Vereinbarung kann mit einjähriger Frist zum Jahresende gekündigt werden.

... xy ..., den

Unterzeichnet von

____

für das Niedersächsische Kultusministerium

____

für den Schulträger

____

für die Berufsbildenden Schulen

Brigitte Helm/Raphael Heinrich

Ziele und Realisierung: Das Leitbild

Basis der Zusammenarbeit in der Schule ist das Schulprogramm, das alle Schulen verpflichtend für sich entwickeln müssen. Als grundlegender Teil dieses Programms entspricht das Leitbild dem pädagogischen Grundverständnis der an der Schule Tätigen – seine Funktion ist es, im Sinne einer Schulphilosophie das pädagogische Handeln anzuleiten. Am Beispiel der Sophienschule in Hannover wird der Entwicklungsprozess für ein Leitbild nachvollzogen.

Schulprogramm und Leitbild: Eine Kurzdefinition

Schulprogramme haben das Ziel Transparenz und Kohärenz unter allen Beteiligten in einer Schule zu schaffen, damit alle Maßnahmen und Aktivitäten zur Verbesserung der Schulkultur und der Schulleistungen umgesetzt werden können (Rolff, 2006 und von Maercker in diesem Buch). An Eigenverantwortlichen Schulen soll das Schulprogramm künftig zu folgenden Bereichen Stellung beziehen:

- Grundsätze über den pädagogischen Bildungsauftrag
- Situation der Schule
- pädagogisches Grundverständnis (Leitbild)
- pädagogische Ziele sowie inhaltliche, methodische und organisatorische Schwerpunkte der Unterrichts- und Erziehungsarbeit
- Realisierung der Schwerpunkte und Ziele (Arbeitsprogramm/Zeitplan)
- Evaluation
- Fortbildungskonzept.

Auf der Grundlage § 32 (2) NSchG wird das Schulprogramm – und somit auch das Leitbild – nach den Vorschlägen des Schulvorstands entwickelt (§ 38 a NSchG). Will die Gesamtkonferenz von den Vorstellungen des Schulvorstandes für das Schulprogramm abweichen, so ist das Benehmen mit dem Schulvorstand herzustellen (Bade/Bräth, 2007). Der Gesetzgeber hat bewusst auf diesen Aushandlungsprozess geachtet, weil Schulprogramme keine starren Konzeptionen sind. Sie sollen der inhaltlichen und pädagogischen Verständigung dienen (vgl. Lohmann – Orientierungsrahmen – in diesem Buch) und benötigen deshalb eine »perspektivische Entwicklungsplanung mit Zielen, Maßnahmen, sowie Vorstellungen von Evaluation und Fortbildung« (vgl. Rolff, 2006). Das einmal aufgestellte Schulprogramm ist somit keine einmalig beschlossene Angelegenheit, sondern unterliegt mit seinen Leitvorstellungen einem ständigem Wandel und damit einem Anpassungs- und Aushandlungsprozess zwischen dem Schulvorstand und der Gesamtkonferenz als »pädagogischem Expertengremium«. Die letzte Entscheidung hat die Gesamtkonferenz (vgl. Bade/Bräth, 2007). Schließlich erlangt das Schulprogramm in einer Schriftform Verbindlichkeitscharakter und dient als Grundlage einer selbstreflexiven Schule. Das darin enthaltene Leitbild gibt die verbindlichen Werte, Ziele und Visionen einer Schule wieder.

Alibiprodukt mit Allgemeinplätzen? Oder: Wozu ein Leitbild?

Ein ehrlicher Blick in die Vergangenheit der meisten deutschen Schulen zeigt: Schulprogramme und das darin enthaltene jeweilige Leitbild waren bis vor kurzem das Produkt einer kleinen, an Schulentwicklung interessierten Gruppe einer Schule (vgl. von Maercker in diesem Buch). Vielleicht bekam jeder Schüler und jedes Elternteil bei Schulbeginn ein Exemplar in die Hand gedrückt, vielleicht hatten die Lehrerinnen und Lehrer eine Kopie in ihren Fächern liegen, und wahrscheinlich konnte man das Programm auch auf der Website einer Schule finden – präsent war dieses Dokument den meisten Kolleginnen und Kollegen, Eltern und Schülern jedoch nicht. Im Alltag spielte es keine wirkliche Rolle – zumindest nicht bewusst.

Je eigenverantwortlicher aber Schulleitung, Lehrkräfte, Eltern, Schüler und Schülerinnen den Kurs ihrer Schule bestimmen, desto mehr wird ein verbindlicher Umgang mit dem Schulprogramm und insbesondere dem Leitbild notwendig: Das Leitbild und die darauf aufbauenden Ziele sind der Ausgangs- und Referenzpunkt einer erfolgreichen Schulentwicklung, eines effektiven Qualitätsmanagements. Im Leitbild formuliert eine Schulgemeinschaft ihr Ethos, ihren Anspruch, ihre Prinzipien, ihre Leitziele und Visionen. Im Leitbild finden sich die wichtigen Begründungen der Schule für ihr pädagogisches und unterrichtliches Handeln. Die diffuse Vorstellung, die eine Schulgemeinschaft auf der Basis von Traditionen, Erfahrungen und Erwartungen von ihrer Schule hat, wird kategorial in einem konkreten Bild gebündelt und formuliert. Das Leitbild verbindet somit Vergangenheit, Gegenwart und Zukunft einer Schule. Es hält für alle Mitglieder der Schulgemeinschaft verbindlich fest, was auf der Grundlage gemachter Erfahrungen jetzt und künftig sein soll. Das Leitbild, d. h. sowohl der Prozess der Formulierung als auch das fertige Produkt, erfüllt also folgende Funktionen:

- Für das an der Schule tätige Personal dient das Leitbild als Richtschnur täglichen Handelns. Es schafft, unter Berücksichtigung der Vielfalt der Erziehungs- und Unterrichtsstile, Zielkohärenz und trägt dazu bei, dass sich die verschiedenen Ansätze innerhalb eines Kollegiums ergänzen und nicht widersprechen. Wer danach fragt, wie ein Kollegium »am gleichen Strang« ziehen soll, findet die Antwort im Reflexionsprozess, der durch die Formulierung von Leitbild, Leitzielen und Indikatoren gestaltet wird.
- Für die Eltern dient das Leitbild als Orientierungspunkt beim Mitwirken am Erfolg ihrer Kinder. Sie finden hier auch Grundsätze und Ansprüche, auf die sie sich im Konfliktfall berufen können.
- Auch für die Schüler schafft das Leitbild Klarheit in Bezug auf Grundsätze und Ansprüche. Den Schülern werden sowohl Identifikationsmöglichkeiten mit einer Gemeinschaft als auch Leitlinien richtigen Handelns gegeben. Wer den an angelsächsischen Schulen oft bewunderten, gemeinschaftlichen »school spirit« lobt, hat im Leitbild einen Ansatz, diesen Begriff ins Deutsche zu übersetzen.

Das Leitbild schafft also Kohärenz und Transparenz in Bezug auf schuleigene Entwicklungsziele.

Beim Erstellen des Leitbildes ist zentral, dass der Begriff Schulgemeinschaft auch ernst genommen wird: Ein Leitbild wird nur dann lebendig, realistisch und umsetzbar sein, wenn es von allen am Schulleben beteiligten Gruppen mitgestaltet und reflektiert worden ist (Regenthal, 2001). Am Beispiel unserer Erfahrungen an der Sophienschule soll im Folgenden aufgezeigt werden, wie dies geschehen kann.

Haben wir nicht schon ein Konzept?

Als die Schulleiterin in der ersten Gesamtkonferenzsitzung des Schuljahres 2006/2007 ankündigte, es sollten sich freiwillige Mitglieder für eine Arbeitsgruppe melden, um ein Leitbild für unsere künftige Arbeit zu formulieren, löste das im Kollegium zunächst Erstaunen aus. Schließlich hatte unsere Schule ein Schulprogramm, das von der Gesamtkonferenz im Jahr 2001 mit großer Mehrheit verabschiedet worden war. Allerdings handelte es sich dabei um ein Schulprogramm alter Art, in dem ein bestehendes festes Konzept der Schule schriftlich niedergelegt war. Dieses Konzept war seit 2001 nicht verändert worden. Daraus ergaben sich mehrere Probleme:

- Zum einen hat sich das Kollegium unserer Schule inzwischen sehr stark verändert. Fast die Hälfte des Kollegiums besteht inzwischen aus seit 2001 neu an die Schule gekommenen Lehrkräften, die an der Formulierung des Schulprogramms nicht mitgewirkt haben, darunter auch die Schulleiterin und der stellvertretende Schulleiter.
- Zudem ist das Schulprogramm im Schulalltag nicht präsent. Es ist weder ein Handlungsmaßstab für die Lehrkräfte, noch ist es Schülerinnen, Schülern und Eltern ausreichend bekannt gemacht worden.
- Das wesentliche Problem aber besteht darin, dass das alte Schulprogramm den Anforderungen des Niedersächsischen Schulgesetzes nicht mehr entspricht, da es statisch formuliert war und im Hinblick auf die neuen Anforderungen ohnehin völlig hätte überarbeitet werden müssen.

Leitbildarbeit auf breiter Basis

Unser altes Konzept war, wie erwähnt, von einer Gruppe von Kolleginnen und Kollegen formuliert und der Gesamtkonferenz vorgelegt worden. Es stellte sich nun aktuell die Frage, weshalb Eltern- und Schülervertreter in dieser Gruppe mitarbeiten sollten. Da das Leitbild das pädagogische Grundverständnis der Schule ist, da es die Zustimmung von Schulvorstand und Gesamtkonferenz finden muss, macht es Sinn alle am schulischen Prozess Beteiligten in die Programmarbeit mit einzubeziehen. Ein möglichst breiter Konsens im Kollegium, bei Eltern und Schülern erleichtert die Umsetzung und damit die Qualitätsentwicklung von Schule. Die Schulleiterin stellte deshalb ihre Idee vor, an der Formulierung des Vorschlags neben Kolleginnen und Kollegen nicht nur die Eltern- und Schülervertreter der Gesamtkonferenz zu beteiligen, sondern ebenfalls den Schuleltern- und Schülerrat. Alle Gremien wurden gebeten, Vertreterinnen und Vertreter in die Arbeitsgruppe zu entsenden. Dabei wurde im Hinblick auf das Kollegium auch der Wunsch geäußert, dass sich möglichst Vertreter aller drei Aufgabenfelder an der Leitbildarbeit beteiligen sollten. Der Vorschlag der Schulleiterin stieß auf Interesse und es bildete sich nach kurzer Zeit eine Gruppe, die aus folgenden Teilnehmern bestand:

- Schulleiterin und stellvertretender Schulleiter,
- 3 Kollegiumsvertreter,
- 3 Elternvertreter,
- 2 Schülervertreter.

Es zeigte sich im Laufe der Arbeit am Schulprogramm, dass mit dieser Gruppe aus 10 Personen die Arbeit optimal zu bewältigen war, ob im Plenum oder in Kleingruppen.

Die Gruppe begann bei ihrer konstituierenden Sitzung im Spätherbst 2006 mit einem allgemeinen Brainstorming zu der Frage: Welche Aspekte muss unser Leitbild unbedingt enthalten? Dabei stellte sich heraus, dass gerade die Elternvertreter sehr genaue Vorstellungen vom Leitbild entwickelten. Für unsere Schule, die seit über 100 Jahren besteht und ihre Tradition intensiv pflegt, wurde der Wunsch geäußert, dass der alte Leitspruch »Tradition und Fortschritt« unbedingt auftauchen müsse. Zudem sei es unerlässlich, Bezug zu nehmen auf die Namenspatronin unserer Schule, die Kurfürstin Sophie von Hannover. Es bestand Einigkeit darüber, dass die Begriffe Leistung, Verantwortung, Wertschätzung und Gemeinschaft im Leitbild mit berücksichtigt werden sollten.

Am Ende der Sitzung wurden 2 Mitglieder der Gruppe beauftragt, unabhängig voneinander Formulierungsvorschläge zu erarbeiten und sie bei der nächsten Sitzung der Gruppe vorzustellen. In der nächsten Sitzung, Anfang Januar 2007, einigten sich dann alle Beteiligten auf einen Leitbildvorschlag, der u. a. folgende Grundlagen für das Arbeiten an unserer Schule enthielt:

1. das Streben nach Erfolg (striving for exellence),
2. die fundierte Vermittlung von Fachwissen und Kompetenzen,
3. die Entfaltung von Kreativität,
4. die Erziehung zu einer verantwortungsvollen toleranten Persönlichkeit.

Dabei gab es bereits in der Gruppe kontroverse Diskussionen um die Formulierung von Punkt 1.

Intensive Vorbereitung der Entscheidung

Der Leitbildvorschlag der Arbeitsgruppe wurde dann auf schnellstem Wege in die entsprechenden Gremien weiter getragen. Dies geschah dadurch, dass er im Lehrerzimmer am »Schwarzen Brett« ausgehängt sowie dem Schulelternrat und dem Schülerrat vorgestellt wurde. Die bereits angesprochene Diskussion um den Punkt »Streben nach Erfolg (striving for exellence)« setzte sich in allen beteiligten Gruppen fort. Die Kritik zielte besonders auf die starke Betonung des Leistungsgedankens und der Konkurrenzsituation. Zudem hielt man es für unangebracht, diesen Punkt auf

Platz 1 der Grundlagen pädagogischer Arbeit zu setzen. Es entstand eine lebhafte, aber fruchtbare Diskussion, in deren Verlauf mehrere Formulierungsvorschläge gemacht wurden.

Die Gesamtkonferenz vom März 2007, in deren Verlauf über das Leitziel abgestimmt werden sollte, veränderte dann Positionierung und Formulierung des Kritikpunktes und verabschiedete unser Leitziel mit großer Mehrheit.

Es lautet nun:

»**Non bona nisi quae modesta**« (Nichts ist gut, was nicht bescheiden ist.)

Kurfürstin Sophie von Hannover

Leitbild der Sophienschule

Seit 1897 werden an der Sophienschule junge Menschen im Geiste unserer Namensgeberin, der Kurfürstin Sophie von Hannover, unterrichtet und erzogen. Sie war eine gebildete, humorvolle Frau mit ungewöhnlich scharfem Verstand, sehr belesen, an allem Neuen interessiert und für die damalige Zeit außergewöhnlich tolerant. An der von Sophie repräsentierten Tradition orientiert sich die Schule bis heute. Sinn und Verstand, Herz und Kopf unserer Schülerinnen und Schüler wollen wir ansprechen und bilden. Dies soll geschehen in einer gelungenen Synthese aus Tradition und Fortschritt.

Die zentrale Aufgabe muss es dabei sein, Schülerinnen und Schülern alle wichtigen Voraussetzungen dafür zu vermitteln, dass sie ihr Leben nach der Schulzeit selbstständig gestalten können.

Grundlagen unserer Arbeit sind dabei:

- die Erziehung zu einer verantwortungsvollen und toleranten Persönlichkeit
- die Freude am Erfolg
- die fundierte Vermittlung von Fachwissen und Kompetenzen
- die Entfaltung von Kreativität.

Diese Ziele wollen wir in einem Schulklima, das von gegenseitiger Wertschätzung und individueller Förderung gekennzeichnet ist, erreichen.

Inzwischen arbeitet die Gruppe an der Formulierung der Leitziele und Qualitätsstandards. Das vollständige Schulprogramm soll auf der ersten Gesamtkonferenz des kommenden Schuljahres verabschiedet werden.

Vermittlung, Verankerung und Fortentwicklung des Leitbildes

Wie aber lässt sich, über die aktive Beteiligung aller Gruppen im Schulprogrammausschuss hinaus, der bottom-up Charakter der Schulprogrammentwicklung erhalten? Wie lässt sich, über die Verabschiedung durch die Gesamtkonferenz hinaus, das Programm in der Schulgemeinschaft verankern? Kurzum: Wie lässt sich verhindern, dass das neue Schulprogramm und sein Leitbild ein ähnliches Dasein fristet wie das alte? Wie realisieren wir gemeinsam die im Leitbild festgeschriebene konkrete Vision?

Bei der Formulierung der aus dem Leitbild abgeleiteten Ziele und Maßnahmen haben wir zunächst besonders darauf geachtet, die Adressaten genau zu benennen.

So ist in den meisten Zielen und Maßnahmen festgeschrieben, für wen diese Ziele/Maßnahmen insbesondere gelten bzw. wer für die Umsetzung verantwortlich ist (Fachobleute, jede Lehrerin, jeder Lehrer, Schulleitung, Eltern etc.). Das Programm erhält so Vertragscharakter.

Verankerung und Fortentwicklung lassen sich aber nicht allein durch Verbindlichkeit garantieren, auch dann nicht, wenn diese vorher öffentlich diskutiert worden ist. Um alle Gruppen langfristig an das Leitbild zu binden, ist vor allem eines wichtig: Partizipation. Insbesondere auf der Maßnahmenebene können alle Mitglieder der Schulgemeinschaft Ideen zur konkreten Umsetzung und Weiterentwicklung beisteuern und daran mitwirken.

- **Steuergruppe:** Im Rahmen einer extern geleiteten Evaluation und Fortbildung hat sich an unserer Schule zum Halbjahr eine Arbeitsgruppe von 10 Lehrkräften zur Qualitätsentwicklung gebildet. Hier haben wir Prioritäten in Bezug auf die konkreten Schritte gesetzt und ganz praktische Fragen geklärt (z. B. Umgang mit Hausaufgaben, Erziehungsmittel).

  Die Schulleitung und der zuständige Qualitätsmanager, der diese Gruppe leitet, achten bei den Sitzungen darauf, dass das Leitbild und die Leitziele als Referenzrahmen dienen. Ab dem nächsten Schuljahr, wenn der Schulprogrammausschuss seine Arbeit zunächst getan hat, finden sich die (interessierten) Mitglieder dieses Ausschusses sowie der oben genannten Arbeitsgruppe in einer neu zu bildenden Steuergruppe Qualitätsentwicklung zusammen. Diese steht allen interessierten Kolleginnen und Kollegen, Eltern, Schülerinnen und Schülern offen. Hier wird der Zeitplan weiter konkretisiert und überprüft, und in einem bottom-up Prozess wird das Schulprogramm durch neue Impulse und Ideen weiterentwickelt. Die Gruppe arbeitet dem Schulvorstand zu und ist mit diesem durch die Schulleitung vernetzt.

- **Leitbildbezogene Thementage und Veranstaltungen**: Allen Schülerinnen, Schülern und Eltern wird das Programm, in ansprechendem Design, im Rahmen eines Thementages am Schuljahresende zugänglich gemacht. Das Leitbild hängt fortan in jedem Klassenraum.

  Dieser Thementag wird gemeinsam von der Schülervertretung und Vertreterinnen und Vertretern des Lehrerkollegiums vorbereitet. Jede Klasse nimmt hierbei an einem Ideenwettbewerb zum Thema: »Wir von der Sophie« teil. Auf der Grundlage des Leitbildes machen die Schüler weitere Vorschläge zur Konkretisierung und entwickeln Ideen zur weiteren Umsetzung (z. B. »Brauchen wir eine Schuluniform, um unserem Leitbild zu entsprechen?«). Dieser Thementag bereitet drei weitere Projekttage vor, in deren Rahmen im Laufe des nächsten Schuljahres im Leitbild enthaltene Aspekte in Neigungsgruppen thematisiert werden (z. B. Werte, Wettbewerbe, Unterricht und Lernen, Kreativität). Am letzten Tag werden die Produkte (Ausstellungen, Filme, Podiumsdiskussionen, Lieder?) präsentiert, und die Veranstaltung endet mit einem »Relaunch«-Fest für die Schulgemeinschaft. Diese Formulierung unterstreicht den Neubeginn, der mit dem verabschiedeten Schulprogramm markiert wird.

Literatur

Bade, Rolff/Bräth, Peter: Der Schulvorstand der Eigenverantwortliche Schule – Organisation und Aufgaben des neuen Kollegialorgans. In: Schulverwaltung, Zeitschrift für Schulleitung und Schulaufsicht, 6/2007.

Regenthal, Gerhard: Corporate Identity in Schulen, hier: Entwicklung von Schulgrundsätzen und schulischen Leitbildern, Neuwied, 2001.

Rolff, Hans Günter: Teil II – Die Organsationsentwicklung, S. 320 ff. In: Buchen, Herbert/Rolff, Hans Günter, (Hrsg.) Professionswissen Schulleitung, Weinheim, 2006.

Niedersächsisches Schulgesetz i. d. F. vom 3. 3. 1998, zuletzt geändert durch das Gesetz zur Einführung der Eigenverantwortliche Schule vom 11. 7. 2006, Hannover, 2006.

Hans-Jürgen von Maercker

Glanz und Arbeit: Das Schulprogramm

Die Halepaghen-Schule ist ein allgemein bildendes Gymnasium mit zurzeit knapp 1.500 Schülerinnen und Schülern an zwei Standorten innerhalb der Stadt Buxtehude. Zu Beginn der Schulprogrammarbeit waren es etwa 1.000 Schülerinnen und Schüler an einem Standort. Im Folgenden möchte ich von unseren Erfahrungen berichten – das sind keine verbindlichen Empfehlungen. Die Halepaghen-Schule wäre wahrscheinlich bereits in einem sehr frühen Stadium der Schulprogrammarbeit gescheitert, hätte sie nicht einen eigenen, an die spezifischen Verhältnisse der Schule angepassten Weg beschritten.

Vor dem Start

Ich gestehe: Als ich erstmals hörte, dass ein Schulprogramm zur Pflicht werden könnte, kam mir für einen winzigen Moment der ketzerische Gedanke, es in den Ferien allein zu schreiben, um die Arbeitskraft des Kollegiums nicht in Anspruch zu nehmen. Dabei schwebte mir – der Kapitelüberschrift entsprechend – durchaus ein Hochglanzpapier vor. Eine solche Schrift hätte jedoch nur das Schulprofil wiedergeben können, ein Instrument der Schulentwicklung wäre so nicht entstanden.

Das Schulprogramm unter diesem Gesichtspunkt zu betrachten, lernte ich erst aus Gesprächen mit Leitern der Pilotschulen für die Schulprogrammarbeit, vor allem aber aus einem Vortrag von Herrn Dr. Thomas Riecke-Baulecke vom Institut für Qualitätsentwicklung an Schulen in Schleswig-Holstein. Von diesem Nachmittag in den Räumen eines Schulbuchverlags in Hamburg nahm ich als Inhalte eines Schulprogramms mit:

- Feststellung der Stärken und Schwächen der Schule,
- Formulierung der Entwicklungsschwerpunkte und Ziele,
- Vereinbarung eines mittelfristigen Zeitrahmens für das Erreichen der Ziele.

Nach Ablauf des Zeitrahmens sollte dann eine Evaluation durchgeführt und erneut in den Entwicklungszirkel eingetreten werden. Der Referent hatte betont, dass er in seinem Verantwortungsbereich auf kurze und klare Texte Wert lege. Auf mich wirkte dieser Zugang zur Schulprogrammarbeit sehr praktikabel, wenn auch ein wenig technokratisch. Bei einer Tagung in Loccum wurde mir dann eine viel größere Breite der Schulentwicklungsmöglichkeiten vor Augen geführt. Zugleich wurde klar, dass eine breit angelegte Schulentwicklungs- und Schulprogrammarbeit die Mobilisierung der gesamten Schule anstrebt, dazu aber auch Ressourcen verschlingen wird, die den damaligen Pilotschulen wohl nicht in ausreichendem Umfang zur Verfügung gestanden hatten. Sehr deutlich zeichnete sich ab, dass wesentliche Impulse von außen kommen mussten, um ein Kollegium dazu zu bewegen, über das, was schon immer an der Schule üblich war, hinauszugreifen. Die Suche nach entsprechender Unterstützung war nicht vergeblich. Es eröffneten sich zwei Chancen.

Der erste Schritt: die Einstiegsveranstaltung

Die Beratungsagentur bei der damaligen Bezirksregierung Lüneburg bot zu einem vergleichsweise günstigen Preis Unternehmensberater für den Einstieg in die Qualitätsentwicklung an. Es gelang, in der Schule den Konsens herzustellen, einen solchen Unternehmensberater für die Planung und Durchführung einer Einstiegsveranstaltung in Form einer Schulinternen Lehrerfortbildung zu engagieren.

Bei dieser – sehr sorgfältig – geplanten SchiLF kam es tatsächlich zu einem durchaus begeisterten Aufbruch. Im Laufe der Veranstaltung wurden Entwicklungsschwerpunkte auf gelbe Klinkersteine geschrieben, die von unserem schönen Neubau übrig geblieben waren, und es bildeten sich Arbeitsgruppen zu diesen Schwerpunkten. Die Bereiche waren allerdings überwiegend solche, mit denen sich die Schule ohnehin gern befasste und in denen sich das Kollegium stark fühlte. Die Frage der Schwächen trat im Schwung des Neubeginns etwas zurück. Sie gleich am Anfang in den Mittelpunkt zu rücken, hätte dem Start leicht etwas Sauertöpfisches verliehen und den Schwung voraussichtlich gebremst.

Auf unserer Internetseite www.halepaghen-schule.de erschien damals folgender Bericht:

Schulinterne Lehrerfortbildung (SchILF) an der HPS – Thema: »Qualitätsentwicklung« am 28. 1. 2002

Zwar nicht mehr ganz jung, aber überaus dynamisch zeigte sich das Lehrerkollegium der HPS während der SchiLF zum Thema »Qualitätsentwicklung und Qualitätssicherung«. Es war der erste Schritt auf dem Weg zu einem Schulprogramm, das nicht nur vom Kultusministerium gefordert, sondern anscheinend von der Mehrheit der Kolleginnen und Kollegen für notwendig und erstrebenswert erachtet wird.

Eine Vorbereitungsgruppe hatte seit längerem mit Hilfe eines Qualitätsberaters diesen Tag vorbereitet. Nach einem gemeinsamen Frühstück hielten Herr von Maercker und Herr Matschulat (Qualitätsberater) kurze einführende Referate. Anschließend ging es sofort in die Gruppenarbeit, in der man sich dem Begriff Qualität von verschiedenen Seiten näherte. So ging es u. a. darum, von wem Qualität in der Schule abhängt oder wie die HPS in 10 Jahren aussehen könnte. Die Ergebnisse wurden dem Plenum präsentiert, und es wurde deutlich, dass es zwar einige Rahmenbedingungen gibt, die sich schwer ändern lassen, dagegen aber viele Gegebenheiten stehen, die wir selbst in die Hand nehmen können, um sie zum Vorteil aller Beteiligten zu verbessern.

Nach dem Mittagessen, das – wie schon das Frühstück – von der ViBux (Behinderteninitiative) angerichtet wurde, trafen sich acht nach Interessen zusammengestellte Gruppen, die Themen bearbeiteten, die unsere Schule direkt betreffen. In jeder Arbeitsgruppe sollten im zeitlichen Rahmen von 45 Minuten Möglichkeiten der Qualitätssicherung und -entwicklung besprochen werden, bezogen auf die Schwerpunkte

- *Unterricht*
- *Schulleben*
- *Kommunikationsstrukturen*
- *Demokratische Strukturen*

- *Auslandskontakte*
- *Projektarbeit*
- *Außenkontakte*
- *Innerschulisches Umfeld.*

Die knapp bemessene Zeit für die Gruppenarbeit führte zu erstaunlich konkreten Ergebnissen, so dass am Ende zu jedem Bereich eine interessierte Kleingruppe sowie in einigen Fällen bereits Termine für ein erstes Treffen zur Weiterarbeit feststanden. Um ihr Ziel zu dokumentieren, hatte jede Gruppe einen gelben Ziegelstein – den Steinen entsprechend, aus denen die HPS gebaut ist – mit einem treffenden Schlagwort beschriftet. Aus diesen und weiteren Steinen bauen wir dann unsere Schule in übertragenem Sinne und stellen sie für die Schulöffentlichkeit sichtbar aus. So werden wir uns daran messen lassen müssen, ob und wann wir diese Ziele erreicht haben werden.

Der Erfahrung des Unternehmensberaters verdanken wir viel, jedoch lässt sich eine solche Einstiegsveranstaltung sicherlich auch mit eigenen Kräften planen, wenn man ein gutes Planungsteam einsetzt, sich genügend Zeit für die Vorbereitung nimmt und Sorgfalt walten lässt. Darüber hinaus halte ich es für durchaus vorstellbar, dass ein Kollegium, das sich in einer Not- oder Zwangslage befindet (verursacht beispielsweise durch offensichtliche Missstände oder eine scharfe Konkurrenzsituation) eher bereit sein dürfte, sich den Schwachstellen zuzuwenden, als eine Schule, die sich in einer durchaus komfortablen Situation befindet.

Unser zweiter Schritt: der Eintritt in das Qualitätsnetzwerk Niedersachsen

Die zweite Chance, Ressourcen für die Schulentwicklung zu gewinnen, ergab sich durch das »Qualitätsnetzwerk Niedersachsen«, an dem die Halepaghen-Schule als einziges Gymnasium im Bezirk Lüneburg teilnahm. Schon einen Monat nach der o. g. SchiLf fand in Hannover die Auftaktveranstaltung des Projektes statt, das von nun an unsere Schulentwicklungsarbeit bestimmen sollte. Die Ressourcen, die uns zur Verfügung standen, waren beachtlich:

- Motivierende Großveranstaltungen
- Erfahrungsaustausch und Zusammenarbeit mit anderen Schulen
- Wissenschaftliche Begleitung
- Beratung und Prozessbegleitung durch eigens dazu ausgebildete Schulaufsichtsbeamte und Lehrkräfte
- Ausbildung eigener Lehrkräfte zu Unterrichtsentwicklern
- Schulung von Steuergruppe und Schulleitung durch eine Unternehmensberatung
- Evaluationen: Pädagogische Entwicklungsbilanz (PEB) des Deutschen Instituts für Internationale Pädagogische Forschung (DIPF)
- Verlagerungsstunden für die Steuergruppe und die Unterrichtsentwickler
- Reisegeld
- Sachmittel

Diese Aufzählung sollte niemanden mutlos machen. Ein Teil der Unterstützung diente aus meiner Sicht eher dazu, die Basis für ein qualifiziertes Verständnis von Schulentwicklung im Lande zu legen, also Multiplikatorenwirkung zu erzeugen. Für die unmittelbare Arbeit am Schulprogramm sind keineswegs sämtliche dieser Ressourcen unverzichtbar, wenn sie auch eine große Hilfe bedeuteten. So stellte es eine beträchtliche Erleichterung dar, dass die Entscheidung über die Einrichtung der Steuergruppe nicht durch eine Debatte um Verlagerungsstunden belastet wurde.

Die Bildung einer Steuergruppe

Zunächst war also die Steuergruppe zu bilden. Klein und effektiv sollte sie nach der Lehre der für das Netzwerk tätigen Unternehmensberatung Dyrda sein. Selbstverständlich sollte der Schulleiter maßgeblich dazugehören (vgl. auch Humpert in diesem Buch). Beides ging bei uns nicht. Das in unseren Augen höchste Gremium der Schule, immerhin bewährt seit 40 Jahren, der Gemeinsame Ausschuss[1], ist drittelparitätisch besetzt. Nach den in unserem Hause geltenden Regeln der innerschulischen Demokratie mussten selbstverständlich Eltern- und Schülervertreter(innen) in angemessenem Umfang beteiligt sein. Der Schulleiter hatte sich im Hintergrund zu halten, denn im Gemeinsamen Ausschuss hat er zwar den Vorsitz, aber kein Stimmrecht. So wurde die Lösung gefunden, dass der ständige Vertreter des Schulleiters kontinuierlich in der Steuergruppe mitwirkte, während der Schulleiter nur bei besonderen Anlässen als Gast auftreten sollte. Vertreterinnen und Vertreter aus Personalrat, Gewerkschaft und Verband mussten als mögliche »Bedenkenträger« eingebunden werden. Zu den ganz aktiven Kolleginnen und Kollegen in der Steuergruppe gehörten die Sprecherinnen und Sprecher der Themengruppen – obwohl sie nicht kraft Amtes Mitglieder waren. Auch eine kritische Freundin fehlte nicht, Frau Dipl.-Psych. Grosse-Mönch, die den Beginn der Arbeit zunächst als Elternvertreterin begleitet hatte. Zusammen umfasste die Steuergruppe in ihrer ersten Phase fast zwanzig Personen.

Aus der Größe der Steuergruppe resultierten als Vorteile die hervorragende Verankerung in allen Kreisen der Schule und ein damit verbundener schneller Kommunikationsfluss. Vorbehalte gegen die Entscheidungen und Aktionen der Steuergruppe wurden auf diese Weise überwunden. Die Steuergruppe gewann für ihre Arbeit bald Rückhalt in der gesamten Schule – entgegen den Berichten anderer Steuergruppen, die sich in ihrer Schule isoliert fühlten.

Für ein effektives Arbeiten mussten allerdings eigene Lösungen gefunden werden. Eine E-Mail-Plattform diente zum Versand der Einladungen und Protokolle und auch der schnellen Kommunikation zwischen den Sitzungen. Insbesondere verbrauchte das Feilen an Formulierungen nun kaum noch Sitzungszeit. Für die Handlungsfähigkeit war ein Vorstand erforderlich. Dieser bestand aus dem Sprecher der Steuergruppe, einem nach damaligen Maßstäben jüngeren Kollegen, Herrn StR Hübner, der sich bald als ausgesprochen charismatisch erwies, einer weiteren Kollegin, Frau StR'n Brömel-Schäfer, die sich sehr für die Selbstständige später für die Eigenverantwortliche Schule engagierte und in Lüneburg deren Büro übernahm, sowie dem stellvertretenden Schulleiter, Herrn StD Gutsfeld.

1 Ausschuss nach § 39 (1) NSchG.

Der Status der Steuergruppe

Die Steuergruppe wurde formal von der Gesamtkonferenz gewählt und war ihr rechenschaftspflichtig. Ein klar definierter Status wie der nach § 39 (6) NSchG ist meines Erachtens unabdingbar, um der Arbeit die notwendige Verbindlichkeit zu verleihen.

Der Vorstand berichtete außerdem auf den monatlichen Sitzungen des Gemeinsamen Ausschusses innerhalb des ritualisierten »Tagesordnungspunktes 3« nach dem »Bericht des Schulleiters über die Durchführung der Beschlüsse«. Im Gemeinsamen Ausschuss war auch die Zustimmung zu Veranstaltungen zu erwirken, die in den Unterricht eingriffen oder Haushaltsmittel benötigten. Die regelmäßige Berichterstattung in den schulöffentlichen Sitzungen des Gemeinsamen Ausschusses hatte den Vorteil, dass nicht nur die Anwesenden, sondern über die Protokolle alle Lehrkräfte, die Vorstände von Schulelternrat und Schülerrat, die Stadt als Schulträgerin, vor allem aber die Klassen- und Kurssprecher informiert wurden, zumal letztere an der Halepaghen-Schule die Pflicht haben, den Inhalt der Protokolle zu verlesen oder zusammenfassend bekannt zu geben. Außerdem standen dem Steuergruppenvorstand das vom Schulleiter herausgegebene Mitteilungsblatt der Schule und die viel besuchte Internetseite zur Verfügung.

Ich halte es für dringend erforderlich, dass sich eine Steuergruppe Kommunikationswege schafft, die den Verhältnissen der Schule angemessen sind, um Lehrerschaft, Schülerschaft, Eltern und erforderlichenfalls die Öffentlichkeit zu erreichen. Selbstverständlich muss sie das Außenvertretungsrecht des Schulleiters respektieren. Auch innerschulisch kann sie nur handeln, wenn eine Beschlussgrundlage durch ein zuständiges Gremium herbeigeführt und zusätzlich die darauf gestützte Genehmigung des Schulleiters für die jeweilige Aktion vorliegt. Bei uns gibt es dafür bequeme Vordrucke und auch Regeln, etwa wie und bis wann Lehrkräfte über die Abwesenheit ihrer Schülerinnen und Schüler wegen der Teilnahme an einer anderen Veranstaltung zu informieren sind. An kleineren Schulen wird manches einfacher und sicherlich nicht immer schriftlich ablaufen. Die Einfachheit birgt aber auch die Gefahr, zu großzügig mit den Rechten und Verantwortlichkeiten innerhalb der Schule umzugehen. Aus dem Netzwerk wurde von Steuergruppen berichtet, die sich zu einer Nebenregierung in der Schule entwickelt hatten. Dank des Respekts gegenüber den jeweiligen Verantwortlichkeiten gab es bei uns solche Probleme nicht, obwohl unsere Steuergruppe äußerst aktiv war. Alle konkreten Aktionen und Veröffentlichungen, auch das Abstimmungsverhalten der Steuergruppenvertreter in den Netzwerkversammlungen, wurden zwischen Vorstand und Schulleiter vorher erörtert. Dabei gab es grundsätzlich keinen Dissens. In regelmäßigen Gesprächen wurde abgesprochen, wie die Maßnahmen der Schulentwicklung am besten in die organisatorischen Abläufe des Hauses eingegliedert werden konnten. Hier waren gegenseitige Rücksichtnahme und Kompromissbereitschaft, vor allem aber die Unterstützung durch die Schulleitung erforderlich. In diesem Zusammenhang war die Mitarbeit des stellvertretenden Schulleiters, der für die organisatorischen Abläufe innerhalb der Schule zuständig ist, in der Steuergruppe von unschätzbarem Vorteil.

Die Arbeit der Steuergruppe: informieren, evaluieren, Schwerpunkte setzen und koordinieren

Die Vorstandsmitglieder fuhren zu den Besprechungen und Fortbildungen des Qualitätsnetzwerkes, informierten die übrigen Steuergruppenmitglieder über die erlernten Methoden und Inhalte, sie hielten Kontakt zu den Themengruppen innerhalb der Schule sowie zur Schulleitung und organisierten die Arbeit am Leitbild.

Zunächst aber waren die schon eingerichteten Arbeitsgruppen nach den Vorgaben des Qualitätsnetzwerkes umzugliedern. Dieser Prozess lief keineswegs spannungsfrei ab. Dabei ging es letztlich um Selbstbestimmung versus Fremdbestimmung, aber auch um das Spannungsfeld zwischen der hochemotionalen Anfangsmotivation des Kollegiums und den Anforderungen einer systematischen Schulentwicklung. Bei diesen dazu erforderlichen Entscheidungen bewies die Steuergruppe eine glückliche Hand. Die ursprünglich beschlossenen Themengruppen konnten größtenteils innerhalb des Qualitätsnetzwerks weitergeführt werden, wenn dort auch eine geringere Zahl lieber gesehen worden wäre.

Die Warnungen der Netzwerkleitung vor einem zu breiten Themenspektrum waren grundsätzlich begründet. Die Zahl der Gebiete, auf denen man Schulentwicklung betreiben kann, scheint vordergründig davon abzuhängen, wie viele Themengruppen eine Schule bilden kann, wäre also eine Frage ihrer Größe. Die Umsetzung der geschmiedeten Pläne betrifft jedoch alle Lehrkräfte, mindestens aber eine größere Zahl. Wie viel Veränderung auf verschiedenen Gebieten gleichzeitig man dem Kollegium realistischerweise zumuten kann, sollte sorgfältig überlegt werden. Schon die Beantwortung der Frage, zu wie vielen Schulinternen Lehrerfortbildungen ein Kollegium im Jahr versammelt werden kann, setzt Grenzen. Die Tatsache, dass die Schulinspektion alle wesentlichen Aspekte der Schulqualität zugleich bewertet, ändert daran nichts.

Neue Gesichtspunkte zu einer Revision der Schwerpunktsetzung ergaben sich aus der ersten Runde der Pädagogischen Entwicklungsbilanz des DIPF. Sie lieferte eine auf Grund von Schüler-, Eltern- und Lehrerbefragungen erstellte Evaluation, die aus einem äußerst umfangreichen und schwer überschaubaren Datenmaterial über die Schule bestand. Ein erster Analyseansatz unseres Beratungsteams bei einer weiteren SchiLF blieb zunächst folgenlos, weil die Schuldaten ohne Vergleichswerte kaum Aussagekraft besaßen. Erst als Vergleichsdaten (die Durchschnittswerte aller Schulen des Qualitätsnetzwerkes sowie die Durchschnittswerte der Gymnasien des Netzwerkes) vorlagen, waren die eigenen Daten bewertbar. Nach dieser Erfahrung empfehle ich daher dringend, sich für ein Evaluationsinstrument zu entscheiden, das neben den eigenen Daten brauchbare Vergleichsdaten liefert, am besten über Schulen derselben Schulart (vgl. Reißmann in diesem Buch – Anhang).

Nicht ganz zu unserer Überraschung fanden wir uns überwiegend auf der freundlichen Seite der Durchschnittswerte wieder, jedoch keineswegs überall. So wiesen die Gymnasien einen hohen Anteil von Schülerinnen und Schülern auf, die nach Angaben der Eltern kommerzielle Hausaufgabenbetreuung und Nachhilfe in Anspruch nahmen, und unser Wert lag noch etwa zwei Punkte darüber. Nun konnte die Steuergruppe eine im Grunde schon intuitiv entschiedene Maßnahme rational rechtfertigen: die

Einführung eines von der Schule organisierten Nachhilfeunterrichts in Kleingruppen unter dem Namen »Schüler helfen Schülern«, den das benachbarte Gymnasium Athenaeum unter anderem Namen einige Monate früher begonnen hatte.

Die Arbeit am Leitbild

Die Steuergruppe wandte sich selbst der Erstellung eines Leitbildes zu. Natürlich hätte man in kleinem Kreis schnell einen Text mit dem zusammenstellen können, was man für das pädagogische Selbstverständnis der Schule hielt. Dagegen stand, dass sie eine hohe Integrationskraft besitzen, also das Leitbild aller Schulangehörigen werden sollte. So wurde Wert darauf gelegt, dass die Schülerschaft unbeeinflusst von Lehrerseite ihre Wünsche an das Leitbild entwickeln konnte. Deshalb wurden die Klassensprecherinnen und Klassensprecher im Schülerrat in Metaplantechnik unterwiesen und erhielten den Auftrag, die Vorstellungen ihrer Klassen auf Karten zu sammeln, diese im Klassengespräch zu aggregieren und das Ergebnis zu einem bestimmten Termin an die Klassenraumtüren zu heften. Gleiches galt in der Kursstufe für die Leistungskurse der ersten Leiste[2]. Die Aushänge wurden fotografiert und erneut zusammengefasst. Für das Kollegium wurde das Verfahren bei einer Dienstbesprechung unter Anleitung der Referendare durchgeführt, die die Metaplantechnik im Seminar erlernt hatten. Der Elternwille wurde mit derselben Methode bei einer eigens dafür angesetzten Schulelternratssitzung ermittelt. Nach einer Zusammenfassung der drei Gruppenergebnisse formulierte die Steuergruppe dann, gestützt auf diese Daten, den Text des Leitbildes, der nach vorheriger Zustimmung des Gemeinsamen Ausschusses in der Gesamtkonferenz beschlossen wurde:

Das Leitbild der Halepaghen-Schule

Tolerieren und Respektieren

Die Halepaghen-Schule ist eine tolerante und von gegenseitigem Respekt erfüllte Schulgemeinschaft – geprägt von den Werten unserer aufgeklärten pluralistischen europäischen Zivilisation –, in der die vorbehaltlose Kommunikation zwischen allen Angehörigen dieser Gemeinschaft selbstverständlich ist. Schülerinnen und Schüler werden befähigt, Selbstbewusstsein, Mut und Zivilcourage auszubilden. Die Schule weckt die Bereitschaft, Verantwortung zu übernehmen. Dies ist nur auf der Basis gegenseitiger Verlässlichkeit möglich.

Denken – Handeln – Verändern

Die Teilhabe an den an unserer Schule gewachsenen und entwickelten demokratischen Strukturen verstärkt die Identifikation mit der Schule und trägt zur Ausbildung des Verantwortungsbewusstseins bei.

Schulische Prozesse sind transparent und Vorhaben werden konsequent verfolgt.

Das schulische Leben wird in vielfältiger Weise bereichert durch das große Engagement der Elternschaft. Schule und Eltern sind während der Schullaufbahn gemeinsame Begleiter der Jugendlichen.

2 Auf einer Leiste liegende Kurse sind dauerhaft zeitgleich. An der Halepaghen-Schule werden die »Klassengeschäfte« der Kursstufe bzw. Qualifikationsphase in den Kursen der ersten Leiste erledigt, soweit sie nicht in den Tutandengruppen wahrzunehmen sind.

Lernen für das Leben

In einem modernen, abwechslungsreichen Unterricht, in den aktuelle und praxisorientierte Themen eingebunden werden, erarbeiten sich Schülerinnen und Schüler eine breite Wissensbasis und vielfältige Kompetenzen.

Schülerinnen und Schüler werden ermutigt, ihre Individualität und Kreativität zu entfalten. Hohe Motivation und aktive Teilnahme am Unterricht sind Voraussetzungen für den Schulerfolg.

Außerunterrichtliche und interkulturelle Aktivitäten ergänzen den Unterricht und fördern die Bereitschaft zu Weltoffenheit.

Das Ziel unserer schulischen Arbeit ist die Vorbereitung auf ein Leben als mündiges Mitglied der Gesellschaft im Sinne des Bildungsauftrages des Niedersächsischen Schulgesetzes.

(Gesamtkonferenzbeschluss vom 30. 10. 2002)

Abb. 1: Leitbild

Dieser Text hängt an mehreren Stellen im Schulgebäude auf großen Tafeln in den Farben der Schule aus, inzwischen selbstverständlich auch in der Außenstelle. Die Fertigstellung des Leitbildes wurde mit einem gemeinsamen Essen aller Schülerinnen und Schüler, aller Lehrerinnen und Lehrer sowie der Vertreterinnen und Vertreter der Eltern begangen. Dabei wurde die gemeinsame Arbeit am Leitbild dadurch symbolisiert, dass sich die gedeckte Tafel durch das gesamte Schulgebäude schlängelte. Selbstverständlich wurde bei diesem Fest nicht versäumt, das Leitbild in die über 600-jährige Schultradition einzubinden.

Eine Eltern-Gruppe gab folgende Stellungnahme zu dem Leitbild ab:

Stellungnahme der Eltern-AG zum Leitbild

Die Eltern-AG begrüßt das Leitbild der HPS ausdrücklich, weil es Ideale und Visionen enthält, die wir uneingeschränkt teilen. Nun wird es darum gehen, diese Visionen umzusetzen, vom Ist- zum Sollzustand zu kommen. Wir ahnen, dass zur Umsetzung des Leitbildes sehr viel Energie auf allen Ebenen aufgewendet werden muss und fragen uns, welche Wege beschritten werden, um das Leitbild in »gelebtes Leben« umzusetzen.

Und es ist unsere Hoffnung, dass dieses Leitbild kongenial umgesetzt wird, damit z. B. die Erfahrungen von Eltern, sich ausgeladen zu fühlen (oder zu werden) oder nicht willkommen zu sein, der Vergangenheit angehören.

Wir würden es außerdem begrüßen, wenn die »Gemeinsamkeit der Begleitung der Jugendlichen« auch durch gemeinsame Aktivitäten (informelle Treffen, Arbeitsgespräche, Feste), die nicht nur die Schüler- und Lehrerschaft, sondern auch die gesamte Elternschaft einbeziehen, zum Ausdruck kommen würde. Deshalb möchte die Eltern-AG den Vorschlag an alle bestehenden Gremien der HPS richten, entsprechende Begegnungs-Möglichkeiten zu schaffen.

Wir vermuten, dass das Leitbild eine neue Schulordnung (einschließlich Konsequenzen) erfordert, und erklären unsere Bereitschaft, daran mitzuarbeiten.

Wir schlagen vor, die Klima-Konferenz wieder einzurichten, damit es innerhalb der Schule ein Gremium gibt, das die Umsetzung des Leitbildes kritisch verfolgt.

Wir stellen mit Sorge fest, dass die HPS nicht auf den Umgang mit Schülern »ohne Empfehlung« vorbereitet ist und raten, auf diesem Gebiet vordringlich nach Lösungen zu suchen, die dem Leitbild der HPS (Stichworte tolerieren und respektieren) gerecht werden.

Es ist für uns deutlich geworden, dass die Elternschaft aktiver werden muss, um dem neuen Leitbild gerecht zu werden.

Für die Eltern-AG: Astrid Grosse-Mönch

Auch wenn das Leitbild nur eine einzige Seite des Schulprogramms umfasste, der dafür betriebene Aufwand lohnte sich m. E. hundertfach. Die gesamte Schulgemeinschaft wurde mobilisiert. Obwohl danach durch die Schulstrukturreform, aber auch den kontinuierlichen Schülerzugang weit über 1.000 neue Schülerinnen und Schüler in die Schulgemeinschaft eingetreten sind, ist die Identifikation mit dem Leitbild weiterhin groß. Beschwerden werden sehr oft, eigentlich fast immer, unter Berufung auf das Leitbild vorgetragen.

Die Arbeit der Themengruppen

Für die Steuergruppe begann nun der härtere Teil der Arbeit. Die Themengruppen waren bis dahin weitgehend sich selbst überlassen gewesen. Ihre Arbeit musste intensiver koordiniert und auf das Schulprogramm hin ausgerichtet werden. Zu diesem Zweck schloss der Vorstand der Steuergruppe mit den Steuergruppenmitgliedern und zum Teil auch mit den Sprecherinnen und Sprechern der Themengruppen Zielvereinbarungen ab, wie sie im Qualitätsnetzwerk empfohlen waren. Der Steuergruppenvorstand selbst unterzeichnete dem Schulleiter gegenüber eine Zielvereinbarung.

Im Sommer 2003 kam es zu einem Wechsel an der Spitze der Steuergruppe. Dem neuem Steuergruppensprecher Herrn OStR Amthor fiel nun die Kärrnerarbeit zu, die Ergebnisse zusammenzutragen.

Für die II. Meilensteintagung des Qualitätsnetzwerkes Niedersachsen im Dezember 2003 in Bad Salzdetfurth wurde folgender **Überblick über die Schulprogrammarbeit der Halepaghen-Schule** erstellt (siehe Abb. 2).

Die Themengruppe »Transparenz von Unterricht« ging auf eine schon seit Jahren existierende »Klimakonferenz« zurück, die sich mit sehr grundsätzlichen Fragen des Schulklimas auseinandergesetzt hatte. Für die äußerst beschwerdeanfälligen Besprechungen der mündlichen Noten hatte bereits eine Schülergruppe einen Verhaltenskodex für die Schüler- und Lehrerseite entwickelt, der vom Gemeinsamen Ausschuss in Kraft gesetzt worden war. Die Gesamtkonferenz hatte ihren fächerübergreifend gültigen Beschluss zur Notengebung überarbeitet. Nun sollten nicht nur die Lehrkräfte weitaus stärker als bisher verpflichtet werden, die Leistungsanforderungen und Bewertungsmaßstäbe in ihrem Unterricht bekannt zu geben, sondern alle 19 Fachkonferenzen sollten auch die Leistungsanforderungen und Bewertungskriterien ihres Faches für die einzelnen Jahrgänge exakt definieren.

Halepaghen-Schule Buxtehude
Gymnasium
Schule im Qualitätsnetzwerk Niedersachsen

Schulprogrammarbeit im Rahmen des Qualitätsnetzwerkes Niedersachsen

Leitbild (inhaltliche Orientierung) • **Tolerieren und Respektieren** • **Denken – Handeln – Verändern** • **Lernen für das Leben** (erarbeitet in einem mehrstufigen Prozess unter Einbeziehung aller Schulangehörigen)	**Grundsätze** (Handlungsrahmen) **Schwerpunktsetzung** (u.a. aufgrund der PEB) **Zielvereinbarungen** (SL mit StG-V, StG-V mit StG) **Arbeitsplan**

Fertig	Themengruppen	Konzept
• Verhaltenskodex für Notenbesprechungen, GK-Beschluss über mündliche Noten	**Transparenz von Unterricht**	• Transparenz von Lernzielen und Bewertungskriterien
• Praktika • Betriebserkundungen • Beratung/Schulung • SchUB-Tag • Koop. TU Harburg	**Studien- und Berufsvorbereitung**	• Kontaktbörse • Experten im Unterricht • **SchUB@HPS** • **Koop. TUHH**
• Grundbausteine • Trainingsprogramm für Klassen 7, 8, 11	**Medienkonzept N-21**	• Vernetzung mit Fachunterricht • Verbindliche UE 7-11 • Medienkonzept für 5/6
• Förderung jüngerer Schüler(innen) durch ältere; Anleitung, Fortbildung, Beratung durch Lehrer(innen)	**Projekt „Schüler helfen Schülern" (SHS)**	• Qualifizierung der als „Lehrkräfte" eingesetzen Schüler(-innen) • Umsetzungskonzept
• Zahlreiche Partnerschulen	**Internationale Kontakte**	• Internationale Projekte
• AG erst neu gegründet	**Integration Klassen 5/6**	• Pädagogisches Konzept • u.a. Ausweitung des Patensystems • Teambildung

HPS Qualität sichern und entwickeln

Nächste Schritte:

- **Vervollständigung der Konzepte**
- **Implementierung**
- Evaluation

Abb. 2: Plakat

Die Themengruppe »Studien- und Berufswahl« konnte auf recht viel Bewährtes in der Berufswahlvorbereitung zurückgreifen, das fest im Schulalltag verankert war. Zur Ergänzung des jährlich durchgeführten »SchUB-Tages« (Schule-Universität-Beruf) sollten die Ehemaligen, die sich dazu immer wieder anboten, als Experten über das Internet für den individuell Ratsuchenden, aber auch für den Unterricht verfügbar gemacht werden. Außerdem war ein neu abgeschlossener Kooperationsvertrag mit der Technischen Universität Hamburg-Harburg mit Leben zu erfüllen.

Die Themengruppe »Medienkonzept« hatte Verpflichtungen zu berücksichtigen, die die Schule im Rahmen einer größeren N21-Förderung eingegangen war. Im Januar 2003 waren bereits Unterrichtseinheiten für EDV-Seminartage in den 7. und 8. Klassen sowie zur Vorbereitung der 11. Klassen auf die Facharbeit in Klasse 12 vorhanden. Dies bildete die so genannte erste Säule des Medienkonzepts. Die zweite musste noch errichtet werden. Dazu sollte Medienarbeit mit dem Fachunterricht verschränkt und genau festgelegt werden, welches Fach in welchem Jahrgang welche medienpädagogischen Unterrichtseinheiten durchführen sollte. Da es dabei überwiegend um die EDV als Medium ging, lässt sich leicht ermessen, welche Schwierigkeiten diese Gruppe angesichts der sehr unterschiedlichen Computerkenntnisse des Kollegiums noch vor sich hatte. Die Notwendigkeit eines Medienkonzepts für die 5. und 6. Klassen ergab sich aus der damals bevorstehenden Schulstrukturreform.

Die Themengruppe »Schüler helfen Schülern« begann mit der Ausbildung von geeigneten Schülerinnen und Schülern für die Nachhilfe in eigens dazu eingerichteten Arbeitsgemeinschaften. Das Organisationsmodell war bereits umsetzungsreif.

Die Themengruppe »Internationales« speiste sich aus verschiedenen Interessensgruppen: Die Halepaghen-Schule führte damals Schüleraustauschprogramme mit Frankreich, den USA, Litauen und Russland durch. Austauschprogramme mit England und den Niederlanden waren »eingeschlafen« und benötigten Ersatz. Ein Spanien-Austausch fehlt noch immer. Es existierte ein in einem Beschluss des Gemeinsamen Ausschusses fixierter Traum, alle Partnerschulen zu einem gemeinsamen Unterrichtsprojekt zusammenzurufen. An dessen Stelle trat das realistischere Ziel, ein multinationales Comenius-Projekt durchzuführen. Außerdem sollte die Qualität der Austauschprogramme durch intensivere Projektarbeit verbessert werden. Die Vorbereitung auf Sprachzertifikate wurde erwogen.

Die **Themengruppe »Integration der 5. und 6. Klassen«** hatte die Nachfolge einer vorher zum Pflichtprogramm des Qualitätsnetzwerkes gehörenden Themengruppe »Übergänge« angetreten, war aber völlig neu gebildet worden. Durch Kontakte mit Gymnasien anderer Bundesländer oder aus kirchlicher Trägerschaft, zum Teil auch in Zusammenarbeit mit den noch bestehenden Orientierungsstufen sollte ein pädagogisches Konzept für diese Altersstufe erstellt werden. Das bereits für die 7. und 8. Klassen bestehende Patenschaftsmodell mit eigens dazu ausgebildeten Schülerinnen und Schülern höherer Klassenstufen sollte erweitert werden. Auch bestand von vornherein Konsens darüber, dass die pädagogische Arbeit in den 5. und 6. Klassen in viel stärkerem Maße als bisher in Teamarbeit erfolgen sollte, deren Formen noch zu entwickeln waren. Dies betraf sowohl die Klassenleitung im Team als auch die fachliche Zusammenarbeit innerhalb der Jahrgangsstufen. Die Themengruppe führte rechtzeitig vor Aufnahme der Unterstufe eine SCHILF für das ganze Kollegium durch, die dank erfahrener Referenten sehr erfolgreich wurde.

Die Fachkonferenzen

Wie aus den Erläuterungen hervorgeht, waren inzwischen die Fachkonferenzen in die Schulprogrammarbeit eingebunden worden und mussten Ergebnisse liefern und verbindliche Beschlüsse fassen. Dies betraf die Leistungsanforderungen und deren Messung, die Beiträge der Fächer zur zweiten Säule des Medienkonzeptes sowie für die Curricula der künftigen 5. und 6. Klassen, für die sich bereits Fachteams bildeten. Die Fächer Deutsch, Englisch, Französisch, Latein und Mathematik waren außerdem an der Planung und Durchführung von »Schüler helfen Schülern« beteiligt.

Parallel dazu waren die Schulleitung sowie die Fachobleute der Fachraum gebundenen Fächer mit Unterstützung weiterer Kolleginnen und Kollegen damit beschäftigt, die Einrichtung einer Außenstelle für die 5. und 6. Klassen zu planen. Dies belastete zwar einerseits erheblich, machte aber auch die Notwendigkeit der konzeptionellen Arbeit für jeden einsichtig und förderte die Zusammenarbeit in Teams.

Verkleinerung der Steuergruppe und Bildung einer Schulprogrammredaktion

Im Frühjahr 2004 sollte das Schulprogramm fertig werden. Die Steuergruppe hatte inzwischen genügend Akzeptanz erreicht, um sich stärker dem Effizienzgedanken zu verschreiben, so dass die Zahl ihrer Mitglieder deutlich verkleinert werden konnte. Auch durfte und musste der Schulleiter seine Zurückhaltung aufgeben und arbeitete nun regelmäßig in der Steuergruppe mit. Seine Aufgabe bestand nicht zuletzt darin, der Arbeit Verbindlichkeit und Nachdruck zu verleihen und auf Tempo zu drängen. Für die eigentliche redaktionelle Arbeit wurde die Steuergruppe von mehreren Deutschlehrern unterstützt.

Am Ende umfasste das Schulprogramm gut 40 Seiten, die überwiegend aus den Themengruppen gespeist wurden. Auf einer Regionaltagung des Qualitätsnetzwerks, die am 10. 3. 2004 in der Halepaghen-Schule stattfand, konnte es dem Landesprojektleiter des Kultusministeriums, Herrn Armin Lohmann, im Entwurf übergeben werden.

Beschluss und Druck des Schulprogramms

Am 26. 5. 2004 wurde das Schulprogramm nach vorheriger Zustimmung des Gemeinsamen Ausschusses von der Gesamtkonferenz beschlossen und anschließend gedruckt. Um die Bedeutung des Schulprogramms zu unterstreichen, rangen wir uns doch zu Hochglanzpapier und einem mehrfarbigen Einband durch, obwohl es eigentlich nur ein Arbeitspapier sein sollte. Alle Schülerinnen und Schüler und Lehrkräfte konnten und können ein schon äußerlich ansprechendes Exemplar des Schulprogramms für einen Euro erwerben.

Die zahlreichen Papiere mit Details der Fachkonferenzen zur Transparenz von Unterricht und Leistungsbewertung, aber auch zu anderen Themen, hatten in dem Druckwerk keinen Platz und wurden auf einer CD zusammengefasst. Hier liegt für die Zukunft der Gedanke an ein Schul-Handbuch nicht fern, wie es manche englischen Schulen in Loseblattform getrennt für Lehrkräfte, Eltern, Schülerinnen und Schüler anbieten. Allerdings ist dort mehr Leitungspersonal vorhanden.

Kritisch ist anzumerken, und dies wurde von der regionalen Netzwerkleitung auch angemerkt, dass unser Schulprogramm kaum Angaben zur künftigen Selbstevaluation und zu einem Fortbildungskonzept enthält. Einige der von den Themengruppen geplanten Maßnahmen wurden und werden regelmäßig evaluiert, andere noch nicht. An der Verbreitung des Evaluationsgedankens muss sicher noch intensiv gearbeitet werden. Ein Fortbildungskonzept, das wohl in erster Linie als allgemeinpädagogisches verstanden wurde, konnte angesichts der damals wie heute ungeklärten Finanzierung nur schwer erstellt werden. Auch bestand und besteht in der Halepaghen-Schule Konsens darüber, dass am Gymnasium auf ein umfassendes, schulformbezogenes Fachfortbildungswesen nicht verzichtet werden kann.

Externe Evaluation durch die Schulinspektion

Im Januar 2005, unmittelbar nach der Abschlusstagung des Qualitätsnetzwerkes, kam im Beisein von Herrn Kultusminister Busemann die Schulinspektion ins Haus. Dank der Vorarbeit im Qualitätsnetzwerk und dank der durch die Schulprogrammarbeit erreichten Mobilisierung der gesamten Schulgemeinschaft für den Gedanken der Schulentwicklung kam es zu einem höchst erfreulichen Ergebnis. Der Inspektionsbericht und ein Teil des Presseechos können auf unserer Internetseite www.halepaghen-schule.de eingesehen werden.

Von allgemeinem Interesse dürfte folgende Erfahrung sein: Der Spiegel, der uns durch die Schulinspektion von außen vorgehalten wurde, ergab an einigen Stellen ein Bild, das sich sowohl von unserem Selbstbild als auch von dem Spiegelbild unterschied, das wir durch die Pädagogische Entwicklungsbilanz gewonnen hatten. Letztere beruhte, wie andere verbreitete Evaluationsinstrumente auch, auf einer zwar zahlreiche Themen berührenden sehr intensiven, aber letztlich doch subjektiven Meinungsumfrage. Die vorherrschende Meinung in der Schule, besonders bei der Elternschaft, forderte und fordert weiterhin die Arbeit am Schulklima und die Intensivierung der Berufswahlvorbereitung, um nur die wichtigsten Themen zu nennen. Von den Schulinspektoren, die als Außenstehende über objektive Vergleichsmöglichkeiten verfügen, wurden diese Bereiche jedoch mit Bestnoten bewertet, während die Teamarbeit und bestimmte Bereiche der innerschulischen Kommunikation als verbesserungswürdig bezeichnet wurden.

Bei der Setzung neuer Arbeitsschwerpunkte werden also sowohl das Selbstbild der Schule als auch die verfügbaren Evaluationsergebnisse einer sehr kritischen Prüfung unterzogen werden müssen.

In der Halepaghen-Schule kam es kürzlich zur Eröffnung folgender Debatte, die unsere Gremien noch länger beschäftigen wird: Der neue Schulelternratsvorstand hatte ein umfangreiches Konzept zur Verbesserung des Schulklimas auf der Grundlage des Leitbildes ausgearbeitet, das die Implementierung von Verhaltenskodizes, eines Beschwerdemanagements und eines dies alles überwachenden Gremiums vorsieht. Als dieses Konzept im Gemeinsamen Ausschuss eingebracht wurde, mahnte ein im Flugzeugbau als Qualitätsmanager tätiger Elternvertreter die Miteltern, der Mängelliste der Schulinspektion Priorität einzuräumen, bevor ein so aufwendiges Projekt begonnen werde. Im Sinne einer systematischen Schulentwicklung hat dieser Elternvertreter unbedingt Recht. Dennoch: Eine rein technokratische Entscheidung allein könnte das nach Inspektorenmeinung hervorragende, aber ganz offensichtlich hochsensible Schulklima durchaus beeinträchtigen, wenn der neuen Initiative kein genügender Raum gegeben wird. Dies Beispiel soll zeigen, dass Schulentwicklung, so systematisch sie auch sein sollte, von der Schulleitung mit sehr viel Fingerspitzengefühl behandelt werden muss, damit sie nicht in Konflikt mit der innerschulischen Demokratie gerät.

Wie ging es weiter?

Nach der Schulinspektion endete die Arbeit im Qualitätsnetzwerk und das Mandat der Steuergruppe. Die Schule wurde nun sehr stark von Aufgaben beansprucht, die sich aus den veränderten schulpolitischen Rahmenbedingungen ergaben: Das Thema »Übergänge« stellte sich im Zusammenhang mit der Dokumentation der individuellen Lernentwicklung neu. Für die Unterstufe in der Außenstelle mussten auf der Grundlage der Arbeit der betreffenden Themengruppe mit ca. 50 pendelnden Lehrkräften ein eigenes pädagogisches Klima geschaffen und das Zusammenleben in einem Schulzentrum gestaltet werden. Für das Abitur nach 12 Jahren sind die innerschulischen Lehrpläne aufsteigend zu verändern, damit also auch die Beschlüsse der Themengruppe »Transparenz von Unterricht« zu überarbeiten. Unsere acht- bis zehnzügige Oberstufe und der Wahlpflichtbereich sind den geänderten Rahmenbedingungen anzupassen. Waren die Kolleginnen und Kollegen bisher verpflichtet gewesen, eine große Vielfalt an Oberstufenkursen anzubieten und deshalb einzeln zu arbeiten, führte die Vereinheitlichung des Unterrichtsangebotes durch das Zentralabitur zu einer Ausweitung der Teamarbeit.

Da die Umsetzung eines Großteils der noch offenen Aufgaben in die Verantwortung der Fachkonferenzen fällt, übertrug die Gesamtkonferenz einer Versammlung der Fachobleute und Schulleitungsmitglieder, natürlich unter Einbeziehung von Schüler- und Elternvertretern, die Fortsetzung der Arbeit der Steuergruppe. Diesem Gremium gelang insbesondere die Aufteilung der Unterrichtsverpflichtungen aus der zweiten Säule des Medienkonzeptes auf den Fachunterricht der einzelnen Jahrgänge.

Im Bereich »Internationales« gibt es zwei neue Schulpartnerschaften, ein Comenius-Projekt mit mehreren ausländischen Partnerschulen ist vorbereitet und wartet auf die Mittelfreigabe, die Fachgruppe Französisch führt DELF- Arbeitsgemeinschaften durch, deren Prüfungen in Kooperation mit der örtlichen Volkshochschule abgenommen werden. Der Bilinguale Unterricht wird weiter ausgebaut. Wir sind zertifiziert als »Schule mit mehrsprachigem Profil« und ausgewählt als Pilotschule für das »Exzellenzlabel CertiLingua«. Der Kooperationsvertrag mit der Technischen Universität Hamburg-Harburg wurde erweitert. Auf Grund eines durch die TUHH hergestellten Kontaktes mit englischen allgemein bildenden Schulen, die über das Fach »Engineering« auf den Ingenieursberuf vorbereiten, experimentieren wir in Zusammenarbeit mit der benachbarten berufsbildenden Schule mit technischem Unterricht im Wahlpflichtbereich. Auch mit der örtlichen »Hochschule 21«, einer privatisierten Fachhochschule, hat sich der Kontakt intensiviert.

Diese Aufzählung von Errungenschaften der Schulentwicklung ist keineswegs vollständig, dennoch sind auch einige selbstkritische Worte angebracht.

Was ging leicht, was geht nur schwer voran?

Gut entwickelt sich, was die Schule schon immer gern und erfolgreich getan hat. Gut gedeihen auch fest umrissene Vorhaben, die von einem kleinen, interessierten Kollegenkreis entwickelt, umgesetzt und fortentwickelt werden können. Hier sind Verbindlichkeit und Selbstevaluation kein Problem, sondern selbstverständlich. Deutlich langsamer voran geht es in Bereichen, die in den Unterricht aller oder fast aller Kolleginnen und Kollegen eingreifen und nicht Teil ihrer ursprünglichen Ausbildung waren. Klar umrissene, aber begrenzte Anforderungen, wie die Umsetzung des Verhaltenskodexes bei Notenbesprechungen, werden durchaus beachtet. Andere, als Beispiel nenne ich die Verpflichtungen aus der zweiten Säule des Medienkonzepts, stellen für einen Teil des Kollegiums zurzeit offensichtlich eine Überforderung dar und werden noch nicht vollständig umgesetzt. Trotz kontinuierlicher Fortbildungsangebote durch einen Fachobmann für Neue Technologien konnte die Angst, allein mit einer Klasse der Technik der Computerräume ausgeliefert zu sein, bei einem Teil des Kollegiums nicht überwunden werden. Und wo es Ängste gibt, keimt Widerstand gegen die Evaluation. Auch bei dem Ersatz des früheren Forder- und Förderunterrichts durch innere Differenzierung erwarte ich solche Schwierigkeiten, weil eingeschliffenes Unterrichtsverhalten nicht von heute auf morgen geändert werden kann.

Mit dem Studienseminar Stade wurden bereits Gespräche geführt, um das Thema Binnendifferenzierung zu einem festen Bestandteil der Ausbildung zu machen. Um die Bedeutung der Schulentwicklung zu unterstreichen, werden künftig in die Ausschreibung von Funktionsstellen Themen der Schulentwicklung einbezogen. Im Hinblick auf die Weiterentwicklung des Schulprogramms wurde eine A 14-Stelle »Dokumentation der Schulentwicklung« beantragt. Die Gesamtkonferenz hat unsere Schulverfassung den neuen Herausforderungen angepasst, indem sie einen beträchtlichen Teil ihrer verbleibenden Kompetenzen dem Gemeinsamen Ausschuss übertrug und ihn mit dem Schulvorstand verschränkte.

Der schwierigere Teil der Schulentwicklung, der die Arbeit aller Lehrkräfte berührt, benötigt in erster Linie Zeit:

- Zeit im Sinne von Geduld
- Zeit, um sich in Ruhe auf ein Ziel konzentrieren zu können
- aber auch Zeit für Fortbildung, Planung und Teamarbeit
- Zeit für den Einsatz zweier Lehrkräfte in einer Klasse, so dass eine von der anderen lernen kann
- Zeit, um Vertrauen in die Ziele zu schöpfen und Selbstvertrauen in die eigene Kraft.

Rüdiger Vietze

Prozess oder Ergebnis: Aufbau einer Reflexionskultur

Mit der Wahrnehmung von Gestaltungsräumen ist für die Eigenverantwortlichen Schulen die Pflicht zur Rechenschaft verbunden. Das kann jedoch nicht bedeuten, dass sie damit warten können, bis die Schulinspektion kommt. Sie müssen vielmehr eine Reflexionskultur zur Verbesserung ihrer Professionalität entwickeln. Wie das funktionieren kann, zeigt der Rückblick eines Schulleiters beim Aufbau einer Reflexionskultur an einer Realschule in Stade.

Reflexion als Bestandteil schulischer und pädagogischer Arbeit

Die eigene pädagogische Arbeit zu reflektieren und zu evaluieren ist für Lehrerinnen und Lehrer theoretisch nichts wirklich Neues. Doch ist die Realität in den Schulen häufig eine andere. Unterricht findet immer noch hinter verschlossenen Klassentüren statt. Einerseits werden damit pädagogische Freiheit und Verantwortung dokumentiert und nachhaltig realisiert, andererseits aber auch Abschottung und Vereinzelung. Bezüge zum pädagogischen Wirken innerhalb der Schule sind nicht immer gewährleistet. Dabei wäre das so einfach.

Das Niedersächsische Schulgesetz hat den Gesamtkonferenzen schon immer die Möglichkeit gegeben, »Regelungen gegenseitiger Unterrichtsbesuche und ihrer Auswertung« zu beschließen. Darüber hinaus fordern die Grundsatzerlasse zu gegenseitigen Unterrichtsbesuchen und Gruppenhospitationen auf. Verhindert hat das eher die praktizierte Top-Down-Steuerung im Schulwesen. Sie hat eher gehemmt, dass Schulleitungen, Kollegien, Schülerinnen und Schüler ein gesundes Selbstverständnis von Verantwortung für das eigene Handeln entwickeln konnten. Letztlich konnte zwar immer jemandem die Verantwortung übertragen werden, nur waren es oft die Vorschriften, die das Engagement lähmten.

Mit der nun immer stärker werdenden Umsteuerung in den Schulen ist ein Umdenken gefordert. Der Blick auf die schulischen Erfolge, die Ergebnisse in der Schule, also der OUTPUT der einzelnen Schule wird wichtiger als der INPUT. Damit wird natürlich die Verantwortung vor Ort größer und es rückt eine Rechenschaftslegung ins Blickfeld, die auf Reflexion und Evaluation setzt.

Können Schulen Reflexion und regelmäßige Evaluation ihrer Arbeit leisten?

Künftig werden alle Schulen ein Schulprogramm lt. Schulgesetz erarbeiten. Damit ein Schulprogramm nicht Makulatur bleibt und nicht eben nur als Hochglanzbroschüre sein Dasein fristet, sind Reflexion und Evaluation zwingend notwendig. Gemeint ist hier die interne Evaluation, die auch als Selbstevaluation bezeichnet wird (vgl. Reißmann in diesem Buch). Ziel muss dabei »die umfassende, regelmäßige und systematische Überprüfung von Tätigkeiten und Ergebnissen sein« (Weibel, 2002).

Für diese Arbeit gibt es sicher keine Patentrezepte, deren sich Schulen schnell bedienen können. Aber sie können auf eine Vielzahl von Erfahrungen zurückgreifen, erprobte Modelle und Ideen im Hinblick auf eine Verwendung für die eigene Arbeit kritisch prüfen und kreativ nutzen (vgl. Reißmann in diesem Buch). Schulen finden also für den Aufbau einer Reflexionskultur genügend Unterstützung und letztlich gilt auch hier uneingeschränkt die Erkenntnis von Hartmut von Hentig »Wenn die Gedanken groß sind, dürfen die Schritte dahin klein sein.«

Der Aufbau einer Reflexionskultur kann gelingen, wenn in einem ersten Schritt kritische Freunde einbezogen werden. Kritische Freunde können in zweifacher Hinsicht wertvolle Dienste leisten. Zum einen ist es unverzichtbar, dass die Schulleiterin bzw. der Schulleiter mit Hilfe kritischer Freunde die eigene Arbeit reflektiert, zum anderen kann die Schule als Gesamtsystem ihre Arbeit professionalisieren. Es sei am Rande bemerkt, dass der Aufbau einer schulischen Reflexionskultur mit dem guten Beispiel der Schulleitung beginnt. Für den Einsatz kritischer Freunde im Hinblick auf die Arbeit von Schulleitungen verweise ich auf den Aufsatz von Josef Watschinger (2001), der den Einsatz kritischer Freunde für die Schule als Gesamtsystem beschreibt.

Verständigen sich Schulleitung und Steuergruppen darauf, kritische Freunde für die Arbeit der Schule heranzuziehen, sollten sie folgende Grundgedanken beachten:

- Kritische Freunde müssen als kompetent angesehen werden.
- Kritische Freunde sollen keine externen Experten in demselben Arbeitsfeld sein.
- Kritische Freunde sollen nur Hilfe zur Selbsthilfe leisten.

Ihre Aufgaben können insbesondere sein:

- durch andere Sichtweisen den Horizont zu vergrößern und den »blinden Fleck« deutlich werden zu lassen, indem sie
- die Wahrnehmungen und Beobachtungen über die Schule mitteilen und spiegeln.

Es ist nicht zwingend erforderlich, dass die kritischen Freunde Daten über die Schule sammeln, wohl aber sollte ein Zeitraum für die Hospitations- und Beobachtertätigkeit als kritischer Freund festgelegt werden. Ein Zeitraum von drei Jahren hat sich erfahrungsgemäß als geeignet erwiesen. Dazu folgender Erfahrungsbericht:

Erfahrungen auf dem Weg zur Reflexionskultur

Zunächst wurden in Konsultationsgesprächen mit möglichen kritischen Freunden die Bereitschaft und die Aufgaben geklärt, so dass anschließend der Gesamtkonferenz (künftig wohl dem Schulvorstand) der ausgearbeitete Vorschlag unterbreitet werden konnte. Als kritische Freunde wurden eine Diakonin der Kirchengemeinde und der Seniorchef eines großen Unternehmens gewonnen. Beide hatten zur Arbeit der Schule einen Bezug, verfügten über hohe ethische Kompetenz und hatten ein besonderes Interesse, sich mit der Arbeit, der Wirkung und dem Image der Schule auseinander zu setzen.

Im Frühsommer trafen sich Schulleitung, Steuergruppe und kritische Freunde zu einem Gespräch. Die Erkenntnisse aus diesem Gespräch mündeten in konkrete Arbeitsaufgaben für die Schule. Beispielsweise wurde die Schule immer wieder ermutigt, noch stärker die Erziehungsberechtigten in den schulischen Alltag einzubeziehen. Gleichzeitig wurden für das nächste Schuljahr mögliche neue Schwerpunkte festgelegt. Steuergruppe und Schulleitung haben dann in der letzten Gesamtkonferenz des Jahres über die Arbeit mit den kritischen Freunden berichtet und indirekt begonnen, diese Arbeit transparent zu machen, ein wesentlicher Schritt zur Rechenschaftslegung über die geleistete Arbeit, die die kritischen Freunde initiiert hatten.

Aus der weiteren Arbeit mit den kritischen Freunden erwuchs der Gedanke, die Erziehungsberechtigten über die Arbeit der Schule zu befragen. Da für Befragungen mit Hilfe professioneller Partner die finanziellen Mittel nicht ausreichend waren, wurde von der Steuergruppe der Auftrag vergeben, auf der Grundlage des Niedersächsischen Orientierungsrahmens (vgl. Lohmann in diesem Buch) einen schuleigenen Fragebogen von einem Lehrerteam entwickeln zu lassen. Nach vielen Diskussionen wurde deutlich, dass nach der so genannten K.I.S.S.-Methode evaluiert werden sollte. »Keep it short and simple« stellte sich angesichts der Tatsache, dass bisher kaum Erfahrungen mit dieser Art der Evaluation vorhanden waren, als eine gute Entscheidung heraus. Zu folgenden Bereichen wurden Fragen von den Erziehungsberechtigten gestellt:

- Qualitätsbereich »Lernen und Lehren«
- Qualitätsbereich »Schulmanagement«
- Qualitätsbereich »Schulkultur«.

Zu jedem Qualitätsbereich hatten die Erziehungsberechtigten sechs Fragen zu beantworten, die mit einer Skala bewertet werden mussten. Bei der Auswahl der Skala wurde nach intensiver Diskussion in der Arbeitsgruppe festgelegt, dass auf die allseits bekannte Skala von 1 bis 6 zurückgegriffen werden sollte. Nachdem die Arbeitsgruppe den Fragebogen zusammengestellt hatte, wurde er dem Schulelternrat und der Gesamtkonferenz vorgelegt. So konnten Anregungen aus den beiden Gremien noch berücksichtigt und ein hohes Maß an Zustimmung gewonnen werden. Der Beschluss, die Elternbefragung durchzuführen, war in beiden Gremien einstimmig. Der Schulelternrat wurde gebeten, auf dem Fragebogen die Klasse zu vermerken, so dass ein Ergebnis sowohl für einzelne Klassen als auch für die jeweiligen Jahrgänge ermittelt werden konnte.

Der Verwaltungsaufwand für die Durchführung war enorm. Den Erziehungsberechtigten wurde der Fragebogen in einem Briefumschlag zugestellt. Für die Rückgabe in diesem Briefumschlag wurde ihnen 10 Tage Zeit gegeben. Die Befragung fand im Monat März statt. 77 % der Erziehungsberechtigten hatten den Fragebogen zurückgegeben. In den Osterferien wertete die Arbeitsgruppe die Ergebnisse aus, die dann dem Schulelternrat und der Gesamtkonferenz vorgestellt wurden. Die Ergebnisse fielen eindeutig aus und trugen dazu bei, das Profil der Schule zu schärfen, neue Ziele zu vereinbaren und somit die Arbeit der Schule entscheidend zu beeinflussen.

Seither ist Elternbefragung fest im Schulprogramm verankert. Es ist einleuchtend, dass nicht jährlich eine Befragung stattfinden kann. Der zeitliche Abstand der Befragungen ist abhängig von den neu festgelegten Zielen. Die Umsetzung der Ziele erfordert sicher einen Zeitraum von zwei bis drei Jahren. Somit ist auch ein Zeitraum für weitere Befragungen vorgegeben. Aber es entsteht auch eine weitere Konsequenz, sich über diese Maßnahmen regelmäßig zu vergewissern, sich Rechenschaft zu geben, wie die Schule sich weiterentwickelt hat.

Inzwischen erleichtert SEIS diese Entwicklungsarbeit, da das Instrument sowohl die Eltern- als auch die Schülerschaft in die Analyse einbezieht und außerdem mit dem Orientierungsrahmen eng verknüpft ist. SEIS ist ein standardisiertes Steuerungsinstrument, das international erprobt und weiterentwickelt worden ist (vgl. REIßMANN in diesem Buch). Auf der Grundlage eines SEIS-Schulberichtes leitet die Schule in gleicher Weise ihre Maßnahmeplanung ein, wie es oben beschrieben ist. Sie hat darüber hinaus die Chance, sich mit anderen Schulen über ihren Qualitätszustand zu vergleichen.

Der Au(f)sbau der Reflexionskultur

Ziel einer schulischen Reflexionskultur ist es zweifellos, für jede Lehrkraft eine Grundlage für pädagogische Entscheidungen zu schaffen und damit zu erreichen, dass Evaluation fester Bestandteil u. a. der Arbeit der Lehrerinnen und Lehrer wird. Hierbei sind jedoch nicht selten Widerstände zu beobachten, denn ohne eine mentale Neuorientierung der Lehrkräfte ist die Akzeptanz nicht zu erreichen. Zwar formulieren die niedersächsischen Grunderlasse schon seit längerer Zeit, dass Schülerinnen und Schüler in zunehmendem Maße Anteil an der Unterrichtsplanung und an der Unterrichtsgestaltung haben sollen, was ihnen auch einen Part in der Reflexion des Unterrichts einräumt. Doch offenbart die Schulwirklichkeit eher Zweifel und wenig Veränderungswillen bei den Lehrkräften. In der Eigenverantwortlichen Schule wird jedoch die regelmäßige Evaluation von großer Wichtigkeit zur Verbesserung des Lehrerverhaltens und der Unterrichtsqualität (WEIBEL, 2002) sein.

Der Auf- und Ausbau einer Reflexionskultur wird nur dann gelingen, wenn Evaluationspraktiken vorher in Teams oder Fachkonferenzen fest installiert werden. Entscheidend ist, dass die zuständigen Fachobleute bzw. Fachbereichskoordinatoren für die einzelnen Fachbereiche hier eine klare Steuerungsaufgabe übernehmen, damit alle Lehrkräfte sich in regelmäßigen Abständen vergewissern, wie ihre gemeinsam geplante Arbeit im Unterricht umgesetzt wird. Vorstellbar ist hier, dass nach jedem abgeschlossenen Unterrichtsthema, jeder abgeschlossenen Unterrichtseinheit Lehrerinnen und Lehrer zusammensitzen, ihre Erfahrungen und Ergebnisse austauschen und daraus Maßnahmen zur Verbesserung der schuleigenen Arbeitspläne ableiten. Schon die gemeinsame Überprüfung von Klassenarbeiten und Tests sind wesentliche Schritte, Lehrerinnen und Lehrer aus ihrer Vereinzelung herauszuholen und zu einer gemeinsamen Reflexion zu führen. Die damit verbundene Ritualisierung führt zu einer Reflexionskultur (LOHMANN, 2003). Als Beispiel hierfür gilt die Einführung von Bestandsaufnahmen und umfassenden Evaluationsverfahren wie sie z. B. im Fachbereich Wirtschaft an meiner Schule durchgeführt wurden. Die Maßnahmen zur beruflichen Orientierung oder die hierzu neu entwickelten Arbeitspläne oder die Bewertung der Praktika durch Betriebspartner und Schülerinnen und Schüler konnten so evaluiert werden. Partner, die das Betriebspraktikum unterstützen, wurden um ihre Einschätzung bezüglich der Organisation und Betreuung der Praktikantinnen bzw. Praktikanten gebeten. Vier Jahre später wurden sogar Schulabsolventen nach ihrem Abschluss per Fragebogen zur Wirksamkeit der schulischen Maßnahmen in diesem Bereich befragt. Zusammen mit einer Selbsteinschätzung der Schülerinnen und Schüler ergaben sich für die Lehrkräfte dieses Fachbereiches völlig neue Dimensionen an Erkenntnissen, die langfristig zu einer Verbesserung der Unterstützung und Beratung in der Schule führten.

Es hat einige Jahre gedauert und inzwischen verfahren Fachkonferenzen wie z. B. Deutsch, Englisch und Mathematik zur Festigung der allgemeinen Reflexionskultur ähnlich. Die Selbstevaluation wird immer wieder eingesetzt, um auf Basis der Ergebnisse gezielte Schritte zur Unterstützung der Schülerinnen und Schüler einzusetzen. In diesem Zusammenhang werden sogar Zielvereinbarungen über die Festlegung von Parallelarbeiten und einzurichtende Hospitationszirkel unter Fachkolleginnen und -kollegen vereinbart. Hierzu eignen sich besonders die Jahrgänge, in denen Abschlussarbeiten oder landesweite Vergleichsarbeiten zu schreiben sind. Nicht unerheblich ist dabei der Aspekt, dass mit solchen Zielvereinbarungen die Arbeit der Fachkonferenzen wieder eine stärkere pädagogische Ausrichtung erfahren: Fachkonferenzen entwickeln sich zu Qualitätszirkeln. Reflexion ist eine Selbstverständlichkeit im beruflichen Alltag. Aus der Erfahrung heraus und zurückblickend auf diesen

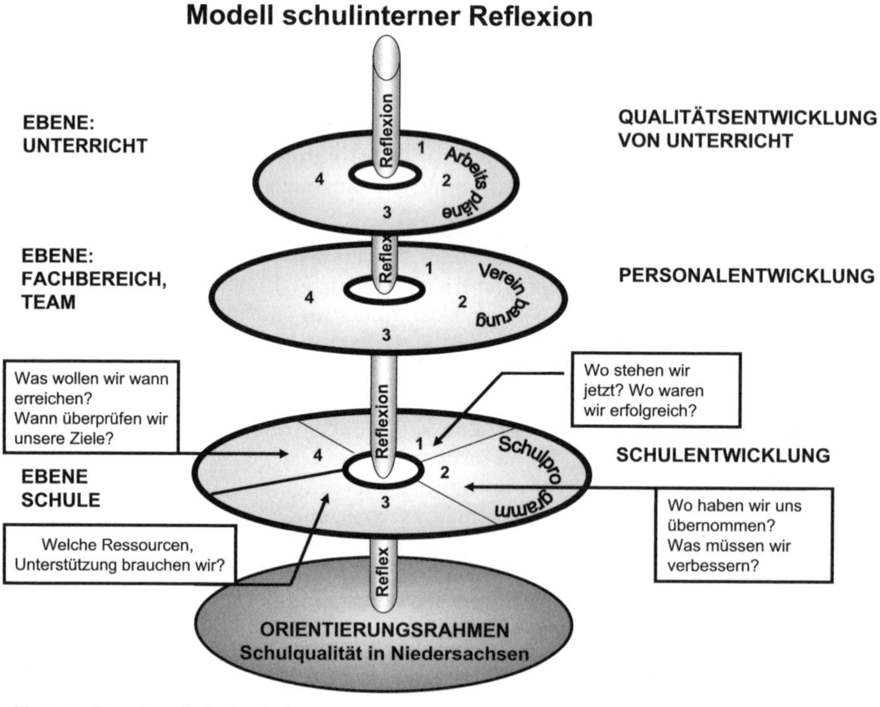

Abb. 1: Aufbau einer Reflexionskultur © *Armin Lohmann, 2004*

Prozess sei angemerkt, dass die Arbeit der Hospitationszirkel eine große Herausforderung darstellte, weil Kolleginnen oder Kollegen zunächst lernen mussten, sich zu überwinden unbefangen in den Unterricht anderer zu gehen, um dort zu lernen. Fazit: Mit diesem Weg über die Fachkonferenzen ist eine Grundlage gelegt, die Reflexion mit der Weiterentwicklung der Arbeit von einzelnen Lehrerinnen und Lehrern zu verbinden. Allerdings gilt: »Schulleiterinnen und Schulleiter können Lehrerinnen und Lehrer ermuntern, Selbstverpflichtung und Verbindlichkeit einzugehen, auch befähigen selbst zu handeln, sie können jedoch keine Innovation erzwingen.« (Lohmann/Minderop, 2004).

Die einzelne Lehrkraft zur Reflexion ermutigen

Grundlage für diese entscheidende Blickrichtung ist das Schulprogramm (vgl. Helm/Heinrich und von Maerker in diesem Buch). Es wird Aussagen zum Kerngeschäft der Schule – dem Unterricht – und zur Aufgabe beinhalten, die ihr anvertrauten Schülerinnen und Schülern zum größtmöglichen Erfolg zu führen. Hieraus folgt letztlich die Verpflichtung der einzelnen Lehrerin und des einzelnen Lehrers, die Wirksamkeit des Unterrichts zu evaluieren. Eine gute und brauchbare Übersicht, über die Inhalte, die evaluiert werden können, findet sich bei Dorothea Minderop und Armin Lohmann (Minderop/Lohmann, 2004 – siehe Abb. Reflexionskultur). Keine Lehrkraft muss sich die Mühe machen, Evaluationsbögen selbst zu erstellen. Im Internet (www.lernkompetenz.th.schule.de, www.nibis.de/schulqualität oder www.ifs.uni-dortmund.de) findet sich eine Vielzahl von Beispielen, die jeweils nur für die eigene Schule angepasst und dann eingesetzt werden können. Zu beobachten ist an Projektschulen der Qualitätsnetzwerke, der Bildungsregionen und an Netzschulen, die die erweiterte Eigenverantwortung erproben, dass dort der Einsatz von Evaluationsbögen bei Lehrerinnen und Lehrer dazu führt

- ein anderes Verhältnis zu den Schülerinnen und Schülern zu entwickeln,
- ein höheres Maß an Transparenz zu erreichen,
- die Zusammenarbeit mit Erziehungsberechtigten neu zu definieren,
- ein neues Selbstbewusstsein zu entwickeln und
- mehr Anerkennung zu erfahren.

Es ist offensichtlich, dass nicht alle Lehrerinnen und Lehrer den unmittelbaren und sofortigen Zugang zur Reflexionskultur finden, denn es gilt nach wie vor Peter Senges Aussage »Menschen wehren sich nicht gegen Veränderungen, sondern dagegen verändert zu werden«. Dieser Satz verdeutlicht Schulleitungen die Schwierigkeit in der Umsetzung. Niemand kann und sollte top-down verpflichtet werden, den eigenen Unterricht in vorher beschriebener Weise zu evaluieren; wenn sie nicht dazu überzeugt werden. Es ist immer wieder der Nutzen, der zur Einsicht führt, dass Reflexion sich lohnt.

Resümee

Regelmäßige Reflexion führt zu Routinen, letztlich zum Aufbau einer Reflexionskultur. Natürlich ist dies ein längerer Prozess. Aber die Anstrengung lohnt sich, weil

Erfahrungen belegen, dass sich nicht nur das Schulklima positiv verändert, regelmäßiger Austausch erleichtert auch Lehrerinnen und Lehrer die Alltagsarbeit (vgl. Abb. 1). Ein selbstverständlicher Umgang mit der Reflexion über die eigene pädagogische Arbeit unter dem Aspekt der Rechenschaftslegung muss erst einmal langsam entwickelt werden. Die mentale Veränderung in den Schulen muss reifen, denn »Kollegien, die sich nicht als pädagogische Instanzen von Aushandlungs- und Problemlösungsprozessen begreifen, können keine gemeinsame Schulkultur entwickeln, verfügen über kein kollektives Anliegen und begreifen ihre Schule nicht als ein Ganzes, das es gemeinsam zu verantworten gilt.« (STEFFENS/BARGEL, 1993).

Schulen müssen nicht das Rad neu erfinden. Die Instrumente für den Aufbau einer Reflexionskultur sind den Schulen bekannt. Durch Vernetzung können sie sich ihre Arbeit erleichtern, indem sie im Verbund mit anderen Schulen gemeinsame Evaluationsberater ausbilden.

Die im § 32 des Niedersächsischen Schulgesetzes verankerte Pflicht der Schule zur Überprüfung und Bewertung des Erfolges ihrer Arbeit ist eine zusätzliche Motivation regelmäßige Reflexion einzuführen und sukzessive zu ritualisieren. Regelmäßig werden abgeschlossene Unterrichtsthemen mit den Schülerinnen und Schülern reflektiert: »Was hat mich gehindert? Was hat mich gefördert?«. Es schließen sich in jedem Jahrgang oder jedem Fachbereich einmal pro Jahr Hospitationsrunden an. Schließlich wird rechtzeitig vor der großen Rechenschaftslegung der Schule vor dem Schulvorstand (vgl. JÜNKE in diesem Buch) die Arbeit in den Fachbereichen und Jahrgangsteams bilanziert – immer mit Blick auf das beschlossene Schulprogramm: Was hat das Team, das Fachbereichskollegium vorangebracht? Woran hat es gelegen, dass beschlossene Maßnahmen nicht durchgängig umgesetzt wurden? Welche Fördermaßnahmen greifen? usw.

Ich bin sicher, dass ein Wechsel in der Denkweise *»Ich und meine Schule« zu »Meine Schule und wir«* gelingen wird, denn die Erkenntnis von Peer Dalin gilt: »Die Schule ist der Motor der Entwicklung«.

Beim Aufbau einer solchen Reflexionskultur …

- sind die Schülerinnen und Schüler Gewinner, weil es um deren Zukunft geht. Ihnen wird durch regelmäßige Reflexion im Unterricht und in den Fachbereichen systematisch eine bessere Qualität von Schule geboten.
- ist die Gesellschaft Gewinner, deren großes Kapital – die Schülerinnen und Schüler – besser auf die gesellschaftliche Teilhabe vorbereitet wird.
- sind auch die Lehrerinnen und Lehrer Gewinner, denn sie erhalten konkrete Rückmeldung zu ihrer Arbeit, wissen wo sie diese zum Wohle ihrer Schülerinnen und Schüler verbessern können und übernehmen stärker als bisher Verantwortung.

Reflexion lohnt sich!

Literatur

LOHMANN, ARMIN: Evaluation: ein notwendiges Angebot für Schulen und Bildungssysteme? In: Pädagogische Führung, 1/2003, S. 4 ff.

LOHMANN, ARMIN: Die Aktive Rolle der Schule. Selbstbewusstsein ist gefragt. In: Pädagogische Führung, 3/2006, S. 178 ff.

MINDEROP, DOROTHEA/LOHMANN, ARMIN: Rechenschaft – alles zählt, was du tust. Wie Rechenschaft den aufrechten Gang fördert. In: Pädagogische Führung, 1/2004, S. 4 ff.

STEFFENS, ULLRICH/BARGEL, TINO: Erkundungen zur Qualität von Schule, Neuwied, 1993, S. 70.

WATSCHINGER, JÜRGEN, Critical Friends: Den neuen Herausforderungen an Schulleitung durch selbst organisierte Professionalisierung begegnen. In: Pädagogische Führung, 1/2001, S. 30 ff.

WEIBEL, W.: Was bringt die schulische Qualitätsdiskussion? In: Pädagogische Führung, 4/2002.

Sybille Winter/Gerta Berghaus

Hilfe zur Selbsthilfe: Schulentwicklungsberatung

Schulentwicklungsberatung unterstützt Schulen bei der Einführung nachhaltiger, systematischer Schulentwicklung. Dies beinhaltet Hilfe bei der Auswertung von Daten aus Selbstevaluation und Inspektion, bei der Erarbeitung und Weiterentwicklung von Leitbild und Schulprogramm, bei der Steuerung der innerschulischen Prozesse. Dafür stellt sie begleitende Beratung und Qualifizierung unter Einsatz bewährter Instrumente und Methoden zur Verfügung. Schulen entscheiden nach ihrem Bedarf, ob sie diese Hilfe in Anspruch nehmen möchten und vereinbaren mit der Schulentwicklungsberatung die Art und Dauer der Unterstützung. Neben Schulentwicklungsberaterinnen und -beratern der Landesschulbehörde kommen für diese Aufgabe auch private Angebote in Frage.

Warum Schulentwicklungsberatung?

Unbestritten ist, nicht alle Schulen sind Garanten für Qualität. Genau deshalb räumt ihnen der Gesetzgeber jetzt die Chance ein, ihre Weiterentwicklung eigenverantwortlich zu steuern. Schulentwicklung setzt in erster Linie auf das Kerngeschäft von Schule, die Unterrichtsqualität, fokussiert aber gleichzeitig die Entwicklung der personalen Kompetenzen und die Entwicklung der Organisation ›Schule‹ (vgl. Busemann in diesem Buch). Das erfordert eine differenzierte und strukturierte Zusammenarbeit aller Beteiligten auf allen schulischen Ebenen und in unterschiedlichen Regelkreisen. Im Konsens entwickelte Vereinbarungen, das Arbeiten im Team, die Kooperation mit anderen, Verbindlichkeiten und Transparenz sind insoweit Schlüsselbegriffe, die das Handeln der Schulleiterinnen und Schulleiter, der Lehrkräfte, der Eltern sowie der Schülerinnen und Schüler bestimmen und den Erfolg der Arbeitsprozesse entscheidend beeinflussen (vgl. Hoffmeister sowie Kreutzahler/Jänen in diesem Buch). Der Weg dorthin ist für viele Schulen in seiner Stringenz und Systematik noch ungewohnt. Wie sollen sie diese Anforderungen alleine bewältigen können, wenn sie bisher keine Routinen zur systematischen Qualitäts- und Schulentwicklung haben?

Hilfestellung bietet hier die externe Beratung durch Schulentwicklungsberatung (SEB). Durch die dem Dezernat für »Schulformübergreifende Angelegenheiten, Schulentwicklung, Beratung und Fortbildung« der Landesschulbehörde zugeordneten Expertinnen und Experten für Schulentwicklung (Schulentwicklungsberaterinnen und -berater) erhalten die Schulen ein Angebot zur Unterstützung ihrer systematischen Qualitätsentwicklung. Die Schulentwicklungsberatung ist Bestandteil des landesweiten Unterstützungssystems von Steuergruppen- und Schulleitungsqualifizierung, Trainern und Trainerinnen für die Qualitätsentwicklung von Unterricht, Fachberatern und -beraterinnen, schulpsychologischer Beratung u. a..

SEB ist ein Angebot, den Weg der Schulen in ihre Eigenverantwortung zu erleichtern, indem sie die Schulen bei ihrer systematischen Schulentwicklung begleitend unterstützen können – solange bis die Schule selbstständig diesen Prozess gestalten kann. Kurz: Sie ist eine Unterstützung zur Selbsthilfe!

Schulentwicklungsberatung lässt sich am besten als ein wechselnder Prozess von zielführender Klärung, Beratung, Moderation und Begleitung beschreiben, der die Schulen befähigt, selbst Entscheidungen für ihre weiteren Wege zu treffen. Das bedeutet, SEB ist keine fortlaufende Unterstützung, sondern ein Beratungs- und Begleitprozess von vereinbarter Dauer. Ihre Grundlage ist eine professionelle Fremdanerkennung des Vertragspartners ›Schule‹. Gemeint ist eine Art wohlwollender und anerkennender Wertschätzung, die das Selbstwertgefühl der Schule bestätigt oder sogar hebt, damit die Schule Motivationsimpulse erfährt, ihre Schulentwicklung einmal selbstverantwortlich fortsetzen zu können.

Schulentwicklungsberateraterinnen und -berater verfügen über Kenntnisse und Erfahrungen mit

- Diagnoseverfahren zur Ermittlung des Entwicklungsstandes einer Schule und zur Identifikation von Verbesserungsbereichen,
- Methoden für Datenfeedback,
- Gestaltung von Kommunikations- und Beratungssituationen,
- Netzwerkgestaltung,
- Qualitäts- und Projektmanagement,
- Moderations- und Präsentationsmethoden,
- Evaluationsverfahren und -instumenten und
- Gestaltung von Teamentwicklung.

Die Schulentwicklungsberaterinnen und -berater arbeiten teamorientiert, halten sich selbst durch Fortbildung und Netzwerkarbeit auf dem Stand der Bildungsforschung, der Beratungsstandards und der schulpolitischen Entwicklung und reflektieren und evaluieren ihre Beratung.

In Anlehnung an SPINDLER und ZWERGER BORNELL (2001) verfolgt die Schulentwicklungsberatung folgende Funktionen: Sie unterstützt die Schule

1. bei der Definition ihrer Schulentwicklungsprozesse und Innovationsvorhaben
2. bei der Entwicklung des Schulprogramms und beim Aufbau von (Projekt-)Organisationen und
3. begleitet sie bei der Stabilisierung von Teamarbeit (Coaching) sowie der Schulorganisation.

Eine wesentliche Aufgabe der Schulentwicklungsberatung besteht demnach in der **Beratung der Schulen** bei

- der Durchführung von maßnahmegerechten Evaluationsverfahren,
- Schulentwicklungsprozessen,
- dem Aufbau neuer Kommunikationsstrukturen,
- der Einrichtung von Planungs-, Steuergruppen und Schulteams,
- der Planung von Workshops, pädagogischen Arbeitstagen und
- der Vernetzung von Schulen untereinander und mit regionalen Partnern (vgl. MINDEROP in diesem Buch).

Eine weitere Aufgabe besteht in der **Prozessbegleitung**. Sie zielt darauf ab, in der Schule vorgefundene Situationen sowohl zu Beginn einer Entwicklung als auch zu späteren Zeitpunkten zu strukturieren. Darüber hinaus sorgt die Schulentwicklungsberatung für Kontakte und gegenseitigen Informationsaustausch mit den verschiedensten Stellen der Landesschulbehörde, dem Niedersächsischen Amt für Lehrerbildung und Schulentwicklung (NiLS), anderen Institutionen, Einrichtungen, Anbietern und geeigneten Kooperationspartnern, die für die Schule förderlich sein können. Bei folgenden Aufgabenbereichen erweist sich Prozessbegleitung für Schulen als hilfreich:

- Umsetzung von Evaluationsverfahren
- Teamentwicklung
- Konfliktlösungsstrategien
- Moderation von Workshops, Teamsitzungen und pädagogischen Arbeitstagen an Schulen
- Projektdokumentation
- Informationsfluss
  - über die Entwicklungen in der zu beratenden Schule
  - über »best practice-Beispiele« im schulischen Umfeld
  - über die Entwicklungen in landes- und bundespolitischen Modellprojekten sowie Netzwerken zur Schulentwicklung
  - über weitere Beratungsangebote der Landesschulbehörde und des NiLS und
  - über Weiterqualifizierungsangebote auf dem freien Markt zur Unterstützung schulinterner Entwicklungsprozesse
- Pflege des Informationsaustauschs
  - mit Mitarbeiterinnen und Mitarbeitern der Fachdezernate in der Landschulbehörde und des NiLS
  - unter vergleichbaren Schulen, die an gleichen oder ähnlichen Themen arbeiten.

Wobei hilft Schulentwicklungsberatung?

Schulentwicklungsberatung versteht sich als Dienstleistung für Schulen und wird im Regelfall auf Initiative der Schule tätig. Über die Art und Dauer der Beratung wird eine Vereinbarung zwischen den Beteiligten geschlossen, aus der die gemeinsamen Ziele und beiderseitigen Leistungen hervorgehen. Die Schulentwicklungsberaterinnen und -berater bieten der Schule den Blick von außen auf Arbeit und Strukturen der Schule. Sie können zu Steuerungsinstrumenten qualifizieren oder auf Qualifizierungsangebote hinweisen.

Bei der Umsetzung der geplanten Schulentwicklungsprozesse mit Hilfe dieser Steuerungsinstrumente unterstützen sie die Schulleitungen, Steuergruppen, Kollegien, Projektgruppen aller Schulformen durch geeignete Methoden und Verfahren. Sie begleiten die Qualifizierung der Kolleginnen und Kollegen und die Steuerung der innerschulischen Prozesse. Schulentwicklungsberaterinnen und -berater organisieren und moderieren Veranstaltungen, um den Gedanken der Qualitätsentwicklung und Eigenverantwortung weiter zu tragen, sorgen für Synergien durch mögliche Vernetzungen mit regionalen Bildungsanbietern und mit anderen Schulen oder Behörden.

Letztendlich geht es jedoch immer darum, die jeweiligen Adressaten zu stärken und in die Lage zu versetzen, die eigenen Prozesse zunehmend selbst und professioneller zu steuern.

Die gegenwärtige Praxis zeigt, dass die Unterstützungsleistungen der Schulentwicklungsberatung häufig an »Gelenkstellen« des Entwicklungsprozesses erwünscht sind, z. B. wenn es darum geht,

1. die Akzeptanz der Beteiligten für eine systematische Schulentwicklung zu erhöhen, indem Kollegium, Elternschaft, Schüler/innen und oft auch Vertreter des Schulträgers eine grundlegende detaillierte Information über den Ablauf eines systematischen Schulentwicklungsprozesses (Qualitätszyklus), insbesondere über einzelne Phasen, deren Schwerpunkte, hemmende Faktoren, Gelingensbedingungen und unabdingbare Essentials erhalten. Durch Einbeziehung des individuellen Arbeitsstandes der jeweiligen Schule in diese Übersicht kann verdeutlicht werden, welche Wegstrecke bereits zurückgelegt wurde, auf welche Erfolge zurückgeschaut, auf welchen aufgebaut werden kann und wie die nächsten Schritte zu gestalten sind. Transparenz und Kenntnis des Ganzen schaffen im besten Fall die Voraussetzung dafür, dass der Schulentwicklungsprozess auf eine breite Basis gestellt werden kann. Vorherige Kontaktgespräche mit der Schulleitung oder einer bereits bestehenden Steuergruppe, in der die Beraterin bzw. der Berater Details über die Schule, die Ergebnisse einer Bestandsaufnahme oder einer Inspektion erfährt, sind selbstverständlich Voraussetzung;
2. die Fülle der Daten aus Bestandsaufnahmen auszuwerten, zu analysieren und mit den bisherigen Schwerpunkten der Schule, mit den Qualitätsbereichen des Orientierungsrahmens sowie mit evtl. vorhandenen Ergebnissen einer Schulinspektion zu verzahnen. Auch bei der Organisation des Daten-Feedbacks, insbesondere bei der Frage, wem und in welchem Umfang Daten zu präsentieren sind und in welcher Form dies geschieht, bringen Schulentwicklungsberater und -beraterinnen ihre Erfahrungen ein. Sie helfen Prioritäten zu setzen und die zu bearbeitenden Entwicklungsschwerpunkte realistisch einzuschätzen;
3. zu Beginn des Beratungsprozesses gemeinsam die Herausforderung der ›Strategieplanung‹ zu meistern. Sie befasst sich explizit mit allen Faktoren und Bedingungen der Qualitätsentwicklung der jeweiligen Schule. Gleichberechtigt nebeneinander stehen insofern sechs Grundbedingungen, die für eine erfolgreiche Qualitätsentwicklungsarbeit berücksichtigt werden sollten:
   a) eine präzise Analyse des Umfeldes der Schule in seinen Relationen zur Schule,
   b) die genaue Kenntnis der innerschulischen Strukturen mit ihren Aufgaben und Kompetenzen, Schnittstellen und Funktionen,
   c) die Kenntnis und Interpretation vorhandener Daten,
   d) die Ausrichtung auf eindeutige und langfristige Ziele,
   e) die Strukturierung der operativen Ebene besonders im Hinblick auf kurz- und mittelfristige Ziele,
   f) Die Verfügung über Steuerungsinstrumente und die Berücksichtigung der Ressourcen.

   Werden diese Punkte mit Hilfe eines Netz- und Balkenplanes bearbeitet, gelingt es gut, ein transparentes Konzept für die Qualitätsentwicklung der Schule zu entwickeln und eine Übersicht über die zeitlichen Abläufe zu gewinnen. In der Praxis zeigt sich, dass eine solche Strategieplanung als »Wegweiser« in den komplexen Abläufen im Rahmen einer Schulentwicklung fungiert, zu größerer Klarheit über das Machbare führt und die Schulentwicklung insgesamt für alle Beteiligten transparent macht.

4. die für eine systematische Schulentwicklung notwendigen Steuerungsinstrumente zu installieren. Nach der Bestandsaufnahme z. B. durch eine Selbstevaluation ergibt sich für die Schule eine Reihe von dringend erscheinenden Arbeitsschwerpunkten. Die Schulleitung und das Kollegium sehen sich vor umfangreichen Aufgaben, die sie schwer mit dem gewöhnlichen Schulalltag in Einklang bringen können. Darum vereinbaren sie für ein Jahr eine Zusammenarbeit mit einer Schulentwicklungsberaterin bzw. einem Schulentwicklungsberater.
5. Die Bildung einer Steuergruppe stellt einen Schwerpunkt in der Beratung dar (vgl. HUMPERT in diesem Buch). Der Steuergruppe obliegt es, die gesamte Schulentwicklungsarbeit zu koordinieren, für Verbindlichkeit und Kontinuität zu sorgen, Impulse zu setzen, regelmäßige Evaluation zu initiieren sowie Kommunikationsstrukturen aufzubauen – dies alles mit einem Höchstmaß an Transparenz. Sie ist somit der »Dreh- und Angelpunkt« der innerschulischen Prozesse, sorgt für Nachhaltigkeit und für die Verankerung der Schulentwicklung. Angesichts dieser Bedeutung von Steuergruppen sind Schulen, die am Beginn eines Schulentwicklungsprozesses stehen und bisher noch nicht mit einer Steuergruppe gearbeitet haben, sehr daran interessiert, von der Schulentwicklungsberatung über Steuergruppenarbeit informiert zu werden und sich bei der Bildung der Steuergruppe unterstützen zu lassen. Dabei ist es unabdingbar, neben den empirisch abgesicherten Grundsätzen zur Bildung und zur Arbeit einer Steuergruppe die individuelle Situation der jeweiligen Schule in den Mittelpunkt zu stellen und ihre Bedürfnisse abzuklären (vgl. VON MAERCKER in diesem Buch). Bei fast allen Schulen besteht der Wunsch, die gesamte Schulöffentlichkeit – Lehrkräfte, Eltern und gegebenenfalls Schülerinnen und Schüler – umfassend über alle Aspekte der künftigen Steuergruppenarbeit zu informieren, um so dieses wichtige Instrument der Schulentwicklung fundiert zu installieren und den Steuergruppenmitgliedern ihre Arbeit zu erleichtern.

Fragen, die in diesem Zusammenhang auftauchen, sind u. a.: Welche Zusammensetzung und – damit einhergehend – welche Größe der Steuergruppe ist an dieser Schule angebracht? Sollen Eltern und Schüler/innen von Beginn an mitarbeiten oder sukzessiv einbezogen werden? Wie kann Steuergruppenarbeit an kleinen und kleinsten Schulen organisiert werden? Was sollten die Inhalte einer Geschäftsordnung als Arbeitsgrundlage der Steuergruppe sein? Welche Regelungen zur Arbeitsweise müssen getroffen werden? Wie gelingt es der Steuergruppe, die notwendige Transparenz über ihre Arbeit herzustellen? Wie versteht die Steuergruppe die Rolle und die Aufgaben der Schulleiterin bzw. des Schulleiters als »geborenes Mitglied« der Steuergruppe? Und wie kann der Erwerb wünschenswerter Kompetenzen – soweit sie nicht staatlich vorgehalten werden – (Gesprächsführung, Moderation, Projektmanagement, Evaluationsverfahren) organisiert werden?

Diese keineswegs vollständige Frageliste zeigt die Vielzahl der Aspekte, die sehr individuelle Lösungen verlangen. Diese zu finden, auszutarieren, auszuhandeln, evtl. auch konfliktträchtige Situationen im Vorfeld »zu umschiffen«, fällt in das Aufgabengebiet der Schulentwicklungsberatung, ebenso wie das Coaching der Steuergruppen in den ersten Monaten ihrer Tätigkeit. Die Steuergruppe wird durch SEB oder externe Anbieter in Bezug auf ihre Steuerungsaufgabe qualifiziert und dann im Prozess begleitet. Während dieser Zeit gibt es vier bis sechs gemeinsame Sitzungen mit der schulischen Steuergruppe.

An jedem Punkt des schulischen Veränderungsprozesses kann mit Hilfe der Beraterin bzw. des Beraters das Vorgehen, der nächste Schritt, das Tempo, die Einbeziehung des Kollegiums geplant und besprochen werden. Dadurch werden vorhersehbare Fehler vermieden, Sicherheit in der Anwendung der Steuerungsinstrumente und Planungssicherheit entwickelt. Die Beraterin bzw. der Berater erhält Einblick in die schulischen Entscheidungen und Entwicklungen und kann durch ihre Rückspiegelung mit dem Ziel nachhaltiger systematischer Schulentwicklung die Handelnden stärken, Lösungsvorschläge mit entwickeln oder in Frage stellen. Entscheiden wird aber immer die Schule.

6. ein Leitbild für die Schule zu formulieren (vgl. HELM in diesem Buch): Für eine Neuausrichtung der schulischen Arbeit ist eine Einigung über die Werte, Ziele und Besonderheiten der Schule bedeutsam. Es entsteht eine gemeinsame Identität und eine positive Vision. Das Leitbild erzielt eine Innenwirkung für die Zusammengehörigkeit und eine Außenwirkung für die interessierte Öffentlichkeit. Für eine Leitbilderarbeitung nimmt sich das ganze Kollegium – evtl. auch Eltern und Schüler/innen – etwa einen Tag Zeit. In mehreren Arbeitsschritten werden die Vorstellungen eines/r jeden Beteiligten gesammelt und eingearbeitet. Ein Einigungsprozess vollzieht sich, an dessen Ende ein von allen getragenes, formuliertes – oder auch abgebildetes – Leitbild entsteht, das für die folgenden Jahre Gültigkeit hat. Es bildet die Grundlage der gesamten schulischen Arbeit, die stets daran gemessen werden kann. Aus ihm leiten sich Ziele und Vorhaben ab.
7. Ziele zu formulieren: Zu Beginn der Schulprogrammarbeit, nach einer Inspektion oder Bestandsaufnahme sind die dringenden Arbeitsgebiete (Entwicklungsschwerpunkte) der Schule oft deutlich, aber auf die genaue Formulierung der Entwicklungsziele sollte besondere Sorgfalt aufgewendet werden, damit man nicht zu viele Kräfte verbraucht oder unerreichbare Verbesserungen anstrebt (vgl. LOHMANN in diesem Buch). Die Schulentwicklungsberatung trägt zur Formulierung »smarter« Ziele bei: Ziele müssen **s**pezifisch, **m**essbar, **a**nspruchsvoll, **r**ealistisch und **t**erminiert sein. Das erhöht die Chance auf Verwirklichung. Solche Formulierungen sind in Schulen ungewohnt und schwer zu bewerkstelligen, machen ihren Inhalt aber so deutlich, dass das Kollegium sich bei der Einigung absolut im Klaren ist, welcher Zustand im Falle des erfolgreichen Projektabschlusses erreicht werden soll. Ebenso deutlich ist nach dem vereinbarten Zeitraum auch durch Evaluationsmaßnahmen festzustellen, ob die Ziele tatsächlich erreicht wurden.
8. Methoden des Projektmanagements (PM) zu lernen oder zu vertiefen: Beginnt eine Schule mit systematischer Schulentwicklung, empfiehlt sich für die Mitglieder der Steuergruppe unter Beteiligung der Schulleiterin bzw. des Schuleiters eine Schulung in den Methoden des Projektmanagements. Projektmanagementmethoden werden in Betrieben und Institutionen verwandt, um Projekte, also

komplexe Vorhaben mit einmaligen Anforderungen, neue Arbeiten, in den laufenden Betrieb einzufügen. Projekte in Schulen können u. a. sein: die Einführung eines alle Fächer umfassenden Methodencurriculums zur Verbesserung der Unterrichtsqualität, einer abgestimmte Teamarbeit in Jahrgängen und Fachbereichen, die Anpassung der Stundentafel an das gewünschte Schulprofil, die Umgestaltung des Schulgebäudes oder des Schulhofes zu einem neuen Lebensraum für Schülerinnen und Schüler. Das PM sorgt dafür, dass zielgerichtet über Umfang, Folgen, Ressourcen, Beteiligte nachgedacht wird und dass alle Projektbereiche so gründlich geplant werden, dass es nicht zu Beeinträchtigungen des normalen Schulbetriebs kommt, die zu einem Scheitern des Projekts führen könnten. Schulen, denen ehemals gute Projekte im Alltag irgendwann wieder abhanden gekommen sind, wissen, wie wichtig eine solche Planung für die Implementierung im Schulprogramm ist.

9. die <u>Teamentwicklung</u> strukturiert anzugehen: Bei der Bildung von Steuergruppen und Projektgruppen wird die Schulentwicklungsberatung Hinweise zur Zusammensetzung und Erfahrungswerte zu Formen der Zusammenarbeit liefern. Darüber hinaus wird sie auf mögliche Synergien in der Gruppe aufmerksam machen und durch Einsatz bewährter Methoden zu einem guten Zusammenhalt der Gruppe beitragen. Die Erfolge der Arbeit und die Vorteile der Teamarbeit können bewusst wahrgenommen und auf andere Bereiche der schulischen Arbeit übertragen werden.
10. <u>Kommunikationsprozesse</u> in den Blick zu nehmen: Die meisten Schwierigkeiten in Veränderungsprozessen haben mit Mängeln in der Kommunikation zu tun. In der Regel wird zu wenig, zu ungenau und nicht zielbewusst kommuniziert. Man geht zu früh davon aus, dass Andere verstehen und teilen, worauf man hinaus will. In allen Arbeitsprozessen, die bei der Schulentwicklung geplant werden, muss auf die Kommunikation mit allen Beteiligten größter Wert gelegt werden. SEB kann auf Hindernisse aufmerksam machen und Kommunikationsmethoden und -wege empfehlen. Es lohnt sich auch, sich auf diesem Gebiet als Steuergruppe fortzubilden.
11. <u>Konflikte</u> zu analysieren und ihre Lösungen zu moderieren: Fast unvermeidlich wird es in Steuergruppen, Projektgruppen oder teamorientiert arbeitenden Kollegien zu Gruppenprozessen kommen, die bei der Arbeit hinderlich werden. Nach den zu Anfang meist begeistert in Angriff genommenen ersten Schritten stellt man plötzlich fest, dass persönliche Eigenarten, schwierige Einigungen oder Misserfolge die Stimmung trüben und Zusammenarbeit sehr erschweren können. In solchen Fällen hilft die Außensicht der Schulentwicklungsberatung, die Lage zu analysieren und Wege aus der Krise gemeinsam zu entwickeln. Dazu halten sie Übungen und Verfahren bereit, die für alle Beteiligten eine positive Weiterarbeit möglich machen.
12. <u>schulinterne Evaluationen</u> zu planen: Im Verlaufe des Schulentwicklungsprozesses ist es nützlich, den jeweiligen Stand der Arbeit und die Ergebnisse regelmäßig zu überprüfen – wie das neue Schulgesetz es jetzt verbindlich vorgibt. Die Schule gewinnt so u. a. Erkenntnisse über ihre Zielerreichung, Anhaltspunkte für Nachsteuerung und Korrektur sowie Informationen für die Planung der weiteren Entwicklungsschritte. Schulentwicklungsberaterinnen und -berater überlegen ge-

meinsam mit den Schulen das Evaluationsdesign; es stellt sich die Frage nach dem Evaluationsbereich – was genau will die Schule wissen? Welche Daten benötigt sie dafür und welche »maßgeschneiderten« Instrumente sind geeignet, diese Daten zu beschaffen (vgl. REIßMANN in diesem Buch)? Wie werden diese Überlegungen in das Kollegium transportiert? In jedem Falls ist es notwendig, eine Evaluationskultur aufzubauen, in der der einzelne Lehrer bzw. die einzelne Lehrerin eine Evaluation nicht als Kritik an ihrer Arbeit oder gar als Kontrolle empfindet, sondern als hilfreiches Instrument zur Verbesserung der Qualität der eigenen Arbeit und der der Schule insgesamt. In der Vergangenheit hat sich gezeigt, dass die Qualifizierung einzelner Lehrkräfte der Schule zu »Evaluationsexperten«, die sich mit den unterschiedlichen Formen von Evaluationen, dem Verfahren und den Instrumenten auskennen, für die Verankerung der Evaluationskultur in der Schule hilfreich ist. Schulentwicklungsberater und -beraterinnen sowie weitere fachkompetente Personen (Anfrage bei der Beratungsagentur der Landesschulbehörde) bieten den Schulen diese Qualifizierung an.

Die Hilfe der Schulentwicklungsberatung nutzen

- Wenden Sie sich an Ihre Landesschulbehörde: dort wird man Ihnen die für ihr Vorhaben passende Beratung oder die Expertise für Ihr Thema vermitteln oder empfehlen. Je genauer Sie sich zuvor Ihren Bedarf kennen, desto besser.
- Es ist auch möglich, dass eine Schulentwicklungsberaterin bzw. ein -berater in Ihrer Schule das Angebot der Schulentwicklungsberatung vorstellt. Wenn Sie bereits über Daten aus Inspektion oder Selbstevaluation verfügen, ist es sinnvoll, der Beraterin/dem Berater diese gleich zugänglich zu machen, damit das Angebot auf Ihre besondere Situation zugeschnitten werden kann.
- Wenn Sie einen Außenanbieter in Ihre Schule holen möchten, achten Sie darauf, dass er über genügend Erfahrung mit Schulen verfügt, denn die Arbeitsweisen, der Sprachgebrauch und die Umsetzungsmöglichkeiten in Schulen unterscheiden sich von anderen Organisationen erheblich – die Anpassung kostet unnötige Zeit und Kraft.
- Zögern Sie nicht, sich um Beratung zu bemühen. Sie kann Ihnen viele Misserfolgserlebnisse ersparen. Erkundigen Sie sich bei Schulen, die dieses Angebot bereits genutzt haben.

Literatur

SPINDLER, MARIA/ZWERGER BONELL, VERA: Externe Unterstützung aus der Perspektive der Projektorganisation. In: Meraner, Rudolf/Zwerger Bonell, Vera: Innovationen in Schulen unterstützen, Erfahrungen aus dem Südtiroler Pilotprojet »Autonomie der Schulen« (1977 – 2000), Bozen, 2001.

Andreas Meisner

Vertrauen in Kompetenz: Teamarbeit

Wir erzeugen die Welt, in der wir leben, indem wir sie leben (vgl. Maturana 1982, S. 269). Die Welt, die jedermann sieht, ist nicht *die* Welt, sondern *eine* Welt, die mit anderen geteilt wird (vgl. Maturana/Varela 1987, S. 263 f.). Diese Aussagen aus der konstruktivistischen und systemtheoretischen Sichtweise haben für die Organisation Schule Konsequenzen für ihre Entscheidungs- und Verantwortungsstrukturen. Eine Teamstruktur, die Vertrauen in die Kompetenz aller an Schule einbezieht, erfüllt Anforderungen an eine dynamische, an Qualitätsentwicklung orientierte Schule. Dies soll am Beispiel der Umsetzung an der IGS Franzsches Feld, Braunschweig, dargestellt werden, einer Gewinnerin des Deutschen Schulpreises 2006.

Standortbestimmung und Evaluation der Organisationskultur in der Schule

Schulen befinden sich in einem andauernden Organisationsparadoxon: einerseits sind sie in ein hierarchisch-bürokratisches System eingebettet, in dem Entscheidungen aus Ministerium und Schulaufsichtsbehörde »top down« aus berechtigter Sicht des Gesetzgebers bis auf die Ebene der Lehrerinnen und Lehrer weitergegeben werden. Andererseits liegt auf dieser Ebene auch die Verantwortung für die Umsetzung von Neuerungen und Qualitätsverbesserungen, die nur erfolgreich sein kann, wenn sie mit einer Identifizierung mit der eigenen Arbeit einhergeht. Daher gilt es laufend zu klären, in welchem Status der Organisationskultur sich die Schule befindet.

Hierzu bietet sich als Standortbestimmung und zur laufenden Reflexion und Evaluation die folgende Liste von Merkmalen einer Organisationskultur nach v. Lüde (1996) und Schley (1993, S. 307) an, die regelmäßig von Schulleitung, Kollegium, Schüler- und Elternschaft geprüft werden sollte:

Merkmale erstarrter Systeme	Merkmale dynamischer Systeme
Diskutieren und Argumentieren	Erarbeiten und Entdecken
Reden, Rhetorik und Monolog	Zuhören, Verstehen und Dialog
Arbeiten, Definieren, Abgrenzen	Öffnen, Annähern, Begreifen und Entwerfen
Perfektionismus + Vollständigkeitsdenken	Offene Entwicklungsprozesse mit Fehlern + Schwächen
Indirekte Botschaften	Klartext und Offenheit
Betonung von Abhängigkeit	Betonung von Autonomie
Linear-kausales Denken	Phänomenologisches Betrachten + strukturelles Erfassen
Detailversessenheit	Komplexitätsreduktion
Bewertungsmentalität und Kränkbarkeit	Akzeptanz, Souveränität und Toleranz
Lösungsdruck: Wir »müssen«, als Diktat	Erkennen von derzeit Unlösbarem
Flucht in Aktionismus	offene Fragen stehen lassen
Orientierung auf die Sache (Systematik und Logik)	Bedürfnisorientierung, Problembezug und Entwicklungsfähigkeit (Situationslogik)
Kontrolldenken (negativer Kontext)	Vertrauensprozesse (positiver Kontext)

Abb. 1: Systemmerkmale

Da sich entwickelnde (Schul-)Systeme sowohl auf Partizipationsbereitschaft der Individuen als auch auf die Fähigkeit des Systems angewiesen sind, die Partizipation der Individuen anzunehmen, ist es ebenfalls für alle an Schule Beteiligten notwendig, regelmäßig die individuellen Lern- und Selbstorganisationsfähigkeiten, aber auch die Interaktionsprozesse über Fragebögen zu evaluieren. Ein geeigneter Fragenkatalog findet sich bei Klimecki/Probst/Eberl, (1994, S. 101 ff.):

- Wie hoch sind Toleranz gegenüber divergierenden Auffassungen und die Fähigkeit, im Team zu arbeiten?
- Werden die eigenen Handlungen reflektiert, und gibt es die Bereitschaft, auch bei eigenen Fehlern Verantwortung zu übernehmen?
- Können Konflikte konstruktiv bewältigt werden?
- Wie hoch sind das Analysevermögen in fachlicher und sozialer Hinsicht sowie die Fähigkeit, ganzheitlich und vorausschauend zu denken?
- Werden Probleme kreativ und flexibel angegangen?
- Ist die Bereitschaft, immer wieder neue Fähigkeiten zu erlernen, gegeben?
- Kann Partizipation zugelassen und gestaltet werden, so dass eine faire Auseinandersetzung möglich wird?
- Inwieweit ist fürsorgliches und hilfreiches Handeln gegenüber anderen Akteuren erkennbar?
- Ist eine Übereinstimmung zwischen Reden und Handeln vorhanden?
- Verlaufen die Entscheidungsprozesse eher partizipativ oder »einsam«?
- Werden die Mitarbeiter demokratisch oder autoritär geführt?
- Diffundiert das relevante Wissen über das ganze System oder ist es auf einzelne Akteure konzentriert?
- Ist das öffentliche Wissen in Geschichten oder in Anweisungen gespeichert?
- Wird die Umwelt- und Problemwahrnehmung der Gruppe durch Viele oder Wenige beeinflusst?
- Wechseln die informellen Machtstrukturen und Koalitionsbildungen oder sind sie starr?
- Ist das Wertebewusstsein eher am Kollektiv orientiert oder auf individuelle Leistungen ausgerichtet?
- Wie sind die Kontroll- und Sanktionsmechanismen gestaltet?
- Sind diese werte-, ziel- oder verfahrensorientiert?

Abb. 2: Fragenkatalog nach Klimecki, Probst und Eberl

Einer der wesentlichen Kerngedanken der in dem oben genannten Sinne organisationskulturellen Prinzipien gründet sich auf die Annahme, dass gemeinsame Wahrnehmungen, gelebte Überzeugungen und davon beeinflusstes gemeinsames Handeln den Erfolg einer Organisation darstellen. Dazu gehört eine (Schul-)Struktur, in der Gestaltung unter Verantwortung, Partizipation und Kommunikation stattfinden kann: die Struktur in Teams.

Teams in der Schule

Mabey/Caird, (1999, S. 7 ff.) geben Hauptkriterien für Teams an:

- Ein Team hat zwei oder mehr Mitglieder.
- Die Mitglieder tragen zur Erreichung der Teamziele mit ihren jeweiligen Fähigkeiten und den daraus entstehenden gegenseitigen Abhängigkeiten bei.

- Das Team hat eine Team-Identität, die sich von den individuellen Identitäten der Mitglieder unterscheidet.
- Das Team hat Kommunikationspfade sowohl innerhalb des Teams als auch zur Außenwelt entwickelt.
- Die Struktur des Teams ist aufgaben- und zielorientiert beschrieben.
- Ein Team überprüft periodisch seine Effektivität.

An der IGS Franzsches Feld Braunschweig hat sich in dem genannten Sinne folgende Teamstruktur ausgebildet:

- Schulleitungsteam: Schulleiter, stellvertretende Schulleiterin, Didaktische Leiterin, Oberstufenleiterin,
- Jahrgangsteams: Jeder Jahrgang der Stufe 5 bis 11 besteht aus den acht Klassenlehrerinnen und -lehrern und etwa zwei bis vier zugeordneten Fachlehrkräften und bleibt von Klasse 5 bis 10 zusammen. Das Team deckt nahezu den gesamten Unterricht im Jahrgang ab.
- Profilteams: In der Qualifizierungsphase werden thematische Profile gebildet. Die entsprechenden Profillehrerinnen und -lehrer bilden ein Team.
- Fachbereichsteams: Mehrere Fächer sind einem gemeinsamen Fachbereich zugeordnet wie z. B. im Musisch-Kulturellen Bereich mit Kunst, Musik und Darstellendes Spiel mit der Schwerpunktaufgabe »Schulleben«.
- Kooperationsteams: Für jahrgangs- oder fachübergreifende Themenstellungen wie z. B. zu einem Methodencurriculum bilden sich für die Bearbeitung zeitlich begrenzte Teams.
- Sozialpädagogisches Team: die Sozialpädagoginnen und -pädagogen, Erzieherinnen und Erzieher bilden einen zusätzlichen Kompetenzbereich.
- Schüler- und Elternvertretung bilden Leitungsteams, die in eng mit der Schulleitung zusammenarbeiten.

Bedeutsam für die Teams ist, dass sie einen klar umrissenen Handlungs- und Gestaltungsspielraum besitzen, in den die Mitglieder ihre Qualitäten einbringen können, für den sie aber auch verantwortlich sind. Thematisch wird der Spielraum durch das Schulprogramm festgelegt (vgl. VON MAERCKER in diesem Buch). Innerhalb dieses Rahmens obliegt es aber dem Team, eigene Schwerpunkte und neue Entwicklungen einzubringen.

Beispiel Jahrgangsteam – Schule in der Schule

Vor den Sommerferien eines neuen Schuljahres setzen sich die Kolleginnen und Kollegen aus dem letzten Jahrgangsteam 10 und die neuen Teammitglieder zusammen. Moderiert durch Schulleitung und Supervision werden Klassenlehrerschaften gebildet, gemeinsame Zielsetzungen für die kommende Arbeit entwickelt, ein Jahresarbeitsplan erstellt und konkret die ersten Unterrichtswochen des neuen Schuljahres gemeinsam geplant. In den folgenden Jahren gestalten die Teams jeweils zum Schuljahresende einen Jahresarbeitsplan für das kommende Schuljahr.

Am Jahresende wird eine Revision der Arbeit am Jahresplan vorgenommen. An einer der Sitzungen nimmt das folgende Jahrgangsteam teil, um von den Erfahrungen zu profitieren. In regelmäßigen Abständen oder bei aktuellem Bedarf wird eine (externe) Supervision vorgenommen. Themen sind die interne Kommunikation, die gemeinsame Arbeitsweise, das dem Team eigene Prozessmanagement oder die Arbeitsatmosphäre.

In den Teams werden gemeinsame fachliche aber auch erzieherische Absprachen getroffen und eingehalten. Sofern diese nicht dem Schulkonzept bzw. den curricularen Vorgaben widersprechen, können sie gegenüber den Absprachen der anderen Teams differieren. So findet eine individuelle Gestaltung statt, die eine hohe Identifikation mit der eigenen Arbeit zulässt und kreative Entwicklungen durch die Lehrenden ermöglicht.

Die Jahrgangsteams mit der jeweiligen Jahrgangsleiterin bzw. dem -leiter tagen zweiwöchentlich mit Tagesordnung, Protokoll und oftmals alternierender Moderation durch Teammitglieder. Sie planen die Vorhaben, Jahrgangsversammlungen und Fahrten, gemeinsame Tests und koordinieren die laufende pädagogische Arbeit für den Jahrgang. In vielerlei Hinsicht sind diese Sitzungen der Ort, an dem jede Lehrerin und jeder Lehrer der Schule am intensivsten in die Durchführung und Planung der Arbeit eingebunden ist, dialogische Rückmeldungen, Anregungen und Unterstützung erhält und geben kann. So werden in allen Teams »Berichte aus den Klassen« gegeben, in denen es vor allem um gegenseitige kollegiale Unterstützung bzw. Beratung und Supervision geht. Außerdem werden hier Verabredungen zu arbeitsteiliger Unterrichtsvorbereitung getroffen – ein wesentliches Element von Entlastung und Austausch über erfolgreichen Unterricht und damit seine Verbesserung bzw. die Verbreitung positiver Modelle.

In der Regel jährlich, spätestens aber ein halbes Jahr vor Ablauf der sechsjährigen Teamzeit, erfolgen eine Selbstevaluation, ein gegenseitiges Feedback und eine erste Neubestimmung von Zielen und Wünschen. Hiernach äußern die Teammitglieder Wünsche für ihren weiteren Einsatz im Team oder einen Teamwechsel.

Im Team ist zudem eine Teilautonomie in der Organisation gegeben. Die Mitglieder schlagen den eigenen unterrichtlichen Einsatz und stundenplanerische Möglichkeiten vor, die unter den Jahrgangsleitern zusammen mit der Schulleitung koordiniert werden. Auch die Organisation von Vertretung wird soweit wie möglich innerhalb des Jahrgangs vorgenommen.

Gemeinsame gesellschaftliche Aktivitäten, aber insbesondere das traditionelle Teamwochenende, bei dem zu einem Themenschwerpunkt extern zu Planungs- oder Fortbildungszwecken getagt wird, schaffen zusätzlich eine hohe Teamidentität.

Verantwortungsstrukturen in Teams

Auch wenn jedes Teammitglied seinem Team verantwortlich ist, wird für jedes Team ein Teamverantwortlicher bestimmt. Sei es, um für das Prozessmanagement im Team verantwortlich zu zeichnen, sei es, um konkreter Ansprechpartner und Verantwortlicher gegenüber den anderen Teams oder der Schulleitung zu sein. Die IGS Franzsches Feld hat daher je eine Jahrgangsleitung der Jahrgänge fünf bis zehn und sechs Fachbereichsleitungen mit einer Funktionsstelle versehen. Für die Profilteams sind die Oberstufenleiterin und der Oberstufenkoordinator zuständig. Die anderen Teams wählen jeweils einen Verantwortlichen.

Somit ergibt sich ein mittleres Management, welches die Gestaltungsprozesse in den Teams verantwortet, dabei aber auch Personalentwicklung betreibt. Die Teamleitungen wissen über Stärken und Schwächen der Teammitglieder, sie kennen Belastungsmöglichkeiten und Entwicklungspotentiale. Sie erfahren die Arbeit der Kolleginnen und Kollegen unmittelbarer als die Schulleitung. Hier muss die Schulleitung Vertrauen zu den Teamleitungen haben, ansonsten gibt es keine echte Delegation von Aufgaben. Konfliktmanagement, Prozessmanagement und Personalentwicklung sind deshalb regelmäßige Themen für selbst organisierte oder externe Fortbildungen der Jahrgangs- und Fachbereichsleitungen.

Kommunikations- und Partizipationsstrukturen in Teamschulen

Zu klaren Kommunikationsstrukturen in Teams gehören zunächst regelmäßige Teamzeiten. In der IGS Franzsches Feld tagen die Jahrgangsteams zweimal im Monat, die Profil- und Kooperationsteams tagen einmal im Monat. Für diese Sitzungen ist die Zeit von 13.00 Uhr bis 15.00 Uhr am Freitag vorgesehen. Das Schulleitungsteam und das sozialpädagogische Team tagen wöchentlich.

Neben festen Zeiten gehören auch feste Orte zur Teamarbeit. So finden die Sitzungen immer in den gleichen Räumen statt. Damit die Kommunikation außerhalb der Teamzeiten auch gut gelingt, sind die Kolleginnen und Kollegen eines Jahrgangsteams jeweils in einer Jahrgangsstation untergebracht. Ein zentrales Lehrerzimmer gibt es nicht.

Damit Entwicklungen, Gedanken und Kritik aber nicht inselmäßig innerhalb der Teams verbleiben, muss es klare Kommunikationsstrukturen aus den Teams heraus geben. Dazu gehören zwei Steuergruppen:

- Für den Austausch von Informationen und kleineren Regelungen trifft sich die Schulleitung wöchentlich einmal mit den Jahrgangsleiterinnen und -leitern. Einmal monatlich treffen sich die Fachbereichsleitungen mit der Didaktischen Leitung.
- Das eigentliche »Herz« der Schule ist die Didaktisch-Pädagogische-Konferenz. Sie besteht aus allen Funktionsträgern, gewählten Schülerinnen bzw. Schülern und Eltern sowie interessierten Kolleginnen und Kollegen. Hier findet die vertikale und horizontale Vernetzung der Schulentwicklung statt. Hier wird der Jahresplan für die Schulentwicklung erstellt und in sechs bis acht Sitzungen pro Jahr abgearbeitet. In diese Steuergruppe werden Entwicklungsinteressen von allen an der Schule Beteiligten eingespeist, zu Anträgen formuliert und in die entsprechenden Gruppen der Schule zur Abarbeitung oder Implementierung gegeben. Hier wird geprüft, ob bei Aktivitäten das Leitbild und Schulprogramm eingehalten wird. Bei grundsätzlichen Veränderungen, wird ein Antrag an die Gesamtkonferenz gegeben. Zukünftig wird hier der Schulvorstand einbezogen werden.

Die Gesamtkonferenz ist an der IGS Franzsches Feld ein Schulparlament: wie im Schulgesetz möglich, entsendet jede Klasse je einen Vertreter der Schülerschaft und

Elternschaft mit vollem Stimmrecht. Damit haben Schülerinnen und Schüler und Eltern etwa die gleiche Stimmenanzahl wie das Kollegium und ein entsprechendes Gewicht bei den Grundsatzentscheidungen. Diese personell starke Beteiligung erfordert Transparenz, konsensorientierte Informationen und Diskurse unter allen Gruppen in der Schule. Somit ergibt sich eine echte Partizipation vieler an der Schule und erhöht in besonderem Maße die Corporate Identity.

Wer keine Fehler macht, lernt nichts dazu!

Teams haben den großen Vorteil, dass durch die Struktur eine Zusammenarbeit notwendig ist. Hier gilt auch der Satz: Das Ganze ist mehr als die Summe der einzelnen Teile. Durch die gemeinsame Arbeit wird das kreative Potenzial des Teams bestmöglich genutzt. Es gibt Anregungen und Arbeitserleichterung durch Arbeitsteilung, eine wechselwirkende Regulation der Teammitglieder durch die Teamidentität und Verantwortung für den eigenen Bereich.

Dabei muss vor allem Schulleitung aushalten können, dass auch Umwege oder gar Sackgassen bei der Entwicklung in den Teams gegangen werden. Dass dies aber zu einer dynamischen, lernenden Organisation gehört, wird man wohl kaum anzweifeln (vgl. Korte in diesem Buch). Für diese Fälle müssen Unterstützungsmöglichkeiten für Teams wie Fortbildung und Supervision bzw. Regulative wie Steuergruppen vorhanden sein. Man wird oft positiv davon überrascht sein, was alles in Schule möglich ist, worauf man aber als Administrative gar nicht selbst gekommen wäre. Zur Teamstruktur gehört ein Führungsstil wie *shared leadership* (Nemerowicz/Rosi, 1997, S. 14).

Und übrigens: Schülerinnen und Schüler spüren, ob Lehrer sich weiterentwickeln und teamfähig sind. Ist dies nicht der Fall, werden sie Demokratie, Partizipation, Transparenz und Teamfähigkeit wohl als kaum mehr denn als »Unterrichtskapitel« abhandeln.

Literatur

Klimecki, R./Probst, G./Eberl, P.: Entwicklungsorientiertes Management, Stuttgart, 1994.
Lüde v., R.: Die Reorganisation der Fabrik und die Wiederentdeckung der Arbeit. Perspektiven für Bildung und Qualifizierung in der Industriegesellschaft, Opladen, 1996.
Mabey, Ch./Caird, S.: Building Team Effectiveness, Milton Keynes, 1999.
Maturana, H. R.: Erkennen: Die Organisation und Verkörperung von Wirklichkeit, Braunschweig/Wiesbaden, 1982.
Maturana, H. R./Varela, F.: Der Baum der Erkenntnis, Bern, 1987.
Meisner, A.: Leadership im Klassenzimmer. In: Journal für Schulentwicklung: Leadership, 1/2007, 11. Jahrgang, Innsbruck, 2007.
Nemerowicz, G./Rosi, E.: Education for Leadership and Social Responsibility, London, 1997.
Schley, W.: Innovationen und Selbsterneuerung an Schulen – Anstöße zur Lehrerkooperation und Organisationsentwicklung als systemische Beiträge zur Gesundheitserziehung. In: Pelikann, J. M./Demmer, H./Hurrelmann, K. (Hrsg.): Gesundheitsförderung durch Organisationsentwicklung. Konzepte, Strategien und Projekte für Betriebe, Krankenhäuser und Schulen, Weinheim/München, 1993.
Voss, R. (Hrsg.): Die Schule neu erfinden. Systemisch-konstruktivistische Annäherungen an Schule und Pädagogik, Neuwied, 2002.

ARMIN LOHMANN/HERO BOOMGAARDEN

Schätze heben und mehren: Personalentwicklung

Eigenverantwortliche Schulen sollen qualitativ besser werden. Aber wie soll das gelingen, wenn das schulische Personal darauf nicht vorbereitet ist? Rasch ist da die Forderung nach Professionalisierung des Verhaltens und Handelns der Lehrkräfte bei der Hand. Das Zauberwort heißt »Personalentwicklung«. Personalentwicklung in Schulen beschränkt sich nicht nur auf die einzelne Person, sondern bezieht das gesamte Lehrerkollegium ein. Es setzt auf Strategien und Verfahren von Selbsteinschätzung, professioneller Verhaltensänderung, Teamentwicklung, systematischem Personalmanagement und Personalfürsorge.[1]

1. Was heißt Personalentwicklung?

Die Antwort beginnt mit einer Setzung: Personal entwickelt sich nur selbst!

Das erfordert eine klare strategische Ausrichtung, deren Adressat die Schule selbst ist. Dreh- und Angelpunkt ist somit immer der Unterricht. Schulleiterinnen und Schulleiter sowie die Lehrkräfte sind zugleich Akteure und Betroffene des Geschehens. Es geht dabei nicht um von außen gesetzte oder individuell formulierte Qualitätsansprüche, sondern um die Bereitschaft, Qualitätsverantwortung zu übernehmen. Das ist sowohl für Lehrerinnen und Lehrer wie auch für Schulleiterinnen und Schulleiter ein neuer Anspruch: Alle sind auf unterschiedlichen Ebenen für ihr Handeln verantwortlich. Das bedeutet, dass ihre Haltungen, beruflichen Neigungen, pädagogischen, fachlichen und sozialen Kompetenzen, ihre Sensibilität für das gesellschaftliche Umfeld und ihr aus all dem resultierendes Handeln die Qualität der Schule beeinflussen.

Das Ausmaß der damit verbundenen Veränderung ist nicht zu unterschätzen, geht es doch um einen Wandel mit dem Ziel der Verbessung von Unterrichts- und Schulqualität: Weg vom fragend-entwickelnden [»... heute etwas schamvoll genannt ›Unterricht überwiegend erteilt von der Lehrkraft‹« (OELKERS, 2007)] zum handlungs- und lösungsorientierten Unterricht und eigenverantwortlichen Lernen der Schülerinnen und Schüler in einem Schulklima, das Verantwortung für selbstbestimmtes Handeln fordert und fördert. Dieses Modell setzt voraus, dass Entscheidungsfreiräume zur Gestaltung der Schulqualität eingeräumt sind und dass die handelnden Pädagogen und ihre Führungskräfte sich selbst als Hauptverantwortliche verstehen. Damit greift das überlieferte Modell der Personalentwicklung, in dem das Personal Objekt ist – »Personal wird entwickelt« – nicht mehr.

In Wirtschaftbetrieben steht das Personal in einer klaren Ziel- und Verantwortungslinie: Es geht letztlich um Hervorbringung marktfähiger Produkte zur Steige-

1 Grundlage dieses Kapitels ist: LOHMANN, ARMIN, Personal braucht Entwicklung. In: Pädagogische Führung, Neuwied, 1/2005.

rung des Unternehmensgewinns. Schule will und kann eine solche Kultur nicht übernehmen, weil ihr Auftrag ein anderer ist: die Bildung verantwortlich handelnder Persönlichkeiten durch den Erwerb persönlicher, sozialer und fachlicher Kompetenzen.

An welcher Stelle die Schule den Faden zur Verbesserung ihrer Qualität auch immer aufnimmt, letztlich geht es um die Verbesserung des Unterrichts und damit um die Verbesserung der pädagogischen und fachlichen Handlungskompetenz ihres Personals. Deshalb gibt es bestimmte Fakten, um die man sich nicht herumdrücken kann, wenn man über Personalentwicklung in der Schule spricht: »... Lehrkräfte sind Individualisten und wollen sich nicht leiten lassen«, sagt Oelkers, (2007). Die überwiegende Mehrheit ist nicht für Teamarbeit qualifiziert, sondern pflegt eher hinter verschlossener Klassenraumtür das »Einzelkämpfertum«. Und mit Kempfert, (2006) ist zu ergänzen, Lehrerinnen und Lehrer »... sind nicht hierarchiegewöhnt, sondern fühlen sich aufgrund ihrer Ausbildung und Tätigkeit als Gleiche unter Gleichen und akzeptieren die Schulleitung ... nicht unbedingt als Vorgesetzte«. Also muss Personalentwicklung im Rahmen eines schulischen Qualitätsentwicklungsprozesses in erster Linie auf Einsicht in die Notwendigkeit von persönlicher Verhaltensveränderung setzen. Aber zugleich müssen die Rahmenbedingungen gemanagt und vor allem die Fürsorge für das Personal gepflegt werden. Dazu gehört, dass Schulleiterinnen und Schulleiter als Führungspersonen die vor allem zu Beginn einsetzende Unsicherheit akzeptieren lernen und ihrem Personal Möglichkeiten zur Selbstentwicklung bieten.

Es soll hier die Rede sein von

- einer Schulentwicklung, die nur durch die Entwicklung der Menschen möglich sein wird, die in ihr arbeiten.
- einem Personalmanagement, das auf Strategien zur Personalauswahl und Personaleinstellung und auch auf die Qualität der Arbeitsbedingungen, der Arbeitsbeziehungen und der Arbeitskultur setzt. Wesentliche Ziele sind die Professionalität der Zusammenarbeit und die Professionalisierung durch Teamarbeit.
- einer Schulleitung, die im Sinne ihrer Führungsverantwortung die Leistungsfähigkeit der Lehrkräfte im Blick hat und sich um deren Motivation und Leistungsbereitschaft kümmert.

2. Personalentwicklung – ein fester Bestandteil innerer Schulentwicklung

Personalentwicklung in Schulen ist zunächst ein auf professionelle Selbstentwicklung angelegter Prozess. Sie ist aber auch eine bewusste Steuerung durch Führung. Dieser Prozess hebt sich von o. g. Personalentwicklungsmodellen der freien Wirtschaft deutlich ab, auch wenn manche ihrer Methoden und Verfahren für schulische Personalentwicklung geeignet sind.

Die Selbsteinschätzung – Türöffner zur Personalentwicklung

Es kann gar nicht oft genug betont werden: Mit Personalentwicklung zu beginnen, heißt, das eigene Personal wahrzunehmen, sich zu kümmern, es in seinen Potentialen zu erkennen, um es motivieren und fördern zu können. Personalentwicklung wird damit zu einem wichtigen Quell: Mitarbeiterinnen und Mitarbeiter kompetenzgerecht einzusetzen, sie bei der Professionalisierung ihrer fachlichen, sozialen und erzieherischen Kompetenzen zu unterstützen und vor allem zur Selbstreflexion zu ermutigen. Denn günstigster Ausgangspunkt für eine Kompetenzerweiterung der Lehrerinnen und Lehrer ist ihre Selbsteinschätzung. Ernsthaft gestellte Fragen helfen eigene Verhaltensweisen im Unterricht, im Schulalltag einzuschätzen und sind für Entwicklungsgespräche mit Team- oder Fachkollegen oder Schulleitungsmitgliedern zu nutzen:

- Was ist für meine individuelle Entwicklung förderlich?
- Was hindert mich?
- Wie schätze ich meine Teamfähigkeit ein?
- Wie erlebe ich mich in meinen Teams?
- Wo vermute ich, unterschätzt oder falsch eingeschätzt zu werden?
- Wo habe ich mich selbst überschätzt?
- Was gelingt mir weniger gut?
- Was macht mir Freude, was motiviert mich?
- Was sollte ich sofort verändern?

Die selbst gegebenen Antworten auf diese Fragen sind gute Voraussetzungen für den Einstieg in Reflexionsphasen der Teams oder für Mitarbeitergespräche mit der Schulleitung.

Die Selbsteinschätzung ist ein Türöffner zu einer selbst gewollten Verhaltensveränderung. Eine Garantie, dass alle Kolleginnen und Kollegen dies als Chance für sich begreifen und nutzen, ist das nicht. Das Verhalten der Mitarbeiterinnen und Mitarbeiter kann aber nicht dem Zufall oder ihren persönlichen Maßstäben überlassen bleiben, sondern muss sich aus den Schulgrundsätzen (vgl. HELM/HEINRICH in diesem Buch) und gemeinsamen Zielen (vgl. VON MAERCKER in diesem Buch) ableiten und bleibt stetige Führungsaufgabe der Schulleitung.

Vertrauens- und Zutrauenskultur

Lohnenswert für die Schule ist es, wenn sich alle Mitarbeiterinnen und Mitarbeiter über die Verantwortungsbereiche klärend verständigen – eine schwierige Verhandlungsaufgabe für Schulleiterinnen und Schulleiter (vgl. LOHMANN, 2005) (siehe Abb. 1).

Es ist eine klassische Führungsaufgabe der Schulleitung, für jede Lehrerin und jeden Lehrer den Verantwortungsbezug zum Schulprogramm, zu den alltäglichen Pflichten wie Aufsichtsführung, Korrekturen, Schülerbetreuung und -beratung, Pflege von Außenkontakten sowie die Umsetzung von Beschlüssen der Fachkonferenzen, Jahrgangsteams und Abteilungen herzustellen. Gewissermaßen handelt es sich um Verträge, wie sie in öffentlichen Verwaltungen und Wirtschaftsunternehmen in Form von Arbeitsplatzbeschreibungen oder individuellen Vereinbarungen die Regel sind. Das ist sicher für viele Schulen eine noch unbekannte Praxis und der damit verbundene Aufwand ist nicht zu unterschätzen. Aber langfristig werden sich sowohl

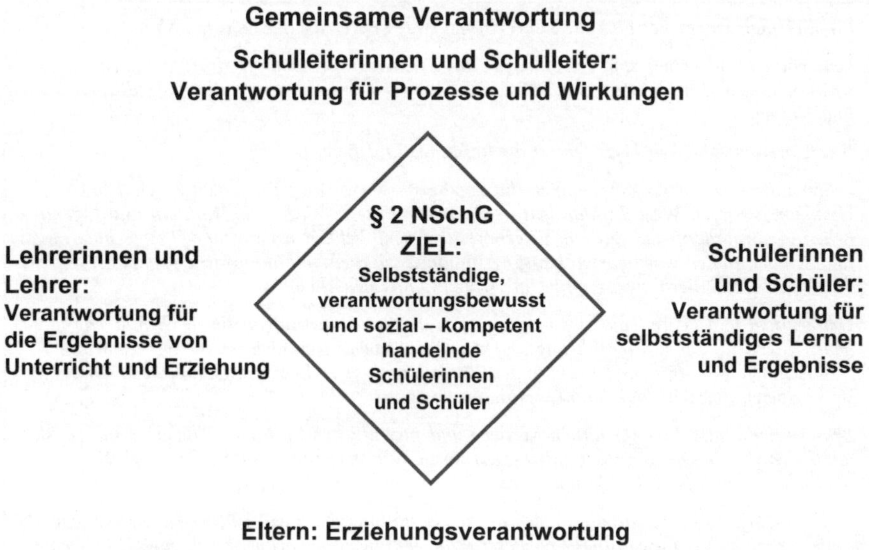

Abb. 1: Verantwortungsbereiche *© Armin Lohmann, PädF, 1/2004*

Lehrkräfte wie auch Schulleiterinnen und Schulleiter im Konfliktfall oder in Mitarbeitergesprächen auf solche Verabredungen beziehen können.

Folgendes Beispiel (Abb. 2) soll verdeutlichen, welchem professionellen Anspruch Personalentwicklung folgen kann (LOHMANN/MINDEROP, 2004[2]).

Aus diesen Vorsätzen ergibt sich für die innerschulische Entwicklung ein völlig neues Beziehungsgefüge: Schulleitung beginnt mit einer prozessorientierten und integrierenden Personalführung und setzt auf die Fähigkeit ihrer Mitarbeiterinnen und Mitarbeiter. Sie baut Vertrauen auf und erreicht Zutrauen. Für Lehrerinnen und Lehrer ist das eine Chance, vom weisungsgebundenen Individualistentum zu aktiver Teilhabe und zu Teamarbeit zu gelangen, zur Verantwortung für die Mitgestaltung am »Unternehmen« Schule.

Personalentwicklungsstrategie setzt auf kollegialen Konsens

Die Leitungsphilosophie einer solchen Personalentwicklung setzt zunächst auf konsensuale Problemlösung und erfolgt nicht im Alleingang. Schulleiterinnen und Schulleiter werden zu wahren Beziehungsarbeitern (LOHMANN/MINDEROP, 2004[2]), wenn es darum geht sich in den komplexen sozialen Strukturen der Schule, um das Planen, Gestalten und Entwickeln von Schulkultur und Unterrichtsqualität zu kümmern. Mit dem Ziel, die schulischen Anforderungen mit den individuellen Erwartungen der Lehrkräfte in Übereinstimmung zu bringen, tauschen sie sich mit ihren Mitarbeiterinnen und Mitarbeitern über Perspektiven, Entwicklungsvorhaben und vorhandene Kräfte aus, aber auch über Ängste und Fehler. Realisierungschancen werden aufgespürt und eingeschätzt. Schulleiterinnen und Schulleiter nehmen Anteil

Ein Beispiel: Unser Leitbild für Lehrerinnen und Lehrer an der Schule »XYZ«

Lehrerinnen und Lehrer sind Experten für das Lernen. Im Mittelpunkt ihrer beruflichen Anstrengungen steht die Persönlichkeitsentwicklung der ihnen anvertrauten Jugendlichen und Kinder.

Ihre Unterschiedlichkeit begreifen sie als Ressource und Bereicherung.

Lehrerinnen und Lehrer übernehmen die Ergebnisverantwortung für ihr unterrichtliches Handeln. Sie legen Wert darauf, dass sie die persönlichen Anlagen von Kindern und Jugendlichen herausfordern und fördern. Es gehört zu ihrer Pflicht, den Lernstand ihrer Schülerinnen und Schüler an den vereinbarten Leistungsstandards zu messen und mögliche Kompetenzdefizite durch gezielte Förderhinweise und Unterstützung auszugleichen.

Lehrerinnen und Lehrer sind sich bewusst, dass die Erziehungsaufgabe in der Schule eng mit dem Unterricht, der Klassenführung und dem Schulleben verbunden ist. Sie bewerten ihre Schülerinnen und Schüler nach den in der Schule vereinbarten Bewertungsmaßstäben. Dieses tun sie kompetent, gerecht und verantwortungsbewusst.

Lehrerinnen und Lehrer vermitteln Kindern und Jugendlichen in ihrem Schulleben, dass es sich lohnt sich für eine bessere Welt einzusetzen und dafür Verantwortung in der Gesellschaft zu übernehmen, weil sie Lebensfreude bietet.

Lehrerinnen und Lehrer beteiligen sich an der Gestaltung der Schule, übernehmen wie jede(r) andere(r) einen Verantwortungsbereich, sei es die Leitung eines Fachbereiches, eines Lehrerteams, die Pausenaufsicht, Betreuung von Sammlungen oder die Mitarbeit in der Steuergruppe und vieles mehr. Sie bemühen sich um ein lernförderndes und motivierendes Schulklima und stärken die Schulkultur durch Teamarbeit. Sie unterstützen die Selbst- und Fremd-Evaluation und wirken bei der Gestaltung und Umsetzung des Schulprogramms verlässlich mit.

Lehrerinnen und Lehrer entwickeln nach vereinbarten Fortbildungsschwerpunkten ihre Kompetenzen ständig weiter. In regelmäßigen Abständen reflektieren sie ihre Arbeit durch Selbsteinschätzungen, Evaluation sowie jährlichen Mitarbeitergespräche.

Lehrerinnen und Lehrer können Unterstützung von der Schulleitung, der Elternschaft, der Wirtschaft und der Öffentlichkeit bei der Erfüllung ihrer verantwortungsvollen und schwierigen Aufgabe erwarten.

Abb. 2: Ein Leitbild für Lehrerinnen und Lehrer

an den täglichen Anstrengungen und kümmern sich auch um Kolleginnen und Kollegen in biografisch kritischen Phasen. Sie entwickeln sich zu unerschrockenen Motivatoren. Sie sind erfindungsreich, schaffen Räume für Entwicklungen und sorgen für entsprechende Entlastung. Dabei nutzen Schulleiterinnen und Schulleiter folgende Handlungsfelder der Personalentwicklung:

- Angebote für das Kollegium zur Selbsteinschätzung und Selbstreflexion (z. B. durch Bereitstellen von Evaluationsinstrumenten),
- Regelmäßige Mitarbeitergespräche,
- Unterstützen der Innovatoren aber auch Ernstnehmen der Querköpfe und Andersdenkenden,
- Motivationsanreize schaffen für Lehrerteams und Stärkung von Lehrkräften, die neue Lernprozesse eingehen wollen,
- Gemeinsame Setzung von Prioritäten in der Lehrerfortbildung,
- Schaffen von Freiräumen,

- Aufbau einer Lob- und Anerkennungskultur,
- Vermittlung von Nähe bei der Suche nach gemeinsamen Lösungen und
- jährliche Rechenschaft darüber, was Schulen erreichen wollten, tatsächlich verwirklichen konnten, aber auch darüber was nur z. T. oder gar nicht gelungen ist.

Maßnahmen zur Qualitätsentwicklung des Unterrichts verlangen von den Lehrkräften ständiges Hinzulernen und die Bereitschaft, das eigene unterrichtliche Handeln an die neu gewonnen Fähigkeiten und Erkenntnisse anzupassen (MAU/SCHACK in diesem Buch). Das verlangt nach Rückhalt, Koordination und regelmäßiger Reflexion im Team, denn noch so gut gemeinte Konzepte können nicht realisiert werden, wenn die Lehrkräfte in alte Routinen verfallen, sobald sie wieder allein hinter verschlossener Klassentüre vor ihrer Lerngruppe stehen. Der damit verbundene Wandel ist ein äußerst komplexer Prozess, der durchaus Widerstände hervorrufen kann. Die strategische Ausrichtung verlangt deshalb konkrete Zielbeschreibungen, die im Prozess überprüfbar sind. Einzelne Schritte zur Entwicklung der Unterrichtsqualität sind fest zu terminieren. Hierzu unterstützt ein Masterplan die Schulleitung.

In dieser Planungsphase hat das Personalmanagement einen herausragenden Stellenwert. Bedarfe werden analysiert, Fortbildungskonzepte entwickelt und den Lehrerinnen und Lehrern erleichternde Rahmenbedingungen zur Weiterqualifizierung – möglichst im Team – angeboten. Die auf diese Weise von der Schulleitung gestützten Entfaltungsmöglichkeiten sind letztlich Ausdruck der Wertschätzung des Wirkens von Lehrerinnen und Lehrern und bestimmen damit den Grad der Identifikation mit der schulischen Arbeit (vgl. Abb. 2).

Die Vielfalt des Personalmanagements

Schulleiterinnen und Schulleiter müssen ganz im Sinne der Profilbildung ihrer Schulen Strategien und Perspektiven entwickeln, die sie offen in ihre Schulgemeinschaft transportieren und im Sinne einer dialogischen Führung den Konsens im Kollegium anstreben. (KREUTZAHLER/JÄNEN in diesem Buch). Schulleiterinnen und Schulleiter werden zu Agenten des Wandels. Sie nutzen die Personalentwicklung zur Umsetzung des konsensual verabschiedeten Leitbildes (HELM/HEINRICH in diesem Buch); die Personalentwicklung ist das Bindeglied zwischen Organisations- und Unterrichtsentwicklung. Ihr oberstes Ziel klingt recht schlicht, hat aber vielfältige Ausgestaltungsmöglichkeiten: Das schuleigene Personal ist in seiner Entwicklung zu fördern! Unbestritten, dieser umfassende Begriff der Personalentwicklung ist ein Schlüsselbereich des Changemanagements. Zur Übersicht dient das folgende Steuerungsmodell (Abb. 3).

Mit zunehmender Übertragung dienstrechtlicher Befugnisse an Schulleiterinnen und Schulleiter Eigenverantwortlicher Schulen sollen künftig Personalplanung, -gewinnung und -beurteilung sowie Personalförderung statt durch die Landesschulbehörde durch die Eigenverantwortliche Schule selbst geregelt werden. Die Auflistung dieser Bereiche verdeutlicht, dass das Personalmanagement als vormals klassische Domäne staatlicher Aufsicht zunehmend von der Eigenverantwortlichen Schule übernommen wird, ohne dass damit der Kernbereich staatlicher Gesamtverantwortung eingeschränkt würde (vgl. BROCKMANN in diesem Buch).

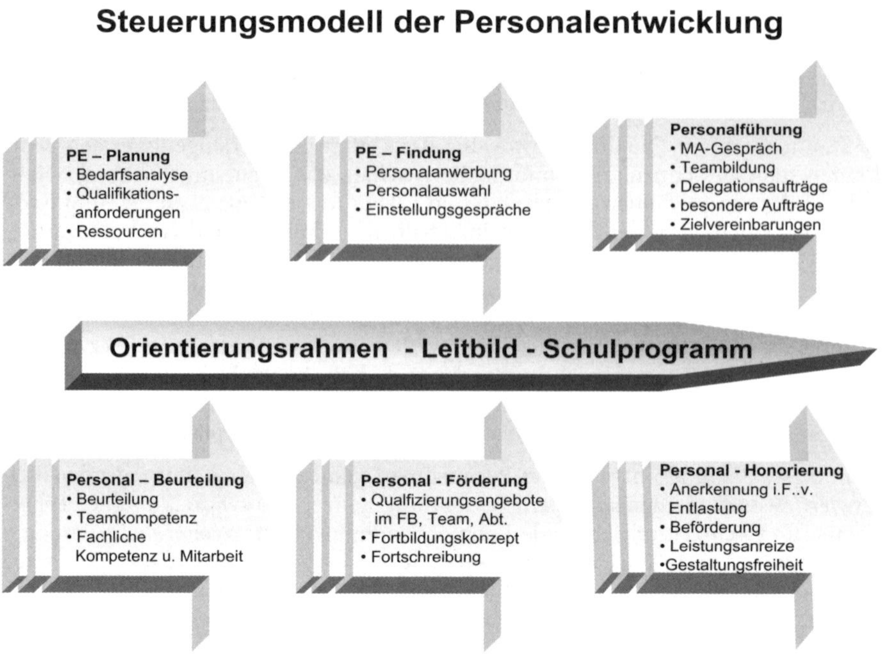

Abb. 3: Steuerungsmodell zur Personalentwicklung *© Armin Lohmann, PädF, 2/2005*

3. Ausgewählte Instrumente der Personalentwicklung

Personalplanung und -auswahl

Effektive Veränderungen in der Schule werden langfristig nur dann erfolgreich sein, wenn Schulleiterinnen und Schulleiter sich auch um den Nachwuchs kümmern – eine selbstverständliche Strategie erfolgreicher Unternehmen und Bundesliga-Clubs. Einführungs- und Begleitkonzepte für neu gewonnene Lehrerinnen und Lehrer sind wesentliche Bausteine systematischer Personalentwicklung.

Für viele Schulen sind solche Vorgehensweisen noch fremd. Inzwischen arbeiten allerdings einige mit Strategien zur Personalgewinnung und -auswahl. Hierzu gehört auch, dass Eigenverantwortliche Schulen den Lehrernachwuchs künftig in Abstimmung mit den Studienseminaren selbst aussuchen können. Die Selbstständigkeit bei der Personalauswahl erfordert eine Strategie für die Weiterentwicklung des jeweiligen Bestandes an schulischem Personal. Dazu gehören Potenzial- bzw. Kompetenzanalysen und gezielte Auswahlverfahren. Schulleitung fragt sich:

- Wie viele Kollegen stehen mir mit wie vielen Stunden, welchen Fächern und Zusatzqualifikationen zur Verfügung?
- Welche Pensionierungen, Versetzungen etc. sind in den kommenden Jahren zu erwarten?

- Welcher Bedarf ergibt sich für die Schule unter Berücksichtigung der Entwicklung der Schülerzahlen?
- Sind freiwerdende Stellen wiederbesetzbar?
- Wie viele Stellen sind mit welchem Profil auszuschreiben bzw. anzufordern?

Mit der Personalentscheidung legt sich Schule für einen sehr langen Zeitraum auf eine Person und ihre Kompetenzen fest – grundlegende Änderungen sind kaum zu erwarten. Fehlentscheidungen sind daher sehr teuer, beeinträchtigen die Schule auf Dauer und sind auch für die Schulöffentlichkeit sichtbar. Umso wichtiger ist es, bei der Personalauswahl alle rechtlichen Aspekte umfassend zu beachten und die Mitbestimmungstatbestände in den Prozess zu integrieren (vgl. BOOMGAARDEN, 2007).

An größeren Schulen, an denen das Kollegium in Teams organisiert ist, werden die Teamsprecherinnen und Teamsprecher von Anfang an in den Prozess der Personalauswahl einbezogen. Bei der Auswahl wirken sie für »ihr« Team bei den Auswahlgesprächen mit und übernehmen damit eine klar definierte Rolle. Die letzte Entscheidung in der Abwägung aller Aspekte hat die Schulleiterin bzw. der Schulleiter unter Mitwirkung der Personalvertretung. Zu beachten ist in jedem Fall ein sensibler Umgang mit nicht erfolgreichen Bewerberinnen und Bewerbern (vgl. BRÄTH in diesem Buch).

Feedbackstrukturen

Feedbackstrukturen in einer Schule zur Routine werden zu lassen, erfordert von Lehrerinnen und Lehrer zunächst eine neue Sichtweise von Selbstkontrolle und dann die Bereitschaft, das eigene Tun anderen zugänglich zu machen. Dazu muss die Führungsmannschaft der Schule einen intensiven Austausch organisieren und daran teilnehmen: So kann zwischen den Klassenteams, zwischen Lehrerteam und Fachbereichsteam regelmäßig über Entwicklungen, Störungen und Erfahrungen gesprochen und Rückmeldung über Wirkungen der Arbeit gegeben werden. In Fachkonferenzen und Teamsitzungen werden regelmäßig konkrete Analysen durchgeführt und im Zusammenhang der Ergebnisse von Vergleichsarbeiten oder von Daten aus Lernstandserhebungen, Selbst- oder Fremd-Evaluation thematisiert. Ein für die persönliche Reflexion von Lehrkräften und die Veränderung von Unterricht sehr wirkungsvolles Feedback ist die Rückmeldung von Schülerinnen und Schülern nach abgeschlossenen Unterrichtseinheiten. Typische Fragen, die in diesem Zusammenhang aufzuarbeiten sind:

- Waren Aufgaben in den Vergleichsarbeiten zu schwer, zu leicht, niveau- und leistungsgerecht?
- Welche Aufgaben hätten die Schülerinnen und Schüler in Teams/in Einzelarbeit besser erfüllen können?
- Wurden Anforderungen des Kooperativen Lernens berücksichtigt?
- Welche Fehlertypen tauchen auf?
- Bietet der Unterricht genügend Lernzeit und angemessene Vorbereitung?
- Welche Förderangebote sind gezielt anzubieten?

Aus solchen Analysen ergeben sich nicht nur Handlungsstrategien zur Optimierung des eigenen Unterrichts, sie bieten auch Auskünfte darüber, in welchen Fachkonferenzen Qualifizierung und Fortbildungen angeboten werden sollten, um das angestrebte Leistungsniveau/die Nachhaltigkeit von Lehrstrategien durch erhöhte Lehrerprofessionalisierung zu erreichen. Fachkonferenzen können sich auf diese Weise von eher langweiligen Routinesitzungen zu hoch interessanten Qualitätszirkeln entwickeln.

All diese Maßnahmen stärken die Ergebnisverantwortung von Lehrerinnen und Lehrern und dienen dem Aufbau einer regelmäßigen und systematischen Reflexionskultur (Lohmann, 2003).

Mitarbeitergespräche

Ein weiterer Baustein zum Feedback sind regelmäßige Mitarbeitergespräche. Sie sind eines der wichtigsten Führungsinstrumente für Schulleitungen. Mitarbeitergespräche sollten mindestens einmal im Jahr stattfinden und durch ein Klima des gegenseitigen Vertrauens und der Wertschätzung geprägt sein. Sie dürfen nicht einseitig »von oben nach unten« geführt werden, sondern setzen auf gegenseitiges Feedback. Das Verfahren der Mitarbeitergespräche muss transparent sein und ist mit der Personalvertretung abzustimmen und festzulegen. Alleingänge der Schulleitung sollten im Interesse der vertrauensvollen Zusammenarbeit grundsätzlich vermieden werden (vgl. Bräth in diesem Buch).

Mitarbeitergespräche werden in der Literatur auch häufig als Bilanz- und Orientierungsgespräche (Lohmann, 2000), Planungs- und Entwicklungsgespräche (Eickenbusch, 2002) oder Personalentwicklungsgespräche (Rolff, 2006) bezeichnet. Oft werden sie mit Beurteilungsgesprächen oder Kritikgesprächen verwechselt. Das hat zur Folge, dass die Lehrerschaft sie skeptisch bewertet – eine Folge fehlender Praxis und unprofessionellen Umgangs mit dem Instrument. Zu beobachten ist, dass Mitarbeitergespräche sehr erfolgreich geführt werden, wenn sie unter Mitwirkung der Personalvertretung eingeführt sowie professionell und transparent umgesetzt werden. Trainings sind erforderlich, sie werden bei Schulleiterqualifizierungsmaßnahmen des NiLS oder auf dem freien Markt angeboten.

Im Mitarbeitergespräch geht es um eine Rückschau aus der Sicht der Betroffenen. Gemeinsam wird Bilanz gezogen. Anschließend werden die Perspektiven für die weitere Zusammenarbeit entwickelt und in einer Vereinbarung festgehalten. Zu beachten ist, dass solche Gespräche einen einladenden Raum, eine günstige Sitzordnung und einen festgelegten Zeitrahmen brauchen. Störungen von außen sind zu unterbinden. Nach dem Mitarbeitergespräch geben sich die beiden Gesprächspartner gegenseitig ein Feedback. Damit erfährt die Schulleitung eine wertvolle Rückmeldung über ihr eigenes Führungsverhalten.

Worauf ist zu achten? Im Verlauf eines Mitarbeitergespräches berücksichtigen Schulleiterinnen und Schulleiter sowohl die Sichtweise der Mitarbeiterin/des Mitarbeiters als auch die Ansprüche der Schule. Der im Folgenden dargstellte Gesprächsleitfaden ist der Lehrkraft rechtzeitig vorher auszuhändigen, damit sie sich auf das Gespräch vorbereiten kann.

Ein Leitfaden für Mitarbeitergespräche

Teil I – Warming-up
Zum Einstieg erkundigt sich die Schulleiterin bzw. der Schulleiter über das persönliche Wohlbefinden.

Teil II – Rückblick/Bilanz
Dieser Teil des Gespräches besteht aus einer Rückschau über das berufliche Engagement und Arbeitsbezüge und Belastungen.

- Zielerreichung: Worauf bin ich stolz? Welche eigenen Ziele haben Sie verfolgt? Welche haben Sie davon erreicht? Wie schätzen Sie Ihre Mitarbeit zur Umsetzung des Leitbildes, des Schulprogramms ein?
- Schwerpunkte: Was waren Ihre Arbeitsschwerpunkte? Welche damit verbundenen Absichten haben Sie erreicht? Was ist Ihnen generell gelungen? Woran lag es?
- Arbeit in Teams und Gremien: Wie haben Sie sich einbringen können? Wie schätzen Sie Ihre Mitarbeit ein? Wie schätzen Ihre Teammitglieder Sie ein? In welchen Bereichen wünschen Sie Veränderungen?
- Unterstützung: Werden Ihre Stärken bei Ihrer Arbeit berücksichtigt? Unterstützt Sie die Schulleitung zufriedenstellend? Wenn Sie Rückschau auf Ihre Tätigkeit halten, was haben Sie persönlich dazu lernen können?
- Probleme: Woran lag es, wenn manches Mal nicht alles gelungen ist? Können Sie sich das erklären? Welche Hinderungsgründe lagen in der Schule vor? Haben Sie eine Einschätzung, wie man das eine oder andere optimieren bzw. beheben könnte?
- Resümee: Versuchen Sie eine abschließende Betrachtung dieser Rückschau, welche Schlussfolgerungen ziehen Sie für sich?

Tipp: In diesem Gesprächsteil sind Schulleiterinnen und Schulleiter eher die Fragenden und hören aktiv zu. Das Gespräch beendet die Führungskraft mit einer Würdigung, in der die gegenseitige Anerkennung zum Ausdruck kommt. Eine Mitschrift wird in der Regel nicht gefertigt. Treten Problemfälle auf, wird das Gespräch mit dem Ziel der Wertschätzung zu einem anderen Zeitpunkt i. S. einer Lösungsentwicklung fortgesetzt.

Teil III – Orientierung und Perspektive
In diesem Gesprächsteil werden gemeinsam Perspektiven entwickelt.

- Vorstellungen/Perspektiven: Was möchten Sie im kommenden Jahr weiterführen – verändern – neu beginnen in den Themenbereichen Unterrichtsentwicklung und Arbeit in Teams? Welche Arbeitsschwerpunkte wollen Sie in der Klassenführung (Teamarbeit, Fachbereichsarbeit, etc.) im kommenden Jahr anstreben, realisieren? Welche konkreten Vorhaben wollen Sie umsetzen? Dienen Ihre Vorhaben der Umsetzung unseres vereinbarten Leitbildes?
- Ziele: Welche erzieherischen, welche fachlichen Ziele wollen Sie erreichen? In welchen Zusammenhang stehen diese Ziele zum vereinbarten Leitbild und zum Schulprogramm? An welchen Leistungen, an welchen Kriterien wollen Sie das überprüfen, ob Sie diese Zielsetzung erreicht haben?
- Unterstützung: Welche Erwartungen haben Sie an die Schulleitung? In welchen Bereichen erwarten Sie konkrete Unterstützung durch die Schulleitung?

Teil IV – Verabredung/Vereinbarung
Auf welche gemeinsamen Ziele können wir uns verständigen? In welcher Form wollen wir sie überprüfen/evaluieren? Bei dieser Gesprächsphase ist vor allem darauf zu achten, dass die entwickelten Perspektiven realistisch sind. Deshalb ist die Erörterung von Erfolgskriterien sinnvoll, um Überschätzungen zu vermeiden. Die Verabredungen werden schriftlich fixiert und von beiden unterschrieben. Sie kommen nicht in die Personalakte, dienen aber als Grundlage für das folgende Mitarbeitergespräch in ca. einem Jahr (Boomgaarden, 2007; Lohmann, 2001).

Schulentwicklung durch Teamsteuerung

Größere Schulen sind oft wie schwer manövrierbare Tanker, die nur sehr träge Richtungsänderungen einschlagen können. Besonders schwer ist es, ein größeres Lehrerkollegium geschlossen auf eine langfristige Qualitätsentwicklung umzustellen. Aus diesem Grunde empfiehlt es sich, dass solche Schulen eine fraktale Grundstruktur einziehen, die zwei wesentliche Elemente aufweist: Stärkung der Funktion der Schulleiterin oder des Schulleiters und der Ebenen, in der die Qualität der schulischen Arbeit maßgeblich bestimmt wird (vgl. GRIMME u. a. in diesem Buch).

In einer solchen Organisationsform werden zwangsläufig Entscheidungen über die schulische Qualitätsentwicklung genau dort getroffen, wo auch die schulischen Arbeitsprozesse stattfinden. Das bedingt die Übertragung von Verantwortungsbereichen an fraktale Einheiten und führt zu Teamstrukturen, die mit klaren Entscheidungskompetenzen ausgestattet sind. Dabei handeln die Teams selbstverantwortlich im Rahmen der Zielstruktur der Schule in den Arbeitsfeldern der Unterrichtsorganisation, der Umsetzung des Schulprogramms sowie der pädagogischen Regeln und Grundsätze, der Ressourcenbewirtschaftung sowie der Fort- und Weiterbildung. Die Teams, die ganz wesentlich den Kern der schulischen Arbeit gestalten, benötigen einen hohen Grad an Eigenständigkeit. Sie sind letztlich auch verantwortlich für die Umsetzung der Zielvereinbarungen und Prozesse. Dabei ist bei der Personalzuordnung seitens der Schulleitung darauf zu achten, dass Kompetenz und Verantwortung deckungsgleich sind. Da Teams sich nicht automatisch entwickeln, ist bei ihrem Aufbau auf unterschiedliche Entfaltungsmöglichkeiten zu achten (vgl. HOFFMEISTER in diesem Buch).

Worauf sollte die Schulleitung achten?

- Sie vermittelt die Sinnhaftigkeit der Arbeit in Teams, so dass jeder Einzelne für sich die Vorzüge der Teamarbeit erkennen kann.
- Sie bietet zielgerichtet Aufgaben- und Verantwortungsbereiche an, die von Lehrkräften nicht mehr als Einzelkämpfer wahrgenommen werden können, sondern von Teams gemeinsam übernommen, gestaltet und umgesetzt werden. Sie sorgt für regelmäßige Reflexionsphasen, in denen die Umsteuerung zu professionellem Lehrerhandeln analysiert und weiterentwickelt wird.
- Sie schafft Voraussetzungen dafür, dass die handelnden Personen den notwendigen Rollenwechsel zum Teamarbeiter gestalten und mit Leben erfüllen können. Dies gilt für alle Ebenen und alle Teammitglieder.
- Sie stellt für die Teamentwicklung Zeit und Ressourcen zur Verfügung und sorgt dafür, dass jedes Team einen Teamleiter hat.
- Sie vereinbart klare Aufgaben- und Rollenbeschreibungen, auf die sich die Beteiligten in den Zielvereinbarungen berufen können.

Zielvereinbarungen

Zunächst zur Klarstellung: Im schulischen Bereich sollte man unterscheiden zwischen »Vereinbarungen« und »Zielvereinbarungen«. Werden zwischen Schulleiterin bzw. Schulleiter und Mitarbeiterinnen und Mitarbeitern Maßnahmen zur Verbesserung des professionellen Handelns verabredet, handelt es sich um eine Vereinbarung. Sie legt die notwendigen Prozesse und Unterstützungsmaßnahmen fest. Zielvereinbarungen dagegen befassen sich ganz im Sinne der Wortprägung mit erreichbaren, messbaren und überprüfbaren Ergebnissen, die in Form eines Kontraktes schriftlich fixiert werden (vgl. OFFEN-GRODZKI/OTHMER in diesem Buch). Im Sinne der damit vereinbarten Eigenverantwortung werden hier keine Prozesse und Maßnahmen festgeschrieben, weil die Partner darüber selbst entscheiden – davon ausgehend, das sie am besten wissen, welche Wege zur verabredeten Zielerreichung führen. Insofern sind Verhandlungen zu Zielvereinbarungen von Mitarbeitergesprächen klar abzugrenzen.

Bei Mitarbeitergesprächen steht die persönliche Weiterentwicklung der Lehrerinnen und Lehrer im Zusammenhang der Schulentwicklung im Vordergrund. Damit dies durch Verbindlichkeit unterstrichen wird, schließen Mitarbeitergespräche in der Regel mit schriftlichen Vereinbarungen ab. Es ist zunehmend Praxis, dass Schulleiterinnen und Schulleiter größerer Schulen mit ihren Schulleitungsmitgliedern vereinbaren, Mitarbeitergespräche (s. o.) in den fraktalen Einheiten zu führen, die sie leiten. Dagegen stehen bei Zielvereinbarungsprozessen konkrete Ergebnisse zur Qualitätsentwicklung und -sicherung der Schule im Zentrum. Ergebnisse von Zielvereinbarungen können z. B. sein:

- Verbesserung der Abschlussquoten
- Absenken der Wiederholerquote oder
- Verbesserung der Ergebnisse in landesweiten Vergleichsarbeiten oder Abiturprüfungen.

In Zielvereinbarungen werden persönliche Verantwortungen für die Zielerreichung festgelegt. Die Ziele werden »SMART« formuliert (vgl. OFFEN-GRODZKI/OTHMER in diesem Buch) und auf das gesamte Zielsystem der Schule schlüssig abgestimmt. Steuerung mit Zielen und Kennzahlen setzt das permanente Messen der Zielerreichungsgrade voraus. Insofern sind Ziele und Kennzahlen Auslöser von Analysen, die Stärken und Schwächen auf allen Ebenen transparent machen und einen kontinuierlichen Verbesserungsprozess in Gang setzen. Diese Form der Qualitätsüberprüfung stärkt zugleich die Ergebnisverantwortung und Reflexionskultur in der Schule (vgl. JÜHNKE in diesem Buch).

In größeren Schulen ist es zunehmend Praxis auf den unterschiedlichsten schulischen Ebenen z. B. Schulleitung – Abteilung – Fachbereiche – Teams, Ziele zu definieren und zu verabreden. Die Ziele der Teams orientieren sich vornehmlich am Leitbild der Schule und am Zielsystem der Schule (Schulprogramm, Leistungsversprechen der Teams) und leiten sich außerdem aus dem gesellschaftlichen Bildungsauftrag oder landesweiten Vorgaben ab wie z. B. die Erhöhung der Abschlussquoten oder die Senkung der Wiederholerquoten.

Zielvereinbarungsgespräche führen Schulleiterinnen und Schulleiter in der Regel mit ihren Schulleitungsmitgliedern sowie mit den Hauptverantwortlichen und Leiterinnen bzw. Leitern der Fachbereiche oder Abteilungen und/oder Teams. Diese Gespräche werden in der Regel jährlich geführt.

4. Der Kern der Personalentwicklungsaufgabe: Fürsorge

Personalentwicklung ist strategisch auf Qualitätsentwicklung ausgerichtet; sie ist keinesfalls auf technokratisches Verwaltungshandeln zu reduzieren. Personalentwicklung ist ein Prozess, bei dem es um Wertschätzung, Würdigung und Sich-kümmern, vor allem um verbindliches Handeln aller Beteiligten geht! Personalentwicklung löst zufällige und improvisierte Umgangsformen zwischen Schulleitung und Kollegium ab.

In Schulen mit mehreren Führungskräften im Leitungsteam setzt sie nicht mehr allein auf Schulleiterinnen und Schulleiter, sondern auf alle(!) Führungskräfte. Aufgabe des gesamten Schulleitungsteams ist es deshalb, dialogfähig zu sein, Anteil zu nehmen, sich um das Personal zu kümmern und Unterstützung zu bieten, damit sich das Personal im Sinne der Vereinbarungen (Schulprogramm, Zielvereinbarungen) zielbewusst und persönlich weiterentwickelt. Zusammenarbeit und Teamentwicklung werden unterstützt. Hierüber braucht das Kollegium ein regelmäßiges Feedback. Führungskräfte bieten Wertschätzung und unterstützen Lehrerinnen und Lehrer in ihrem professionellen Wachstum. Sie erkennen Anstrengungen an, bieten Auszeiten für Rückschau, feiern gelungene Prozesse mit ihrem Kollegium. Sie ritualisieren die Personalentwicklung durch regelmäßige Reflexion in Mitarbeitergesprächen und durch Bilanzierung der Fachbereichs-, Abteilungs- und/oder Teamarbeit. Sie organisieren eine besondere Würdigung in Form von Erfahrungsaustausch im Kollegium, indem sie einen innerschulischen »Markt der Möglichkeiten« oder gar »Schatzkonferenzen« (Lohmann, 1997) einrichten, wo Teams oder einzelne Lehrkräfte ihre besonderen methodischen Finessen, kreativen Konzepte oder erfolgreichen Erlebnisse aus ihrem Schulalltag präsentieren.

Auf diese Weise heben sie Schätze und pflegen einer Feierkultur. Kurz: Sie fühlen sich verantwortlich für die Personalentwicklung an ihren Schulen, indem sie sich um ihr Personal sorgen!

Literatur

Boomgaarden, Hero: Konzept Personalplanung, Personalbeschaffung, Leitfaden für Personalauswahl- und Einstellungsgespräche, BBS I Emden, 2007 – eingestellt als Werkzeug im NIBIS.

Buhren, Claus, G./Rolff, Hans-Günter: Personalentwicklung in Schulen, Weinheim, 2003.

Eikenbusch, Gerhard: Systematische Planungs- und Entwicklungsgespräche. In: Buchen, Herbert/Rolff, Hans-Günter: Professionswissen Schulleitung, Weinheim, 2006.

Green, Norm: Learning, Teaching and Leading in a Culture of change, Lernakadamien der Bertelsmann Stiftung, Reader, 2003.

Kempfert, Guy/Rolff, Hans-Günter: Qualität und Evaluation, (4. überarbeitete Auflage), hier: Innerschulische Verarbeitung, Weinheim, 2005.

Lohmann, Armin/Döbrich, Peter/Hajek, Manfred: Identität und Schulprogramm – Die Steinwaldschule auf dem Weg zum selbstständigen Lernen, München/Lichtenau, 1997.

Lohmann, Armin: Bilanz- und Orientierungsgespräche – Von der Schwierigkeit, Kollegiumsentwicklung und Personalentwicklung zu verbinden. In: Personalführung und Personalentwicklung, Buchen, Herbert/Horster, Leonhard/Rolff, Hans-Günter: Hrsg., Berlin, 2001.

Lohmann, Armin: »Reflexionskultur in Schulen« und »Evaluation«. In: PädF, 1/2003.

Lohmann, Armin/Minderop, Dorothea: Führungsverantwortung der Schulleitung, Neuwied, 2004.

Lohmann, Armin: Personal braucht Entwicklung. In: PädF, 1/2005.

Minderop, Dorothea/Lohmann, Armin: »Rechenschaftslegung«. In: PädF, 1/2004.

Oelkers, Jürgen: Eine pragmatische Sicht auf Schulentwicklung, Vortrag bei der Tagung »Theorie der Schulentwicklung«, 14. 2. 2007, Sporthochschule Köln.

Werkzeuge zur Personalentwicklung: http://slq.nibis.de/Eigenverantwortliche Schule/Werkzeuge/Personalentwicklung.

Ernst-Wilhelm Jünke

Wissen hilft: Inneres Controlling und Rechenschaft im Schulvorstand

Ich hab sie noch im Ohr: Die Rückmeldungen aus dem Kollegium, als wir im Frühjahr 2006 die erste Befragung zur Zufriedenheit der Schülerinnen und Schüler im Rahmen des Qualitätsentwicklungsprozesses auf der Basis von EFQM an unserer Berufsbildenden Schule durchführen wollten. »Wir wissen doch, dass wir gut sind und wo wir stehen. Wir haben doch immer schon unsere Prüfungsergebnisse als Rückmeldung gehabt und Schüler können Unterricht doch gar nicht beurteilen.« Viele jedoch waren neugierig.

Ein Segler kann den Kurs nur dann exakt ermitteln, wenn er eine klare Zielvorstellung und hinreichendes Wissen über seinen augenblicklichen Standort hat.

Das gilt auch für Schulen.

Schulentwicklung war in den vergangenen Jahrzehnten oft durch Spontaneität, Zufälligkeit und Unsystematik gekennzeichnet. Armin Lohmann stellt zu Recht fest, dass weder die Statistik noch Vergleichsarbeiten, Zentralabitur usw. die Qualität der Schule per se verbessern. Aber der Anfang jedes Weges zu einer besseren Schule ist auch der Blick auf diese Ergebnisse und interessanterweise haben gerade die niederländischen Inspektoren bei Schulbesuchen in Niedersachsen den Mangel an verfügbaren Daten zu Vergleichsarbeiten, Schulabschlüssen etc. beklagt. Richard Bessoth vermerkte bereits 2003 eine eklatante Vernachlässigung der Resultate an den Schulen. Schulleiterinnen und Schulleiter seien eher am Input als am Output interessiert. Im Folgenden soll am Beispiel der Berufsbildenden Schulen Wechloy, Oldenburg, aufgezeigt werden, wie hilfreich das Wissen über den Zustand und über die Ergebnisse der Schule für die Entwicklung eines gemeinsamen Verständnisses von schulischer Arbeit und Qualität und für die daraus sich ergebenden Prozesse ist.

Datenerhebung und Datenanalyse

Die Frage, welche Daten überhaupt erhoben werden sollen, stellt sich angesichts der eingeführten Evaluierungsinstrumente so nicht mehr. So ist die eigenverantwortliche Schule verpflichtet, den Erfolg ihrer Arbeit jährlich zu überprüfen. Diese Verpflichtung impliziert eine Datenerhebung. SEIS (vgl. Reißmann in diesem Buch) sei hier als geeignetes Instrument genannt. Hinzu kommen Informationen aus den Ergebnissen der Vergleichsarbeiten, des Zentralabiturs und der Kammerprüfungen im berufsbildenden Bereich. Nicht zu vergessen die Daten aus der Jahresstatistik und im zunehmenden Maße die Rückmeldungen der Schulinspektion. Im Rahmen des für Berufsbildende Schulen verpflichtenden EFQM-Prozesses fallen durch die Befragung zur Zufriedenheit der Mitarbeiterinnen und Mitarbeiter, der Schülerinnen und Schüler sowie der Ausbildungsbetriebe und der Eltern ebenfalls Daten an. Der an unserer Schule im Rahmen des EFQM-Prozesses eingesetzte standardisierte Fragebogen zur Zufriedenheit der Schülerinnen und Schüler enthält ca. 39 Rating-Items mit einer vierstufigen Einschätzskala zu den Themenbereichen Unterrichtsqualität, Lehrkräfte und Schule. In die Entwicklung dieses Fragebogens sind die in der Schulforschung erhobenen Befunde und Gütekriterien eines guten Unterrichts eingeflossen. Der Fragebogen ist unter www.proreko-wb.de abrufbar. Entscheidender ist allerdings die Frage, wie aus dieser reichen Datenfülle eine ebenso reichhaltige Schulentwicklung werden kann.

Unsere Ziel- und Kursbestimmung

Im Jahre 2006 haben wir erstmals ca. 3000 Schülerinnen und Schüler innerhalb einer Woche computergestützt befragt. Eine Software ermittelte für jede Frage Häufigkeiten, Mittelwert und Standardabweichungen, die für die unterschiedlichen Entscheidungsebenen zusammengefasst und ggf. Vergleichsdaten z. B. Vorjahresergebnis oder Mittelwert anderer Schulen gegenüber gestellt werden. Die Ergebnisse wurden bis auf die Klassenebene differenziert ausgewertet. Eine lehrerbezogene Auswertung war nicht vorgesehen, ging es doch um Unterrichtsentwicklung im Team. Ein weiterer Grund für diese Entscheidung war die zu befürchtende sinkende Akzeptanz im Kollegium. Für die Rückmeldung an einzelne Lehrkräfte empfehlen sich Möglichkeiten des individuellen Schülerfeedbacks, der kollegialen Hospitation und Evaluation von Unterricht als wesentlich wirksamer und nachhaltiger (vgl. Reißmann in diesem Buch).

Die Steuergruppe hat sich im Vorfeld des gesamten Entwicklungsprozesses und damit auch der Schülerbefragungen intensiv mit der Frage auseinandergesetzt, wer die Ergebnisse bekommt. Folgende Empfehlung ist von der Schulleitung übernommen worden:

- Das Schulleitungsteam bekommt die gesamtschulischen Ergebnisse und die Abteilungsergebnisse (Unsere Schule gliedert sich in vier Abteilungen für die Ausbildungsberufe und Schulformen sowie in eine fünfte übergeordnete Abteilung.).
- Die Abteilungen bekommen das Abteilungsergebnis – gespiegelt am gesamtschulischen Ergebnis – und die Ergebnisse der Fachbereichsteams (Ein Fachbereich steht für einen Ausbildungsberuf bzw. für eine Schulform hier die Fachoberschule Wirtschaft.).
- Die Fachbereichsteams erhalten für ihre Entwicklungsarbeit die Fachbereichsergebnisse sowie die dazugehörigen Klassenergebnisse – gespiegelt am gesamtschulischen Ergebnis und am Abteilungsergebnis.
- Die Klassenteams erhalten ihre Klassenergebnisse gespiegelt an allen darüber liegenden Ergebnissen.

Bisher haben die Schülervertreter das gesamtschulische Ergebnis und die Abteilungsergebnisse bekommen. Zukünftig werden dem neu einzurichtenden Schulvorstand diese o. g. Ergebnisse vorzustellen sein, doch davon später. Bisher hatte eine Arbeitsgruppe die Planung, Durchführung und Auswertung der Befragung übernommen. Dies wird zukünftig ein eigener Funktionsbereich im Sinne des Controllings werden.

Nach H. G. Rolff (2006) ist es unabdingbar, vor der Durchführung der Befragungen eine Auswertungsdidaktik zu entwickeln. H. Boomgaarden (2006) nennt vier Leitfragen für die Auswertung in allen Teams:

1. Welche Ergebnisse überraschen uns (positiv und negativ)?
2. Worauf sind wir stolz, worüber freuen wir uns?
3. In welchen Bereichen liegen die größten Abweichungen von einem Zielergebnis bzw. vom gesamtschulischen Ergebnis, die Handlungsbedarf auslösen?
4. Welche Maßnahmen werden beschlossen? Wo liegen unsere Entwicklungsschwerpunkte im Schulentwicklungsprozess?

Die gesamten Schulergebnisse wurden auf der von Steuergruppe und Schulleitung vorbereiteten Gesamtkonferenz besprochen. Zukünftig bietet sich hier ein Bilanzierungs- und Planungstag für das gesamte Kollegium an. Abteilungs-, Fachbereichs- oder Klassenbezogene Auffälligkeiten wurden nur in den entsprechenden Teams behandelt und Maßnahmen direkt abgeleitet. Falls erforderlich und dies wird in der Regel so sein, fließen die Entscheidungen für bestimmte Maßnahmen der niedrigen Ebene, z. B. Klassenteams, in die Entwicklungsschwerpunkte der höheren Ebene, z. B. Fachbereichsteam, ein. Hier nun einige Ergebnisse:

Frage	**Zustimmung in %**
Im Unterricht ist eine klare Struktur erkennbar.	53 %
Die Lehrkräfte haben ein hohes Maß an Fachwissen.	70 %
Im Unterricht wird mir Gelegenheit zu eigenständigem Lernen und Arbeiten gegeben.	62 %
Der Unterricht in meiner Klasse wird abwechslungsreich gestaltet.	53 %
Im Unterricht werden Theorie und Praxis angemessen miteinander verknüpft.	48 %

Abb. 1: Ergebnistabelle (Auszug)

Dabei fielen vor allem die negativen Ergebnisse hinsichtlich Methodenvielfalt, schüleraktiven Lernformen sowie Strukturierung des Unterrichts auf. So sehr dieses Resultat überraschen mag, steht es doch in einem logischen Zusammenhang mit der positiven Rückmeldung über den hohen Grad der Fachlichkeit des Unterrichts. Diese Fachlichkeit gehorcht den Anforderungen der IHK-Prüfungen und den Erwartungen der Auszubildenden bzw. der Ausbildungsbetriebe. Allerdings macht sich in den letzten Jahren eine veränderte Erwartungshaltung bedingt durch den gesellschaftlichen und wirtschaftlichen Wandel spürbar bemerkbar. So wird auch und gerade von den Berufsbildenden Schulen die Vermittlung von Schlüsselkompetenzen zunehmend eingefordert.

Konnten einige Lehrerinnen und Lehrer an dieser Stelle noch sagen, das sind doch nur Schülermeinungen, so wurden sechs Wochen später diese Ergebnisse durch die durchgeführte Schulinspektion bestätigt. Folgende Teilkriterien wurden als »eher schwach als stark« bewertet.

- Die Schule hat ein Konzept für die Entwicklung und Bewertung von Schlüsselkompetenzen (insbesondere Teamfähigkeit und selbstständiges Lernen) erarbeitet und in den Unterricht integriert.
- Die Unterrichtsmethoden sind auf die Schülerinnen und Schüler sowie auf die Ziele und Inhalte abgestimmt.
- Der Unterricht berücksichtigt Anforderungsbereiche bis hin zum problemlösenden Denken. Die Lehrkräfte fördern selbstständiges Lernen.
- Die Lehrkräfte fördern Partner- und Gruppenarbeit.

Erst die Bestätigung der Ergebnisse aus der Selbstevaluierung durch die externe Schulinspektion schuf eine breite Akzeptanz im Kollegium, sich mit diesem Wissen in einen Auseinandersetzungsprozess zu begeben, der das Verantwortungsbewusstsein für den eigenen Unterricht sehr stark förderte. Als strategisches Ziel auf Gesamt-Schulebene wurde definiert: »Unsere Schule bietet allen Schülerinnen und Schülern die Voraussetzung, in den jeweiligen Schulformen und Ausbildungsberufen die erforderlichen Schlüsselkompetenzen (fachliche, methodische, persönliche und soziale Kompetenz) zu erwerben.« Daraus leitete sich die zentrale Maßnahme ab: »Entwicklung von berufs- und schulformenspezifischen Curricula unter Einbeziehung aller Fächer der Stundentafel und der damit verbundenen didaktisch-methodischen Entscheidungen. Oder: »Wer bringt was, wie und wann in den Unterricht ein, damit im Zusammenwirken aller Beteiligten der Erwerb von Kompetenzen durch die Schüler ermöglicht wird.«

An dieser Stelle wurde auch deutlich, dass Unterrichtsentwicklung jetzt nicht mehr eine individuelle Angelegenheit einzelner Lehrerinnen und Lehrer sein konnte, sondern eine Gemeinschaftsaufgabe aller, der in einem Fachbereich bzw. einer Klasse unterrichtenden Kollegen. Die Notwendigkeit im Team zu arbeiten lag auf der Hand. Der Anspruch, Unterrichtsentwicklung systematisch zu betreiben, wäre durch eine individuelle Entscheidung zur Mitarbeit bzw. zur Teilnahme an den Fortbildungsmodulen konterkariert worden. Das Votum lautete: **Alle machen mit.**

Unter anderen Vorzeichen ist es durchaus empfehlenswert, in kleinen Schritten mit interessierten Klassen- und Jahrgangsteams oder Fachkonferenzen zu beginnen. Positive Erfahrungen und best-practice-Beispiele unterstützen den Akzeptanzbildungsprozess positiv. Diese Vorgehensweise muss dann aber Teil eines vereinbarten Entwicklungsprozesses mit entsprechenden Zielperspektiven sein.

Der Gesamtkonferenz folgte ein Schulentwicklungstag im August 2006, an dem die Mitglieder eines Fachbereichsteams alle ihnen zur Verfügung stehenden Methoden zusammentrugen und sich darüber austauschten. Dabei wurden die unterschiedlichen Erfahrungen und Methodenkenntnisse als bereichernd bewertet. Die Entwicklung einer gemeinsamen Sprache über Unterricht, eines gemeinsamen Verständnisses im Team über das, was, wie, wann und von wem geleistet werden soll, nahm schärfere Konturen an. An diesem Tag wurde auch das Konzept des systematischen Unterrichtsentwicklungsprozesses auf der Grundlage der pädagogischen Schulentwicklung nach Klippert, des kooperativen Lernens nach Green sowie des Selbstorganisierten Lernens (SOL) an unserer Schule vorgestellt. An einem Orientierungstag im November 2006 konnte das Kollegium dieses Konzept unter Anleitung externer Trainer praktisch kennen lernen. Das Ergebnis war äußerst überzeugend.

Zentrale Bestandteile der für alle verpflichtenden Fortbildungsmodule sind das Methodentraining, die Kommunikation im Klassenraum, die Teamentwicklung im Klassenraum sowie das Selbstorganisierte Lernen mit der Zielsetzung, die fachliche Arbeit im Unterricht wie auch das eigenverantwortliche Lernen der Schülerinnen und Schüler zu stärken. Steuergruppe und Schulleitung entwickelten daraufhin einen Arbeitszyklus im Schuljahresverlauf, der mit einem Fortbildungsinput im April 2007 begann. Daran anschließend werden die Erkenntnisse aus der Fortbildung in die Curriculumentwicklung des jeweiligen Fachbereichs durch das Team eingearbeitet. Im ersten Halbjahr des neuen Schuljahres erfolgt die Umsetzung des Curriculums mit einer sich anschließenden Evaluierung einschließlich der nächsten Schülerbefragung im Frühjahr 2008. Es folgt ein neuer Zyklus beginnend mit dem nächsten Fortbildungsmodul, der sich spiralförmig weiterentwickelt.

Diese Rhythmisierung des Entwicklungsprozesses bringt für alle Beteiligten Transparenz und Verlässlichkeit. Die Steuerung erfolgt durch Zielvereinbarungen auf den jeweiligen Teamebenen mit Hilfe der erhobenen Daten aus Befragungen, Statistiken, Prüfungsergebnissen usw. Dieser Umgang mit Daten wird nicht mehr als Kontrolle, sondern als Wissensbasis für die Gestaltung des Entwicklungsprozesses verstanden und im Sinne der Qualitätsentwicklung genutzt. Armin Lohmann vermerkt an dieser Stelle: »Wo Transparenz aller wichtigen Prozesse und Ergebnisse hergestellt wird, kann ein neues Selbstbewusstsein der Einzelnen und der Schule als Ganzes wachsen« (2004). Hier spiegelt sich die Prozess- und Ergebnisverantwortung der verschiedenen Ebenen, die sich nicht mehr in einer Verpflichtung zum Bericht erschöpft. Sie fließt in Team- bzw. Fachbereichsarbeiten ein, die TQM-Prozesse zu ihrer Arbeitsgrundlage machen, oder mit Norman Green gesprochen: »Was wir tun, muss zählen, berechenbar sein. Das ist Accountability (Rechenschaftslegung)« (Lohmann/Minderop, 2004).

Rechenschaftslegung vor dem Schulvorstand

Ein wesentlicher Bestandteil der neuen Schulverfassung ist der Schulvorstand als neues zentrales Organ der Schule. (NSchG § 38) In ihm »... wirken der Schulleiter oder die Schulleiterin mit Vertreterinnen oder Vertretern der Lehrkräfte, der Erziehungsberechtigten sowie der Schülerinnen und Schüler [– möglichst konsensual –] zusammen, um die Arbeit der Schule mit dem Ziel der Qualitätsentwicklung zu gestalten. Die Schulleiterin oder der Schulleiter unterrichtet den Schulvorstand über alle wesentlichen Angelegenheiten der Schule, insbesondere über die Umsetzung des Schulprogramms sowie den Stand der Verbesserungsmaßnahmen nach § 32 Abs. 3. Dort heißt es: »Die Schule überprüft und bewertet jährlich den Erfolg ihrer Arbeit.«

Diese gemeinsame Verantwortung aller an Schule Beteiligten ist die beste Basis, um die Qualität der Schulen zu verbessern. Durch den Schulvorstand werden die unterschiedlichen Kenntnisse und Kompetenzen der Mitglieder in die Entscheidungen der Schule und ihre Qualitätsentwicklung eingebracht. Hierzu eignet sich die

Vorarbeit in den Jahrgangsteams, den Fachbereichen bzw. Abteilungen (s. o.). Sie fließt in die Gesamtdarstellung der jährlichen Rechenschaftslegung vor dem Schulvorstand ein.

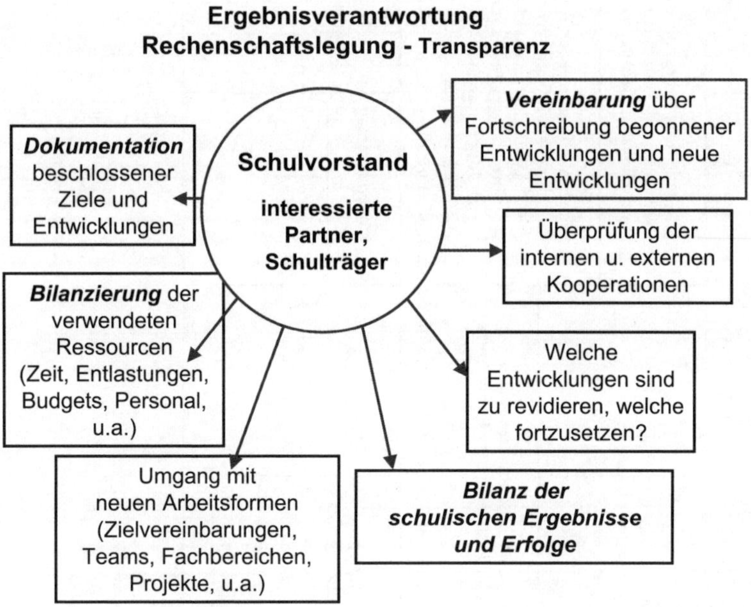

Abb. 2: Rechenschaftslegung *© Armin Lohmann, PädF, 1/2004*

Aus dem Rhythmus einer systematischen Unterrichtsentwicklung als Kernprozess ergibt sich ein Zyklus auf der gesamten Schulebene, der von folgenden Schlüsselfragen geleitet wird:

1. Welche Entwicklungen haben wir beschlossen (Schulprogramm)?
2. Wie ist der Umsetzungsprozess verlaufen (Arbeitszyklen am Beispiel Unterrichtsentwicklung, Zielvereinbarungen)?
3. Welche Ressourcen haben wir verwendet (Zeit, Personal, Finanzen)?
4. Wie sehen die Ergebnisse aus (Datenerhebung, Kennzahlen usw.)?
5. Welche Entwicklungen müssen wir revidieren, modifizieren, welche Entwicklungen müssen wir fortsetzen (entsprechende Zielformulierungen, Maßnahmen verbunden mit Zielvereinbarungen)?

Die Beantwortung dieser einzelnen Fragen muss sorgsam dokumentiert, aufbereitet und visualisiert werden, damit in einer Bilanzierungs- und Planungskonferenz im Schulvorstand ein Höchstmaß an Transparenz und Nachvollziehbarkeit gewährleistet ist. Auf dieser Basis ist es möglich, den ersten Entwurf eines Schulprogramms zu erstellen bzw. ein schon bestehendes Schulprogramm fortzuschreiben. Notwendig erscheint die Entwicklung eines Qualitätskreislaufes im Schuljahresrhythmus (vgl. LOHMANN, 2004).

Aufbau einer REFLEXIONSKULTUR – RECHENSCHAFTSLEGUNG im Jahresverlauf

WER?	August	September	Oktober	November	Dezember	Januar
Schule	Schuljahresanfang Schüleraufnahme, Schulverträge mit Erz.-berechtigten, Festlegung der Rechenschafts-routinen	Wahlen für Schulgremien und Schulvorstand	Arbeitspläne: Fachbereiche, Jahrgangsteams...		Schulleitungskollegium/-team: Personalentwicklungsgespräche; Controlling von Zielvereinbarungen	
			Bestandsaufnahme oder Aktualisierung des Schulprogramms		Jahresabschluss mit Schulträger; Anmeldung von Investitionsvorhaben; bei nicht budgetierten Schulen: Anmeldung Übertragung der Haushaltsreste	
		evt. innnerhalb von 4 Jahren: Schulinspektionsbesuch; Rückmeldung				
	Statistikmeldung an Schulbehörde: Schüler-Ist-Bestand, Stellenbedarf		1. Elterngespräch: Vermittlung von Lernständen;		1. Schülersprechtag	1. Halbjahr: Zeugniskonferenz
			Elternsprechtage			

WER?	Februar	März	April	Mai	Juni	Juli
Schule	Schulleitungskollegium/-team: Personalentwicklungsgespräche; Controlling von Zielvereinbarungen					
	Schüler-anmeldungen		An Schulbehörde: Schüleran-meldungen			
	schriftl. Abitur		mdl. Abitur; Abschlussprüfungen			
		evt. innerhalb von 4 Jahren: Schulinspektionsbesuch; Rückmeldung ...				
	2. Elterngespräch: Vermittlung von Lernständen;	2. Schüler-sprechtag		3. Elterngespräch: Vermittlung von Lernständen;	2. Halbjahr RECHEN-SCHAFTS-LEGUNG Zeugnis-konferenz	
	RECHENSCHAFTSLEGUNG: Fachbereiche, Jahrgangsteams ... u. Bedarfsanmeldung: Stellen, Sachmittel					
	Qualifizie-rungsbedarf ermitteln	Pädagogische Entwicklungsbilanz der Schule (Evaluation u. Zielkorrektur)				
			RECHENSCHAFTSLEGUNG der Schule vor Schulvorstand			

WER?	August	September	Oktober	November	Dezember	Januar
Lehrkräfte		RECHENSCHAFTSLEGUNG. Selbstevaluation mit Kursen/Klassen nach Unterrichtseinheiten				
		Abstimmung der Arbeitspläne in Teams, Fachbereichen, Abteilungen	1. Elterngespräch: Vermittlung von Lernständen;		1 Schülersprechtag Zeugniskonferenzen	
	Bekanntgabe der Alltagsroutinen einschl. Bewertungskriterien; Festlegung der Rechenschaftsroutinen für Klassen Jahrgänge, Kurse	Vergleichsarbeiten	Mitwirkung beim Schulprogramm			
			Qualifizierungen nach Zielvereinbarung			
					Personalentwicklungsgespräche	

WER?	Februar	März	April	Mai	Juni	Juli
Lehrkräfte	RECHENSCHAFTSLEGUNG. Selbstevaluation mit Kursen/Klassen nach Unterrichtseinheiten					
	2. Elterngespräch: Vermittlung von Lernständen	2. Schüler-sprechtag		3. Elterngespräch: Vermittlung von Lernständen	2. Halbjahr RECHEN-SCHAFTS-LEGUNG Zeugnis-konferenz	
	Mitwirkung bei der RECHENSCHAFTSLEGUNG der Fachbereiche, Jahrgangsteams ...					
	Qualifizierungen nach Zielvereinbarung					
			Personalentwicklungsgespräche			
		Pädagogische Entwicklungsbilanz der Schule (Evaluation und Zielkorrektur)				
					Jahresabschlusskonferenz: Ziele und Planung nächstes Schuljahr	

<table>
<tr><th>WER?</th><th>August</th><th>September</th><th>Oktober</th><th>November</th><th>Dezember</th><th>Januar</th></tr>
<tr><td rowspan="4">Neue Schulaufsicht</td><td rowspan="2">Bestandsaufnahme: Stellenbesetzung und noch offene Stellen</td><td></td><td colspan="4">Schulleiterdienstbesprechungen/-tagungen zur Qualitätsentwicklung</td></tr>
<tr><td>Meldungen an das Ministerium</td><td></td><td colspan="2">Zielvereinbarungen für Schulen »Nachinspektion«</td><td rowspan="3"></td></tr>
<tr><td rowspan="2"></td><td colspan="2">Versicherung über Entwicklung der Schulprogrammarbeit</td><td colspan="2">Bedarfsanmeldung LSchB/ NiLS: Qualifizierungsbedarf</td></tr>
<tr><td></td><td></td><td colspan="2"></td></tr>
<tr><td>Schulinspektion (NSchI)</td><td></td><td colspan="5">Schulbesuche durch Inspektionsteams; Dokumenten- und Datenanlyse einschl. Schulprogramm u. -profil; Rückmeldung an die Schule nach ca. 6 Wochen; Zielvereinbarung über Verbesserungsmaßnahmen; bei Schulen mit »Nachinspektion«: Meldung an Schulaufsicht; Aggregierung der Befunde aller Schulen in einem Inspektionsbericht (RECHENSCHAFTSLEGUNG)</td></tr>
<tr><td>Systematische Schulentwicklungsberatung</td><td colspan="6">Unterstützung bei Evaluationsverfahren, Schulentwicklungsprozessen, Hinzuziehung von Fachberatung zur Qualitätsentwicklung von Unterricht; Halbjährliche Bilanzierung in Steuergruppen, Fachbereichen und Teams: Wie weit sind wir gekommen?
Bildung von Netzwerken und Schulverbünden zur Qualifizierung.</td></tr>
</table>

WER?	Februar	März	April	Mai	Juni	Juli
Neue Schulaufsicht	Vergleichsarbeiten		Auswertung: Schüleranmeldung und Berechnung des Personalbedarfs, Abiturprüfungen		Begleitung der zentralen Abschlussprüfungen, Stellenzuweisung	Stellenbesetzungen Schulleiter-DB
		Examina: 2. Staatsexamen; Beförderungsverfahren		Gespräche zu Schulprogrammen/Schulprofilen nach Inspektion		
				Vergleichsarbeiten: Rückmeldung an das Ministerium		Zielvereinbarung mit Schulen »Nachinspektion«
Schulinspektion (NSchI)		Schulbesuche durch Inspektionstandems; Dokumenten- und Datenanlyse einschl. Schulprogramm + -profil; Rückmeldung an die Schule nach ca. 6 Wochen; Zielvereinbarung über Verbesserungsmaßnahmen; bei Schulen unter Standard: Meldung an Schulbehörde/-aufsicht; Aggregierung der Befunde aller Schulen in einem Inspektionsbericht (RECHENSCHAFTSLEGUNG)				
Systematische Schulentwicklungsberatung		Unterstützung bei Evaluationsverfahren, Schulentwicklungsprozessen, Hinzuziehung von Fachberatung zur Qualitätsentwicklung von Unterricht; Halbjährliche Bilanzierung in Steuergruppen, Fachbereichen und Teams: Wie weit sind wir gekommen? Bildung von Netzwerken und Schulverbünden zur Qualifizierung.				

Wenn es gelingt, Rechenschaftslegung mit dem notwendigen Vertrauen zu kombinieren und ehrliche, von professionellen Grundsätzen getragene Kommunikation und sorgfältige Vorbereitung wirksam werden zu lassen, dann besteht die Chance, dass sich im Schulvorstand ein Selbstverständnis entwickelt, das von dem Verantwortungsbewusstsein aller Mitglieder getragen ist. Die Schulleitung übernimmt die Verantwortung für die Qualitätsentwicklung der Schule insgesamt und legt darüber Rechenschaft ab. Die Lehrerinnen und Lehrer legen Rechenschaft über die Einhaltung der Zielvereinbarungen aus den Zielvereinbarungsgesprächen und über ihren Unterricht ab. Schülerinnen und Schüler übernehmen die Verantwortung für ihr Lernen und legen Rechenschaft über ihren Lernfortschritt ab und die Eltern übernehmen die Verantwortung für die Begleitung und Unterstützung der Schule.

Rechenschaftslegung ist neu in unserer Bildungslandschaft. Das Wort Controlling weckt die Assoziation zur Kontrolle. Es bedarf einer sensiblen Vorgehensweise, um die Akzeptanz der Betroffenen herzustellen und sie somit zu Beteiligten zu machen.

Der Unterrichts- und damit Schulentwicklungsprozess an unserer Schule ist nicht immer stromlinienförmig verlaufen. Es gab Irritationen und Verunsicherungen. Hilfreich war immer wieder, Transparenz herzustellen, Standortbestimmungen vorzunehmen, Prozessgeschwindigkeiten zu verringern, herauszustellen, was bisher sehr gut gelaufen ist und wo die Stärken liegen, Neugierde zu wecken und erneut einen Anlauf zu wagen. All das befördert ein Klima, in dem die Datenerhebung und das Bekennen zu diesen Ergebnissen sich zu einem Anliegen der betroffenen Verantwortlichen entwickelt, verbunden mit der Überzeugung, dass das Ziel von Rechenschaftslegung letztlich sein muss, einen Beitrag für besseres Lernen der Schülerinnen und Schülern zu leisten. Das Wissen um die Sache selbst, die jeder für sich und alle gemeinsam zu verantworten haben, ist eine notwendige Gelingensbedingung. In diesem Sinne: »Wissen hilft«.

Literatur

Bessoth, Richard: K.L.I.M.A – 5 Führungsstrategien, die alle ins Boot bringen. In: Pädagogische Führung, 3/2003, S. 125.

Boomgaarden, Hero: Innerschulische Datennutzung. In: Journal für Schulentwicklung, 4/2006, S. 29 ff.

Burkhard, Cristoph/Eikenbusch, Gerhard: Evaluation. In: Buchen, H., Rolff, Hans-Günter, (Hrsg.) Professionswissen Schulleitung, Weinheim/Basel, 2006, S. 1293 ff.

Dubs, Rolf: Die Führung einer Schule, Zürich, 2005.

Dubs, Rolf: Die Bedeutung der Führung in einer Schule mit mehr Selbstverantwortung. In: Schulverwaltung NRW, 2/2003.

Lohmann, Armin: Rechenschaft – alles zählt, was du tust! In: Pädagogische Führung, 1/2004.

Lohmann, Armin/Minderop, Dorothea: Führungsverantwortung der Schulleitung. Handlungsstrategien für Schulentwicklung im Reißverschlussverfahren, München/Unterschleißheim, 2004^2, S. 220.

Peek, Rainer: Dateninduzierte Schulentwicklung In: Buchen, H./Rolff, Hans-Günter, (Hrsg.) Professionswissen Schulleitung, Weinheim/Basel, 2006, S. 1343 ff.

Rolff, Hans-Günther: Dateninduzierte Schulentwicklung. In: Journal für Schulentwicklung, 1/2006, S. 34 ff.

Alfred Offen-Grodzki/Carl Othmer

Neue Steuerung erproben: ProReKo

Steuerung ist ziel- und ergebnisorientiert, auf das Erreichen gewünschter Zustände ausgerichtet, eine Führungsfunktion, mit der ein System gestaltet, das Tun oder das Unterlassen von Handlungen beeinflusst wird. Steuerung in diesem – von ProReKo verwendeten – Sinn enthält Koordinations- bzw. Integrationsgedanken, intentionale Aspekte und letztlich Möglichkeiten zu zielgerichteten Interventionen.

Das bisherige Vorgehen der Bildungsverwaltung, Schulen durch Erlasse zu besseren Ergebnissen zu führen, ist nur teilweise erfolgreich gewesen. Die nahezu vollständige Regelung aller Vorgänge in den Schulen hatte zwar den Vorteil, dass man davon ausgehen konnte, dass sich die Schulen im ganzen Land einheitlich verhielten. Andererseits war die Verantwortlichkeit für den Bildungserfolg der Schülerinnen und Schüler klar definiert: »Wenn sich Schulen/die Lehrkräfte an die getroffenen Regelungen halten, machen sie nichts falsch; wenn die Bildungserfolge bei den Schülerinnen und Schülern nicht ankommen, liegt es nie an der Lehrerin oder dem Lehrer, sondern immer am System; denn es wurde den Vorgaben entsprechend gearbeitet. Besser kann man nur werden, wenn die materielle Ausstattung der Schulen verändert (verbessert) wird.« – also mehr Lehrer, mehr Geld als Voraussetzung für bessere Bildungserfolge der Schülerinnen und Schüler, so die immer wiederkehrende Argumentation.

Von einer Umsteuerung im Bildungswesen, die auf die Eigenverantwortung von Schulen setzt, wird eine höhere Qualität erwartet. Getragen wird das Modell von dem Gedanken, dass die Schulen als dezentrale Institutionen bereit sind Verantwortung zu übernehmen, damit leistungsfähiger sind und wertvollere Beiträge für ein Gesamtsystem erbringen. Mit der Verantwortung werden sie rechenschaftspflichtig über ihr Handeln bzw. ihr Nichthandeln. Das erfordert reale Handlungsmöglichkeiten und »ausfüllbare« Freiräume.

Das Projekt »Berufsbildende Schulen in Niedersachsen als Regionale Kompetenzzentren« (ProReKo) ist ein fünfjähriger Schulversuch, der auf einer einstimmig verabschiedeten Entschließung des Niedersächsischen Landtags vom 17. 9. 2001 basiert und das Ziel hat, zum Abschluss ein übertragbares Modell für die berufsbildenden Schulen in Niedersachsen zu haben, »das durch ein geändertes Steuerungs- und Unterstützungssystem

- berufsbildende Schulen zu regional- und kundenorientierten Dienstleistern der beruflichen Bildung entwickelt und
- die Qualität ihrer schulischen Arbeit messbar verbessert.«

Die berufsbildenden Schulen fordern im Rahmen des Projektes eine Beschreibung der Anforderungen und Erwartungen, die die Gesellschaft, repräsentiert durch das Parlament und in dessen Auftrag der Kultusminister, an seine Auftragnehmer hat.

Eine Organisation, die sich ausrichten will, muss wissen, was von ihr erwartet wird, ihren Leistungsstand, ihre Chancen und Risiken einordnen und bewerten können!

Was ist neu an der »Neuen Steuerung«?

Verbindliche Vorgaben befreiten bisher die Schulen bzw. die Lehrkräfte weitestgehend davon, ihren Teil der Verantwortung für die Bildungsergebnisse übernehmen zu müssen. Bedeutet neue Steuerung nun ein Abschieben der Verantwortung auf Schulen, um sich als Bildungsverwaltung frei zu zeichnen oder liegt darin wirklich eine Chance für eine andere Qualität in unseren Schulen? Zunächst sind die Eckpunkte des Neuen Steuerungsmodells festzuhalten. Es zeichnet sich aus durch

A. eine Verlagerung der Fach- und Ressourcenverantwortung auf die handelnden Ebenen (Dezentralisierung),
B. die Konzentration des Handelns auf zu erzielende Ergebnisse und
C. darauf ausgerichtete Steuerungs-/Führungsinstrumente, die auch dem demokratisch-marktwirtschaftlich strukturierten Gesellschaftssystem gerecht werden.

Zu A. Dezentralisierung

Übertragen werden den dezentralen Institutionen – den Schulen – die Verantwortung, bestimmte Ziele zu erreichen und nicht primär Aufgaben, die bestimmte Handlungen vorschreiben. Verantwortung zu haben heißt nämlich nicht, etwas unbedingt selbst tun zu müssen. Verantwortliche können weitere Personen oder Institutionen – z. B. spezialisierte Dienstleister – in ihre Arbeiten einbinden oder diesen sogar vollständig übertragen, wenn es zweckmäßig sein sollte. Das heißt: Wer Verantwortung trägt, hat zu regeln (zu steuern) und zu verantworten, **wie** Aufgaben erfüllt werden (sollen), **wie** die Kommunikation und der Wissenstransfer zwischen den beteiligten Ebenen effektiv sichergestellt werden soll.

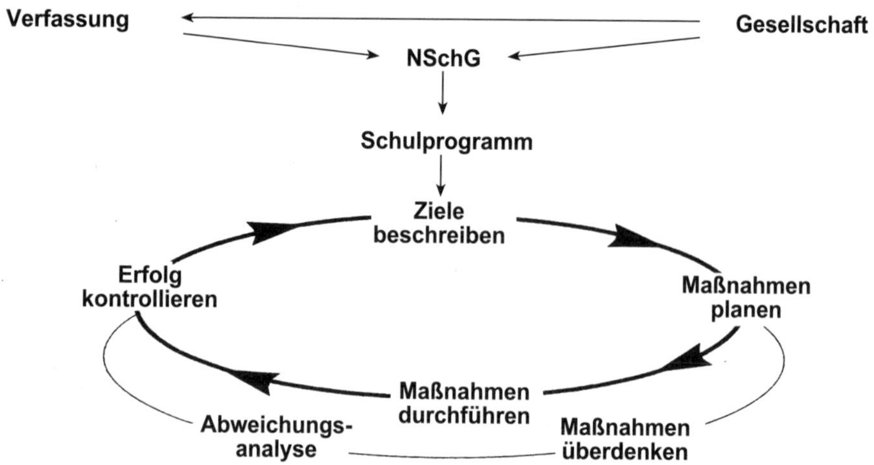

Abb. 1: Steuerungskreislauf in der Schule © *Niedersächsisches Kultusministerium*

Zu B. Führen mit Zielen

Am Beispiel des Fahrradfahrens lassen sich verschiedene Aspekte, Fragestellungen und Zusammenhänge des Steuerns relativ einfach darstellen: Zu fragen ist zunächst,

1. »wozu oder wofür« ein Fortbewegungsmittel notwendig ist,
2. dann, »ob« ein Fahrrad und »welches« das richtige ist.
3. weiter, »wann/bis wann« es gebraucht wird und schließlich
4. »wie viel« – also mit welchem Ressourcenaufwand zu rechnen ist?

Mit Hilfe dieser und weiterer Fragen sind gewünschte Zustände – und nichts anderes sind Ziele – so weit zu konkretisieren, dass »gemessen« werden kann, inwieweit Aktivitäten bzw. Maßnahmen dazu beigetragen haben, sie zu erreichen.

Das Führen mit Zielen (Management by Objectives – MbO) ist neben der Delegation von Verantwortung auf die ausführenden Ebenen das wesentliche Element des Neuen Steuerungsmodells. Kein anderes Führungskonzept hat sich international so stark durchgesetzt. Kern des Konzepts ist es, Organisationen und/oder Mitarbeiterinnen und Mitarbeiter nicht mehr mit Anweisungen zu führen, sondern durch die Überprüfung, in welchem Maß verabredete Arbeitsergebnisse erreicht worden sind. Ziele dieses Steuerungskonzepts sind unter anderem

- durch die damit verbundenen Freiräume die Arbeitszufriedenheit und Motivation der Mitarbeiterinnen und Mitarbeiter und letztlich die Leistungen zu steigern,
- eine Basis für das Einschätzen der Sinnfälligkeit von Maßnahmen insgesamt und von Alternativen zu haben,
- mit dem dadurch geschaffenen Beurteilungsmaßstab die Wirksamkeit des Handelns und somit erreichte Erfolge dokumentieren (und feiern) zu können,
- eine verlässliche und verbindliche Kommunikationshilfe aufzubauen, die Basis ist für ein gemeinsames Verständnis und gemeinsames Handeln.

Weitgehend bekannt ist die Anforderung, dass Ziele **messbar** sein müssen und sie SMART[1] zu beschreiben sind, damit der Eintritt des beabsichtigten Erfolgs dokumentiert werden kann. Häufig werden jedoch Ziele und Maßnahmen verwechselt: Ziele sind gewünschte Arbeitsergebnisse, im Prinzip **lösungsneutral**. Lösungsalternativen vorweg zu bestimmen, kann unterschiedliche Wege zur Zielerreichung ausschließen. Sie schränken die Motivation und Kreativität der Schulen und ihrer Lehrkräfte ein und sind kein Zeichen von Vertrauen in deren Professionalität.

Zu C. Steuerungs-/Führungsinstrumente

Auch um die Verantwortlichkeiten eindeutig zu definieren und gleichwohl das Ineinandergreifen der unterschiedlichen Verantwortungsebenen zu gewährleisten, ist in ProReKo entschieden worden, dass

- in den Regionalen Kompetenzzentren ein Qualitätsmanagementsystem (EFQM-Modell für Excellence) eingeführt wird,

1 Spezific, Measurable, Ambitious, Reachable, Timed

- sich die schulaufsichtliche Steuerung lediglich auf die abschließenden Ergebnisse des schulischen Handelns, die sog. **Schlüsselergebnisse**, konzentriert und
- auf dieser Basis Ziele vereinbart werden.

Steuern durch Zielvereinbarungen setzt grundsätzlich voraus, dass die Schulen voll budgetiert sind. Das heißt, dass auch die volle Personalverantwortung bei ihnen liegt; nur dadurch können die notwendige Flexibilität und die Handlungsfreiheit erreicht werden. Das Steuerungsinstrument der »Zielvereinbarung« wurde sowohl für die Führungsbeziehung zwischen organisatorischen Hierarchieebenen – hier zwischen Ministerium und Einzelschule – entwickelt, als auch für die Führungsbeziehung zwischen Personen, z. B. Schulleiterin/Schulleiter mit Abteilungsleiterin/Abteilungsleiter oder Teamleiterin/Teamleiter und einzelne Lehrkraft.

Zwei Beispiele aus ProReKo machen auch das Ineinandergreifen der Verantwortungsebenen deutlich (vgl. MASSMANN/STERNBERG):

1. Regionale Kompetenzzentren haben den Freiraum, regionalspezifische Bildungsangebote zu entwickeln, um die regionale Wirtschafts- und Arbeitsmarktsituation zu unterstützen. Gegenüber dem Kultusministerium müssen sie später dokumentieren, inwieweit die aufgenommenen Jugendlichen dadurch Bildungsabschlüsse erreicht und diese Abschlüsse zur Übernahme in die Arbeitswelt geführt haben.
2. Im Landesdurchschnitt weniger befriedigende Ergebnisse bei Abschlussquoten in bestimmten Bildungsgängen werden im Kultusministerium zum Anlass genommen, unter anderem die dafür geltenden Rahmenbedingungen zu überprüfen.

Beabsichtigt ist damit auch, die wenigen zur Verfügung stehenden Ressourcen der Schulaufsicht so effektiv wie möglich zu nutzen. Das stärkere Ausrichten der Steuerungsarbeit auf die wesentlichen, erfolgsrelevanten Themen führt dort zu Freiräumen, die für Verbesserungen in anderen Führungsfeldern – insbesondere Kommunikation (eine der Führungsaufgaben überhaupt!) und strategische Ausrichtung – genutzt werden können.

Steuern über Zielvereinbarungen setzt zudem einen Grundkonsens voraus, der mindestens folgende Punkte umfasst:

- Es handelt sich um eine Vereinbarung gleichberechtigter Partner, das Gespräch findet damit auf gleicher Augenhöhe statt.
- Das Zielvereinbarungsgespräch ist keine Schulaufsichtsmaßnahme.
- Im Zielvereinbarungsgespräch werden gute und sehr gute Ergebnisse ebenso wie Handlungsbedarfe erörtert.
- Im Zielvereinbarungsgespräch werden keine Maßnahmen festgeschrieben. Die eigenverantwortliche Schule entscheidet über die zu treffenden Maßnahmen selbst.
- Die Vorleistung des Landes – die Ressourcen zur Verfügung zu stellen – wird akzeptiert, so dass (zunächst) keine zusätzliche Ausstattung diskutiert wird.
- Es wird mit allen Schulen ein Zielvereinbarungsgespräch geführt, nicht nur mit den Schulen, die großen Handlungsbedarf bzw. Verbesserungspotenziale aufweisen.
- Der EFQM-Prozess der Schule mit seinen Ergebnissen und Prioritäten ist zu berücksichtigen.

- Der Schulinspektionsbericht (soweit schon vorhanden) kann Gegenstand der Zielvereinbarungsgespräche sein. Er dient aber ebenso wie die Kennzahlen lediglich dazu, die Zieloptionen zu lokalisieren.
- In einem ersten Durchgang wird von der prozentualen Festlegung der Verbesserungspotentiale abgeraten. Auch das Ziel, Werte wie im Landesdurchschnitt erreichen zu wollen, erscheint im ersten Durchgang nicht immer sinnvoll, wird in weiteren Gesprächen aber erforderlich werden.
- Zielvereinbarungsgespräche sind im Abstand von drei Jahren zu wiederholen, da die Schulen Zeit brauchen Ergebnisverbesserungen durch Organisationsveränderungen u. a. zu erzielen.

Eine erste Bewertung der 2006 abgeschlossenen Zielvereinbarungsverfahren lässt die Annahme als berechtigt erscheinen, dass die Verlässlichkeit und Verbindlichkeit von Zielen die innerschulische Zusammenarbeit – vor allem der Lehrkräfte untereinander – zur Zufriedenheit der Beteiligten verbessern kann (vgl. MASSMANN/STERNBERG).

Um Ziele messbar darstellen und die Zielerreichung dokumentieren zu können, werden häufig Kennzahlen entwickelt.

- Sie ersetzen intuitive (und oft pauschale) Urteile durch nachprüfbare Daten und erlauben damit die Überprüfung und Diskussion.
- Sie machen eine komplexe Realität überschaubar und sensibilisieren für wichtige Aspekte, die sonst nicht wahrgenommen werden.
- Sie erlauben einen Vergleich mit den Vorgaben und den Ergebnissen anderer (Benchmarking).

In diesem Sinne lautet das Leistungsversprechen im Schulversuch ProReKo: »Die Qualität der schulischen Arbeit (wird) **messbar** verbessert«. Dieser Anspruch lässt sich nur verwirklichen, wenn verbindlich festgelegt wird, an welchen Zielen/Kriterien die Leistung der einzelnen Schule gemessen werden soll. Nach einem langen Diskussionsprozess wurde für die berufsbildenden Schulen als Grundlage der Zielvereinbarungen ein Kennzahlenset auf Landesebene festgelegt:

Kennzahlen Regionaler Kompetenzzentren aus Systemsicht[1]				
	Ziel/Kriterium *Kriterium 9 des EFQM-Modells*	***Kennzahlen/ Indikatoren***	***Mess-instrument***	***Zielwert***
1	Erzielung einer hohen Abschlussquote der Schülerinnen und Schüler	**Abschlussquote** differenziert nach Bildungsgängen und Geschlecht	***Statistik***	z. B. × % über dem Landesdurchschnitt
2	Erzielung einer hohen Übernahmequote in die Berufs- und Arbeitswelt oder nachfolgende *höherwertige* Bildungsgänge	**Übernahmequote** differenziert nach Bildungsgängen	***Befragungen/ Vergleichsuntersuchungen, Statistik***	z. B. × %, gegenüber dem Landesdurchschnitt, einem Referenzgebiet bzw. der Region

3	Zielerreichung unter optimiertem Ressourceneinsatz	**Ressourcen** pro erfolgreichem bzw. übernommenen Schüler	***Kosten-Leistungs-Rechnung***	z. B. € pro Schüler und Bildungsgang
		sächlicher **Auslastungsgrad**		
4	Einhaltung der Regelausbildungsdauer	**Ausbildungsdauer** zu Regelausbildungsdauer, differenziert nach Bildungsgängen	***Statistiken***	× % unter dem Landesdurchschnittswert, differenziert nach Bildungsgängen
1 Stand: 13. 5. 2004				

Abb. 2: Kennzahlen

Erst über die Auswertung der Kennzahlen kann eine Aussage getroffen werden, wo eine Schule gute Ergebnisse erzielt – zumindest gemessen am Landesdurchschnitt – und wo für die Schule Verbesserungspotenziale bestehen. Erst damit ist eine Voraussetzung für Zielvereinbarungsgespräche geschaffen.

Die Daten, die zur Berechnung der einzelnen Kennzahlen benötigt wurden, sind teilweise in den Schulen vorhanden (Kennzahl 1 und 4) bzw. mussten mit erheblichem Aufwand von den Schulen ermittelt werden (Kennzahl 2, Kennzahl 3 nur für die ProReKo-Schulen) (vgl. Abb. 2). Die Aufbereitung der Daten erfolgt mittlerweile direkt im Kultusministerium und zwar für alle Schulen und die jeweils an den Schulen vorgehaltenen Bildungsgänge. Seit dem Frühjahr 2007 steht mit den verfügbaren Kennzahlauswertungen allen berufsbildenden Schulen ein Unterstützungsinstrument zur Verfügung, um im Rahmen der Selbstevaluation eigenverantwortlich Wege zur Verbesserung der schulischen Arbeit zu entwickeln.

Zielvereinbarungen in ProReKo – das Verfahren

Im Schulversuch ProReKo wurden mit 19 Schulen Zielvereinbarungen abgeschlossen (vgl. www.proreko.de/Zielvereinbarungen). Dabei hat sich bewährt, die Schulen zu bitten, einen Vorschlag für die Zielvereinbarung in ihrem Kollegium zu entwickeln und eine Woche vor dem Gespräch dem Projektleiter ProReKo zur Verfügung zu stellen. Den Schulen wurden die aufbereiteten Daten übermittelt, so dass allen Beteiligten die gleichen Informationen zur Verfügung standen. Gut bewährt hat sich auch, den Schulen freizustellen, weitere Beteiligte (Personalrat, Schulträger) in die Zielvereinbarungsgespräche einzubeziehen.

Inhalt der Zielvereinbarungen

Nach einem einheitlich vorgegebenen Muster wird die Zielvereinbarung von der Schule entworfen. (Anhang)

Nach der Präambel, in der die Vereinbarungspartner und der Zeitraum der Zielvereinbarung (3 Jahre) festgelegt werden, beschreibt die Schule ihre Ausgangssituation und die Rahmenbedingungen, unter denen sie arbeitet. Regelmäßig werden hier die Daten der Jahresstatistik abgebildet, d. h.

- Anzahl der Schülerinnen und Schüler,
- Anzahl der Lehrkräfte,
- die Situation der Unterrichtsversorgung,
- Anzahl der Schulformen und Bildungsgänge und Darstellung des Gesamtbudgets.

Die Schulen nutzen (zu Recht) die Gelegenheit sich darzustellen, insbesondere die Aktivitäten der Schule hervorzuheben und geplante Aktivitäten anzukündigen. Unter den Stichworten »Beschreibung der äußeren Anforderungen« und »Politische Programmatik« ordnet sie sich in das gesamtgesellschaftliche Umfeld ein. Häufig werden auch schulentwicklungsplanerische Maßnahmen des Schulträgers dargestellt, um die Handlungsmöglichkeiten der einzelnen Schule bewerten zu können.

Unter der Rubrik »Strategische Ziele« stellt die Schule ihr Leitbild vor, z. B. »Akzeptierter kundenorientierter Dienstleister in der Region«.

Immer wird das Oberziel beschrieben: »Das Richtziel besteht darin, (...) die Qualität unserer schulischen Arbeit – insbesondere die Leistungen der Schülerinnen und Schüler – **messbar** (zu) verbessern. Häufig werden hier auch Einzelziele oder besser Maßnahmen beschrieben, an denen die Schule arbeitet, die sie bewertet und überprüft. Im letzten Schritt werden die Leistungsziele aus Sicht der Schule beschrieben. Dabei hat sich als sinnvoll herauskristallisiert, die Ergebnisse nach Bildungsgängen zu bewerten. Erfreulich ist die Tatsache, dass alle ProReKo-Schulen ein Beschwerdemanagement aufgebaut haben bzw. aufbauen mit dem Ziel, die Beschwerden ihrer Kunden selbstständig klären zu wollen.

Bei der Bewertung der Landeskennzahl 1 »Hohe Abschlussquote« (vgl. Abb. 2) ist darauf zu achten, dass nicht allein die Prozentzahlen im Verhältnis zum Landesschnitt maßgeblich sind. Gerade in kleinen Bildungsgängen ist das Verhältnis der erfolgreichen Schülerinnen und Schüler zu den nicht erfolgreichen unter Berücksichtigung der Personenzahl kritisch zu hinterfragen.

Die Kennzahl 2 gibt Auskunft über die Übernahme der Schülerinnen und Schüler in die Berufs- und Arbeitswelt ein Jahr nachdem sie einen Bildungsgang verlassen haben. Die Aussagefähigkeit dieser Kennzahl ist abhängig von der Rücklaufquote der Antworten der befragten Schülerinnen und Schüler. Bisher ist diese Befragung zweimal durchgeführt worden. Beim letzten Erhebungstermin konnte eine Rücklaufquote an verwertbaren Antworten über alle Schulen von durchschnittlich 71 % erreicht werden. Vorrangiges Ziel muss zunächst sein, die Rücklaufquote weiter zu steigern, damit valide Aussagen über die Übernahme getroffen werden können.

Im Frühjahr 2007 haben erstmalig 15 ProReKo-Schulen eine Kosten- und Leistungsrechnung (KLR) erstellt, auf deren Grundlage die Kennzahl 3 berechnet wurde (vgl. Abb. 2). Erste Hinweise auf den Ressourcenverbrauch pro erfolgreichen Schüler in den einzelnen Bildungsgängen liegen vor. Mit der Kennzahl 4 wird der Versuch unternommen, die Wiederholerinnen und Wiederholer in einem Bildungsgang zu berücksichtigen. Auch für diese Kennzahl liegen erstmalig Auswertungen vor, die aber – wie bei der Kennzahl 3 – vorsichtig interpretiert und weiter validiert werden müssen.

Ablauf der Zielvereinbarungsgespräche

Die Zielvereinbarungsgespräche haben durchgängig im Kultusministerium stattgefunden. Bei der Vorbereitung sollte sichergestellt werden, dass eine ungestörte Situation entsteht und ein zeitlicher Umfang von drei Stunden eingeplant wird. Eine freundliche Gesamtsituation ist hilfreich. Die Teilnehmer (auf Seiten der Schule regelmäßig die Schulleiterin/der Schulleiter und zwei weitere Personen, häufig ein Vertreter des Schulträgers – auf Seiten des Niedersächsischen Kultusministeriums die schulfachlichen Mitarbeiter, ein Mitglied der Projektgruppe Steuerung und als Gast ein Mitglied der Landesschulbehörde) sollten die häufig sehr umfänglichen Unterlagen sorgfältig gesichtet haben.

Das gemeinsame Bestreben, eine für beide Seiten förderliche Vereinbarung zu erreichen, wird durch die Diskussion über den von der Schule vorbereiteten Text gefördert. Gleichzeitig gibt eine eng an der Textvorlage orientierte Vorgehensweise (Seite für Seite besprechen) tief greifende Einblicke in die Stärken und gelegentlich auch Handlungsbedarfe der Schule. Da lediglich die Kennzahlen vereinbart werden, wurde im ersten Durchgang darauf verzichtet, im Detail festzulegen, wie und welche Daten in den beschreibenden Text aufzunehmen waren.

Wirkungen

Die Rückmeldungen zu diesen ersten Zielvereinbarungsgesprächen sind sehr ermutigend. Als besonders positiv werden von den Schulen die direkte konstruktive Kommunikation zwischen den Beteiligten und der differenzierte Blick auf die individuelle regionale Schulsituation empfunden. Die einzelne Schule fühlt sich als Ganzes – mit ihren jeweiligen Stärken und Verbesserungspotenzialen – wahrgenommen und Wert geschätzt. Die abschließende Evaluation zum Ende des insgesamt fünfjährigen Modellversuchs (31. 12. 2007) wird zeigen, ob sich dieses neue Steuerungsinstrument bewähren konnte und letztlich für alle berufsbildenden Schulen eingeführt wird.

Bereits jetzt wird jedoch deutlich, dass sich das Handeln der Führungskräfte in der Schulaufsicht und in den Regionalen Kompetenzzentren verändert bzw. verändern muss. Bei ca. 350 Bildungsgängen in der Beruflichen Bildung (sie werden nicht in jeder Berufsbildenden Schule angeboten!) wären nur allein für die Steuerung durch die Schulaufsicht ca. 1.400 Einzeldaten zu erfassen und für Steuerungszwecke aufzubereiten. Die Regionalen Kompetenzzentren haben darüber hinaus – z. T. gemeinsam – weitere Kennzahlen entwickelt, um die Qualität der Faktoren zu erkennen und zu beeinflussen, die zur Verbesserung dieser sog. Schlüsselergebnisse beitragen. Dadurch verändern sich die Arbeitsinhalte der schulischen Führungsebenen, die von Qualitätsbeauftragten oder Controllerinnen bzw. Controllern professionell unterstützt werden. Auch wird der Umfang zu verarbeitender Informationen nicht nur durch Daten der Selbstevaluation, sondern z. B. auch durch Ergebnisse der Schulinspektion und schulischer Vergleichs- und Abschlussarbeiten gesteigert.

Steuerung: Planung, Durchführung und Evaluation

Steuerung beschränkt sich nicht nur auf die Definition von Zielen und die Entwicklung darauf abgestimmter Maßnahmen. Eine effektive Steuerung und Führung zeigt sich nicht in groß angelegten Kraftakten, sondern in kleinen, gezielten Aktionen, die zu signifikanten, dauerhaften Verbesserungen führen (Senge, 1996). Zur Steuerung gehört es auch, die Wirksamkeit des Handelns, den Grad der Zielerreichung regelmäßig zu kontrollieren und ggf. durch Entscheidungen in Bezug auf die Ziele oder das Handeln zu beeinflussen (vgl. KGSt-Bericht 12/1991). Dies stellt die klassische Steuerungsschleife dar (Abb. 1), die nicht nur für jedes Individuum, sondern für jede Schule, für jede Steuerungs-/Handlungsebene gilt.

Zusammengefasst bedeutet Steuern, die real existierenden Möglichkeiten zu entdecken und zu nutzen, Wertvolles und Sinnvolles zu bewahren, aber auch Veränderungen als Chance zu erkennen, Entwicklung als Lebensprinzip und Lernen als Lebenskonzept zu etablieren.

Literatur

KGSt-Bericht 12/1991; »Dezentrale Ressourcenverantwortung: Überlegungen zu einem neuen Steuerungsmodell«, Köln, 1991, Seite 15.

Massmann, V./Sternberg, M.: Neues Steuerungssystem für niedersächsische regionale Kompetenzzentren, SchVw NI 12/2006 bis 2/2007; 1/2007, S. 21.

Projekt »Berufsbildende Schulen in Niedersachsen als regionale Kompetenzzentren«: www.proreko.de.

Senge, Peter M.: Die fünfte Disziplin – Kunst und Praxis der lernenden Organisation –, Klett-Cotta, Stuttgart, 1996, S. 143 ff. (Das Prinzip des Hebels).

Werner Wilken/Bert Märkl

Aufforderung zur Qualitätsentwicklung: Schulinspektion in Niedersachsen

Niedersachsen hat als erstes Bundesland eine eigenständige Schulinspektion eingerichtet. Ihre zentrale Aufgabe besteht darin, die Qualität jeder einzelnen Schule zu ermitteln, indem sie Stärken und dringend erforderlichen Verbesserungsbedarf identifiziert. Der folgende Beitrag stellt das Funktionieren der Niedersächsischen Schulinspektion vor. Es schließen sich Überlegungen an, wie Schulen sich vorbereiten und *nach* der Inspektion ihre Qualitätsentwicklung umsetzen können[1].

1. Ziele und Arbeitsweise der Niedersächsischen Schulinspektion

Die Schulinspektion in Niedersachsen ist eine externe Evaluation. Sie wurde im Mai 2005 neu eingerichtet und hat ihren Sitz im Schloss von Bad Iburg. Die Schulinspektion bewertet die Eigenverantwortlichen Schulen als Ganzes. Sie hat das Ziel, den Schulen einen Spiegel vorzuhalten, wodurch sie Anregungen erhalten, ihre eigene Unterrichts- und Erziehungsarbeit zu verbessern.

Eigens dafür ausgebildete und ausgesuchte Experten arbeiten hauptamtlich in der Regel im Team, wobei einer von ihnen die Schulform der zu besuchenden Schule repräsentiert. Das Inspektionsverfahren ist standardisiert. Die Schulen erhalten nach Abschluss eines Schulbesuches eine unmittelbare Rückmeldung über Stärken und Schwächen. Darüber hinaus werden Verbesserungsbereiche bzw. Entwicklungspotentiale benannt. Einige Wochen später erhält die Schule einen ausführlichen Inspektionsbericht. Er ist für die innere Schulentwicklung eine wesentliche Arbeitsgrundlage, mit der das Schulprogramm weiterentwickelt werden soll. Hierzu gehören auch Schwerpunktsetzungen zur Qualitätssicherung bzw. Qualitätsverbesserung.

Darüber hinaus wird die Schulinspektion im Auftrag des Niedersächsischen Kultusministeriums andere Bereiche des niedersächsischen Schulwesens evaluieren. Längerfristig ist vorstellbar, dass die Niedersächsische Schulinspektion mit kontinuierlicher und systematischer Aufarbeitung der Qualitätsberichte ein Bildungsmonitoring des Landes liefert.

Die »Qualitätsprofile« der Schulinspektion beziehen sich auf den Orientierungsrahmen Schulqualität in Niedersachsen (Lohmann in diesem Buch). Diese spiegeln das geschlossene System von Schule wider, indem die jeweilige Schule als Ganzes in den Blick genommen wird. Hierzu werden

- vor Beginn eines Schulbesuchs eine systematische Dokumentenanalyse über alle bereitgestellten Schriften zur Vorbereitung des Inspektionsbesuches durchgeführt,

1 Dieser Beitrag stützt sich im Wesentlichen auf Lohmann/Reißmann, Stuttgart 2006.

- während des Schulbesuches Gespräche mit der Schulleitung sowie mit Lehrkräften, Eltern- und Schülervertretern ggf. mit anderen an Schule Beteiligten, wie z. B. bei den Berufsbildenden Schulen mit Ausbildungspartnern, geführt und außerdem
- Unterrichtsbeobachtungen bei mindestens 50 % der Lehrkräfte vorgenommen.

Diese externe Evaluation stützt sich auf eine kriterienorientierte Qualitätsfeststellung, die sowohl durch eine Informationsanalyse als auch prozessbegleitend im Rahmen gemeinsamer Auswertungsgespräche seitens des Inspektionsteams vorgenommen wird. Ihre Evaluationsergebnisse werden dann in Form eines Qualitätsprofils zusammengefasst. Auf dieser Grundlage erhalten die Schulen Rückmeldung über ihre Schulqualität. Das Qualitätsprofil enthält 16 Qualitätskriterien mit ca. 100 Teilkriterien. Letzte variieren schulformspezifisch. Vier Qualitätskriterien beziehen sich auf den Unterricht, der in Unterrichtsbesuchen mit einem Unterrichtsbeobachtungsbogen anhand von 20 Teilkriterien erfasst wird. Diese Beobachtungssequenzen dauern in der Regel ca. 20 Minuten. Dabei geht es nicht darum, die einzelnen Lehrkräfte oder einzelne Unterrichtsstunden zu bewerten, sondern die professionellen Zusammenhänge von schulischen Alltagsroutinen und pädagogischem Wirken zu erfassen. Darüber hinaus sollen bedeutungsvolle Qualitätsbereiche des Orientierungsrahmens, wichtige Schaltstellen, die die Alltagsroutinen der Schulen bestimmen sowie entscheidende Einflussgrößen der schulinternen Qualitätsfeststellung in einen Gesamtzusammenhang gestellt werden.

2. Eckpfeiler der Niedersächsischen Schulinspektion

Folgende Grundsätze sind für die Niedersächsische Schulinspektion festgelegt:

- *Die Schulinspektion bezieht sich auf den »Orientierungsrahmen Schulqualität in Niedersachsen«.*
- *Die Schulinspektion evaluiert die Einzelschule standardisiert. Sie dient nicht der Bewertung der einzelnen Lehrkräfte.*
- *Schulinspektion bezweckt kein Ranking.*
- *Schulen erfahren regelmäßig in einem 4-Jahres-Rhythmus einen Schulinspektionsbesuch.*
- *Die Schulinspektion der Einzelschule erfolgt stets im Team.*
- *Eine der Inspektorinnen bzw. einer der Inspektoren kommt als Expertin/Experte aus der Schulform, die inspiziert wird.*
- *Im Rahmen der Schulinspektion werden rd. 50 % der Lehrkräfte im Unterricht besucht. In kleineren Schulen ist dieser Anteil höher.*
- *Die Schulinspektion sorgt für Transparenz des Verfahrens und des Umgangs mit den erhobenen Daten.*
- *Die Schulinspektion respektiert die Befindlichkeiten und Selbstwertgefühle aller Beteiligten.*
- *Die Arbeit der Schulinspektionsteams ist von Sachlichkeit, freundlicher Offenheit und Gesprächsbereitschaft geprägt.*
- *Schulinspektorinnen und Schulinspektoren sind dialogfähig, geduldig und bescheiden und pflegen eine professionelle Distanz zur Schulgemeinschaft.*

- *Schulinspektionsteams orientieren sich an folgenden Verhaltensmaßstäben:*
  - *keine Parteinahme bei schulinternen Konflikten,*
  - *keine Bewertung einzelner Personen oder Gruppen,*
  - *keine Kritik oder Stellungnahmen außerhalb der dafür vorgesehenen Feedback-Runde oder Berichterstattung,*
  - *keine Versprechungen auf Unterstützung durch Dritte oder ähnliches,*
  - *Verzicht auf konkrete Beratung der Schulleitung, des Kollegiums oder anderer Gruppen*
- *Der Schulinspektionsbericht ist nicht vertraulich. Er wird dem Schulleiter übergeben. Eine Kopie des Berichtes erhalten die zuständige Schulaufsicht und der Schulträger zur Kenntnis.*

3. Handlungsmaximen der Schulinspektion

Die Haltung aller Mitarbeiterinnen und Mitarbeiter, insbesondere der Inspektoren und Inspektorinnen, orientiert sich an folgenden Handlungsmaximen:

3.1 Bewertung und Normierung

Die **Bewertung** der Qualitätskriterien erfolgt auf einer vierstufigen Skala von »4« (stark) über »3« (eher stark als schwach) und »2« (eher schwach als stark) bis »1« (schwach). Die Teilkriterien werden auf einer 3-stufigen Skala bewertet: (++) trifft in besonderem Maße zu, (+) trifft zu und (–) trifft nicht zu. Sollte das Inspektionsteam einzelne Teilkriterien nicht beurteilen können oder sollten Lücken nicht in der Verantwortung der Schule liegen, kann in diesen Fällen die »0« gesetzt werden, d. h.: »keine Beurteilung möglich«. Die Bewertungsnormierung der Qualitätskriterien kann in den Langprofilen nachgelesen werden.

3.2 Berichterstellung – Feedback

Im Anschluss an eine Inspektion erhält die Schulleitung einen Entwurf des Inspektionsberichtes. Der Bericht benennt die vom Inspektionsteam durchgeführten Erhebungen, Beobachtungen und Gespräche, beschreibt die Ausgangssituation der Schule und macht Aussagen zu Gebäude, Räumen und Ausstattung. Er enthält zudem das Qualitätsprofil mit einer Bewertung der 16 Qualitätskriterien sowie eine Beschreibung der Ergebnisse. Besondere Stärken und Schwächen bzw. die Verbesserungsbereiche werden benannt. Der Bericht schließt mit einer Zusammenfassung.

Sieht das Inspektionsteam dringenden Handlungsbedarf, wird dies zum Ausdruck gebracht. Es wird bewusst darauf verzichtet, der Schule konkrete Maßnahmen zu empfehlen oder Handlungsanweisungen zu geben. In Anlagen sind die Bewertungen der ca. 100 Teilkriterien sowie die Liste der von der Schule zur Verfügung gestellten Schuldokumente beigefügt.

Die Schule und der Schulträger haben die Möglichkeit, zu dem Berichtsentwurf schriftlich Stellung zu nehmen. Diese Stellungnahme wird Bestandteil des abschließenden Inspektionsberichts. Der Endbericht geht an die Schule sowie an den Schulträger und an die Landesschulbehörde. Die Schulleiterin oder der Schulleiter hat dafür zu sorgen, dass der vollständige Bericht innerhalb einer Woche in Kopie an den Schulelternrat, den Schülerrat und den Schulpersonalrat weitergeleitet wird. Es wird erwartet, dass die Schulen aus den Inspektionsergebnissen Maßnahmen zur Qualitätssicherung und -verbesserung ableiten und umsetzen. Die Verantwortung dafür trägt die Schulleiterin oder der Schulleiter. Die Landesschulbehörde begleitet die Schule bei der weiteren Qualitätsentwicklung durch dialogische Beratung der zuständigen Dezernentinnen oder Dezernenten oder durch systemische Beratung der SEB-Teams (Winter/Berghaus in diesem Buch).

Bei gravierenden Mängeln (nach bisheriger Festlegung liegen gravierende Mängel vor, wenn 50 % der Kriterien nur mit »1« oder »2« oder drei der vier Unterrichtskriterien mit »1« oder »2« bewertet wurden) legt die Niedersächsische Schulinspektion eine Nachinspektion, in der Regel nach ca. einem Jahr, fest. In diesem Fall sind die Landesschulbehörde und die Schulleitung verpflichtet, notwendige Verbesserungs- und Unterstützungsmaßnahmen zu vereinbaren.

4. Wie bereitet sich die Schule auf die Schulinspektion vor?

Jede Schule muss künftig damit rechnen in einem Rhythmus von drei bis fünf Jahren regelmäßig durch Inspektionsteams evaluiert zu werden. Wer sich nicht im Vorfeld gut informiert und vorbereitet, wird die externe Evaluation eher als Kontrolle erleben denn als Chance zur inneren Schulentwicklung nutzen können. Spätestens bei der Ankündigung eines Schulbesuches durch die NSchI werden Kollegium, Eltern Schüler zu Recht fragen:

Worum handelt es sich genau? Was soll damit bei uns erreicht werden? Was kommt auf die Schule und jeden Einzelnen zu? Hierauf sollte die Schulleitung vorbereitet sein. Hier ein paar grundlegende Empfehlungen zur Vorbereitung der Schule[2]:

1. Schulen sollten sich künftig zunächst auf der Homepage des Kultusministeriums oder der NSchI über Verfahrensweisen und Instrumente der Inspektion informieren. Sie werden erkennen, dass der Vorteil dieser externen Evaluation vorwiegend darin besteht, dass sie selbst Stärken und Verbesserungspotenziale entdecken, Fehler erkennen und auch abstellen können. Vor allem aber werden sie neue Impulse zur Verbesserung der inneren Schulqualität gewinnen. (vgl. Reißmann in diesem Buch)
2. Sollten Schulen sich bisher der Qualitätsentwicklung noch nicht intensiver gewidmet haben, wird dem Schulleitungsteam, dem Kollegium, den Eltern- und Schülervertretern empfohlen, folgende Fragen zu klären:
   - Was heißt für uns eine gute Schule?
   - Was haben wir schon erreicht?

2 Folgender Text ist orientiert sich an Lohmann, Armin: »Wie bereitet sich die Schule auf die externe Evaluation vor?« In: PädF, 4/2006.

- Welche Ergebnisse haben wir in den letzten drei Jahren erreicht (Übergangsquoten zu anderen Schulen, Schulabschlüsse, Schulabbrecher, Wiederholerquoten)?
- Worin bestehen unsere besonderen Stärken?
- Wie haben wir unser Verständnis von guter Schule dokumentiert?

Anschließend ist zu prüfen, ob die gefundenen Antworten mit dem Qualitätsverständnis des Orientierungsrahmens vereinbar sind.

3. Schulleitungen machen sich fit, um dem Kollegium, den Eltern- und Schülervertretern in Konferenzen und Schulgremien Auskunft geben zu können, was sie zur Qualitätsentwicklung und -orientierung benötigen:
   - Orientierungsrahmen Schulqualität in Niedersachsen
   - Qualitätsprofil mit allen Kriterien
   - Unterrichtsbeobachtungsbögen
   - Gesprächsleitfäden
   - Leitfäden für Dokumentenanalyse
   - Inspektionsberichte von Schulvisitationen an anderen Schulen
   - Erfahrene Schulleiterinnen und Schulleiter in der Nähe, die bereits Erfahrungen mit Schulinspektion haben
   - Das Material ist von dem Schulleitungsteam, der Steuergruppe zu sichten: Welche Informationen fehlen? Welche Zusammenhänge müssen noch erklärt werden? Wer kann weitere Praxiserfahrungen vermitteln?
4. Das Inspektionsteam bewertet in der Regel das Schulmanagement (z. B. hat die Schulleitung einen Qualitätsprozess eingeleitet und wie spiegelt sich dieser im Schulalltag wider?) Mit Hilfe des Niedersächsischen Orientierungsrahmens werden folgende Fragen abgearbeitet:
   - Wo stehen wir mit unserer Schulentwicklung im Moment?
   - Welche Stärken haben wir entwickelt?
   - Wie zufrieden sind die Beteiligten mit unserer Schule? (Beschwerderegelungen in diesem Zusammenhang einbeziehen)
   - Welche Ergebnisse haben wir im Unterricht erreicht?
   - In welchen Fächern entstehen Wiederholungsarbeiten?
   - Zu klären sind auch folgende Fragen:
     - Wie haben sich unsere Wiederholerquoten, Schulabbrecher- und Schulabschlussquoten entwickelt?
     - Grundschulen werden eher danach fragen, wie sich ihre Schulempfehlungen und Schulübergangsquoten entwickelt haben.
     - Zieht die Schule in ihren Fachbereichen und mit dem Kollegium einmal jährlich Bilanz?
     - Wann evaluiert die Schule erneut ihr Schulprogramm?
     - Wann legt die Schule Rechenschaft über ihre Entwicklungsprozesse vor dem Schulvorstand?
5. Das Schulleitungsteam oder die Steuergruppe (je nach Entwicklungsstand) erarbeitet einen Plan zur Vorbereitung auf die Schulinspektion. Die Schulleitung bietet im Kollegium dort Klärungsgespräche an, wo noch Unsicherheiten bestehen.
6. Falls die Möglichkeit besteht, zieht die Schulleitung eine erfahrene Schulleitungskollegin bzw. einen -kollegen einer benachbarten Schule zu Rate und lädt sie zu einem Vortrag in die Schule ein.

7. Nach allen ausgewerteten Informationen erklärt die Schulleiterin bzw. der Schulleiter dem Kollegium, der Eltern- und Schülerschaft, was die angekündigte Schulinspektion bedeutet und was diese in der Schule und in Niedersachsen bezwecken soll. Sinnvoll ist zu veranschaulichen, was an der einzelnen Schule »in den Blick genommen werden soll« und welche Impulse für die weitere Arbeit gewonnen werden können. In diesem Kontext achtet die Schulleitung darauf Irrtümer auszuräumen, z. B. dass der Einzelunterricht von Lehrkräften bewertet werden soll.
8. Inzwischen sind genügend Vorbereitungen getroffen worden, so dass die Schule den Gesprächen mit den Inspektionsteams gelassen entgegensehen können. Zu empfehlen ist, dass die Schulleitung dem Evaluationsteam Verständnisfragen stellt und deutlich macht, worauf sie bei der Inspektion Wert legt (z. B. wünscht sie sich ein Feedback zu den Unterrichtsbereichen, in denen die Schule besondere Schwerpunkte vielleicht sogar Qualitätsprofile entwickelt hat).
9. Bis zum vereinbarten Schulbesuch sollte die Schulleitung die gewünschten Daten-Dokumente übersichtlich zusammenstellen. Spätestens zwei Tage vor dem Inspektionsbesuch sollte die Schulleiterin bzw. der Schulleiter mit dem gesamten Schulleitungsteam noch einmal einen Kontrollgang durchführen, um Überraschungen zu vermeiden.
10. Gerne arbeiten Inspektionsteams ungestört in eigens für sie bereitgestellten Arbeitsräumen, wo sie sich zur Beratung nach ihrem Bedarf zurückziehen können. Einmischungen in die Planungsabläufe der Schulinspektion während der Schulvisitation sind nicht sinnvoll. Dieses gilt besonders für den vom Inspektionsteam vorgesehenen Ablauf der Unterrichtsbesuche. Vielmehr ist dem Team Unterstützung anzubieten, damit die Organisation des Schulbesuches möglichst reibungslos abläuft. Gerade Schulleiterinnen und Schulleiter sollten die Möglichkeit nutzen, bei einem Zwischengespräch mit dem Inspektionsteam (meist nach dem ersten Schulbesuchstag) erste Eindrücke zu kommentieren oder zusätzliche Informationen bereitzustellen.

Bis zur internen Rückspiegelung der Inspektionsergebnisse am letzten Tag des Schulbesuches gilt es gelassen zu bleiben. In dieser internen Gesprächsrunde des Inspektionsteams nur mit der Schulleiterin bzw. dem Schulleiter können Fragen offen thematisiert und auch Bedenken geäußert werden, falls die vorgetragenen Bewertungen nicht nachvollziehbar sind. Erst danach findet die Rückmeldung vor der Schulöffentlichkeit statt, an der Vertreterinnen und Vertreter des Kollegiums, der Schüler- und Elternschaft, Mitarbeiterinnen und Mitarbeiter, Vertreterinnen bzw. Vertreter des Schulträgers sowie die zuständige Dezernentin bzw. der Dezernent teilnehmen können. Hier tragen die Inspektoren die wichtigsten Ergebnisse vor, jedoch keine Details. Verständnisfragen sind möglich, eine Diskussion findet bewusst nicht statt.

Wichtig ist, dass die Schulleiterin bzw. der Schulleiter zu einer sachlichen Atmosphäre beiträgt. Auch wenn nicht jede Aussage der Inspektoren Akzeptanz findet, sollten Inspektionsteam und Schule fair auseinander gehen. Es gilt nun, den schriftlichen Inspektionsbericht abzuwarten. Dieser sollte vor allem auf für die Schule interessante, anregende Hinweise geprüft werden. Denn nun beginnt eine neue Phase der Qualitätsentwicklung an der Schule.

5. Die Inspektion war da – und nun?

Sobald der Endbericht der Schulinspektion in der Schule vorliegt, ist die Schulleiterin oder der Schulleiter aufgefordert, die Initiative zu ergreifen. Der vollständige Inspektionsbericht muss innerhalb einer Woche dem Schulpersonalrat, dem Schulelternrat und dem Schülerrat sowie den schulischen Gremien zur Kenntnis gegeben werden. Es ist sehr empfehlenswert, den Bericht mit den Gruppen ausführlich zu besprechen, die direkt an der Inspektion beteiligt waren.

Maßnahmen ableiten und umsetzen

Die – allerdings nach Maßgabe der Schule – möglichst breite Diskussion der Schulinspektions-Ergebnisse muss dazu führen, dass Maßnahmen zur Qualitätssicherung und -verbesserung abgeleitet, verbindlich vereinbart und umgesetzt werden. Zwar ist die Schule frei in ihren Schwerpunktsetzungen, aber gleichzeitig verpflichtet, sich angemessen mit dem Ergebnis der Außen-Evaluation auseinander zu setzen. Die Schulaufsicht entscheidet nach Zugang und Würdigung des Inspektionsberichts, ob und ggf. in welcher Form und in welchem Umfang mit der Schulleiterin oder dem Schulleiter ein Auswertungsgespräch geführt wird. In besonderen Fällen kann die 1. Inspektorin oder der 1. Inspektor zu diesem Gespräch hinzugezogen werden.

Positives herausstellen

Dass positive Ergebnisse einer Schulinspektion die zukünftige Arbeit befördern und zu weiteren Verbesserungen motivieren können, steht außer Frage. Von daher ist nicht nur erlaubt, sondern sogar erwünscht, dass Positives öffentlich herausgestellt wird. Dies sollte die Schulleiterin oder der Schulleiter in der Schulöffentlichkeit selbstverständlich tun. Auch Schulaufsicht tut gut daran, erfreuliches Abschneiden zu loben. Ergebnisse von Schulinspektion eignen sich allerdings nicht für ein »Ranking«, da zum Beispiel die Gewichtung von einzelnen Qualitätskriterien unterschiedlich zu sehen ist, ein »Mittelwert« somit schon aus diesem Grunde nicht aussagekräftig sein kann. Gerade Schulen, die sehr gut abgeschnitten haben, sollten der Versuchung widerstehen, sich undifferenziert zu vergleichen.

Verbesserungsbedarf wahrnehmen

Schulinspektion darf nicht als ein Kontrollorgan im Dienste staatlicher Schulaufsicht missverstanden werden. Die Erfahrung spricht dennoch dafür, dass fast jede Inspektion nicht nur Stärken, sondern auch Schwächen und entsprechenden Verbesserungsbedarf feststellt. Es ist deshalb wichtig, dass dieser Aspekt von den Schulen schon in der schulöffentlichen mündlichen Rückmeldung, erst recht aber im schriftlichen Endbericht tatsächlich wahrgenommen wird und zu möglichst konkreten Maßnahmen führt. Diese Maßnahmenplanung wird in den meisten Fällen vor allem schulintern und damit ganz wesentlich in Verantwortung aller an der Schule vor Ort Beteiligten erfolgen. Im Umgang mit kritischen Anmerkungen sind Offenheit und Gelassenheit empfohlen. Professioneller Schulleitung ist dabei eine angemessene Bereitschaft und Fähigkeit zur Selbstreflexion und Selbstkritik zuzutrauen.

Notwendiger Verbesserungsbedarf, der im Inspektionsbericht, aber ggf. auch von der Schule selbst akzentuiert oder ergänzend festgestellt wird, sollte im Zuge der Nachbereitung von Schulinspektion unter Berücksichtigung der besonderen Rahmenbedingungen noch einmal von der Schule selbst beschrieben werden.

Beratungs- und Unterstützungsangebote nutzen

Die Schule selbst entscheidet sich vor dem Hintergrund dieser Beschreibung für (realistische) Verbesserungsziele, ordnet sie nach Wichtigkeit, legt eine zeitliche Abfolge fest, vereinbart Maßnahmen und entwickelt ein Verfahren, das Erreichen von Zielen zu überprüfen. In diesem Zusammenhang wird Unterstützungsbedarf thematisiert. Die Schule ist gefordert sich selbst über zahlreich angebotene Unterstützungsleistungen kundig zu machen. Die schulfachlichen Dezernate und das Dezernat 1 der Landesschulbehörde bieten Beratung und Unterstützung in vielfältiger Form an.

Diese und weitere (z. B. universitäre, kommunale, aber auch kommerzielle) Angebote, die die Schulen nutzen und u. U. auch »einkaufen« können, sollen zukünftig noch transparenter kommuniziert werden. Die Fortbildungsmittel werden für die eigenverantwortliche Schule erhöht. Schon gegenwärtig jedoch ist der Vorwurf verfehlt, ein Beratungs- und Unterstützungsangebot sei nicht vorhanden und Schulen blieben bei dringendem Verbesserungsbedarf ohne Hilfe. Gleichwohl ist an dieser Stelle Eigeninitiative und Beweglichkeit gefragt, wobei den Schulen mit dringendem Verbesserungsbedarf von der Schulaufsicht ausdrücklich vorrangig Unterstützungsleistungen zugesagt sind.

Nachinspektion als Chance sehen

Anhand eines Kriterienkatalogs entscheidet die Niedersächsische Schulinspektion auf Vorschlag des Inspektorenteams und unter Würdigung der Inspektionsergebnisse (Kurz- und Langprofil, Bericht) ggf. über die Festlegung, den Umfang und den Zeitpunkt einer Nachinspektion. Diese Maßnahme wird gelegentlich als unverhältnismäßig angesehen, zumal auch Schulen, die nachinspiziert werden müssen, Stärken aufweisen. Die betroffene Schule ist damit aber auch nur vergleichbar mit allen anderen Schulen vorrangig aufgefordert, selbst und mit eigenen Kräften Maßnahmen zur Qualitätsverbesserung zu treffen. Das Verfahren, Beratungs- und Unterstützungsangebote zu nutzen, ist im Falle von Nachinspektion allerdings deutlich formalisiert.

Die Schulaufsicht stimmt sich mit der Schule über Verbesserungs- und Unterstützungsmaßnahmen ab und trifft im Sinne einer Zielvereinbarung verbindliche Absprachen mit der Schule über Ziele, konkrete Maßnahmen, einen Zeitplan und Unterstützungsleistungen im Rahmen vorhandener Ressourcen. Rechtzeitig vor der Nachinspektion legt die Schule der Inspektion Dokumente zu bereits durchgeführten und geplanten Verbesserungsmaßnahmen und (ersten) Ergebnissen vor. Die Nachinspektion wird Antworten auf die Frage in den Mittelpunkt rücken, ob die festgestellten Defizite einer Schule in den Blick genommen und Verbesserungen bereits erreicht oder tatsächlich absehbar sind. Eine Nachinspektion dient somit dem Anschieben von Prozessen, die auch nach Überzeugung der Inspektion Schule nicht innerhalb kurzer Zeit umfassend zum Positiven verändern können. Der Zeitraum von der Inspektion bis zur Nachinspektion beträgt bis zu zwei Jahren.

Eigenverantwortung selbstbewusst praktizieren

Schulinspektion setzt sich häufiger mit kritischen Stellungnahmen der Schulen zum Berichtsentwurf, seltener mit formellen Beschwerden über die Arbeit der Inspektionsteams und regelmäßig – das ist im Verfahren ausdrücklich eingefordert – mit Evaluationsbögen zum Verlauf der Inspektion vor Ort auseinander, die die Schulen nach Ablauf des Inspektionsverfahrens bei der Behörde in Bad Iburg einreichen. Dieser bewertende Evaluationsbogen wird zurzeit vom Schulleiter unter Einbeziehung der an der Inspektion beteiligten Gesprächsgruppen ausgefüllt. Auch im Rahmen dieser Rückmeldung ist es angezeigt, das von dem Inspektionsteam gespiegelte Bild von der eigenen Schule noch einmal unter der Fragestellung zu betrachten, ob das Ergebnis eigenen Einschätzungen gerecht wird oder ggf. neue Einsichten nachvollziehbar begründet hervorgerufen hat.

Es überraschte, wenn alle Ausführungen des Endberichts aus Sicht der Schule gleichermaßen zuträfen oder in gleichem Maße als wichtig und richtig erachtet würden. Absicht ist auch keineswegs diese Übereinstimmung, sondern vielmehr der Impuls, dass die Schule die ihr vorgelegten Ergebnisse der Inspektion selbstbewusst und in eigener Verantwortung zur Grundlage für eigene Planungen und Maßnahmen zur Qualitätsverbesserung macht.

Literatur

LOHMANN, ARMIN/REIẞMANN, JENS: Schulinspektion in Niedersachsen, Stuttgart, 2006. In: Schulinspektion und Schulleitung, (Hrsg.) Rolff, Hans-Günter u. a., Stuttgart, 2006.
LOHMANN, ARMIN: Wie bereitet sich die Schule auf die externe Evaluation vor? In: Pädagogische Führung, 3/2006.

2.2 Eigenverantwortung beim Lehren und Lernen

Roland Henke

Bildungsauftrag konkret: Standards und Kerncurricula

Die Ergebnisse von Schulleistungsuntersuchungen wie TIMSS, PISA oder IGLU haben die Ergebniserwartungen des Bundes und der Länder bei Weitem nicht erfüllt: die Bundesrepublik musste sich im internationalen Vergleich mit einem Mittelplatz im Staatenranking begnügen. Dies war Anlass umfangreicher Veränderungen im Schulwesen seit 1997. Sie wurden durch den so genannten Konstanzer Beschluss der KMK eingeleitet und führten im Dezember 2003 in der KMK zur »Vereinbarung über Bildungsstandards für den Mittleren Schulabschluss (Jahrgangsstufe 10).« Bildungsstandards definieren, welche Kompetenzen Schülerinnen und Schüler bis zu einer bestimmten Jahrgangsstufe erreicht haben sollen. Niedersachsen hat inzwischen die Umsetzung der vorliegenden Bildungsstandards der KMK in landeseigene Lehrpläne abgeschlossen, so dass die Schulen zum 1. 8. 2007 sich darauf beziehen und mit der Entwicklung eigener Arbeitspläne beginnen können.

Bildungsstandards

Die Vereinbarung verdeutlicht wesentliche Merkmale von Bildungsstandards nach Verständnis der KMK: »Die Kultusministerkonferenz sieht es als zentrale Aufgabe an, die Qualität schulischer Bildung, die Vergleichbarkeit schulischer Abschlüsse sowie die Durchlässigkeit des Bildungssystems zu sichern. Bildungsstandards sind hierbei von besonderer Bedeutung. Sie sind Bestandteile eines umfassenden Systems der Qualitätssicherung, das auch Schulentwicklung, interne und externe Evaluation umfasst.

Bildungsstandards beschreiben erwartete Lernergebnisse. Ihre Anwendung bietet Hinweise für notwendige Förderungs- und Unterstützungsmaßnahmen. Bildungsstandards greifen allgemeine Bildungsziele auf und benennen Kompetenzen, die Schülerinnen und Schüler bis zu einer bestimmten Jahrgangsstufe an zentralen Inhalten erworben haben sollen. Sie konzentrieren sich auf Kernbereiche eines Faches. Bildungsstandards formulieren fachliche und fachübergreifende Basisqualifikationen, die für die weitere schulische und berufliche Ausbildung von Bedeutung sind und anschlussfähiges Lernen ermöglichen.« (KMK, 2003). Sie sollen helfen den Unterricht auf das zu konzentrieren, was am Ende eines Bildungsabschnitts erreicht werden soll. Inzwischen liegen folgende Bildungsstandards vor:

- Grundschule, Jahrgangsstufe 4: Deutsch und Mathematik;
- Hauptschulabschluss, Jahrgangsstufe 9: Deutsch, Mathematik und 1. Fremdsprache
- Mittlerer Schulabschluss: Deutsch, Mathematik, 1. Fremdsprache, Biologie, Chemie und Physik

Weitere Bildungsstandards der KMK sind derzeit nicht geplant, allerdings wurden für fehlende Unterrichtsfächer z. T. von Fachverbänden (z. B. Bildungsstandards Geschichte des Verbands der Geschichtslehrer) und von Seiten der Kirche (z. B. »Kirchliche Richtlinien zu den Bildungsstandards für den katholischen Religionsunterricht in den Jahrgangsstufen 5 – 10/Sekundarstufe I – Mittlerer Schulabschluss) »eigene« Standards veröffentlicht.

Bildungsstandards sind mit Ausnahme der Standards für den Primarbereich, Schuljahrgang 4, abschlussbezogen. (Dieser Jahrgang bildet jedoch in den meisten Ländern die Gelenkstelle zwischen Primar- und Sekundarbereich I, sodass auch hier im weiteren Sinn von einem »Abschluss« ausgegangen werden kann.) Sie markieren die verbindlich erwarteten, nicht die gewünschten Lernergebnisse von Schülerinnen und Schülern in einem Fach und seinen Domänen. Diese Lernergebnisse werden als Kompetenzen formuliert und verdeutlichen den »Output« am Ende eines Bildungsgangs.

Kerncurricula

Wie die übrigen Länder hat sich auch Niedersachsen verpflichtet, die länderübergreifenden Bildungsstandards zusätzlich zu den Rahmenrichtlinien in Kraft zu setzen und die Rahmenlehrpläne an die Bildungsstandards anzupassen. Dieser Verpflichtung ist das Land mit der Entwicklung so genannter Kerncurricula nachgekommen. Bereits im Jahr 2004 nahmen die ersten durch das Kultusministerium berufenen Kommissionen ihre Arbeit auf und entwickelten kompetenzorientierte Kerncurricula für

- alle Fächer des Primarbereichs,
- Deutsch, Englisch und Mathematik in den Schulformen des Sekundarbereichs I (Ausnahme Mathematik in der Integrierten Gesamtschule) und
- Politik-Wirtschaft der Schuljahrgänge 8 – 10 des Gymnasiums.

Diese neue Textsorte ist für die genannten Fächer und Schulformen mit Beginn des Schuljahrs 2006/2007 verbindlich in Kraft getreten. Sie befinden sich derzeit in der Erprobung. Darüber hinaus wurden im Jahr 2006 bei der Novellierung des Niedersächsischen Schulgesetzes (NSchG) im § 122 Bildungsstandards und Kerncurricula als verbindliche Lehrpläne für den Unterricht an allgemein bildenden Schulen in Niedersachsen festgeschrieben.

Mit In-Kraft-Treten der Kerncurricula für die naturwissenschaftlichen Fächer Biologie, Chemie und Physik im Sekundarbereich I zum 1. 8. 2007 hat Niedersachsen die Umsetzung der vorliegenden Bildungsstandards der KMK in landeseigenen Lehrplänen abgeschlossen. Wie bereits im Primarbereich geschehen, werden derzeit auch im Sekundarbereich I und II für alle weiteren Fächer der Stundentafel der verschiedenen Schulformen kompetenzorientierte Kerncurricula entwickelt. Sie werden in den nächsten Schuljahren die noch vorhandenen Rahmenrichtlinien für den Unterricht in den allgemein bildenden Schulen ersetzen.

Kerncurricula statt Rahmenrichtlinien

Bei beiden Textsorten handelt es sich um Lehrpläne, doch anders als die Rahmenrichtlinien, in denen Ziele und Inhalte des Unterrichts genannt wurden, teilweise verbunden mit methodisch-didaktischen Kommentaren, benennen die Kerncurricula »die allgemeinen und fachlichen Ziele der einzelnen Unterrichtsfächer, bestimmen die erwarteten Lernergebnisse und legen die verbindlichen Kerninhalte des Faches fest« (§ 122 NSchG). Kerncurricula orientieren sich einerseits am Output (Erfolge bzw. Lernergebnisse – dokumentiert durch Messen/Evaluation), geben jedoch auch einen Input vor, indem sie z. B. einen Kern von verbindlichen Inhalten benennen. Insofern weisen sie sowohl Merkmale der Bildungsstandards als auch der Rahmenrichtlinien auf. Vereinfacht ausgedrückt handelt es sich bei den niedersächsischen Kerncurricula um die Übertragung der Bildungsstandards auf die niedersächsischen Gegebenheiten unter Berücksichtigung der Organisations- und Gestaltungsvorgaben für die Arbeit in den niedersächsischen Schulformen.

In Niedersachsen werden die Kerncurricula für Doppeljahrgänge konzipiert. Ausnahmen gibt es z. B. für die Schuljahrgänge 9 und 10 der Hauptschule, da am Ende beider Schuljahrgänge ein Schulabschluss erworben werden kann. Sie besitzen grundsätzlich, d. h. unabhängig von der Schulform, eine gemeinsame Grundstruktur, um Lehrkräfte, die in unterschiedlichen Schulformen unterrichten, die Orientierung zu erleichtern. Alle Kerncurricula weisen sowohl prozess- als auch inhaltsbezogene Kompetenzbereiche aus.

Die prozessbezogenen Kompetenzbereiche beziehen sich auf Verfahren, die von Schülerinnen und Schülern verstanden und beherrscht werden sollen, um Wissen anwenden zu können. Sie umfassen diejenigen Kenntnisse, Fähigkeiten und Fertigkeiten, die einerseits die Grundlage, andererseits das Ziel für die Erarbeitung und Bearbeitung der inhaltsbezogenen Kompetenzbereiche sind, zum Beispiel:

- Symbol- oder Fachsprache kennen, verstehen und anwenden,
- fachspezifische Methoden und Verfahren kennen und zur Erkenntnisgewinnung nutzen,
- Verfahren zum selbständigen Lernen und zur Reflexion über Lernprozesse kennen und einsetzen.

Die inhaltsbezogenen Kompetenzbereiche sind fachbezogen; sie geben Auskunft darüber, über welches Wissen die Schülerinnen und Schüler im jeweiligen Inhaltsbereich verfügen sollen. Doch wie muss Unterricht angelegt sein, damit Schülerinnen und Schüler zur Bewältigung von Anforderungssituationen

- auf vorhandenes Wissen zurückgreifen,
- die Fähigkeit besitzen, sich erforderliches Wissen zu beschaffen,
- zentrale Zusammenhänge des jeweiligen Sach- bzw. Handlungsbereichs erkennen,
- angemessene Handlungsschritte durchdenken und planen,
- Lösungsmöglichkeiten kreativ erproben,
- angemessene Handlungsentscheidungen treffen,
- beim Handeln verfügbare Kenntnisse, Fähigkeiten und Fertigkeiten einsetzen,
- das Ergebnis des eigenen Handelns an angemessenen Kriterien überprüfen?[1]

Aus der Lehr- und Lernforschung und aus den Ergebnissen der Schulleistungsvergleiche wissen wir, dass Unterricht dann effektiv ist, wenn er von einem funktionalen

1 Vgl. Allgemeine Informationen in allen niedersächsischen Kerncurricula.

Kompetenzbegriff ausgeht. In einem derartigen Unterricht bauen Inhalte und Prozesse aufeinander auf und werden systematisch vernetzt. Damit es zu keiner Anhäufung von trägem Wissen kommt, sind Situationen zu schaffen, in denen erworbene Kompetenzen aktiv anzuwenden sind und neue aufgebaut werden können.

Die Folge dieser Erkenntnisse kann nur sein, bereits in der Unterrichtsplanung Lernsituationen mit anregenden Aufgaben vorzusehen, die den Schülerinnen und Schülern ermöglichen, sich aktiv mit den Unterrichtsinhalten auseinanderzusetzen, und geeignet sind, die angestrebten Kompetenzen in der gewünschten Form zu erwerben (vgl. MAU/SCHACK in diesem Buch). Derartiger Unterricht erfordert Lehrerhandeln, das Raum gibt für die Bearbeitung offener Fragestellungen und nicht nur auf Bewerten und Beurteilen reduziert ist.

Kerncurricula und schuleigene Arbeitspläne

In den niedersächsischen Kerncurricula werden verbindlich die von Schülerinnen und Schülern erwarteten Kompetenzen formuliert. Ausgehend von den vorliegenden abschlussbezogenen Bildungsstandards der KMK wurden dazu fachbezogene Kompetenzmodelle entwickelt, die den Anspruch haben, von der Grundschule bis zum Ende des Sekundarbereichs I einen Kompetenzaufbau über Doppeljahrgänge abzubilden. Diese fachbezogenen Modelle des Kompetenzaufbaus sind insofern idealtypisch, als sie den Anschein erwecken, dass ein systematischer und kumulativer Aufbau bei allen Schülerinnen und Schülern ausschließlich in den angegebenen Schritten erfolgt. Sie veranschaulichen aber auch, wie die Kompetenzen eines Faches aufeinander aufbauen können, sozusagen als »Teilkompetenzen« zu sehen sind, um zu den erwarteten Kompetenzen am Ende eines Bildungsgangs zu gelangen. Bevor jemand beispielsweise über die Kompetenz verfügt, einen geschriebenen Text zu überarbeiten, muss der Unterricht so angelegt werden, dass der Erwerb von Teilkompetenzen wie z. B. einheitliche Verwendung einer Erzählzeit, Vermeidung unnötiger Wiederholungen, treffende Wortwahl auf dem Weg zu einer gelungenen Überarbeitung möglich ist.

Dabei darf jedoch nicht übersehen werden, dass der Erwerb der Kompetenzen, z. B. bedingt durch den Unterricht in unterschiedlichen Fächern, sowohl aufbauend, als auch teilweise parallel erfolgt. Manche Schülerinnen und Schüler verfügen nämlich bereits aus unterschiedlichen Gründen über diese Kompetenz. Dieses Wissen um einen differenzierten Kompetenzaufbau ist für die Unterrichtsplanung unabdingbar. Aus diesem Grunde ist es ratsam, bei der Erstellung der neuen Arbeitspläne den übergreifenden Kompetenzaufbau zwischen Fachbereichen abzugleichen (s. u.).

Mit den Formulierungen für Doppeljahrgänge wird der verbindliche Rahmen für die Unterrichtsarbeit festgelegt. Er bedarf jedoch einer weiteren Konkretisierung für die einzelnen Jahrgänge und einer Planung von Unterrichtseinheiten und Aufgaben, die den angestrebten Kompetenzaufbau ermöglichen. Diese Arbeit wird in den schuleigenen Arbeitsplänen dokumentiert, die Grundlagen der konkreten Umsetzung im Unterricht einer Schule sind. Als Aufgabe gehört sie zum Aufgabenbereich der Fachkonferenzen einer Schule. In den niedersächsischen Kerncurricula heißt es dazu:

»Die Fachkonferenz erarbeitet unter Beachtung der rechtlichen Grundlagen und der fachbezogenen Vorgaben des Kerncurriculums einen schuleigenen Arbeitsplan (Fachcurriculum). Der schuleigene Arbeitsplan ist regelmäßig zu überprüfen und weiterzuentwickeln, auch vor dem Hintergrund interner und externer Evaluation. Die Fachkonferenz trägt somit zur Qualitätsentwicklung des Faches und zur Qualitätssicherung bei.«[2]

Hinter dieser Aufgabenbeschreibung verbirgt sich die Erkenntnis, dass ohne die Fachkonferenzen der Schulen und ihre fachdidaktischen Diskussionen und ohne das Bemühen der Fachkonferenzen und Fachschaften um Weiterentwicklung des Unterrichts das Konzept Bildungsstandards nur schwerlich umzusetzen ist. Es gilt daher, wie Hans-Günther Rolff es formuliert hat, den schlafenden Riesen der Schulentwicklung, nämlich die Fachkonferenz, zu wecken und deren großes Potenzial zur Unterrichtsentwicklung zu nutzen (Rolff, 2005).

Fachkonferenzen müssen über Unterrichtseinheiten zum Kompetenzerwerb, über die Schritte beim Kompetenzaufbau, über die Verknüpfung von prozess- und inhaltsbezogenen Kompetenzen, über Methoden und über Kontrollen der erworbenen Kompetenzen fachdidaktisch diskutieren und entscheiden. Der Unterricht ist so zu planen, dass zwischen Lernsituationen, die dem Kompetenzerwerb dienen, und Leistungssituationen unterschieden wird, die Auskunft über den Kompetenzstand geben. Aus den Ergebnissen der Kontrollen, Klassenarbeiten wie zentralen Lernstandskontrollen können Rückschlüsse für die unterrichtliche Arbeit gezogen und im schuleigenen Arbeitsplan berücksichtigt werden (vgl. Vietze in diesem Buch).

Kompetenzen werden in der aktiven Auseinandersetzung mit Inhalten erworben. Die Aneignung erfolgt über die Auswahl und Bearbeitung geeigneter Aufgaben. Dabei ist zu berücksichtigen, dass kompetenzorientierte Aufgaben nicht ausschließlich technische Fertigkeiten fordern. Sie sind daher weniger kalkül- und verfahrenstechnisch orientiert, sollen möglichst verschiedene Lösungswege ermöglichen und prozessbezogene und inhaltsbezogene Kompetenzbereiche verknüpfen.

All dies setzt neben einem hohen fachlichen Wissen der Lehrkräfte über Lernprozesse und ihre Abläufe auch deren Kooperations- und Kommunikationsbereitschaft voraus.

Schuleigene Arbeitspläne können nur gemeinsam entwickelt werden. Mit dem Blick auf das Ende, nämlich auf die verbindlich erwarteten Kompetenzen am Ende des Bildungsgangs, muss die Entwicklung von »unten« nach »oben« erfolgen, z. B. in einer Schule des Sekundarbereichs I im 5. Schuljahrgang beginnen, da ansonsten der intendierte systematische Kompetenzaufbau nicht gewährleistet ist. Dabei ist zu bedenken, dass die Kompetenzen der Kerncurricula keine Unterrichtseinheiten oder sogar einzelne Unterrichtsstunden abbilden, da sie sich in der Regel auf zwei Schuljahre beziehen. Gleichwohl sind sie natürlich der Ausgangspunkt bei der Erstellung eines Fachcurriculums. Ein pragmatischer erster Schritt wäre es daher z. B., wenn Fachkonferenzen den bereits vorliegenden bewährten Unterrichtseinheiten der Schule of-

2 Ebd.

fensichtlich zugehörende Kompetenzen zuordnet. Dabei werden sie feststellen, dass Kompetenzen häufig bei mehreren Einheiten eine Rolle spielen, aber sie werden auch erkennen, dass manche Kompetenzen in Unterrichtseinheiten gar nicht abgedeckt werden, evtl. auch die eingeführten Schulbücher kein Material zur Verfügung stellen. Hier gilt es neue Unterrichtseinheiten festzulegen, vorhandene zu ergänzen oder umzustellen. In dieser Phase der Grobplanung kann auch schon der zeitliche Rahmen in den Blick genommen werden, d. h. darüber zu befinden, welche Unterrichtseinheiten im Schuljahrgang 5, welche im Schuljahrgang 6 Unterrichtsgegenstand sein sollen, wie umfangreich sie sein sollen und wie viele Unterrichtseinheiten es in einem Schuljahr geben darf, um den Fachlehrkräften auch noch Freiräume zu lassen.

Dieser Grobplanung könnten in einem weiteren Schritt konkrete Festlegungen folgen: In welchen Einheiten sollen die ermittelten Kompetenzen vorrangig angelegt werden, welchen Einheiten sind die bisher noch nicht berücksichtigten Kompetenzen zuzuordnen. Spätestens an dieser Stelle der zunehmenden Feinplanung stellt sich auch die Frage

- nach den konkreten Inhalten der Einheiten,
- nach den Aufgaben, die den intendierten Kompetenzaufbau ermöglichen,
- nach der Methodik der Erarbeitung,
- nach der Vernetzung der Einheiten für einen kumulativen Kompetenzaufbau und schließlich
- nach der Kontrolle über das Erreichen der angestrebten Kompetenzen.

Hinter diesem kurz skizzierten möglichen Vorgehen zur Erstellung eines schuleigenen Arbeitsplans verbirgt sich eine anspruchsvolle und zuerst einmal auch arbeitsintensive Fachkonferenzarbeit. Sie kann in der beschriebenen Form jedoch im Kernbereich von Schule, nämlich dem Unterricht, zu einer Qualitätsentwicklung und Qualitätssicherung beitragen und langfristig für die Vorbereitung und Durchführung von Unterricht auch entlastend sein.

Kerncurricula und die Dokumentation der individuellen Lernentwicklung

Kompetenzaufbau und Kompetenzerwerb sind individuell, Unterricht dagegen in der Regel gruppenbezogen. Um die Stärken und Schwächen einzelner Schülerinnen und Schüler nicht aus dem Blick zu verlieren oder besser gesagt, um keine Schülerin und keinen Schüler zu verlieren, ist die Dokumentation der individuellen Lernentwicklung in Niedersachsen verbindlich eingeführt worden. Diese setzt Kenntnisse über den Kompetenzstand der Schülerinnen und Schüler voraus.

Die schulformbezogenen Kerncurricula und die darin ausgewiesenen Kompetenzen helfen den Lehrkräften dabei, vorhandene oder fehlende Kompetenzen zu beschreiben. Durch den Vergleich der in Lern- und Leistungskontrollen festgestellten mit den nach Fach- und Kerncurriculum erwarteten Kompetenzen kann festgestellt werden, ob und worin individuelle Förderung erforderlich ist. Zudem kann mit Hilfe der Kompetenzformulierungen der Leistungsstand leichter formuliert werden. Ausgehend von den Kompetenzen, über die die einzelnen Schülerinnen bzw. Schüler bereits verfügen, können dann weitere Schritte zum Kompetenzaufbau geplant werden.

Kerncurricula und Evaluation

Bildungsstandards und Kerncurricula, die schuleigenen Arbeitspläne und die Dokumentation der individuellen Lernentwicklung sind Grundlage und Bausteine für die Entwicklung von Schulqualität. Zentrale Lernstandserhebungen/Vergleichsarbeiten, z. B. im Schuljahrgang 8, bieten den Fachlehrkräften mit ihren Ergebnisrückmeldungen und Hinweisen zum aktuellen Kompetenzstand der Schülerinnen und Schüler eine Arbeitsgrundlage zur Unterrichtsplanung für die folgenden ein bis zwei Schuljahre.

Die Umsetzung der Kerncurricula muss nun ebenfalls, wie oben dargestellt, vor Ort durch die Fachkonferenzen und Fachlehrkräfte erfolgen. Damit liegt allerdings auch die Ergebnisverantwortung in der Schule. Im Rahmen einer internen Evaluation muss es Anliegen der Schule sein, die Ergebnisse der Arbeit mit den staatlichen Vorgaben zu vergleichen und ggf. z. B. schuleigene Arbeitspläne (Fachcurricula) zu überarbeiten.

Die staatliche Verantwortung auch für Unterricht ist damit nicht aufgehoben. Vielmehr erfolgt sie einerseits intern u. a. durch die jährliche Rechenschaftslegung über die geleistete Schulentwicklung vor dem Schulvorstand (vgl. JÜNKE in diesem Buch). Darüber hinaus wird mit Einführung der Eigenverantwortlichen Schule architektonisch bewusst auf die externe Evaluation gesetzt (vgl. BROCKMANN in diesem Buch). Zentrale Vergleiche und Überprüfungen, aber auch die im Rahmen der Schulinspektion vorgesehene Wirkungs- und Ergebnisüberprüfung gewährleisten den Schulen eine Rückspiegelung über ihre Leistungsfähigkeit.

Mit dieser Fokussierung auf die Ergebnisverantwortung der Schule erhält die externe Evaluation einen neuen Stellenwert. Sie dient nicht ausschließlich der Kontrolle über die Erfüllung von Vorgaben und der Zertifizierung von Abschlüssen. Vielmehr bilden landesweite Erhebungen neben den Standards einen Bezugspunkt für die schulische Arbeit. Beiden gemeinsam ist, dass sie sowohl Schülerinnen und Schüler, Lehrkräften, aber auch Erziehungsberechtigten und »außerschulischen« Abnehmern wie z. B. Ausbildungsbetrieben als Orientierung dienen. Die Rückmeldung kann Anlass zur fachlichen Diskussion und zur Weiterentwicklung eines Fachcurriculums sein.

Literatur

NSchG: § 122 Niedersächsisches Schulgesetz (NSchG) in der Fassung vom 3. 3. 1988, zuletzt geändert durch das Gesetz zur Einführung der Eigenverantwortlichen Schule vom 17. 7. 2006.

Vereinbarung über Bildungsstandards für den mittleren Schulabschluss (Jahrgangsstufe 10), Beschluss der Kultusministerkonferenz vom 4. 12. 2003.

BUCHEN, HERBERT/HORSTER, LEONHARD/ROLFF, HANS-GÜNTER (Hrsg.): Unterricht und Schulentwicklung, Stuttgart, 1998.

Gisela Grimme/Susanne Hoffmann/Hermann Städtler

Kollegen aktivieren: Verantwortung übernehmen

Veränderungen in einem System gelingen nur, wenn die Menschen, die darin arbeiten, den Prozess verstehen, kritisch begleiten, aber auch aktiv mittragen. Wie Kolleginnen und Kollegen zu Akteuren ihrer Schulentwicklung werden und Eigenverantwortung übernehmen, zeigen die Empfehlungen zweier sehr unterschiedlicher Schulen: eine große Berufsbildende Schule, die mit einer konsequenten Teamstruktur ihren Weg gefunden hat und die Fridtjof-Nansen-Schule, die als Grundschule nach dem salutogenetischen Gesundheitsmodell von Antonovsky auf die Stärkung ihrer Kolleginnen und Kollegen setzt.

A. Elisabeth-Selbert-Schule (Gisela Grimme/Susanne Hoffmann)

Die Elisabeth-Selbert-Schule ist eine berufsbildende Schule und erprobt im Schulversuch »Projekt Regionale Kompetenzzentren« (ProReKo) bereits seit 2003 umfangreiche Eigenständigkeit, umfassendere Gesamtverantwortung, modernes Schulmanagement und eigenständige Personalsteuerung, um sich zu einem Kompetenzzentrum in der Region zu entwickeln (vgl. Offen-Grodzki/Othmer in diesem Buch). Umfangreiche externe Evaluationen haben gezeigt, dass das Kollegium der Schule diesen Veränderungsprozess aktiv unterstützt.

Wichtigste Grundvoraussetzung dafür war das gemeinsam mit den Lehrkräften und allen weiteren Mitgliedern der Schulgemeinschaft entwickelte Schulprogramm, einschließlich einem Leitbild als Vision einer guten Schule (vgl. von Maercker in diesem Buch). Zu diesem Klärungsprozess gehörte auch die Verzahnung des Bildungs- und Erziehungsauftrags mit den Grundsätzen eines kooperativen Umgangs miteinander. Wesentlich neu ist für Lehrerinnen und Lehrer die Stärkung ihrer Professionalität durch eine aktive Einbindung in Teams. Die Teamstruktur zu implementieren gelingt mit Hilfe des Schulprogramms, in dem die Qualitätsentwicklungsprozesse mit ihren kurz-, mittel- und langfristigen Zielen sowie ein Arbeitsplan mit konkreten Umsetzungsschritten und anschließenden internen und externen Evaluationsverfahren vereinbart wurden. Im Arbeitsplan sind die Verantwortlichkeiten den einzelnen Lehrkräften zugeordnet und die Zeiträume für die Aufgabenerledigung verbindlich festgelegt. Die Arbeitsergebnisse werden in regelmäßigen Meilensteinsitzungen der Teams als auch des gesamten Kollegiums evaluiert.

1. Teamstruktur – eine Stütze des Veränderungsprozesses

Eigenverantwortung und Deregulierung gelten besonders für die Organisation des schulischen Alltags in großen Systemen. Je mehr Verantwortung dort in dezentrale Strukturen übertragen wird, je größer wird die Eigenständigkeit von Lehrkräften. Diese in professionelle Zusammenhänge zu stellen, erhöht nicht nur die pädagogische Effektivität sondern auch die Motivation. Ein weiterer Aspekt spricht für die Teamarbeit, weil durch sie die Lehrkräfte Verantwortung für ihre pädagogische und erzieherische Arbeit unmittelbarer übernehmen können. Letztlich trägt dieses zu einer höheren Selbstwirksamkeit ihres professionellen Handelns und damit zu einer größeren Arbeitszufriedenheit bei (vgl. STÄDTLER im Teil B dieses Kapitels).

Ausgehend von diesen Grundsätzen kann eine verlässliche Schulorganisation mit dem Ziel Einzelne zu entlasten eine wesentliche Unterstützung von Lehrerinnen und Lehrern in ihrem Alltag sein. Der erste Schritt auf diesem Weg ist die Überarbeitung bzw. die Neugestaltung des innerschulischen Organisationsplanes. Damit dieser für die Schule veränderte Aufbau von der hierarchischen zur teamgeprägten Struktur gelingen kann, ist es sehr wichtig, dass der Prozess unter großer Beteiligung und breiter Zustimmung des Kollegiums abläuft, damit alle Beteiligten diesen Veränderungsprozess akzeptieren können (vgl. HOFFMEISTER in diesem Buch).

Deshalb war es zur Erreichung der Eigenverantwortlichkeit an der Elisabeth-Selberth-Schule unerlässlich, ihren inneren Aufbau so zu verändern, dass die fraktale Schulorganisation durch eine Teamstruktur gestützt wird. Ihre Organisation übernehmen Teamleiterinnen und -leiter. Ihre Aufgaben werden ebenso verbindlich wie die der Teammitglieder festgelegt. Die Teamleitungen erhalten mehr Entscheidungsspielraume, was den sinnvollen Effekt hat, ihre Verantwortung zu erhöhen. Das erfordert ein verändertes Bewusstsein, größeres Engagement und erweiterte Kompetenzen. Das Bereitstellen von Zeit- und Unterstützungsressourcen sind wesentliche Voraussetzungen dafür, dass die Teamleiterinnen und -leiter ihre neue Rolle als Führungskräfte annehmen können.

Gleiches gilt für die Kolleginnen und Kollegen. Sie müssen lernen, sich von »Einzelkämpfern« zu »Teammitgliedern« zu entwickeln. Fortbildungen gerade im Bereich der Teamentwicklung sind dringend notwendig. Trotzdem gibt es aus unterschiedlichen Gründen immer wieder Schwierigkeiten. Teamarbeit erfordert in der Schule ein Klima, dass es erlaubt, Mitarbeiterinnen und Mitarbeiter flexibel anzusprechen und einzubinden. Hierzu ist eine gute Rückmeldekultur erforderlich, um anfallende Alltagsprobleme schnell aus dem Weg räumen zu können. Ein Beschwerdekonzept stützt eine systematische Vorgehensweise und verhindert Unregelmäßigkeiten, vor allem ungleiche Behandlungen. Im Falle von Reibungen hat sich an der Elisabeth-Selbert-Schule der Einsatz von externen Teamentwicklern oder Supervisoren als hilfreich erwiesen und die Teamarbeit gestärkt. Für die Schulleitung ist wichtig, hier immer wieder auf Ressourcenreserven zu achten, die eine situative Unterstützung ermöglichen.

Erfahrungen zeigen inzwischen, dass die Anzahl der Teams, in denen die Lehrkräfte bindend mitarbeiten, begrenzt sein muss. Das hat Konsequenzen für die Planung des Unterrichtseinsatzes: Die Kolleginnen und Kollegen werden in wenigen Bereichen, dafür jedoch konzentrierter eingesetzt (vgl. auch MEISNER in diesem Buch).

Die Schulverfassung der Elisabeth-Selbert-Schule (Hameln, 2006) kann als Beispiel für die Grundsätze dienen:

»Achter Teil – Lehrkräfte

§ 19 Allgemeines

(1) Die Lehrkräfte handeln in eigener pädagogischer Verantwortung. Sie entscheiden alle Dinge selbstständig soweit sie nicht an Rechts- und Verwaltungsvorschriften, Beschlüsse der zuständigen schulischen Gremien und an Anordnungen der Schulaufsicht gebunden sind.

(2) Jede Lehrkraft entscheidet sich für die Kernmitgliedschaften in zwei Bildungsgangteams oder in einem Bildungsgangteam und einem Fachteam. Dieses trifft nicht zu, wenn Lehrkräfte nur in einem Bildungsgang- bzw. Fachteam eingesetzt sind. Im Fachgymnasium können auch zwei Fachteams gewählt werden. Teilzeitlehrkräfte (bis -Stelle) ordnen sich grundsätzlich einem Bildungsgangteam oder Fachteam zu. Die Mitgliedschaft der Lehrkraft in den Klassen- bzw. Jahrgangsteams ist verbindlich und richtet sich nach dem Unterrichtseinsatz. Sollten die Zuordnungen in einigen Fällen zu unverantwortbaren oder nicht handlungsfähigen Situationen führen, ist es die Aufgabe der Schulleitung dort tätig zu werden.

(3) ...

(4) Die Teilnahme an Sitzungen der Bildungsgangteams bzw. Fachteams, in denen eine Lehrkraft außerhalb ihrer Kernmitgliedschaften unterrichtet, ist freiwillig.

(5) Alle in einem Bereich unterrichtenden Lehrkräfte müssen sich an die vom Bildungsgangteam bzw. Fachteam aufgestellten Beschlüsse, Grundsätze, Vereinbarungen und Absprachen halten.«

Abb. 1: Grundsätze zur Teammitgliedschaft

Der Vorteil dieser Organisationsstruktur ist, dass die Kolleginnen und Kollegen in ihrem überschaubaren Team größere Gestaltungsspielräume haben und auch mehr Verantwortung übernehmen. Für die Schülerinnen und Schüler, die Eltern sowie die Ausbildungsbetriebe und Praxisstellen besteht der Gewinn darin, dass sie gezielter auf ihre Partnerinnen und Partner in der Schule zugehen können.

Allerdings erweisen sich längerfristige Erkrankungen von Kolleginnen und Kollegen als Nachteil in diesem Organisationsmodell, weil umfangreiche Vertretungsregelungen nötig sind, die sich insbesondere nachteilig auf die vom Team versorgten Klassen auswirken können. Als weitere Schwachstelle erweist sich die Verteilung der Lehrkräfte auf die Teams. Es gelingt nicht immer reibungslos, die klaren Anforderungen der Teams zu erfüllen. Aus diesem Grunde hat die Elisabeth-Selbert-Schule folgende Kriterien für die Teamzusammensetzung aufgestellt:

Anforderungen an die Teams an der Elisabeth-Selbert-Schule

- pädagogisch sinnvolle Zusammensetzung
- festgelegte Verantwortungen/Zuständigkeiten/Befugnisse
- festgelegte interne Rollendifferenzierung (Aufgabenverteilung)
- Ergebnisverantwortung
- relative Beständigkeit
- dem Leitbild der Schule verpflichtet
- eindeutige, verbindliche Zuordnung von Kolleginnen und Kollegen zu Teams

Teamarbeit wird als komplexer Prozess angesehen, der kontinuierlicher Entwicklung, Pflege und Fortschreibung bedarf.

Abb. 2: Teamkriterien, aus: Elisabeth-Selbert-Schule, Organisationsplan, Hameln, 2006

Die »neue« Eigenständigkeit der Schule verlangt vor Ort sehr komplexe und umfangreiche Entscheidungen, u. a. auch über das Schulbudget. Über das erforderliche und umfangreiche Wissen verfügen jedoch einzelne Kolleginnen und Kollegen nicht gleich zu Beginn, so dass nicht nur kompetente Experten aufgebaut und geschult werden müssen, sondern auch Verfahren entwickelt werden müssen, die eine unkomplizierte Zustimmung auf einer breiten Basis im Kollegium ermöglichen. Da solche Abstimmungsprozesse zeitgerecht sein müssen, hat sich das Kollegium ganz demokratisch für ein Delegationsmodell entschieden, in dem Vertreterinnen bzw. Vertreter des Kollegiums beauftragt werden, notwendige Entscheidungen zu treffen. Ihre Entscheidungsprozesse werden in solch großen Systemen mit fachkompetentem, nicht lehrendem Personal für Verwaltungsaufgaben gestützt.

Im Zuge der Neuordnung des Organisationsplanes war es außerdem zwingend notwendig, Stellenbeschreibungen für die Teamleiterinnen/Teamleiter und Aufgabenbeschreibungen für die Funktionen (als Grundlage für die Arbeit) festzulegen. Wesentliche Arbeitsabläufe sind in den Prozessbeschreibungen dargestellt.

Der Organisationsplan und die dazu gehörigen Stellenbeschreibungen (Anhang) sind aufeinander abgestimmt, greifen als Einheit ineinander und sind durch systematische Verfahrensabläufe sinnvoll ergänzt. Auf diese Weise werden eindeutige Regeln für die alltägliche Arbeit festgelegt, die Verbindlichkeit, aber auch Sicherheit bieten. Ein gutes Beispiel ist der einheitliche Umgang mit Fehlzeiten an der Schule.

2. Ressourceneinsatz in eigener Verantwortung

Die Eigenverantwortlichkeit einer Schule kann nur gelingen, wenn nicht nur die Aufgaben, sondern auch die zur Führung der Schule erforderlichen gesamten Mittel verantwortlich übertragen werden. Besonders hilfreich ist, dass die Mittel des Schulträgers und des Landes gegenseitig deckungsfähig und übertragbar sind, damit die Schule einen Handlungsspielraum für personelle und sächliche Entscheidungen erhält. Die Verteilung und Verwendung der Gelder muss derart transparent unter Beteiligung des Kollegiums organisiert werden, dass große gesamtschulische Projekte genauso möglich sind wie Anschaffungen auf Abteilungs-, Bildungsgang- und Fachteamebene. Auch der Zustand des Schulgebäudes und -geländes und seine Ausstattung sind für die Lehrerzufriedenheit ein bedeutender Faktor. Neben der zeitgemäßen Ausstattung und Anzahl der Räume tragen angemessene Lehrerarbeitsplätze zur Arbeitsmotivation bei.

Eine Mittelverteilung, die all diese Aspekte berücksichtigt, stellt eine besondere Herausforderung für die Lehrkräfte dar, weil kaufmännisches Denken und Handeln eher selten zu ihren Berufsvorstellungen passen und sie in der regel dafür auch nicht ausgebildet sind.

Ebenso sind Informationen und Daten Ressourcen einer Schule. Nur wenn sie jederzeit und überall für alle zugänglich sind, kann Verantwortung übernommen werden. In einem großen Schulsystem gelingt es über ein funktionsfähiges, aber auch bedienerfreundliches Intranet. Die Verantwortlichkeit für die Gliederung, die Aktualität der Daten und der Zugriff sind geregelt.

3. Die Aufgaben der Führungskräfte

Einen entscheidenden Einfluss auf die Bereitschaft der Kolleginnen und Kollegen, Verantwortung zu übernehmen, haben die Führungskräfte einer Schule. Sie sind verantwortlich dafür, dass Leitbild und Schulprogramm erarbeitet und umgesetzt, eine effektive Organisation aufgebaut werden und das Personal-, Partner- und Ressourcenmanagement funktioniert. Darüber hinaus gehen gute Führungskräfte als Vorbilder voran (vgl. Kreutzahler/Jänen in diesem Buch). Der Prozess, die Kolleginnen und Kollegen zu aktivieren, kann nur gelingen, wenn die Führungskräfte

- persönlich die Vision, die Mission und die Werte vorleben und für diese eintreten,
- sich ebenfalls persönlich an Verbesserungsaktivitäten beteiligen,
- Selbstverantwortung und Kreativität bzw. Innovationen der Kolleginnen und Kollegen sowie deren Beteiligung fördern und zum eigenständigen Handeln ermächtigen,
- Lernprozesse im Kollegium anregen und unterstützen,
- gezielt und begründet Prioritäten für Verbesserungsmaßnahmen setzen,
- auf die Bedürfnisse und Erwartungen aller Mitglieder der Schulgemeinschaft eingehen, indem sie diese erfassen und einen Interessenausgleich herstellen,
- den Einsatz der Kolleginnen und Kollegen mit der schulischen Zielsetzung abstimmen,
- die Mitarbeiter am Personalmanagement beteiligen,
- in einen ständigen Dialog mit ihren Mitarbeitern treten,
- eine auf die eigene Schule zugeschnittene und effektive Organisation gemeinsam mit den Beteiligten entwickeln
- für die Arbeit von Teams und Einzelnen angemessene Zeitfenster zur Verfügung stellen, die Leistungen anerkennen und angemessen belohnen und
- ihre Fürsorgepflicht gegenüber den Kolleginnen und Kollegen wahrnehmen.

4. Fazit

Wenn die Führungskräfte gemeinsam mit ihren Kolleginnen und Kollegen den Wandel zur Eigenverantwortlichkeit der Schule und damit zur Übernahme von mehr Verantwortung meistern wollen, müssen sie glaubhaft vermitteln, dass der Verantwortungszuwachs Handlungsspielräume schafft und eine Chance nicht nur für die schulische, sondern auch für die persönliche Weiterentwicklung der einzelnen Kollegin und des einzelnen Kollegen darstellt, im Sinne von »Wir sind für das, was wir tun, selbst verantwortlich.« Ein neues Bewusstsein stellt sich nicht von heute auf morgen ein. Es muss wachsen können.

Anlage

Elisabeth-Selbert-Schule Hameln Stellenbeschreibung Stand:			
Stellenbezeichnung:	**Qualitätsbeauftragte**		
Stelleninhaberin/-inhaber:		**Kurzzeichen:**	
Kurzbeschreibung des Tätigkeitsfeldes:	Förderung und Überprüfung der schulischen Qualität an der Elisabeth-Selbert-Schule innerhalb des Gesamtzielsystems		
Kooperation/Abstimmung:	Schulleitungsrunde, Schulentwicklungsgruppe		
Einordnung in den Organisationsplan:	Unterstützerbereich		
Vertreterinnen:			
Kontakt:			
Aufgaben der Stelle im Einzelnen:			
1. Aufgaben im Rahmen der Qualitätsentwicklung	■ Verantwortung für die Zielerreichung nach Maßgabe verbindlicher Kennzahlen und den kontinuierlichen Verbesserungsprozess ■ Mitarbeiterin der Schulentwicklungsgruppe ■ Verantwortung für die Weiterentwicklung des Schulprogramms ■ Verantwortung für die Entwicklung von Mission, Vision und Werten in Abstimmung mit dem schulischen Leitbild. ■ Verantwortung für die Durchführung des EFQM-Prozesses ■ Verantwortung für die Erstellung, Dokumentation und Implementierung der Prozesse ■ Verantwortung für die Weiterentwicklung des Organisationsplanes ■ Verantwortung für die Erstellung, Dokumentation, Implementierung und Evaluation der Prozesse ■ Pflege des Prozessmodells ■ Pflege des Kernprozesses		
2. Leitungsaufgaben			
3. Gewährleistung des ordnungsgemäßen Unterrichtsbetriebes			
4. Aufgaben im Rahmen der Personalbewirtschaftung und -entwicklung			

5. Koordinierungsaufgaben	
6. Bindeglied zur Öffentlichkeit	■ Veröffentlichung von Informationen zum Qualitätsmanagement innerhalb und außerhalb der Schulgemeinschaft
7. Befugnisse	■ Zugang zu allen für die Wahrnehmung der Aufgabe relevanten Informationen ■ Berechtigung zur verbindlichen Einberufung von Sitzungen im Rahmen des Prozessmanagements ■ Kontrolle der Arbeitsergebnisse der einzelnen Prozessverantwortlichen ■ Delegation von Aufgaben aus dem Verantwortungsbereich im Einvernehmen mit der Schulleitung
8. Besondere Aufgaben (personenbezogen)	■ Mitglied des Haushaltsausschusses ■ Mitverantwortung bei der Jahrbucherstellung ■ Vorbereitung von Schulveranstaltungen ■ Mitglied der Schulentwicklungsgruppe
Unterschrift der Schulleiterin:	

B. Fridtjof-Nansen-Schule (HERMANN STÄDTLER)

Die Fridtjof-Nansen-Schule ist eine volle Halbtagsschule mit zurzeit 380 Schülerinnen und Schüler aus 21 Nationen. Die FNS liegt im so genannten sozialen Brennpunkt Hannover – Vahrenheide. Bewegung ist in dieser Schule ausdrücklich erwünscht. Sie ist zentrales Element bei der Gestaltung von Lernprozessen. Sie berührt alle Menschen, die in der Schule arbeiten, lernen und leben. Unser Schulprogramm steht deshalb unter dem Motto »Bewegte Schule – Schule als lernendes System im Stadtteil«.

1. Stärken ansprechen – Potentiale freisetzen

Die (FNS) beschäftigt sich seit ca. acht Jahren intensiv mit der Frage, wie die Ressourcen von Kollegen und Kolleginnen stärker in die Schulentwicklung eingebracht und damit ihre Selbstwirksamkeit erhöht werden kann. Die Stärken der Lehrkräfte anzusprechen ist dabei die wichtigste Entwicklungsaktivität und zugleich entscheidender Hebel, um die Schulprogrammarbeit an richtiger Stelle in Gang zu setzen.

So ist verständlich, dass zunächst die Lehrkräfte im Mittelpunkt des Professionalisierungsinteresses stehen, denn Schülerinnen und Schüler sind auf authentische Vorbilder angewiesen, wenn auch sie lernen sollen, Verantwortung gern und kompetent zu übernehmen. Bei sich zu beginnen und die Verantwortung für sich selbst zu übernehmen, ist für Pädagogen der erste professionelle Schritt zu höherer Selbstwirksamkeit. Dies gelingt leichter in einer von gegenseitiger Wertschätzung und Toleranz geprägten Atmosphäre. Sie ist grundlegende Voraussetzung für einen fruchtbaren Diskurs zwischen Lehrkräften, Schulleitung, Schülerinnen, Schülern und Eltern. Ergebnisse der externen Evaluation verdeutlichen die Tragweite der Wertschätzungs- und Anerkennungskultur für das gesundheitsförderliche Schulklima und sie beweisen darüber hinaus, dass ressourcenorientiertes Vorgehen ein Schlüssel für die zielführende Aktivierung von Kollegen bei gleichzeitiger Übernahme von Verantwortung ist.

Verantwortung zu übernehmen ist leichter und berechenbarer, wenn der verantwortungsvolle Umgang mit eigener und fremder Lebenszeit gewährleistet ist. Er ist unseres Erachtens neben anderen Indikatoren der klarste Weg, um Wertschätzung in die Alltagsroutine zu integrieren. Wer das Gefühl hat, dass die eigene Lebenszeit von anderen Kollegen oder der Schulleitung nicht wichtig genommen wird, wird sich innerlich entziehen und Verantwortung für die Schule meiden. Deshalb sind Zeitmanagement und Priorisierung für uns wesentliche Erfolgsvariablen auf dem Weg zu einer eigenständig, erfolgreich arbeitenden Schule.

Unser Schulprogramm »Bewegte Schule-Schule als lernendes System im Stadtteil« bildet den haltenden Rahmen für unsere gemeinsame Arbeit und sorgt für Transparenz, Klarheit und Machbarkeit von Leitidee, Zielen, Arbeitsschritten und Erfolgen bei allen Beteiligten. Es ist sinnstiftend, hat »dienende Funktion« für das Kollegium und die Schulleitung und sorgt dafür, dass wir trotz hoher Belastung in unserem Beruf gesund bleiben können.

2. Kohärenzgefühl entwickeln – Jede/r ist wichtig und macht Sinn.

Unsere Arbeit in der Schule basiert auf dem ressourcenorientierten Ansatz der Salutogenese (Entstehung von Gesundheit), der in Abgrenzung zur Pathogenese (Entstehung von Krankheit) vor allem die Fähigkeit jedes Einzelnen zur Erhaltung und Stärkung seines Wohlbefindens fördern will. Dabei ist das Kohärenzgefühl (Zuversichtssinn) die entscheidende Grundlage für die seelische und körperliche Gesundheit (Antonovsky, 1997) und damit auch für die Leistungsfähigkeit. Seine Dimensionen sind

- Verstehbarkeit (Passung mit dem eigenen Erklärungsmodell der Welt),
- Handhabbarkeit (individuelle Bewertung der Bewältigungschance von Herausforderungen) und
- Sinnhaftigkeit (Wichtigkeit für das eigene Leben)

Nach Antonovsky ist Gesundheit kein verlässlich statischer Zustand sondern ein stets verändertes, dynamisches Pendeln zwischen den Polen Gesundheit und Krankheit. Wollen Lehrkräfte gesund und motiviert bleiben, müssen sie die Anforderungen ihres Schulalltages immer wieder auf ihre Verstehbarkeit, Handhabbarkeit und Sinnhaftigkeit hin überprüfen und sie ggf. modifizieren. Diese Kompetenz zur kohärenten Auseinandersetzung führt nach Antonovsky zur Stärkung von gesunderhaltenden Ressourcen bei den Beteiligten (hier Lehrkräften). Dies ist Voraussetzung für ihre Bereitschaft, sich in ihrer Schule zu aktivieren und Verantwortung bereitwillig und kompetent zu übernehmen.

3. Durch das Schulprogramm Beteiligung erreichen

Ein wirkungsvolles Schulprogramm ist an Ressourcen orientiert und achtet darauf, kollegiale Potentiale richtig einzuplanen und eine Selbstvergewisserung über eigene Leistungen als begleitenden Prozess anzulegen. Voraussetzung ist, dass alle Lehrkräfte schon in der Entstehungsphase Verantwortung für ihre Könnensbereiche übernehmen und bei der Formulierung des Anforderungsprofils die Dimensionen der Verstehbarkeit, der Handhabbarkeit und der Sinnhaftigkeit für sich und die Schülerinnen und Schüler mitdenken.

Im Schulprogramm der FNS sind die Leitideen, Ziele und Wege zur Unterrichtsentwicklung sowie Schulorganisationsstrategien mit entsprechenden Beteiligungsmodellen und Möglichkeiten zur Fremd- bzw. Eigenevaluation definiert.

Grundlage unserer wertschätzenden Zusammenarbeit ist die Präambel, an der das Kollegium z. T. kontrovers unter Leitung einer Psychologin gearbeitet hat. Die Präambel ist für Lehrkräfte, Schülerinnen und Schüler, Eltern und alle weiteren Mitarbeiter der Schule gleichermaßen verbindlicher Orientierungsmaßstab:

»Die Fridtjof-Nansen-Schule ist eine Schule für Kinder aus 24 verschiedenen Ländern. In ihr arbeiten, lernen und leben 350 Kinder und 31 Erwachsene mit unterschiedlichen Persönlichkeiten, Fähigkeiten und religiösen sowie kulturellen Hintergründen. Jedes Kind zu integrieren, zu fordern und zu fördern sind die Prinzipien unserer unterrichtlichen Tätigkeit. Damit wir alle miteinander leben und voneinander lernen können, bemühen wir uns um Toleranz, Achtung und gegenseitiges Verständnis. Vor dem Hintergrund erachten wir umweltbewusstes und gesundheitsförderndes Verhalten für lebenswichtig und fördern bewusste Lebensweisen in der Schule im Sinne der Agenda 21. Wir verstehen Schule als ein lernendes System in einer sich ständig verändernden Welt.

Unserer Schule ist wichtig, das elementare, neugiergesteuerte Bewegungsbedürfnis der Kinder aufzugreifen, ihre gelebte Bewegungsfreude zu unterstützen, zu nutzen und ihnen ganzheitlich zu begegnen in der Absicht, dem sinnesaktivem Lernen Vorzug vor kopflastigem Lernen zu geben. Dieses Vorgehen ist ressourcenorientiert und geht von Stärken der Kinder statt von vermeintlichen Schwächen aus. Der Begriff »Bewegte Schule« bezieht sich sowohl auf das soziale System von Schule, in das Lehrkräfte, Schülerinnen und Schüler sowie Eltern mit einbezogen sind, als auch auf das Organisationssystem.

Schule in Bewegung bringen heißt für uns, Schule zu verändern durch eine kind-, lehrerinnen- und lehrer- und lerngerechte Rhythmisierung des Unterrichts, durch bewegtes Lernen, durch bewegte Pausen, durch bewegende, beteiligende und damit gesundheitsfördernde Organisationsstrukturen, durch Öffnung der Schule nach außen, durch vernetztes Denken und Handeln (ABELING/STÄDTLER, 2004).

Im Ergebnis der Umsetzung zeigt sich, wie weit es gelungen ist, den Menschen in den Mittelpunkt des Planungsprozesses zu rücken und gleichzeitig die Unterrichtsqualität zu erhöhen. Über die so gesteuerte Reflektionskultur entscheidet sich letztlich, mit welcher Wirkung zwangsläufig entstehende Konflikte bearbeitet werden können, wenn beispielsweise im Zuge der Unterrichtsentwicklung nicht zielführende »Komfortzonen« einzelner Lehrkräfte überwunden werden müssen.

4. Mit dem Schulprogramm die Übersicht behalten (Ist-Stand), Entwicklungsschritte planen, Verantwortlichkeiten klären und Erfolge sichern

Das Schulprogramm der FNS wird über fünf, sich wechselseitig bedingende Inhaltsbereiche definiert.

Dem Gesundheitsaspekt kommt dabei als übergreifende und zugleich verbindende Klammer zentrale Bedeutung zu. Um den Kern eines jeden Schwerpunktes herum sind die Themenbereiche (Bausteine) angeordnet. Für jeden Schwerpunkt ist eine von der Gesamtkonferenz gewählte Leitung zuständig, die eigenverantwortlich mit ihrem Team die Umsetzung in die Unterrichtspraxis oder in das Schulleben hinein plant und steuert. Sie ist Mitglied im Steuerungsausschuss der Schule. Dieses Steuerungs-System sorgt dafür, dass alle Kollegen beteiligt werden und Verantwortung tragen.

Bezogen auf die Thematik dieses Beitrages werden hier ausgewählte Schulprogrammschwerpunkte vorgestellt, vorwiegend aus dem Bereich »Schule steuern und organisieren«. Ziel ist, die Serviceleistung des Schulprogramms für die Schaffung eines gesundheits- und aktivitätsförderlichen Schulklimas aufzuzeigen, in dem Lehrkräfte bereit sind, Verantwortung zu übernehmen.

Baustein 1:
Steuerungsausschuss: Gleiche Augenhöhe – unterschiedliche Verantwortlichkeiten

Wer hausgemachte »Krankmacher« im traditionellen System Schule verändern will, muss bei den Hierarchien beginnen. An der Fridtjof-Nansen-Schule bedeutete dies, dass ein gewichtiger Teil der der Schulleitung zugeordneten Verantwortlichkeiten auf einen dafür gebildeten Steuerungsausschuss übertragen wurde, der aus je einem Vertreter der fünf Schulprogrammschwerpunkte, einem Schulleitungsmitglied und einem Vertreter des integrierten Horts besteht. Der Ausschuss ist von der Gesamtkonferenz beauftragt, alle wesentlichen Entscheidungen der Schule in den wöchentlichen Kurzsitzungen voranzutreiben und bei Bedarf zu beschließen. Die zu verteilenden »Topf«-Stunden, Öffentlichkeitsarbeit, Projektmanagement, Qualitätssicherung, Sponsoring, Finanzen, interne Organisation von Arbeitsabläufen und Klärung von aktuellen Problemen liegen in den Händen der acht Entscheider. Der Steuerungsausschuss tagt wöchentlich jeweils 25 Minuten; seine Mitglieder sind im Gegenzug von einer Pausenaufsicht entlastet. Bei Entscheidungen hat jedes Mitglied eine Stimme, bei Stimmengleichheit nutzt die/der Vorsitzende die Möglichkeit einer weiteren Stimme, damit auf jeden Fall Entscheidungen getroffen werden können. Der Ausschuss hat Berichtspflicht in der Gesamtkonferenz. Entscheidungen werden für einen festgelegten Zeitraum getroffen und nach verabredeter Probezeit wieder auf den Prüfstand gestellt. Gesundheitsfördernd für alle Kolleginnen und Kollegen ist dabei, dass Entscheidungen für die Schule mutiger, schneller und kompetenter getroffen werden, sogar mit dem geringen Risiko, dabei auch Fehler zu machen. Diese verteilen sich dann genauso wie die Erfolge auf die Schultern vieler.

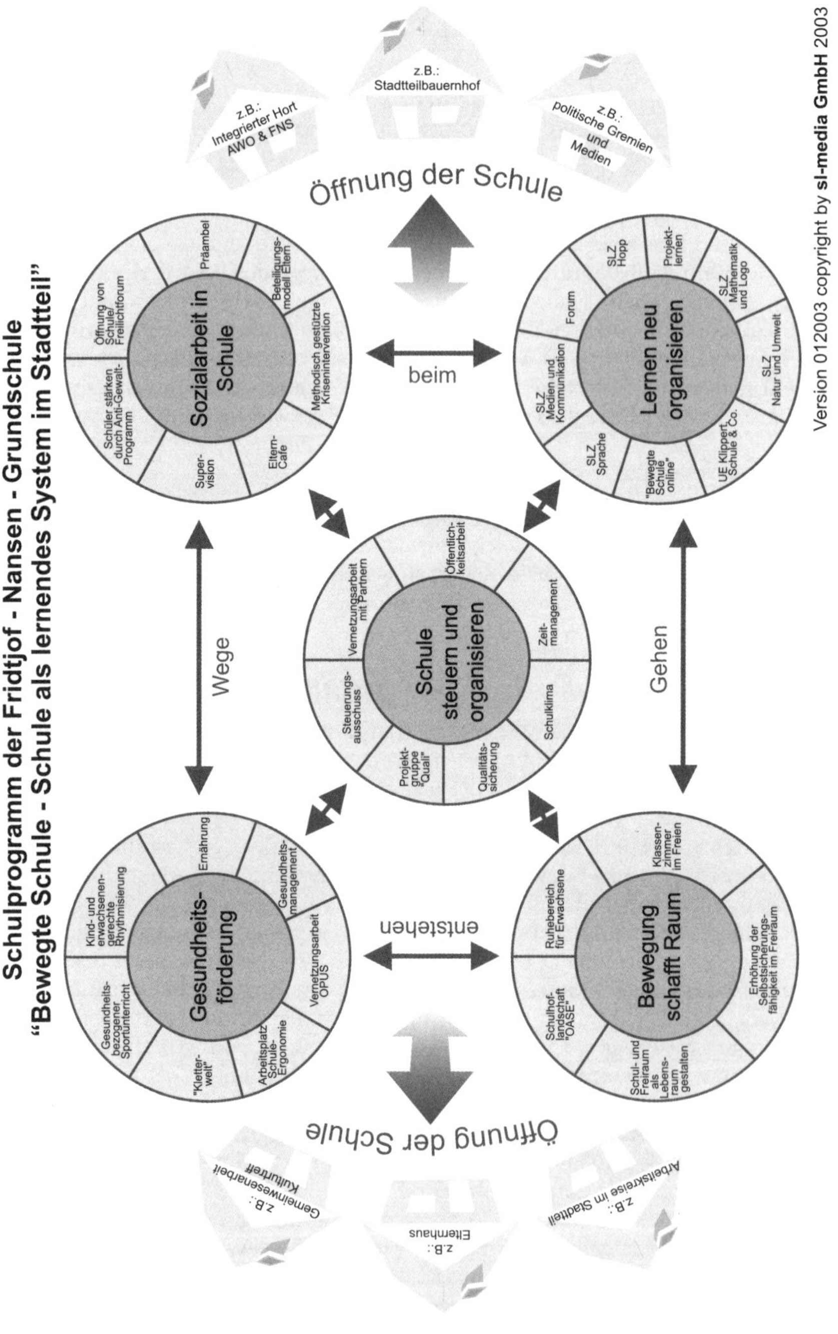

Abb. 3: Schulprogramm der FNS

Baustein 2: Qualitätssicherung: Pädagogische Erfolge bilanzieren

Durch die Teilnahme an mehreren Modellversuchen konnten wir zahlreiche Evaluationsverfahren kennen lernen. Wir erfuhren aus der Zusammenstellung der Ergebnisse viel über die Wirkung unserer Aktivitäten, erkannten gelegentlich abweichende Prozessverläufe und konnten korrigieren. Diese Rückmeldungen führten in unserem Kollegium zu einem neuen Qualitätsverständnis, selbst wenn die angestrebte »Output-Orientierung« bei uns im Blick auf die aktuelle Kompetenz- und Standarddiskussion nicht unumstritten ist. Im Zuge unserer Beteiligung an der Erprobung eines Gesundheits-Audits in Niedersachsen konnten wir erleben, welchen verstärkenden Effekt es haben kann, wenn Schulen sich mit Hilfe von Gesundheitssachverständigen anhand eines Qualitätskriterienkataloges im Abgleich der Selbst- und Fremdeinschätzung ohne Konkurrenz um Rangfolgen gegenseitig kollegial auditieren (Praxisbüro gesunde Schule Hannover, Landesvereinigung für Gesundheit Niedersachsen, 2005).

Aufgrund der positiven (Selbst-) Evaluationserfahrungen werden zurzeit zwei Kolleginnen zu Evaluationsexpertinnen ausgebildet, deren Aufgabe es sein wird, unsere Lehrkräfte mit geeigneten Instrumenten bei der Selbstvergewisserung über die Wirkung ihrer Arbeit zu unterstützen. Dies beinhaltet neben der Rückmeldung über verbesserungswürdige Situationen genauso die Rückmeldung über die erfolgreiche Arbeit der Kollegen, die ohne geplantes Feedback kaum zustande käme. Klare Aussagen über die eigene Wirkung zu erhalten, ist eine wesentliche Variable zur Berufszufriedenheit von Lehrkräften, die in der letzten pädagogischen Erfolgsbilanz mit einem Prozentrang von 92 zurückgemeldet worden ist.

Baustein 3: Schulklima – Wohlfühlen und Berufszufriedenheit

Die Qualität des Schulklimas ist davon abhängig, wie weit es gelingt, Schule als Lern- und Lebensraum zu gestalten. Die klimatischen Bedingungen unserer Schule werden vor allem von der gelebten Wertschätzungskultur und der Identifikation der Lehrkräfte, der Schülerinnen und der Schüler mit ihrer Schule beeinflusst. Die Präambel gilt als Grundvereinbarung für das Zusammenleben in der Fridtjof-Nansen-Schule. Davon sind fünf Verhaltensregeln abgeleitet, die in altersunterschiedlicher Ausprägung den Orientierungsrahmen für die wertschätzende Gestaltung des Schullebens für Kinder und Erwachsene gleichermaßen vorgeben. Die Berufszufriedenheit und der Krankenstand sind Indikatoren für die Bewertung des Klimas. Selbst wenn es von allen beeinflusst wird und auch Rahmenbedingungen eine zentrale Rolle spielen, ist permanente Steuerung nötig. Zuständig sind das Sozialarbeiterteam, der Personalrat und die Schulleitung in enger Verknüpfung mit dem Schwerpunkt »Sozialarbeit in der Schule«.

Baustein 4: Zeitmanagement – Mit eigener und fremder Lebenszeit verantwortlich im System Schule umgehen

Der sorgfältige Umgang mit Zeit ist ein Qualitätsmerkmal von bewegter und gesunder Schule, sofern Kräftepotentiale primär von den Ressourcen des Kollegiums her gedacht und im Blick auf die zu erreichenden Ziele in ein Anforderungsprofil gebracht werden, das zu bewältigen ist. Damit versuchen wir, unserem auf Dauer krankmachenden Überlastungsgefühl (»Wir werden nie fertig«) entgegenzuwirken und offen für lohnende Entwicklungsimpulse zu bleiben.

Im Zuge unseres sorgfältigen Umgangs mit Zeit trennen wir zwischen Kerngeschäft und »Luxus«-Aktivitäten, priorisieren in Abhängigkeit von vorhandenen Zeitressourcen und entscheiden bei neuen Anforderungen in Abhängigkeit von ihrer Bedeutung für die Schule jeweils neu, mit welcher Intensität wir uns ihnen widmen. Denn die professionelle Annahme einer neuen Aufgabe setzt voraus, dass eine andere Aufgabe bereits erledigt ist und wieder Zeitressourcen frei geworden sind oder bereits bestehende Aufgaben im Zuge der Priorisierung entfallen müssen. Die Priorisierung und die Identifizierung von heimlichen Zeitfressern im laufenden Schulalltag werden im Steuerungsausschuss vorgenommen. Mit Zeit besser umzugehen heißt für uns auch, neben der Verbesserung der Rahmenbedingungen die Selbstorganisation durch effizientes Zeitmanagement wirksamer zu gestalten. Dies berührt u. a. Fragen zur Unterrichtsplanung und Methodik, zur realistischen Zeitplanung, zu selbst gesetzten Ruhepunkten im Schulalltag und im Unterricht, des Mutes, unvorhersehbare Störungen einzuplanen, der erfolgreichen Anfertigung von To-do-Listen und der eingebauten Belohnung.

Den Schulalltag zu rhythmisieren und Zeitfenster für wichtige Routineaufgaben einzurichten, wird im Schulprogramm-Baustein kind- und lehrergerechte Rhythmisierung vorgenommen.

Baustein 5: Öffentlichkeitsarbeit – Feedback-Kultur und Öffnung von Schule

»Tue Gutes und rede darüber«. Diese zuversichtliche Auffassung ist Grundlage für diesen Themenbereich und spiegelt gleichzeitig das gesellschaftliche Verständnis unseres Kollegiums wider. Die Öffentlichkeit durch geeignete Medien und Veranstaltungen über die pädagogische Arbeit, über die Erfolge, aber auch über die Schwierigkeiten der Kinder zu informieren, ist u. E. politische Notwendigkeit, sorgt für Teilhabe und nicht selten auch für die Übernahme sozialer Bildungsverantwortung durch Außenstehende. Sie führt auch dazu, dass die Institution Schule mit der Qualität ihrer Arbeit wahrgenommen wird, sie ist eine Form der Öffnung von Schule. Öffentlichkeitsarbeit liegt in der Zuständigkeit der Schulleitung.

Lehrkräfte erfahren bei ehrlicher Berichterstattung auch öffentliche Bestätigung ihrer Arbeit, was ganz im Gegensatz zur Pisa-Schelte zu ihrer Berufszufriedenheit und ihrer Gesundheit fördernd beiträgt.

Baustein 6: Vernetzung mit Partnern – Ressourcenbündelung

Die Öffnung von Schule und Ressourcenbündelung sind Gründe für die – relativ aufwändige – Vernetzungsarbeit mit Partnern. Wir wollen damit einerseits Ergebnisse durch die Hereinnahme von außerschulischen Kompetenzen optimieren und anderseits die Belastungen durch fachfremde Arbeit für Lehrkräfte senken. Unter dem Aspekt einer immer anzustellenden Kosten-Nutzen-Rechnung haben sich Kooperationen mit kompetenten Partnern aus gesundheitsfördernden Institutionen gelohnt, genauso wie der Einbezug von außen stehenden Experten (Psychologen, Schulprozessberater, Evaluationsexperten), die aufgrund ihrer Neutralität Schulentwicklungsprozesse besonders gut begleiten können. Vernetzungsentscheidungen werden wegen ihrer grundlegenden Bedeutung im Steuerungsausschuss getroffen.

Baustein 7: Kind- und lehrergerechte Rhythmisierung – Belastung, Entlastung und Effizienz

Der Schulvormittag wird im rhythmischen Wechsel zwischen Belastung und Entspannung gegliedert. Das beginnt mit einem gleitenden Einstieg: Ab 8.00 Uhr ist das Schulgebäude für die Kinder geöffnet; die Lehrkräfte sind ab 8.15 Uhr in der Klasse und bis 8.30 Uhr müssen alle Kinder im Klassenraum eingetroffen sein, um den Unterricht mit einem Ritual im Sitzkreis zu beginnen. Gefrühstückt wird im Anschluss an die 25-minütige große Pause im Klassenverband. Wir haben im Laufe der Jahre gemerkt, wie wichtig, weil gesundheitsfördernd, der sorgfältige Umgang mit der eigenen Lebenszeit und mit der der anderen ist. In den Pausen haben daher dienstliche Angelegenheiten zurückzustehen. Professionelle und durchdachte Informationsweitergabe trägt zur Schonung des notwendigen Erholungsraums zwischen den Unterrichtsstunden bei. Elterngespräche in den Pausen sind nur in Notfällen zugelassen. Dafür werden Termine nach dem Unterricht verabredet. Dies sorgt für entspannte Gespräche, die von allen Beteiligten vorbereitet sind und neben einer höheren Zielorientierung auch höhere Wertschätzung erwarten lassen.

Anfangs- und Schlusszeiten der Konferenzen sind verbindlich festgelegt; das sorgt für Selbstdisziplinierung und Sachbezogenheit aller Konferenzbeteiligten. Dieses neue Verständnis im Umgang mit Arbeitszeit/Lebenszeit ist in enger Verknüpfung mit dem Schwerpunkt »Schule steuern und organisieren« entstanden, in dem durch Zeitmanagement stressbedingten Überlastungssituationen entgegengesteuert werden soll. So praktizieren wir seit zwei Jahren ein Modell, in dem wöchentlich 45 Minuten außerunterrichtliche Arbeitszeit in die Schule verlegt werden. Wir treffen uns jeweils am Dienstag nach der 5. Stunde im Plenum und arbeiten dann je nach Bedarf in Kleingruppen oder im Gesamtkollegium. Diese Rhythmisierung spart viel Konferenz- und Wegezeit und trägt deutlich zur Arbeitszufriedenheit im Kollegium bei. Außerdem gelingt es uns durch diese Organisationsform, den Informationsfluss für alle Kollegiumsmitglieder aktuell zu halten und notwendige Entscheidungen zeitnah zu treffen.

Baustein 8: Unterrichtsentwicklung – Professionelles Selbstverständnis

Selbstverständlich ist es effizient und entlastend, wenn sich Lehrkräfte auf Inhalte, Methoden und Rituale einigen können. Dies geschieht bei uns durch die für alle Klassen verbindliche Unterrichtssystematik und weitere Qualitätskategorien der Unterrichtsentwicklung im Zuge des Eigenverantwortlichen Lernens und Arbeitens nach Klippert (1999). Die Realisierung des Ziels der nachhaltigen Umsetzung eines gemeinsamen pädagogischen und methodischen Nenners setzt in unserer Schule starke Steuerungsenergie und die immer wieder neu anzufachende Bereitschaft des Kollegiums voraus, Vertrauen in die erst mittelfristig zu erwartende Wirkung der neuen Lernstrategien zu investieren und die Durststrecke bis zum Erfolg trotz nicht unmittelbar ablesbarer Verbesserungen durchzuhalten. Hilfreich wäre es, wenn sich der Entlastungseffekt für Schüler und Lehrkräfte relativ zeitnah einstellen würde. Auch dieser Baustein wird von einer Projektgruppe »Unterrichtsentwicklung« aus dem Schwerpunkt »Lernen neu organisieren« gesteuert. Diese Gruppe setzt sich je aus einem Jahrgangsvertreter und aus dem Schwerpunktleiter zusammen.

Baustein 9:
Forum – Präsentation, Bestätigung und Identifikation

Regelmäßige Schulvollversammlungen tragen zur Identifizierung mit der Schule bei und sind Ausdruck von praktischer Anerkennungskultur außerhalb der Zensurengebung. Alle zwei Wochen treffen sich freitags alle Schülerinnen, Schüler, Lehrkräfte, Mitarbeiterinnen, Mitarbeiter und interessierte Eltern, Geschwister und Verwandte zum Forum. Diese Veranstaltung wird jeweils von einem Jahrgang geplant und durchgeführt. Es geht darum zu zeigen, was in den letzten Wochen gelernt worden ist, was die Klassen gerade beschäftigt und es wird von Klassenfahrten oder besonderen Unternehmungen berichtet. Wichtig ist, dass alle Schülerinnen und Schüler des Jahrgangs eine Aufgabe bei der Präsentation auf der großen Bühne übernehmen, je nach Können und Neigung. Diesem Termin fiebern Schülerinnen und Schüler aufgeregt entgegen, geht es doch darum zu zeigen, was inzwischen Neues gekonnt wird. Ein festes Ritual hält Spannung und Entspannung in der Waage: Die Schulleitung begrüßt, nutzt die Gelegenheit, ein oder zwei wichtige Sachen des täglichen Schullebens knapp zu thematisieren und übergibt den Klassen die Bühne und die Verantwortung für den weiteren Verlauf. Am Schluss ist immer ein Mitmachteil mit Gesang und Bewegung vorgesehen, den bis zu vierhundert Zuschauer gespannt erwarten, bevor sie dann erfüllt in das Wochenende gehen.

Baustein 10:
Supervision – Rollenverständnis professionell klären

Die Möglichkeit, sich mit berufsbezogenen Alltagsbelastungen fachmoderiert in einem geschützten Raum auseinander zu setzen, nutzen etliche Kolleginnen und Kollegen sowie die Schulleitung in unregelmäßigen Abständen. Dies trägt dazu bei, mit Schwierigkeiten geordneter umzugehen, Wirkungszusammenhänge zu erkennen und die eigene Rollenklärung permanent wach zu halten und zu betreiben. Dabei helfen erwachsenenspezifische Methoden, auf die es sich einzulassen lohnt. Durch Supervision wird die Selbstwirksamkeit von Personen im personalen und berufsbezogenen Bereich gestärkt, was u. E. als wesentliche Voraussetzung zur Erhaltung der Berufszufriedenheit und Gesundheit anzusehen ist.

5. Schluss

Es gibt unterschiedliche Ansichten darüber, wie schulische Entwicklungsprozesse und Profilbildungen in Gang gesetzt, unterstützt und aufrechterhalten werden können. Während in Verfahren der Organisationsentwicklung der Unterricht als Kern der Schulentwicklung deutlich vernachlässigt wird, führt die einseitige Konzentration auf Unterrichtsprobleme, Unterrichtsentwicklung und Methodentraining dazu, den systematischen Zusammenhang der Schule aus den Augen zu verlieren. Konzepte, die weder basisorientiert sind, noch die Bedürfnisse, Erfahrungen, und Kenntnisse der Beteiligten mit einbeziehen, sind unserer Erfahrung nach nicht tragfähig. Deshalb setzen wir auf ein eher pragmatisches Vorgehen, das die Alltagsbelastungen von Lehrkräften berücksichtigt, ihre Leistung anerkennt und an originär pädagogischen Fragestellungen ansetzt.

Eine besondere Bedeutung hat das Schulprogramm, in dem sich die an der Schule Beteiligten in einem pädagogischen Diskurs auf die zentralen erzieherischen Zielsetzungen verständigen. Wesentlich ist, die Hauptakteure von Anfang an an der Entwicklung zu beteiligen, um Potentiale richtig einzuschätzen und die Frage der Verstehbarkeit, der Handhabbarkeit und der Sinnhaftigkeit aus der Perspektive der Lehrpersonen im Entstehungsprozess begleitend zu stellen. Beteiligungsmodelle sind besonders gewinnbringend, wenn beteiligte Lehrkräfte die notwendigen Befugnisse zur Umsetzung im Schulalltag erhalten. Steuern bedeutet, verbindlich dafür sorgen zu können, dass die Umsetzung gelingt. Eine Steuergruppe muss deshalb eindeutige Befugnisse erhalten, wenn sie Wirkung erzielen will. Die Schulleitung hat flankierende Funktion und muss die Entscheidung der Steuergruppe konsequent stützen und somit auch gegen Widerstände Erfolge sichern. Deshalb arbeitet die Steuergruppe der FNS schon über Jahre hinweg hoch motiviert und kompetent. Sie übernimmt engagiert und erfolgreich die Verantwortung für die Steuerung von Entwicklungsprozessen.

Ressourcenorientierte Schulentwicklung, die ausgehend vom Kräftepotential des Kollegiums zu realistischen und innovativen Anforderungsprofilen führt, nimmt die Lehrkräfte ernst und motiviert sie zur aktiven Mitarbeit und zur Übernahme von schulischer Verantwortung.

Bezogen auf das eingangs formulierte Erklärungsmodell der Salutogenese liefert das Konzept der Eigenverantwortlichen Schule die notwendigen Freiräume, um kohärent, selbstverantwortlich und professionell in der Schule zu arbeiten. Es kommt darauf an, sich die Frage der Verstehbarkeit, Handhabbarkeit und der Sinnhaftigkeit immer wieder neu zu stellen und sich dabei seiner eigenen Motivation, seiner Rolle und damit seiner Selbstwirksamkeit in der Schule selbst zu vergewissern. Dies ist die beste Voraussetzung, schulische Verantwortung im Rahmen eigener Ressourcen zu übernehmen.

Literatur

Antonowsky, Aaron: Salutogenese. Zur Entmystifizierung der Gesundheit, Tübingen, 1997.

Abeling, Insa/Städtler, Hermann: Lernen mit Kopf, Herz, Hand und Fuß in der Fridtjof-Nansen-Schule Hannover. In: Zimmer, R./Hunger, I. (Hrsg.): Wahrnehmen – Bewegen – Lernen, Kindheit in Bewegung, Schorndorf, 2004, S. 77 – 82.

Jens Mau/Norbert Schack

Verbesserung der Unterrichtsqualität als Teil der Schulentwicklung: Neue Formen des Lernens

Experten sind sich einig: es muss sich etwas ändern. Das haben die Ergebnisse aller internationalen Vergleichsstudien aufgezeigt. Inzwischen hat die Bildungspolitik reagiert, erste Erfolge werden sichtbar: 2003 beschließt die Konferenz der Kultusminister »Bildungsstandards für den Mittleren Schulabschluss«, ab 2004 werden bundesweit Kerncurricula mit zu erreichenden Kompetenzen für den mittleren Bildungsabschluss formuliert, seit 2002 (letzte Fassung 2006) gibt der »Orientierungsrahmen Schulqualität in Niedersachsen« den Schulen vielfältige Anregungen für ihre Qualitätsentwicklung.

Den aktuellen bildungspolitischen Vorgaben liegt eine gemeinsame Erkenntnis zugrunde: Wenn sich die Qualität von Schule nachhaltig und nachprüfbar verbessern soll, muss sich der Unterricht verändern. Darüber, was guter Unterricht ist, wird gegenwärtig intensiv nachgedacht (vgl. Meyer, 2004/Helmke, 2006 und 2007; Friedrich Jahresheft XXV/2007). Unterrichtsentwicklung, bzw. die Verbesserung der Unterrichtsqualität, vielfach auch als Kern von Schulentwicklung bezeichnet, wird nur gelingen, wenn sie systematisch erfolgt und eng mit dem Schulentwicklungsmanagement verschränkt wird. Das Ziel ist dabei klar formuliert: Schülerinnen und Schüler sollen möglichst selbstgesteuert und nachhaltig lernen. Im Unterricht sollen sie Schlüsselqualifikationen erwerben, die sie für das »Lebenslange Lernen« in der immer komplexeren Informationsgesellschaft dringend brauchen (vgl. Weinert, 2000).

Nötig sind dazu Veränderungen auf mehreren Ebenen: *Bei den Schülerinnen und Schülern* – sie sollen in systematischen Trainings Basiskompetenzen erwerben, die sie zum »Selbstgesteuerten Lernen« befähigen. *Bei den Lehrerinnen und Lehrern* – sie sollen in ihren Bemühungen unterstützt werden, gemeinsam neue Formen des Lernens im Fachunterricht zu verankern und zu pflegen. *Bei den Schulleitungen* – sie sollen den Gesamtprozess der Verbesserung der Unterrichtsqualität steuern, d. h. ihn systematisch implementieren, begleiten und evaluieren. Erfolgreiche Beispiele zeigen, dass sich die Unterrichtsqualität nachprüfbar verbessert, wenn Unterrichtsentwicklung systematisch betrieben wird (vgl. Bastian/Rolff, 2002).

1. Qualitätsentwicklung in Sachen Unterricht (Jens Mau)

Den Ansprüchen eines auf hohem fachlichen Niveau stehenden und auf nachhaltigen Kompetenzerwerb ausgerichteten Unterrichts zu genügen, erfordert von Lehrkräften Fachwissen, methodische Kompetenz und diagnostische Fähigkeiten – kurz gesagt: hohe Professionalität.

1.1 Unterricht in seiner Gesamtheit in den Blick nehmen

Das bestehende Unterstützungssystem zur Unterrichtsqualität nimmt vorrangig die fachlichen Aspekte des Unterrichts in den Blick, und dies getrennt für jedes Fach. Es ist voll ausgebaut nur im Bereich der Gymnasien, Gesamtschulen und Berufsbildenden Schulen vorzufinden. Für Grund-, Haupt-, Real- und Förderschulen existiert lediglich eine Fachberatung für den Religions- und Sportunterricht, den Fachbereich Arbeit – Wirtschaft – Technik, den Verkehrsunterricht und eine allgemeine sonderpädagogische Fachberatung, die jedoch nicht den Unterricht in seiner Gesamtheit in den Blick nehmen. Neben dieser Fachberatung

- wurden im Zuge der neu eingeführten Dokumentation der individuellen Lernentwicklung nach Durchführung einer Pilotphase zur Erprobung von Verfahren Multiplikatorinnen und Multiplikatoren qualifiziert, die den Schulen bei der Einführung der Dokumentationsverfahren Beratung und Unterstützung anbieten.
- werden zur Weiterentwicklung der fachübergreifenden Kompetenzen von Lehrkräften sowie Schülerinnen und Schülern zurzeit 120 Trainerinnen und Trainer für Systematische Verbesserung der Unterrichtsqualität ausgebildet.
- sollen für den Bereich der Grund-, Haupt-, Real- und Förderschulen zu den bestehenden Fachberatungen weitere für die »Kernfächer« Deutsch, Mathematik, Englisch, 2. Fremdsprache (in der Regel Französisch) und die Fachbereiche Naturwissenschaften, Gesellschaftswissenschaften und Musisch-kulturelle Bildung, für den Bereich der Grundschulen für die Fächer Deutsch, Mathematik, Sachunterricht und Englisch und den Fachbereich Musisch-Kulturelle Bildung eingerichtet werden.

Es ist unschwer erkennbar, dass damit rund um das Kerngeschäft der Schule – den Unterricht – verschiedene, nicht aufeinander bezogene Unterstützungssysteme zur Hebung der Unterrichtsqualität angeboten werden. Ungewollt treten diese Systeme in Konkurrenz zueinander, was Auseinandersetzungen in Schulen und Schulbehörden sowie der Fachwelt über den Sinn der jeweiligen Maßnahmen herausfordert. Anstatt den Unterricht zugleich mit seinen fachlich-inhaltlichen, fachmethodischen und fachübergreifend-methodischen Aspekten in den Blick zu nehmen, werden Stellvertreter-Kriege der Verfechter einzelner Aspekte geführt. Dies führt zu Verunsicherung und Polarisierung in den Lehrerkollegien und lähmt den so dringend nötigen Reformprozess des Unterrichts.

Unterricht ist ein hoch komplexes Geschehen, dessen Wirkungen und Ergebnisse durch eine Vielzahl unterschiedlichster Faktoren beeinflusst wird. Sicher sind neben der Fachlichkeit auch Individualisierung, Kommunikation, Kooperation und Methodik wesentliche Zugänge zu diesem Geschehen. Sie stehen in intensiver Wechselwirkung zueinander und bestimmen maßgeblich das Ergebnis des Unterrichts.

Was läge also näher, als ein gemeinsames Qualifizierungsangebot für Lehrkräfte zu entwickeln? An die Stelle verschiedener Qualifizierungen, die von jeweils eigens dafür ausgebildeten Personen angeboten werden, träte ein neues Unterstützungsangebot zur Qualitätsentwicklung des Unterrichts, dass alle Aspekte gemeinsam in den Blick nimmt und flexibel auf die je individuellen Bedarfe eines Lehrerkollegiums angepasst werden kann.

1.2 Fachberatung erweitern – Synthese aus fachlichen und überfachlichen Kompetenzen

Der Ausbau der Fachberatung (s. o.) wird einhergehen mit einer inhaltlichen Erweiterung der Aufgabe: Ziel muss es sein, den Schulen aller Schulformen auf der Grundlage systematischer schulinterner und externer Evaluation eine bedarfsgerechte Unterstützung zur Qualitätsentwicklung des Unterrichts in all seinen Facetten anzubieten. Fachberaterinnen und -berater müssen deshalb sowohl über Kenntnisse aktueller fachwissenschaftlicher Entwicklungen als auch über fundierte fachdidaktische und -methodische Kompetenzen ebenso wie über Fähigkeiten zur Implementierung methoden- und teamorientierter Lehr- und Lernaktivitäten an Schulen und zur individuellen Lernplanung verfügen. Gleiches gilt für die für im Bereich der Gymnasien und Berufsbildenden Schulen tätigen Fachberaterinnen und Fachberater sowie für die Fachmoderatorinnen und -moderatoren der Gesamtschulen.

Die Fachberaterinnen und Fachberater werden in Methoden- und Teamkompetenz und in der Implementierung selbstgesteuerten Lernens durch Trainerinnen und Trainer für Unterrichtsqualität qualifiziert. Auch werden sie eine Qualifizierung in Verfahren zur Ermittlung individueller Lernstände als Grundlage individueller Förderplanung für Schülerinnen und Schüler erhalten.

In Anlehnung an die Aufgaben der Fachberatung bzw. -moderation für die Bereiche der Gymnasien, Gesamtschulen und berufsbildenden Schulen gehören darüber hinaus zu den Aufgaben der neuen Fachberaterinnen und Fachberater für die Bereiche der Grundschule sowie der Förder-, Haupt- und Realschulen:

- unterrichtsbezogene Beratung und Vermittlung neuer fachwissenschaftlicher und fachdidaktischer Erkenntnisse,
- Unterstützung der Schule bei der Schulprogrammentwicklung,
- Beratung bzw. Mitwirkung bei
  - der Qualitätsentwicklung und -sicherung vor dem Hintergrund der Ergebnisse der Vergleichsarbeiten, Abschlussprüfungen sowie des Inspektionsberichts,
  - dienstlichen Beurteilungen von Lehrkräften und bei Unterrichtsbesuchen,
  - der Erstellung von Aufgaben und thematischen Schwerpunkte für Vergleichsarbeiten und Abschlussprüfungen bei der obersten Schulbehörde,
  - der abschließenden Beschwerdebearbeitung durch die Schule,
  - der schulinternen und schulübergreifenden Fortbildung auf der Grundlage des von der Schule festgestellten Fortbildungsbedarfs,
- Zusammenarbeit mit außerschulischen Institutionen, Mithilfe bei der Vermittlung schulischer und außerschulischer Kooperationspartner und Koordinierung des Erfahrungsaustausches zwischen den Schulen.

1.3 Fachberatung für Unterrichtsqualität – Koordinierung, Begleitung und Beratung in Sachen Unterricht

Es wird darauf ankommen, die unterschiedlichen Facetten der Unterstützung für eine verbesserte Unterrichtsqualität miteinander wirksam werden zu lassen, um Synergien zu nutzen. Um die Schulen auch jenseits der städtischen Zentren zu erreichen, brauchen wir regional verteilte Ansprechpartner, quasi als Knotenpunkte eines Unterstützungsnetzwerks, das die verschiedenen Kompetenzen der Beratung, Begleitung und Qualifizierung in Sachen Unterricht miteinander in Beziehung setzt. Dies werden Fachberaterinnen und -berater für Unterrichtsqualität sein.

Zu ihren Aufgaben gehört insbesondere die Koordinierung des Einsatzes der Fachberaterinnen und Fachberater für den Fachunterricht, der Fachberaterinnen und Fachberater für die Bereiche individueller Förderung von Schülerinnen und Schülern sowie von Multiplikatorinnen und Multiplikatoren für die Kerncurricula und die individuelle Lernentwicklung. Zugleich werden sie auf Nachfrage Schulleiterinnen und Schulleiter sowie schulische Steuergruppen im Prozess der Entwicklung der Unterrichtsqualität begleiten und beraten: hinsichtlich der Förderung von Schülerinnen und Schülern, der Umsetzung zentraler Vorgaben für den Unterricht und der schulischen Konzeptentwicklung zur Unterrichtsqualität. Sie werden dementsprechend in folgenden Bereichen qualifiziert:

- Beratung von Schulleitungen, Lehrkräften und schulischen Steuergruppen
- Planung, Durchführung und Evaluation von Fortbildungen
- Bildungsstandards, Kerncurricula und deren Implementation
- Lernstandsdiagnose und Planung individueller Förderung
- Methoden-, Medien- und Teamkompetenz

Was Udo Stein zur Entwicklung schulinterner Arbeitspläne als Teil der Curriculumentwicklung ausführt, kann ohne weiteres übertragen werden auf diese Aufgabe: »... das ›Schulinterne Curriculum‹ (muss) als die Summe miteinander verzahnter Einzelcurricula verstanden werden.« Auch die Koordinierung und Zusammenführung der Unterstützungsangebote zur Qualitätsentwicklung des Unterrichts zu einem Ganzen ist die Bildung einer Summe miteinander verzahnter Einzelbereiche.

2. Selbstgesteuertes Lernen (Norbert Schack)

Das hochgesteckte Ziel »Selbstgesteuertes Lernen« verlangt von allen am Bildungsprozess Beteiligten ein Umdenken über das, was im Unterricht passieren soll. Zwar müssen die Lehrkräfte nach wie vor ausgewiesene Experten ihres Faches sein, künftig werden sie aber stärker in ihrer Rolle als Initiatoren, Moderatoren und Begleiter der Lernenden gefordert sein. Selbstgesteuertes Lernen heißt: Schülerinnen und Schüler sollen mehr Verantwortung für ihren Lernprozess übernehmen. Dies lässt sich nicht von heute auf morgen erreichen. Zunächst müssen Schülerinnen und Schüler in Basistrainings grundlegende Lern- und Arbeitstechniken, Kommunikationstechniken und Teamtechniken erlernen (siehe Abschnitt 3). Wenn diese dann im Fachunterricht systematisch angewendet und gepflegt werden (siehe Abschnitt 4), entstehen allmählich neue Routinen, sowohl auf der Schüler- als auch auf der Lehrerseite. Lehrer, die sich bereits an einer systematischen Verbesserung der Unterrichtsqualität beteiligen und die neuen Formen des Lernens in ihrem Fachunterricht nutzen, machen die Erfahrung, dass die Beteiligung der Schülerinnen und Schüler breiter wird, dass sie aktiver mitarbeiten, bereitwilliger und sicherer als früher ihre Ergebnisse vortragen und dabei ganz selbstverständlich sowohl elementare Kommunikationsregeln beherrschen als auch elektronische Medien und moderne Präsentationstechniken einsetzen.

Im Laufe dieses Prozesses verändert sich der Unterricht insgesamt und damit auch die Rolle der Lehrkräfte (Abschnitt 5). Mit zunehmender Beherrschung der neuen Routinen können Schülerinnen und Schüler immer komplexere Aufgaben lösen. Sie werden in die Lage versetzt, selbst zu entscheiden, wie sie ihr Lernen organisieren, welche Lern- und Arbeitstechniken sie dazu einsetzen, auf welche Weise und in welcher Form sie ihr Arbeitsergebnis präsentieren, wie sie das erreichte Ergebnis bewerten, wie sie am Ende den durchlaufenen Arbeitsprozess kritisch reflektieren und welche Schlussfolgerungen sie daraus für weitere Arbeitsvorhaben ziehen.

Zugegeben: Dies ist ein hoher Anspruch. Schülerinnen und Schüler müssen darauf vorbereitet, Lehrerinnen und Lehrer dafür qualifiziert und unterstützt werden. Den dafür nötigen schulischen Prozess bezeichnen wir als Systematische Verbesserung der Unterrichtsqualität (siehe Abschnitt 7). Dazu gehören eine Reihe von Qualifizierungs-, Beratungs- und Unterstützungsmaßnahmen auf verschiedenen Ebenen, die im Einzelnen vorgestellt werden (siehe Abschnitt 6).

3. Ohne Basiskompetenzen geht es nicht

Damit Schülerinnen und Schüler den Anforderungen komplexer Aufgaben gewachsen sind, müssen sie eine Vielzahl von Kompetenzen beherrschen. Diese sollen durch intensives Training möglichst handlungsorientiert erworben, immer wieder reflektiert und im Unterricht angewendet werden.

Im Basistraining »Arbeits- und Lerntechniken« geht es um verschiedene Methoden der Arbeits-, Zeit-, Lernplanung und Reflexion des Arbeitsprozesses, um verschiedene Methoden der Informationsbeschaffung und -erfassung sowie um verschiedene Methoden der Informationsverarbeitung und Präsentation.

Im »Kommunikationstraining« erwerben Schülerinnen und Schüler grundlegende Strategien und Techniken der themenzentrierten Kommunikation. Das beginnt mit dem Nachdenken über Kommunikation und der freien Rede, wird fortgeführt mit Diskussionsführung, aktivem Zuhören und konstruktivem Miteinander Reden und gipfelt in rhetorisch überzeugender Vortragsgestaltung und komplexen Kommunikations- und Interaktionsformen (vgl. Klippert, 2000).

Im Basistraining »Teamentwicklung« werden elementare Kooperationstechniken und -strategien systematisch eingeübt, indem Gruppenprozesse problematisiert und reflektiert sowie Regeln entwickelt und angewendet werden. »Natürlich müssen die Intensivphasen der Teamentwicklung nicht losgelöst von fachlichen Inhalten erfolgen, sondern können sehr wohl fach- und themenspezifisch eingebunden sein. Nur geht es in diesen Phasen nicht allein um die Inhalte, sondern auch und zugleich um teamspezifische Reflexionen und Klärungen.

In den Basistrainings stehen die überfachlichen Kompetenzen im Vordergrund. Diese werden an exemplarischen fachlichen Inhalten in Trainingsspiralen entwickelt (Abb. 1).

Abb. 1: Trainingsspirale nach Höfer/Madelung, 2006

Integriert in die Basistrainings werden Lernarrangements des kooperativen Lernens (vgl. Norm Green/Cathy Green, 2006 und Brüning/Saum, 2006) sowie soziale Trainingsschwerpunkte, die sich an vielen Schulen bereits in anderen Zusammenhängen bewährt haben[1].

Die Basistrainings werden in der Regel mit allen Schülern eines Jahrgangs zeitgleich durchgeführt. Die Lehrerinnen und Lehrer arbeiten währenddessen in Klassen- bzw. Jahrgangsteams, sowohl in der Vorbereitung als auch bei der Durchführung und Auswertung. Die dabei gemachten Erfahrungen werden gemeinsam reflektiert und fließen in die Weiterentwicklung des schuleigenen Curriculums (vgl. Lohmann in diesem Buch und Orientierungsrahmen Schulqualität in Niedersachsen) ein.

4. Selbstgesteuertes Lernen im Fachunterricht

Nur wenn es gelingt, dass die Basiskompetenzen im Fachunterricht anzuwenden, zu pflegen und Routinen zu entwickeln, können Schülerinnen und Schüler ihren individuellen Lernweg finden und den Lernprozess nachhaltig erfolgreich gestalten. Nach den Basistrainings kommt es darauf an, die erlernten überfachlichen Kompetenzen in den verschiedenen Unterrichtsfächern sicher anzuwenden. Dies geschieht mit Hilfe sogenannter Lernspiralen (Abb. 2).

Hierbei stehen fachliche Inhalte im Vordergrund. In die einzelnen Unterrichtsphasen – Sensibilisierung, Erarbeitung, Transfer – fließen ausgewählte **M**ethoden-[2], **K**ommunikations- und **T**eamkompetenzen ein. Da die Schülerinnen und Schüler erst nach den Trainingswochen über Basiskompetenzen verfügen, werden die heranzuziehenden Kompetenzen anfangs durch so genannte »strukturierte Aufgaben« vorgegeben. Allmählich werden dann die Vorgaben der Lehrkräfte zugunsten höherer Schülerselbstständigkeit immer weiter zurückgefahren, um Selbstgesteuertes Lernen gezielt anzubahnen.

Zentrale Bedeutung hat dabei die Progression der Aufgabenstellung. Schrittweise sollen Aufgaben komplexer werden und der Unterricht alle Ebenen der Bloomschen Taxonomie (1. Kenntnis, 2. Verstehen, 3. Anwendung, 4. Analyse, 5. Synthese, 6. Bewertung) erreichen (vgl. Becker, 2007). Gleichzeitig sind die multiplen Intelligenzen der Schülerinnen und Schüler zu berücksichtigen (vgl. Gardner, 2002). Haben die Schülerinnen und Schüler genügend Erfahrungen mit der Bewältigung strukturierter Aufgaben gesammelt und sind sowohl ihre fachlichen als auch die überfachlichen Kompetenzen entsprechend entwickelt, sollten sie an komplexere Aufgaben herangeführt werden. Dies sind Aufgaben, »die oft einfach formuliert sind, die aber auf mehr als eine Art und Weise gelöst werden können. Das bedeutet, die Schülerinnen und Schüler sind ... fähig, einen Lösungs- bzw. Bearbeitungsweg selbständig zu entwerfen; sie bleiben an der Arbeit und sie sind auch in der Lage, die Prozesse und das Ergebnis des Lernprozesses zu reflektieren« (vgl. Tschekan, 2006) (Abb. 3).

---

1 Z. B. ausgewählte Übungen aus dem Programm »Erwachsen werden« von Lions Quest sowie Anregungen der schulischen Beratungslehrkräfte.

2 Mit Methoden sind hier und im Folgenden die Lern- und Arbeitstechniken gemeint, die in den Basistrainings zum Selbstgesteuerten Lernen vermittelt werden.

Abb. 2: Lernspirale nach Höfer/Madelung, 2006

Abb. 3: Selbstgesteuertes Lernen (SegeL) im Fachunterricht nach Höfer/Madelung

Beim Selbstgesteuerten Lernen im Fachunterricht (SegeL) sind fachlicher Inhalt und überfachliche Kompetenzen systematisch und gleichgewichtig aufeinander bezogen. Die Schülerinnen und Schüler nehmen sich – in Absprache mit der Lehrkraft – ein bestimmtes Thema vor und formulieren dazu eigenständig Problemstellungen und Hypothesen. Sie legen Ziele ihrer Arbeit fest, planen die notwendigen Arbeitsschritte und entscheiden selbstständig über die Anwendung adäquater überfachlicher Kompetenzen und darüber, auf welchem Wege und in welcher Form sie die Ergebnisse ihrer Arbeit präsentieren. Anschließend reflektieren sie den gesamten Arbeitsprozess, schätzen das Geleistete selbstkritisch ein und stellen sich dem Feedback der Lerngruppe und der Lehrkraft.

5. Die veränderte Rolle der Lehrkräfte

Aus dem bisher Gesagten ist deutlich geworden, dass sich mit der höheren Verantwortung, die die Schülerinnen und Schüler beim »Selbstgesteuerten Lernen« übernehmen, auch die Rolle der Lehrkräfte im Lernprozess verändert. Als Experten für die Inhalte ihrer Fächer sorgen sie dafür, dass die Schülerinnen und Schüler möglichst selbstständig Problemstellungen formulieren. Die Lehrkräfte machen ihre Bewertungskriterien transparent, indem sie aufzeigen, welche Anforderungen sie an die Problemlösung und die Qualität des Lernergebnisses und des Lernprozesses stellen. Sie stehen für Fragen und Hilfestellungen zur Verfügung, falls unüberwindbare Probleme im Lernprozess einer Gruppe oder Einzelner auftauchen. Sie betreuen und begleiten den Lernprozess, damit die Schülerinnen und Schüler möglichst effektiv lernen. Dabei verändert sich allmählich der Schwerpunkt der Lehrerrolle: Lehrer sind nun nicht mehr in erster Linie als Stoffvermittler, sondern stärker als Begleiter in der individuellen Lernentwicklung gefragt.

Zum schulischen Prozess der Systematischen Verbesserung der Unterrichtsqualität gehört deshalb, dass Lehrerinnen und Lehrer im Team arbeiten (vgl. MEISNER und HOFFMEISTER in diesem Buch). Dies beginnt mit der gemeinsamen Fortbildung zu den Lern- und Arbeitstechniken, zum Kommunikations- und Teamtraining, setzt sich fort bei der Entwicklung, Durchführung und Reflexion der Basistrainings für Schüler und findet schließlich seinen Ausdruck in der Entwicklung fachspezifischer Lernspiralen im Rahmen von Fachworkshops.

6. Qualifizierungs-, Beratungs- und Unterstützungsmaßnahmen

Damit die Lehrkräfte in ihrem jeweiligen Fachunterricht Schülerinnen und Schülern selbstgesteuertes Lernen systematisch ermöglichen können, wird den Eigenverantwortlichen Schulen ein Paket an gezielten Qualifizierungs-, Beratungs- und Unterstützungsmaßnahmen angeboten, das sich in der Regel über zwei Jahre erstreckt und sich aus folgenden Modulen zusammensetzt:

A. drei Basisbausteine und ein Anwendungsbaustein, jeweils 1,5 Tage an denen in der Regel Kolleginnen und Kollegen eines Jahrgangs teilnehmen, (möglichst je zwei bis drei Lehrkräfte);

- Basisbaustein »Lern- und Arbeitstechniken« mit Schülerinnen und Schülern;
- Anwendungsbaustein »Erste Schritte zum Selbstgesteuerten Lernen« zur Entwicklung von Lernspiralen im Fachunterricht;
- Basisbaustein »Kommunikationstraining« mit Schülerinnen und Schülern (unter Einbeziehung von Elementen des Kooperativen Lernens);
- Basisbaustein »Teamentwicklung in der Klasse« (mit Schwerpunkt auf der Steuerung, Reflexion und Bewertung von Gruppenlernprozessen);

B. Workshops zur Vorbereitung und Reflexion der Basistrainings mit Schülerinnen und Schülern (1/2 bis 1 Tag);
C. Workshops für Fachteams (Kollegen einer Fachgruppe) mit den Schwerpunkten »Multiple Intelligenzen« und »Komplexe Aufgaben« (1/2 bis 1 Tag).
D. Unterstützung der Verantwortlichen für den Prozess in der schulischen Steuergruppe, z. B. bei der Erstellung
   - der Jahresarbeitsplanung,
   - der Lehrereinsatzplanung,
   - der Gestaltung der schuleigenen Arbeitspläne,
   - der Unterrichtsevaluation und
   - des Ressourcenmanagements;
E. gelegentliche Moderations- und Vortragsleistungen auf Elternveranstaltungen oder Lehrerkonferenzen und
F. punktuelle Prozessbegleitung, z. B. bei schulinternen Hospitationen im Rahmen von Basistrainings für die Schülerinnen und Schüler.

Diese Beratungs- und Unterstützungsmaßnahmen werden von Lehrkräften durchgeführt, die als Trainerinnen und Trainern für Systematische Verbesserung der Unterrichtsqualität qualifiziert sind. Sie setzen die Bausteine in ihrem eigenen Unterricht um und können deshalb in den Trainings mit den Lehrkräften das Prinzip des »leraning by doing« authentisch vertreten. Um die im Konzept verankerte Teamarbeit vorzuleben, arbeiten sie grundsätzlich in Tandems. Dabei wird darauf geachtet, dass eine Lehrkraft des Trainertandems aus der zu trainierenden Schulform kommt und dort über eigene Erfahrungen mit einer systematischen Verbesserung der Unterrichtsqualität verfügt.

7. Die Verbesserung der Unterrichtsqualität als systematischer schulischer Prozess

Damit die Verbesserung der Unterrichtsqualität als systematischer schulischer Prozess gelingt, bedarf es einer sorgfältigen Implementierung, Steuerung, Begleitung und Evaluation. Hierbei kommt es auf die konsequente Verschränkung von Unterrichtsentwicklung und Schulentwicklungsmanagement an (vgl. Rolff, 2006). »Die Steigerung der Unterrichtsqualität kann nicht allein die Aufgabe einer einzelnen Lehrerin oder eines einzelnen Lehrers sein, sondern eine Schule muss sich als ganzes System von Lehrenden, Lernenden und Erziehenden auf den Weg machen« (vgl. Madelung/Höfer a. a. O.). Wie dies zukünftig in Niedersachsen umgesetzt werden soll, wird mit den dafür nötigen Abläufen, Zuständigkeiten und Verantwortungsbereichen im Folgenden skizziert.

7.1 Die Planungsphase

Bevor sich eine Schule für die Qualifizierung zur Systematischen Verbesserung der Unterrichtsqualität entscheidet, muss sich das Kollegium oder ausgewählte Vertreterinnen und Vertreter in einer Orientierungsveranstaltung (OV) über das Gesamtprogramm informieren. Diese informieren danach auf einer Gesamtkonferenz ihr Kollegium und führen einen Gesamtkonferenzbeschluss herbei. Da die Umsetzung des Programms auf einer breiten Basis stehen muss, ist die Zustimmung von mindestens 2/3 der Gesamtkonferenz zur Teilnahme am Programm notwendig.

Die Gesamtkonferenz sollte auch die Einrichtung einer Projektgruppe für diesen Entwicklungsprozess mit einem klaren Arbeitsauftrag und entsprechender Zeitvorgabe beschließen. Sie erarbeitet mit dem Trainertandem einen Jahresarbeitsplan für das Projekt und eine Grobterminierung für das 2. Qualifizierungsjahr. Dabei ist eine engere Abstimmung der schulischen Steuergruppe selbstverständlich.

Es hat sich für eine nachhaltige Entwicklung als sinnvoll und erfolgreich erwiesen, die teilnehmenden Klassen jahrgangsweise auszuwählen. Die Implementierung soll jahrgangsweise aufsteigend erfolgen. Dafür müssen Klassenteams gebildet werden, zu denen alle entsprechend geschulten Lehrkräfte gehören, die in derselben Klasse unterrichten. Die geschulten Lehrkräfte, die im selben Jahrgang unterrichten, bilden ein Jahrgangsteam. Klassen- und Jahrgangsteams stimmen miteinander ab, wie die eingeführten Methoden im Fachunterricht gepflegt werden. Aufgabe der Projektgruppe ist es, mit dem/der Stundenplaner(in) den Unterrichtseinsatz und die Stundenplangestaltung der Teams abstimmen.

7.2 Qualifizierungsphase und Durchführung

Nach den Qualifizierungen zu den Basisbausteinen setzen die Klassenteams das Gelernte in ein schulformbezogenes Basistraining für Schülerinnen und Schüler um. Die Durchführung der Schülertrainingstage und das eingesetzte Material werden von den Klassen- und Jahrgangsteams reflektiert und evaluiert. Das überarbeitete Material wird dokumentiert und für die Nutzung in folgenden Jahrgängen archiviert (Ordner, Datenträger, schulinterne Internetplattform). So wird Teamarbeit unter den Lehrkräften systematisch entwickelt. Daraus entstehen wichtige Synergie- und Entlastungseffekte.

Die Anwendung und Weiterentwicklung der überfachlichen Kompetenzen im Unterricht wird von den Lehrkräften dokumentiert (z. B. Liste im Klassenbuch, Klassenportfolio). Mittelfristig entwickeln die geschulten Lehrkräfte einen Netzplan für die Methodenpflege im Fachunterricht der einzelnen Jahrgänge. Dieser ist dann Teil des schuleigenen Curriculums zur Methodenkompetenz. Dadurch wird das selbstständige und eigenverantwortliche Lernen der Schülerinnen und Schüler gefördert. Für die Verbesserung der Unterrichtsqualität in der gesamten Schule hat sich ein »Patensystem« als sinnvoll erwiesen. Wenn im zweiten Jahr für den nachfolgenden Jahrgang neue Klassenteams zusammengestellt werden, unterrichtet eine Lehrkraft aus dem ersten Klassenteam zusätzlich im darauf folgenden Jahrgang und berät und unterstützt das neue Team. So wird nach und nach ein schulinternes Unterstützungs- und Beratungssystem aufgebaut.

7.3 Verantwortlichkeiten und Verbindlichkeiten

Die Schulleiterin bzw. der Schulleiter trägt die Verantwortung für den Gesamtprozess und das Ergebnis der Qualitätssicherung und Qualitätsentwicklung an der Schule. Für die Umsetzung der Systematischen Verbesserung der Unterrichtsqualität ist deshalb eine konsequente Unterstützung durch die Schulleitung unabdingbar. Dazu haben sich in vielen Schulen Zielvereinbarungen zwischen den in die Maßnahme eingebundenen Teams und der Schulleitung bewährt (vgl. Kreutzahler/Jänen in diesem Buch).

Für eine erfolgreiche Bewältigung von Steuerungsaufgaben haben sich in den Schulen Steuergruppen (vgl. Humpert in diesem Buch) bewährt. Die dafür in der Steuergruppe jeweils Verantwortlichen planen, koordinieren und evaluieren die verschiedenen Projekte zur Schulentwicklung und damit auch die mit der Systematischen Verbesserung der Unterrichtsqualität verbundenen Maßnahmen. Von Anfang an achtet die Steuergruppe darauf, dass verbindliche Verabredungen getroffen und eingehalten werden. So früh wie möglich sind die einzelnen Fächer durch Fachworkshops einzubinden. In regelmäßigen Abständen sollten dann die Fachteams die Ergebnisse ihrer Arbeit in die Fachkonferenzen hineintragen. Die Dokumentation und Verbreitung der erarbeiteten Lernspiralen dient auf der Fachebene der nachhaltigen Nutzung der neuen Lernformen und schafft gleichzeitig wichtige Entlastungseffekte bei der Unterrichtsvorbereitung.

Damit transparentes Arbeiten und Verbindlichkeit sowie gemeinsame Planung und regelmäßige Hospitationen Routine werden, ist es notwendig, dass die Klassen- und Jahrgangsteams in ihrer Zusammensetzung mindestens während der ersten beiden Jahre erhalten bleiben. Die Steuergruppe prüft, inwieweit Entlastungsmöglichkeiten im Schulalltag für die beteiligten Teams genutzt werden können. Flexible Vertretungsregelungen können dabei helfen, das Engagement der Lehrkräfte bei der Verbesserung der Unterrichtsqualität dauerhaft sicherzustellen (vgl. Grimme/Hoffmann/Städtler in diesem Buch).

Das Team von Lehrkräften, das gemeinsam für die Lernentwicklung der Schülerinnen und Schüler einer Klasse verantwortlich ist, ist die Klassenkonferenz. Deshalb sollten sich zu den Qualifizierungsmodulen und für den ersten Umsetzungsdurchgang mindestens zwei bis drei Lehrkräfte einer Klasse zum einem Team zusammenfinden (ca. 50 % der zu erteilenden Unterrichtsstunden). Das Klassenteam ist verantwortlich für die Planung, Umsetzung, Reflexion und Evaluation der fächerübergreifenden Kompetenzvermittlung. Es bindet möglichst frühzeitig die Klassenkolleginnen und -kollegen, die nicht an den Qualifizierungsmaßnahmen direkt beteiligt sind, in Anwendung, Pflege und Weiterentwicklung der Kompetenzen mit ein (vgl. Hoffmeister in diesem Buch).

Die Anwendung, Pflege und Weiterentwicklung des Gelernten erfolgt dann im Fachunterricht. Deshalb haben Fachteams, d. h. die Fachkolleginnen und -kollegen eines Jahrgangs, die an der Weiterbildungsmaßnahme teilnehmen, und später die Fachkonferenzen bei der Umsetzung von Lernspiralen und bei einer an Kerncurricula und Kompetenzstufen orientierten Aufgabenstellung eine hohe Bedeutung (vgl.

Klinger 2005). Sie stehen vor der Aufgabe, Unterricht stärker als bisher an Kompetenzentwicklung statt an Wissensvermittlung zu orientieren und sind verantwortlich für die Fachinhalte und die Entwicklung von handlungsorientierten Lernarrangements. Es ist ihre Aufgabe, die Verzahnung von prozessorientierten und fachspezifischen Kompetenzen festzuschreiben. Sie setzen damit die Vorgaben der Bildungsstandards und Kerncurricula (vgl. Henke in diesem Buch) um.

Das Trainertandem unterstützt die Teams bei der Vorbereitung der Trainings- und Lernspiralen und der Aufgabenstellung mit der Blickrichtung auf das Selbstgesteuerten Lernen. Diese externe Unterstützung und Beratung dauert zwei Jahre. In diesem Zeitraum müssen Implementierungs- und Evaluationsstrategien für ganze Schule entwickelt werden.

Die Unterstützung in der Elternschaft bzw. der Betriebe bei berufsbildenden Schulen ist eine wichtige Gelingensbedingung. Der Stellenwert des Qualifizierungsprogramms und der damit verbundenen Terminierung von Fortbildungsmaßnahmen muss für den Schulelternrat transparent sein. Die Klassenelternschaft sollte einzelne Maßnahmen wie z. B. Arbeitsplatzgestaltung, Vorbereitung von Klassenarbeiten, Struktur einer Lernspirale nachvollziehen können. Dadurch können die Lehrkräfte sie als Unterstützer gewinnen.

Literatur

Bastian, Johannes/Rolff, Hans-Günter: Vorab- oder Abschlussevaluation des Projektes »Schule & Co«, Gütersloh, 2002.

Becker, Georg E.: Unterricht planen, Weinheim 2007, S. 68 – 72 zu Benjamin Blooms, Taxonomie of Educational Objectives (TEO).

Brüning, Ludger/Saum, Tobias: Erfolgreich unterrichten durch Kooperatives Lernen. Strategien zur Schüleraktivierung. Essen, 2006.

Gardner, Howard: Intelligenzen. Die Vielfalt des menschlichen Geistes. Stuttgart, 2002.

Green Norm + Cathy: Kooperatives Lernen im Klassenraum und im Kollegium. Das Trainingsbuch. Seelze, 2006.

Helmke, Andreas: Unterrichtsqualität erfassen, Bewerten, Verbessern, Seelze, 2004.

Höfer, Christoph/Madelung, Petra: Lehren und Lernen für die Zukunft. Unterrichtsentwicklung an selbstständigen Schulen. Bildungsverlag EINS, Troisdorf, 2006, S. 44, 54, 57.

Klinger, Udo: Mit Bildungsstandards Unterrichts- und Schulqualität entwickeln. Eine Curriculumwerkstatt für Fachkonferenzen, Steuergruppen und Schulleitungen. In: Friedrich Jahresheft XXIII, Seelze, 2005, S. 130 – 143.

Klippert, Heinz: Pädagogische Schulentwicklung, Weinheim, 2000, S. 212 – 224.

Klippert, Heinz: Teamentwicklung im Klassenraum, Weinheim, 2001, S. 53 – 53.

Niedersächsisches Kultusministerium, Orientierungsrahmen Schulqualität in Niedersachsen, Hannover, 2006.

Rolff, Hans-Günter: Was wissen wir über die Entwicklung von Schule? In: Pädagogik, 6/2006, S. 42 – 47.

Tschekan, Kerstin: In: LOGIN. Informatorische Bildung und Computer in der Schule, Nr. 138/139, Berlin, 2006, S. 12.

Weinert, Franz E.: Lehren und Lernen für die Zukunft – Ansprüche an das Lernen in der Schule. Vortrag am 29. 3. 2000 im Pädagogischen Zentrum in Bad Kreuznach. Zugänglich unter : http://pz.bildung-rp.de/pn/pn2_00/weinert.htm#Bildungsziele

Armin Lohmann/Wolf-Dieter Hasenclever

Erziehung zur Verantwortung: Persönlichkeitsentwicklung von Schülerinnen und Schülern

Das Ziel der eigenverantwortlichen Schule ist die Qualitätssteigerung der schulischen Bildung. Es ist aber ganz unbestritten, dass zum Bildungsauftrag weit mehr gehört als Wissensvermittlung. Zu den zu vermittelnden Kenntnissen und Fähigkeiten müssen auch Haltungen und Wertvorstellungen hinzukommen. Ethische Erziehung und Persönlichkeitsbildung sind wesentliche Zukunftsaufgaben, derer sich die eigenverantwortliche Schule annehmen muss.

Kenntnisse und Fertigkeiten veralten im Zeitalter der Wissensgesellschaft schneller als früher. Die Bereitschaft und Fähigkeit, ein Leben lang dazu zu lernen – aber auch vorher Erlerntes durch Neues zu ersetzen, wird immer wichtiger. Persönliche Kompetenzen bei der Kommunikation, die Fähigkeit zur Zusammenarbeit, Eigenschaften wie Zuverlässigkeit und Pünktlichkeit, die Bereitschaft zur Übernahme von Verantwortung und die Motivation zum Aufnehmen und Umsetzen neuer Erkenntnisse und Methoden sind zentrale Schlüsselqualifikationen. Bestimmte soziale Grundkompetenzen können nicht mehr in jedem Fall in der Schule einfach vorausgesetzt werden. Gerade in der letzten Zeit ist auch durch die Hilferufe von Schulen, die mit der Respektlosigkeit und Gewalt von Jugendlichen und Kindern nicht mehr fertig werden, klar geworden: Persönlichkeitsbildung und Werteerziehung sind wesentliche Zukunftsaufgaben.

Das niedersächsische Schulgesetz beschreibt im § 2 den Bildungsauftrag der Schulen wie folgt:

»(1) Die Schule soll im Anschluss an die vorschulische Erziehung die Persönlichkeit der Schülerinnen und Schüler auf der Grundlage des Christentums, des europäischen Humanismus und der Ideen der liberalen, demokratischen und sozialen Freiheitsbewegungen weiterentwickeln. Erziehung und Unterricht müssen dem Grundgesetz für die Bundesrepublik Deutschland und der Niedersächsischen Verfassung entsprechen; Schulen hat die Wertvorstellungen zu vermitteln, die diesen Verfassungen zugrunde liegen. Die Schülerinnen und Schüler sollen fähig werden,

- *die Grundrechte für sich und jeden anderen wirksam werden zu lassen, die sich daraus ergebende staatsbürgerliche Verantwortung zu verstehen und zur demokratischen Gestaltung der Gesellschaft beizutragen,*
- *nach ethischen Grundsätzen zu handeln sowie religiöse und kulturelle Werte zu erkennen und zu achten,*
- *ihre Beziehungen zu anderen Menschen nach den Grundsätzen der Gerechtigkeit, der Solidarität und der Toleranz sowie der Gleichberechtigung der Geschlechter zu gestalten,*
- *den Gedanken der Völkerverständigung, insbesondere die Idee einer gemeinsamen Zukunft der europäischen Völker, zu erfassen und zu unterstützen und mit Menschen anderer Nationen und Kulturkreise zusammenzuleben,*

- *ökonomische und ökologische Zusammenhänge zu erfassen,*
- *für die Erhaltung der Umwelt Verantwortung zu tragen und gesundheitsbewusst zu leben,*
- *Konflikte vernunftgemäß zu lösen, aber auch Konflikte zu ertragen,*
- *sich umfassend zu informieren und die Informationen kritisch zu nutzen,*
- *ihre Wahrnehmungs- und Empfindungsmöglichkeiten sowie ihre Ausdrucksmöglichkeiten unter Einschluss der bedeutsamen jeweiligen regionalen Ausformung des Niederdeutschen oder des Friesischen zu entfalten,*
- *sich im Berufsleben zu behaupten und das soziale Leben verantwortlich mitzugestalten.*

Die Schule hat den Schülerinnen und Schülern die dafür erforderlichen Kenntnisse und Fertigkeiten zu vermitteln. Dabei sind die Bereitschaft und Fähigkeit zu fördern, für sich allein wie auch gemeinsam mit anderen zu lernen und Leistungen zu erzielen. Die Schülerinnen und Schüler sollen zunehmend selbständiger werden und lernen, ihre Fähigkeiten auch nach Beendigung der Schulzeit weiterzuentwickeln.

(2) Die Schule soll Lehrkräften sowie Schülerinnen und Schülern den Erfahrungsraum und die Gestaltungsfreiheit bieten, die zur Erfüllung des Bildungsauftrags erforderlich sind«.

Immer wieder weisen auch Wirtschaftsverbände darauf hin, dass gerade die hier beschriebenen individuellen und sozialen Kompetenzen entscheidend sind für die Berufsfähigkeit der Jugendlichen.

Daher stellt sich im Zuge der Eigenverantwortlichkeit folgende Frage neu: »Was kann man in der Schule, im Unterricht und darüber hinaus – abgesehen von fachlichen Inhalten – nachhaltig lernen? Wie trägt die Schule zur Persönlichkeitsbildung bei?« Die althergebrachte klassische Fachlehrerauffassung: »Ich bin (z. B.) nur für Englisch zuständig, für die Erziehung aber die Eltern« funktioniert so nicht mehr. Das wissen die Lehrerinnen und Lehrer heute sehr gut. Wie kann Sachautorität ausgeübt werden, wenn die Schüler einfache Sekundärtugenden nicht haben – wenn sie weder pünktlich sind, noch Ordnung halten und nicht zuhören können? Wie kann Werteerziehung betrieben werden, wenn schon die Eltern bei Elternabenden dazu völlig unterschiedliche Positionen einnehmen oder gar nicht erst erscheinen? Zu oft ist die Schule mit Erziehungsfehlern der Eltern konfrontiert, oft werden aber auch von Lehrkräften Erziehungsfehler begangen – oder Erziehung wird gar nicht erst als Aufgabe angenommen.

Die Frage nach der Persönlichkeitsbildung geht sicher an die Wurzeln der Erziehung, an die Existenzberechtigung von Schule, ist also im besten Sinne radikal! Vergegenwärtigt man sich die Entwicklungsgeschichte von Erziehung und Schule, sind Persönlichkeitserziehung und -bildung ursprünglich pädagogische Anliegen, die angesichts der vielfältigen Probleme von und mit Jugendlichen heute noch wichtiger geworden sind. Dies gilt im Lichte der Entwicklung zur Wissensgesellschaft, die eine Gesellschaft lebenslangen Lernens und lebenslanger Lernmotivation sein muss, und es gilt angesichts der steigenden Belastungen und erzieherischen Probleme einer größeren Zahl von Elternhäusern. Im Zuge der Globalisierung und mit der ungeheuren Explosion des Wissens verändert sich diese Gesellschaft ständig und schnell. Auch die durch die Wirtschaft nachgefragten Qualifikationen sind dauernden Veränderungen unterworfen. Nur gefestigte Persönlichkeiten können diesen Anforderungen standhalten. So ist eine Renaissance der Werteerziehung als Fundament der Persönlichkeitsbildung unumgänglich.

Persönlichkeitsbildung als Basis der Erziehung zur Verantwortung kann nicht verordnet werden. Sie geschieht nicht durch bestimmte Methoden, sondern ist immer das Ergebnis komplexer Erfahrungs- und Bildungsprozesse.

Das Verständnis der Welt erfordert ein nicht geringes Maß von Wissen, um die Grundlagen der Kultur, Wissenschaft und Wirtschaft zu verstehen. Es verlangt die Fähigkeiten, Sprache richtig anzuwenden, sich notwendige Fremdsprachenkenntnisse anzueignen, sich für eine bestimmte Aufgabenstellung Informationen zu beschaffen und nach dem Zweck gewichten und ordnen zu können. Gefragt ist die Fähigkeit, verschiedene Dinge miteinander verbinden zu können, kurz: komplexes Denken. Dafür ist aber auf allen Ebenen des Bildungswesens eine Umorganisation des Lernens – weg vom Schubladenlernen und hin zu verknüpfendem Lernen notwendig. Aus dem Nebeneinander der »klassischen« wissenschaftlichen Fächer muss Schule zu einer problembezogenen Integration der verschiedenen miteinander vernetzten Gebiete finden. Nötig ist eine Pädagogik der Verantwortung in der Wissensgesellschaft (HASENCLEVER, 2006).

Zur Zeit lassen sich gesellschaftliche und bildungspolitische Entwicklungen ausmachen, die Erfahrungslernen für Kinder nur noch auf die Sekundärwelt des Chips, des Internets, der Medien, des Schulalltags verlagern. Dass junge Menschen durch Naturerfahrungen, durch soziales Lernen in großen Familien oder in Jugendgruppen oder durch persönliche Herausforderungen eigene Grenzen im Fachlichen wie im Sozialen für sich erkennen lernen, hat Seltenheitswert. Selbstverantwortete Lösungen zu entwickeln, sie zu überprüfen, zu überschreiten und das selbst gestaltete Lernen und Handeln vor sich, der Familie, vor Schulfreundinnen und -freunden, vor der Nachbarschaft, vor der eigenen sozialen Gemeinde zu verantworten, ist im Lebensraum der Jugendlichen, auch in der Schule eher Ausnahme – jedenfalls nicht Alltag. Das Erfahrungslernen muss also verstärkt in den Fokus der auf die Schule bezogenen praktischen Pädagogik gerückt werden. Eine entscheidende Begründung dafür liefert auch die moderne Hirnforschung:

»Ebenso, wie das Kleinkind ›plappern‹ muss, um sprechen zu lernen, muss der Jugendliche ›probehandeln‹ können. Er muss, vor allem im Umgang mit Gleichaltrigen, Verantwortung übernehmen lernen, Vertrauen ausbilden können, Interessen abwägen, Konflikte aushalten und sie sogar manchmal lösen können« (SPITZER, 2002).

Die PISA-Debatte hat diesen Aspekt des sozialen Lernens zu sehr ausgeklammert, so dass in neuerer Zeit neben MEYER, 2004/ROSENBUSCH, 2005/VON HENTIG, 2006 u. a. vermehrt Stimmen laut werden, die für verstärkte Anstrengungen der Schulen in den Bereichen der Persönlichkeitserziehung und Persönlichkeitsbildung plädieren. Was steckt dahinter? Es geht um den »ethischen Code« (MEYER, 2004) den Lehrerinnen und Lehrer verinnerlicht haben und im Schulalltag umsetzen sollten. Es geht um den ethischen Code, der z. B. der PISA-Studie als geistige Grundlage diente; diese eröffnet mit dem schlicht lautenden Kernsatz: »Jede Schülerin und jeder Schüler ist wichtig.« Diese Aussage betont die Berechtigung der Einrichtung von Schulen, ihres Unterrichts, ihres Auftrags zur Persönlichkeitsförderung (ganz entsprechend § 2 NSchG).

Im schulischen Alltag ist dieser gesetzliche Anspruch in der Regel häufig ohne sichtbare Konsequenzen geblieben. Die Entwicklung der Selbst- bzw. Personal- und Sozialkompetenz Jugendlicher als konkrete Bezugspunkte einer schulischen Persönlichkeitserziehung und Persönlichkeitsbildung wurde und wird in der Schule immer noch zu wenig systematisch beachtet und ist deshalb von der fachlichen Kompetenzausbildung viel zu lange getrennt gesehen worden.

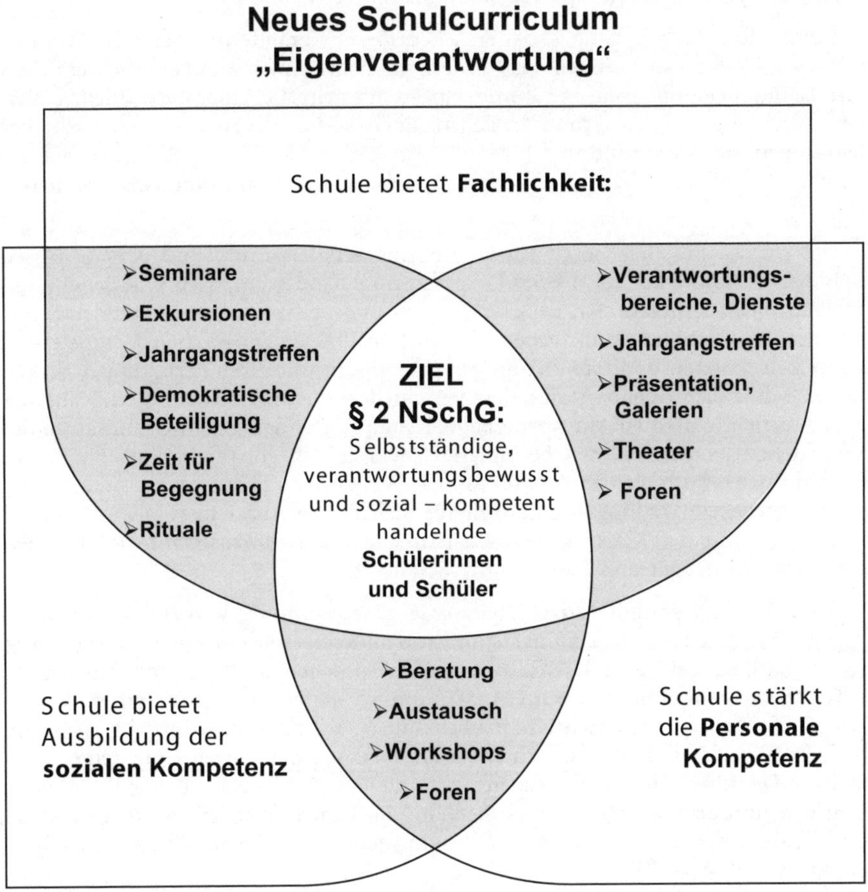

A bb. 1: Schulcurriculum

Ein wesentlicher Grund hierfür ist seit Einführung des Fächerkanons zu Beginn des 20. Jahrhunderts die Fach-Stundentafel, an die die Personalseinsätze gekoppelt sind. Lehrerinnen und Lehrer setzen – wie sie es selbst aus ihren Schülerzeiten gewohnt waren – vorgeschriebene Curricula um, haken die vereinbarten Themen ab und überprüfen vielfach immer noch das »Durchgenommene« in Form von bloßer Wissensüberprüfung auf »falsch oder richtig«. Es kommt aber darauf an, zu erfahren und zu kommunizieren, wie weit der Wissens- und Kompetenzstand des einzelnen Kindes sich weiterentwickelt hat und welche Lernperspektiven anzustreben sind. Denn heute geht es mehr denn je darum, den »Wert des Einzelnen zu erkennen« (ROSENBUSCH, 2005).

Die eigenverantwortliche Schule hat künftig die Chance, die Persönlichkeitserziehung ganzheitlich zu verschmelzen, die Facherziehung mit der Ausbildung der sozialen und personalen Kompetenz zu verbinden (vgl. Abb. 1).

Schon diese Blickrichtung ist der erste Schritt zur Veränderung: die Schülerin/den Schüler als Person anerkennen! Das fordert von Lehrerinnen und Lehrern, dem Kern ihrer/seiner Persönlichkeit und Kompetenzen mit dem Ziel einer individuellen Weiterentwicklung auf den Grund zu gehen: Eben deshalb muss die Bereitschaft der Pädagogen, sich dem Kind und Jugendlichen zuzuwenden, eine höhere Priorität im schulischen Alltag haben als die darauf aufbauende Vermittlung der fachlichen Inhalte.

Um eine solche Haltung als leitend für eine Schule zu implementieren, müssen sich die Lehrkräfte auf ein offenes Gespräch miteinander einlassen und dabei ihren subjektiven Interpretationen der Handlungen und Leistungen der lernenden Schülerinnen und Schüler Raum geben. Sie müssen ihre diagnostischen Kompetenzen entwickeln können und ihre Deutungen gemeinsam mit ihren Lerngruppen reflektieren. Schließlich offenbart dies, dass verschiedene Sichtweisen auf die Lösung der im Unterricht gestellten Aufgaben denkbar sind, wie es der in den Grundsätzen der Kerncurricula ausgedrückten besonderen Anstrengung entspricht (vgl. HENKE in diesem Buch). Zu fragen ist deshalb immer: Wie können Schülerinnen und Schüler selbst entwickelte Lösungsalternativen für sich nutzen, und diese allein oder im Team oder mit der Klassengemeinschaft in die Praxis umzusetzen? Sie brauchen dazu Vertrauen, Zeit und Raum in der Schule.

ROSENBUSCH sieht mit Artikel I, Satz 1 GG ›*Die Würde des Menschen ist unantastbar*‹ das Recht jedes Individuums betont, von anderen so behandelt zu werden, dass seine Würde nicht verletzt wird. »Dem widersprächen in der Schule Übersehen, Übergehen, Ignorieren, unbeachtet Lassen und so weiter. Dies ist der größte Unterschied zwischen pädagogischer und bürokratischer Arbeit, dass im pädagogischen bzw. im organisationspädagogischen Zusammenhang der Einzelne mit seinen subjektiven Deutungen und seiner eigenen Art und Unterschiedlichkeit eine Rolle spielt, während im bürokratischen Zusammenhang im Prinzip gleiches Recht für alle gilt und Handlungen ohne Ansehen der Person, quasi nach Vorschrift erfolgen« (ROSENBUSCH, 2005, S. 45).

Was heißt das für die Arbeit in der Eigenverantwortliche Schule?

Der Eigenverantwortlichen Schule eröffnen sich neue Handlungsmöglichkeiten (vgl. KROHNE in diesem Buch). Sie kann Herausforderungen als Chance auch für eine Neuorientierung der Persönlichkeitsbildung nutzen. Das bedeutet auch, dass vor allem die Schulleitung diese Blickrichtung entwickeln und im Sinne des Leitbildes (vgl. HELM/HEINRICH in diesem Buch) in eine neue Unterrichts- und Schulorganisation umsetzen kann. Sie wird sich vergewissern, wie es Lehrerinnen und Lehrern als Einzelnen und in ihren Teams gelingt, ihren Schülerinnen und Schülern im Schulalltag Gelegenheit zur Entwicklung ihrer Persönlichkeit zu bieten. Kein einfacher Weg. Er fordert eine gemeinsame Handlungskultur – Kooperation nicht als endloses Hin- und Herdiskutieren, sondern als Einüben regelgeleiteter Verfahren. Es geht um Rituale, die nicht nur die Schulgemeinschaft binden, sondern eine Verantwortung mobilisieren, die die Arbeit sowohl der Lehrerinnen und Lehrer als auch der Schülerinnen und Schüler stärkt (vgl. LOHMANN, 1997). Solche Regeln müssen schon die Zusammenkünfte der Lehrkräfte ritualisieren:

1. Informationsaustausch über Unterrichtspraxis
2. Diagnose über Lernfortschritte und -hemmnisse einzelner Schülerinnen und -schüler
3. Problemanalyse und -lösungen von Lernsituationen einzelner Gruppen und Klassen
4. Vereinbarungen, die für alle sichtbar festgehalten werden.

Es gibt eine Vielzahl praktizierter Rituale, die in Schulen einen festen Platz haben. Sie tragen zu einem gemeinsam geteilten – ja zu einem gültigen von der Mehrheit getragenen – Grundverständnis bei, das den Erziehungskonsens stärkt. Dieser wird von der Kenntnis der (schul)betrieblichen Arbeitszusammenhänge und Organisation wesentlich untermauert und trägt zu einem authentischen Gefühl der Zugehörigkeit bei. »Rituale können als Skelett einer Schulkultur bezeichnet werden. Sie garantieren durch ihre ›Ordnung‹ eine Wertehaltigkeit der Kultur einer Schule. Es sind – anders als das einmalige Event – die immer wiederkehrenden typisierenden Handlungen und Gegebenheiten, die oft erst in der Erinnerung der Beteiligten die Ebene von Klima, Atmosphäre und Gefühl, [letztlich sogar Geborgenheit] mit dem Schulleben in Verbindung bringt. Dies macht erst die im Lernen vermittelte und erfahrene Wertehaltung wichtig und nachhaltig« (RISSE, 2007). Für die Schule sind Rituale eine Gelegenheit für »eine Zäsur ... innezuhalten und sich zu besinnen, bevor man nächste Schritte geht.« (vgl. LOHMANN/MINDEROP, 2004²).

1. ***Rituale, die die Lebenszeit gliedern***
   Beispiele: der Jahrgang Vier ist bei uns zu Gast – Aufnahme des Jahrgangs 5; Andachten und Schulvollversammlungen; Kulturfestivals, nach Schüleralter gegliederte Exkursionen; Austausch und Studienfahrten; Entlassfeiern; Ehemaligen-Treffen etc.

2. ***Rituale, die die Arbeit strukturieren***
   Wenn regelmäßig reflektiert wird, wie es um die Befindlichkeit, die Arbeits- und Lernbereitschaft, die Kooperationsfähigkeit und die Fähigkeit von Schülerinnen und Schülern bestellt ist, eigene Lösungs- und Präsentationswege zu entwickeln und neue Rollen in Projekten zu erproben, sind erste Schritte zu einer Schule getan, die das verkörpert, wozu sie erzieht. Beispiele: regelmäßige Lehrerteamsitzungen, Reflexion nach jeder abgeschlossenen Unterrichtseinheit/-sequenz in allen Lerngruppen; feste Zeiten für selbstständiges, eigenverantwortliches, projektorientiertes Lernen; Präsentationen von Schülerarbeiten, Gruppenarbeiten im Jahrgangstreff; erstellen eines persönlichen Produktes, das ausstellungsfähig ist;

jedes Vierteljahr Schülersprechtage – jedes halbe Jahr Beratungsgespräche mit Erziehungsberechtigten; Schülergalerien und Vernissagen, Jahrgangsfeste, inhaltlich abgestimmte Vertretungspläne etc.

3. ***Rituale, die das Zusammenleben in der Schule gestalten***
Beispiele: Gestaltung des Klassenraumes zur Lernwerkstatt und »Schulwohnstube«; Offene Klassentüren: Besucher sind willkommen; alle Schülerinnen und Schüler übernehmen mit Verantwortung ein Amt und einen Dienst während ihrer Schulzeit; wöchentlicher Klassenrat, Herausgabe der Schulzeitung, der Jahreshefte, etc.

4. ***Rituale, die Mitarbeiterkooperation stärken***
Beispiele: Kleiner Neujahrsempfang durch die Schulleitung, Weihnachtsfeier, Sommerfest des Kollegiums zum Abschluss des Schuljahres; offenes Frühstück in den Teams zu Beginn des Schuljahres; feste Fortbildungstage für das Kollegium; kulturelle Angebote aus Projekten, musischen Kursen für die Schulöffentlichkeit, Bilanzgespräche in den Fachbereichen, Schuljahresbilanz vor Pfingsten im Schulvorstand etc. (vgl. LOHMANN, 1997 S. 132 ff.).

Lernen in Ernst-Situationen verlangt Verantwortung und bildet Persönlichkeit (vgl. SLIVKA, 2003). Im Schul- und Unterrichtsalltag müssen deshalb feste Angebote über die stundenplangebundene Unterrichtszeit hinaus angeboten werden, in denen soziales mit fachlichem Lernen und personaler Kompetenzentwicklung eng verzahnt ist: Berufspraktika, Sozialpraktika, nachhaltige Schülerfirmen, Verantwortungsprojekte wie Pflege von Biotopen, Ausüben von Nächstenliebe im Stadtteil, in der Gemeinde (sich Kümmern um Ältere, um Schwächere in der Schule) und Zurechtkommen in fremden Umgebungen (RIEGEL, 2004). Schülerinnen und Schüler müssen sich bewähren können als Forscher, Handwerker, Unternehmer, Sozialarbeiter, Erzieher, Schlichter, Architekt, Landschaftspfleger, Klimaexperte, Dichter, Schriftsteller, Tüftler/Erfinder, Organisator, Regisseur, Künstler, Musiker, Politiker, Filmemacher, Journalist, Schauspieler in eine bestimmten Rolle, usw. Und sie brauchen dazu Foren zur Präsentation, Organisationsformen zum projektorientierten Arbeiten und zum wissenschaftsorientierten Lernen.

Mit der Bereitstellung einer für solche Angebote geeigneten schulischen Organisation ist ein notwendiger Schritt getan. Hinzukommen muss die Pflege einer Beziehungskultur, die z. B. Beratung nicht an den Rand eines Pausengespräches drückt, sondern ihr einen festen Platz einräumt. Reflexion durch ein wechselseitiges Feedback sowie gegenseitige Beratung und Persönlichkeitsstärkung sind dann selbstverständlich. Hier werden ungewöhnliche Ideen ausgehalten und Fehler als Chance zur Weiterentwicklung akzeptiert. Eine solche Atmosphäre gilt eben für alle, gelingt aber auch nur dort, wenn diese neue Lern- und Beziehungskultur gemeinsam entwickelt, aufgebaut und gepflegt wird (vgl. Abb. 1).

Diese Arbeit wird aber nur dann gelingen, wenn Schulleiterinnen bzw. dem Schulleiter mit Unterstützung der Steuergruppe und den Lehrerteams gemeinsam eine Lernatmosphäre schaffen, ohne die die innere Schulentwicklung im Sinne einer »lernenden Organisation« (SENGE, 1996) nicht aufgebaut werden kann; denn: »Ohne lernende Personen vermag die Organisation nicht zu lernen« (ROLFF, 2006). Deshalb ist der Schlüssel zur Problemlösung ein schuleigenes Curriculum, das die Eigenverantwortung als Auftrag für eine neue Lernkultur nutzt, und durch Rituale, Begegnungen und feste Angebote stützt (vgl. Abb. 1).

Die Eigenverantwortliche Schule bietet hierfür ideale Rahmenbedingungen, um solche Möglichkeiten zu schaffen und zu ritualisieren. Die Anliegen der Persönlichkeitsbildung und -erziehung von Schülerinnen und Schülern erfordert auch von Lehrkräften eine neue Sichtweise. In schulinternen Fortbildungen sollten sie ihre Kompetenzen erweitern und auf allen schulischen Ebenen (Teams, Steuergruppen, Fachbereichen, Abteilungen) diskutieren, wie sie ihre Schülerinnen und Schüler zu selbstbewussten, kreativen, verantwortlichen und sozial kompetenten Persönlichkeiten erziehen können, die ihr Leben zu meistern verstehen.

Minister BERND BUSEMANN hat dazu in einer Rede anlässlich der Auricher Wissenschaftstage 2003 festgestellt: »Bildung findet doch immer dann statt, wenn sich das Individuum einer Schwierigkeit stellt – auch, wenn diese eben nicht überwunden wird. Gerade das Erleben und Akzeptieren solcher Grenzen bildet. Schule kann – wenn sie sich aus ihrer Insel herauswagt – dazu ein Übungsfeld sein. Jenseits aller formalen Bildungsgänge und außerhalb von Schule gibt es zahlreiche andere Lernorte: Orte, an denen Schülerinnen und Schüler Erfahrungswissen gewinnen; Orte, an dem sich ihre Talente und Grundeinstellungen herausbilden – kurz an denen ihre Persönlichkeit gebildet wird.« (www.auricher-wissenschaftstage.de).

Es ist nicht genug, zu wissen, man muss auch anwenden; es ist nicht genug, zu wollen, man muss auch tun. (Goethe)

Literatur

HASENCLEVER, WOLF-DIETER: Erziehung zur Verantwortung. In: v. HASSELN, SIGRUN, Rechtspädagogik, Berlin, 2006, S. 157 ff.

LOHMANN, ARMIN, u. a.: Identität und Schulprogramm, Die Steinwaldschule: Der Weg zum selbstständigen und sozialen Lernen, Lichtenau, 1997, S. 132 ff.

LOHAMM, ARMIN/MINDEROP, DOROTHEA: Führungsverantwortung der Schulleitung, München/Unterschleißheim, 2004².

RIEGEL, ENJA: Schule kann gelingen, München, 2004.

ROLFF, HANS-GÜNTER: Organisationsgestaltung – Lernende Schule als Metaziel, S. 316 ff.; BUCHEN, HERBERT/ROLFF, HANS-GÜNTER (Hrsg.): Professionswissen – Schulleitung, Weinheim, 2006.

SENGE, PETER, u. a.: Das Fieldbook zur Fünften Disziplin, Stuttgart, 1996.

SPITZER, MANFRED: Lernen – Gehirnforschung und die Schule des Lebens, Heidelberg und Berlin, 2002, S. 354.

SLIVKA, ANNE: Service learning, Göttingen, 2003.

RISSE, ERIKA: Ritual – Stabilisatoren im Schulalltag, Pädagogische Führung, 1/2007, S. 10.

www.auricher-wissenschaftstage.de

2.3 Akteure der Schulentwicklung

Ulrich Kreutzahler/Hermann Jänen

Führen und Verantworten: neue Rolle der Schulleitung

Wie ändert sich die Rolle der Schulleiterinnen und Schulleiter? Wofür sind sie verantwortlich? Was müssen sie wirklich selbst tun? Was hat das mit ihnen als Personen zu tun? Führungsverantwortung wahrzunehmen verlangt die persönliche Entscheidung Leadership zu leben, sagen zwei Schulleiter.

1. Rückblick und Ausblick

Gestern und heute: »Die Rolle deutscher [Schulleiterinnen und Schulleiter] wird generell nicht als die von »Prozessleitern« angesehen, die für die kollektiven Anstrengungen des Lehrpersonals zur Realisierung einvernehmlich festgelegter Zielvorgaben verantwortlich zeichnen. Die Arbeit der Schulleiterinnen und Schulleiter besteht ... einerseits in der Wahrnehmung von Verwaltungsaufgaben und andererseits in Unterrichtsverpflichtungen. Von ihnen wird selten erwartet, dass sie Prozesse leiten, wie z. B. die Schulentwicklung oder schulinterne Selbstevaluation« (vgl. Halász u. a.).

Sind das nun bloße Gewohnheiten, die sich in den Schulen eingeschlichen haben? Oder war genau diese Rolle letztlich so gewollt? Schulleiterinnen und Schulleiter hatten und haben immer die Wahl,

- die Gepflogenheiten zu akzeptieren, **oder**
- sie zu verändern;
- wie bisher ihre Aufgaben wahrzunehmen und die mehrheitlichen Strömungen im Kollegium zu berücksichtigen, **oder**
- das Kollegium auf den Weg zum Erwünschten, zu den Visionen mitzunehmen;
- sich auf das Allernötigste in der Schulentwicklung zu beschränken und ihre Aufgaben mit Berufung auf das Schulgesetz, die Erlasslage und den Vorstellungen LSchB zu erledigen, **oder**
- jetzt für sich herauszuarbeiten, welche neuen Gestaltungsmöglichkeiten sich in der Eigenverantwortlichen Schule bieten (Busemann in diesem Buch);

Und künftig: Der Gesetzgeber hat auf die Erkenntnis der Schulentwicklungsforschung reagiert: Gute Schulleitung ist eine wesentliche Gelingensbedingung von Schulqualität, denn »ohne gute Schulleitung keine gute Schule!« (Rosenbusch, 2000). Deshalb haben Schulleiterinnen und Schulleiter nach § 43 NSchG die Qualitätsverantwortung. Nicht mehr tragfähig sind mit Blick auf den tatsächlichen Schulleitungsalltag früher verbreitete Vorstellungen von Schulleitung als »guter Lehrer plus ein bisschen Verwaltung« oder Schulleiter als »primus inter pares« (Lohmann, 2000).

Die Entscheidung für die Eigenverantwortliche Schule und für die Stärkung der Schulleitung setzt einen wichtigen Veränderungsprozess in den Schulen in Gang: Es wird eine neue Realität geschaffen, weil Schulleiterinnen und Schulleiter

1. jährlich vor dem Schulvorstand Rechenschaft ablegen werden. Rechenschaft bedeutet hier mehr als sonst übliche Kassenentlastung in Jahreshauptversammlungen mancher Vereine und Clubs. Hier werden Eltern oder Schüler nachfragen, wie die in der Schule beschlossenen Maßnahmen des Schulprogramms umgesetzt worden sind. Sie werden nach Gründen fragen, warum manches nicht funktioniert hat. Sie werden die beschlossene Verbindlichkeit thematisieren. Hier entsteht eine »kommunikative Macht« von innerschulischer Öffentlichkeit (Rosenbusch, 2005 und in diesem Buch), die die Rolle der Schulleiterinnen und Schulleiter automatisch verändern wird, weil sie als Qualitätsverantwortliche und Steuerer gefordert sind und die Notwendigkeit ihrer Schritte und eingeleiteten Maßnahmen vor allen Beteiligten in der Schule begründen werden.
2. verpflichtet sind, auf Basis des Schulinspektionsberichts mit dem Kollegium Maßnahmen zur Verbesserung von Unterrichts- und Schulqualität einzuleiten. Hier wirkt sich die Inspektion im Sinne Rosenbuschs als eine Art »Sanktionsmacht« auf die Schulleiterinnen und Schulleiter aus.
3. mit einem klaren Weisungsrecht ausgestattet sind, das ihnen Kraft Gesetz »Entscheidungsmacht« verleiht. Rosenbusch bezeichnet diese Stärkung als »Amtsmacht« (2005).

Allein diese drei Aspekte verleihen Schulleiterinnen und Schulleiter eine Schlüsselrolle bei der künftigen Qualitätsentwicklung. Sie werden sich in Zweifelsfällen klarer durchsetzen können. Neben der traditionellen Rolle des Moderators und Leiters sind sie aufgefordert ihre Schule zu führen. Zum Führungserfolg bedarf es zunächst der Glaubwürdigkeit der eigenen Person. Dann gehören dazu auch Vorausplanung, Vertrauensbildung, positives Verhalten, Ermutigung und die Motivation der Beschäftigten in der Schule. Unverzichtbar sind Kommunikations- und Koordinationsfähigkeit.

2. Von der Leitung zur verantwortungsvollen Führung

Die Leitung der Schule intendiert zwar zur Optimierung ihrer Funktionsfähigkeit, gerät aber allzu oft in die Abhängigkeit von Mehrheitsmeinungen (vgl. Dubs, 2005[2] und Schley/Schratz, 2006). Auf solche Leitung können sich Schulleiterinnen und Schulleiter nicht mehr beschränken. Ihre neue Führungsaufgabe nehmen sie im Sinne von Leadership wahr, denn dann »beherrschen sie ihr System, ohne zu herrschen. … Führungsverantwortung wird in erster Linie durch Beziehungsarbeit und klare Orientierung auf die in der Schule vereinbarten Ziele wahrgenommen.« (Lohmann/Minderop, 2004[2]). Letztlich geht es um die Fähigkeit, im schulischen Alltag nicht nur alles unter einen Hut zu bringen, sondern

- großzügig zu sein und das Handwerk des Delegierens zu beherrschen,
- die Kunst wertschätzend und doch konsequent gegenüber Kolleginnen und Kollegen zu sein,
- gegenüber Beschwerde führenden Eltern oder Ausbildungsleitern, manches Mal auch uneinsichtigen Schülern gegenüber, diplomatisch zu sein und sie in die Lösung einzubeziehen,
- die Erfolge und Ergebnisse der Prozess- und Schulentwicklung im Blick zu haben,
- für Beschleunigung bei der Umsetzung des Schulprogramms zu sorgen,

- Verhandlungsgeschick gegenüber Dezernentinnen und Dezernenten der Landesschulbehörde und/oder dem Schulträger zu beweisen,
- klare und nachvollziehbare Entscheidungen vor dem Hintergrund des schulischen Leitbildes und in Kenntnis des Orientierungsrahmens zu treffen und sie angemessen zu kommunizieren und schließlich
- in langen Zeiträumen zu denken sowie Ausdauer und Geduld zu entwickeln, um die Gegenwart in der eigenen Schule zu meistern.

Führen in diesem Sinne bedeutet »ein Ziel zu verfolgen, das gemeinsam mit den Mitarbeiterinnen und Mitarbeitern erreicht werden soll« (Lohmann/Minderop, 2004[2]). Dazu gehören Fürsorge und Verantwortung für alle Beteiligten in der Schule, jedoch nicht der Ausübung von Allmacht. Mitarbeiterführung, Qualitätsentwicklung und die Gestaltung interner und externer Beziehungen sind dann die Hauptaufgaben von Schulleiterinnen und Schulleitern. In großen Systemen wie z. B. Berufsbildenden Schulen, Gesamtschulen mit Oberstufen oder Gymnasien müssen sie sich dabei auf ihr Schulleitungsteam stützen können. Es bereitet erforderliche Entscheidungen vor und bezieht Kollegium und Schulvorstand intensiv in den Schulentwicklungsprozess ein.

Mit der zunehmenden Übertragung von dienstrechtlichen Befugnissen (Weisungsrecht, Einstellungen im Eingangsamt, Verbeamtungen auf Lebenszeit, Beförderungen in das erste Beförderungsamt, befristete Einstellung von Vertretungslehrkräften, Beurteilungsrecht) wachsen Schulleiterinnen und Schulleitern Aufgaben zu, wie sie die Landesschulbehörde als Mittelinstanz der Schulaufsicht ausübte. Sie präsentieren den Schulbetrieb im Sinne einer Unternehmensführung nach außen, steuern und verantworten die schulischen und Lehr- und Lernprozesse. Knapp ausgedrückt, sie entwickeln sich zur pädagogischen Leitfigur (Rosenbusch, 2005) und übernehmen deshalb die Prozess- und Umsetzungsverantwortung für die Qualitäts- und Schulentwicklung (vgl. Lohmann/Boomgaarden in diesem Buch: Abb. 1 Verantwortungsbereiche in der Schule).

Was bedeutet das für die Person der Schulleiterin bzw. des Schulleiters? Herz und Lohmann haben in ihrem »Anstoß« für das Leitungsverständnis für Schulleiterinnen und Schulleiter bereits im Jahre 2000 treffend formuliert, dass Schulleiterinnen und Schulleiter einen »schwierigen, aber auch schönen [Beruf] in einem schwierigen Umfeld wahrnehmen«. Die damit verbundene Bandbreite an Kompetenzen müssen Schulleiterinnen und Schulleiter zur Ausübung ihres Berufes auch erwerben können. Im Rahmen der »Schulleitungsqualifizierung« wird für niedersächsischen Schulleiterinnen und Schulleiter seit 2004 eine systematische Qualifizierung angeboten, die Schulleiterinnen und Schulleiter bei der Wahrnehmung ihrer Aufgaben stärkt. In diesem Ausbildungskontext wird den Schulleiterinnen und Schulleitern offeriert, sich in Netzwerken zu verbinden, um ihre persönliche Weiterentwicklung und ihren professionellen Austausch selbst zu organisieren. Beim Landesinstitut für Lehrerausbildung und Schulentwicklung (NiLS) ist eine Internetplattform eingerichtet, die ihnen Hilfen anbietet, die sie im Alltag benötigen.

Führen & Managen

Führungsverantwortung für
- Erziehungskonsens in der Schule
- Qualifizierte Unterrichtsarbeit
- Systemische Fortbildung und institutionelles Lernen
- Stimulierendes Unterrichts- und Betriebsklima
- Förderung in angstfreier Schulatmosphäre
- Netzwerkarbeit und internationales Lernen
- Ökologische Gestaltung des Schul- und Lebensraumes
- Entwicklung des Schulprofils
- systematische Personalentwicklung

Führen heißt ...
- Fürsorge für Schülerschaft und Personal übernehmen
- Begabungen, Fähigkeiten fördern
- Potenziale entwickeln (z. B. Kreativität, Kooperation)
- Konflikte lösen

Schulleiterinnen und Schulleiter ...
- stellen sich auf Schülerschaft, Mitarbeiter und Kollegium ein
- vereinbaren Regeln für die Zusammenarbeit im Kollegium und in der Schulgemeinschaft
- schaffen Vertrauensklima
- inspirieren mit Leidenschaft
- überzeugen durch eigenes Tun
- entfachen Motivation
- gewinnen Konkurrenten als Partner
- bauen Netzwerke auf
- ergreifen und nutzen Chancen
- sorgen für Umsetzungstempo
- denken langfristig
- verdeutlichen Visionen

Managen heißt ...
- Systemisch reflektieren und planen
- Mit Leit- und Zielvorgaben das Schulprogramm entwickeln
- Steuern und evaluieren der Organisationsabläufe
- Personalentwicklung betreiben
- Zusammenarbeit steigern

Schulleitungsteams ...
- konzentrieren sich auf ihre Alltagsgeschäfte und deren Abläufe
- regeln und ordnen den Unterrichtsalltag
- vereinbaren Kooperationsformen
- fordern Ergebnisse ein
- legen Rechenschaft
- sorgen für systematische Revision und Evaluation
- kümmern sich um Fortbildungskonzepte für das Kollegium
- kontrollieren das Einhalten von Regeln
- geben Anweisungen
- präsentieren schulische Erfolge der Öffentlichkeit
- begrenzen Risiken
- setzen Entwicklungstempo
- meistern die Gegenwart

Abb. 1: Führungsverantwortung *© Armin Lohmann, 2004*

3. Die neue Rolle im Sinne von Leadership annehmen

Der erste Schritt zur Wahrnehmung von Führungsverantwortung ist die Klärung der neuen Rollen. D. h., Schulleiterinnen und Schulleiter müssen die innere Bereitschaft für die Entscheidung mitbringen, diese Rolle nicht nur zu spielen, sondern spürbar zu leben (Dubs, 2005[2])! Das bedeutet, sie geben die Richtung vor, sie schlagen die Nutzung von Gestaltungsfreiräumen vor, auf die sich der Schulvorstand verständigt. Sie stellen immer wieder die Frage nach den wesentlichen Leitzielen der Schule und ihrer Passung zu den landesweiten Qualitätsvorgaben. Schulleiterinnen und Schulleiter erinnern an die Arbeitsplanung im Schulprogramm, wenn die Konzentration auf diese Entwicklungsarbeit nachlässt:

Wo stehen wir? Haben wir ein gemeinsames Verständnis über guten Unterricht? Was müssen wir tun, um die im Schulprogramm festgelegten Ziele wieder aufzunehmen? Was brauchen wir, um unser angestrebtes und unverwechselbares Schulprofil verwirklichen zu können? Wie können wir es schaffen, dass alle (!) unsere Schülerinnen und Schüler erfolgreich unsere Schule meistern?

Dem Kollegium solche unbequemen Fragen zu stellen braucht allerdings Vertrauen in die eigenen Fähigkeiten und nicht zuletzt persönlichen Mut. Und es braucht Steuerungskompetenz, die Antworten konsequent einzuholen. Solche Fragen legen recht schnell die eigenen Stärken offen, verdeutlichen aber auch Schwachpunkte, die der Führungskraft signalisieren, wo sie entschiedener, deutlicher auftreten müsste, ohne mit der Dienstautorität des Amtes öffentlich zu wedeln. Entscheidend ist hier die eigene Authentizität. Warum soll man nicht eigene Zweifel, ja sogar die eigene Unzufriedenheit über die abgedriftete Entwicklungsarbeit verdeutlichen? Wirkt das nicht wesentlich überzeugender als die Drohung des Vorgesetzten? Letztlich bedeutet die Akzeptanz der eigenen Rolle, dass nämlich Schulleiterinnen und Schulleiter in der Hektik des Alltags ihre Frau, ihren Mann stehen müssen. Vor allem müssen sie akzeptieren lernen, dass sie Vorgesetzte, letztlich Alleinverantwortliche sind. Sie müssen lernen ihre Führungsaufgabe i. S. von Führungsverantwortung oder »Leadership« auszuüben (vgl. Abb. 1). Hilfestellung bietet bei diesem Lernprozess ein umfangreiches Qualifizierungsangebot für neu ernannte Schulleiterinnen und Schulleiter, die so genannte SLQ-Qualifizierung in Niedersachsen (NILS, 2007).

Neben der Wahrnehmung der Verantwortung für das ganze System der Schule ist der wesentliche Schlüssel zur Führungsverantwortung weniger der Führungsstil als eine Grundhaltung: Fürsorge gegenüber den Kindern, Jugendlichen und Erwachsenen in der Schule zu zeigen und deren Arbeit wertzuschätzen (Lohmann/Boomgaarden in diesem Buch). Führungsverantwortung bedeutet also nicht die Arbeit ***im*** System, sondern ***am*** System! Insofern sind Schulleiterinnen und Schulleiter auch Manager (vgl. Abb. 1). Ihre Führungsaufgabe besteht nicht allein darin die Organisationsabläufe optimal zu steuern und zu evaluieren, sondern die Chancen für die Weiterentwicklung zu nutzen, Anteilnahme und persönliches Interesse für die Arbeit der Kolleginnen und Kollegen zu zeigen, mit ihnen ihre Sorgen zu teilen, Einfluss auf die pädagogische Entscheidungen dort zu nehmen, wo Zweifel den Klärungsprozess beherrschen, für Umsetzungstempo zu sorgen und Erfolge gemeinsam zu feiern.

Der Prozess, weg vom primus inter pares hin zur gelebten Führungsverantwortung ist kein bequemer Weg. Mancher Konflikt ist auf dieser Wegstrecke zu bewältigen. Erleichternd sind sicherlich die neuen Rahmenbedingungen in der Eigenverantwortlichen Schule, weil viele Dinge alternativlos geklärt sind, die (noch gestern!) zu innerschulischen Auseinandersetzungen geführt haben. Aber es braucht auch Zeit und Raum, diese neue Rolle zu erlernen und als Teil der eigenen Person zu leben. Sandra Love – Schulentwicklungsberaterin für das Durham Board – führt hierzu treffend aus: »If you can't solve the problem then you are a part of it!« (INIS-Konferenz, Durham Board – Ontario, Kanada, 2002).

Sowohl auf der Internetplattform »Schulleitungsqualifizierung (SLQ)« des NiLS als auch in bekannten Schuleiter-Netzwerken finden sich Austauschpartner, die Unterstützung bieten. Die Erfahrungen von Schulleiterinnen und Schulleitern der Projektschulen von »ProReKo«, »INIS«, »Qualitätsnetzwerken«, in den Bildungsregionen Emsland und Braunschweig sowie in Netzwerken der belegen: Die neue Rollenwahrnehmung kann gelingen. Ja, man kann sie erlernen! Allerdings muss man sich sehr bewusst dafür entscheiden. Der Weg lohnt sich, denn mit die Persönlichkeit der Schulleiterin bzw. des Schulleiters wird auch die Eigenverantwortliche Schule gestärkt.

Literatur

Dubs, Rolff: Leadership und Schulmanagement für Schulen – Die Führung einer Schule, Zürich, 2005².

Halász, G./Santiago, P./Ekholm, M./Matthews, P./McKenzie, P. (2004): Anwerbung, berufliche Entwicklung und Verbleib von qualifizierten Lehrerinnen und Lehrern. Länderbericht: Deutschland. www.oecd.org.

Lohmann, Armin: Führungsverantwortung – Warum? In: Buchen, Herbert/Horster, Leonhard/Rolff, Hans-Günter: Schulleitung und Schulentwicklung, Stuttgart, 2000.

Lohmann, Armin/Minderop, Dorothea: Führungsverantwortung der Schulleitung, München/Unterschleißheim, 2004².

Niedersächsisches Landesamt für Lehrerbildung und Schulentwicklung – NILS (Hrsg.): SLQ – Leitbild für Schulleiterinnen und Schulleiter, Hildesheim, 2007, http://slq.nibis.de.

Rosenbusch, Heinz S.: Organisationspädagogik der Schule, Grundlagen pädagogischen Führungshandelns, Neuwied, 2005.

Schley, Wolfgang/Schratz, Michael: Leadership – eine vernachlässigte Dimension in der Führungsdebatte. In Journal für Schulentwicklung, Innsbruck, I/2006.

Peter Bräth

Begleiten und Beteiligen: Personalvertretungen

Zufriedene Lehrerinnen und Lehrer sind die Basis einer guten Schule. Sie müssen daher in Entscheidungen einbezogen und ihre Interessen müssen wahrgenommen werden. Eine starke Personalvertretung ist nicht Gegner sondern Mitgestalter einer guten Schule.

Schule und Beschäftigteninteressen

Veränderte Entscheidungsstrukturen an Eigenverantwortlichen Schulen werden gelegentlich als »Entdemokratisierung« der Schule bezeichnet. Das verkennt, dass die Verringerung von Lehrerdominanz zu Gunsten (halb-)paritätischer Entscheidungsstrukturen im Schulvorstand keine Frage von Demokratie ist. Vielmehr sollen hier die an der Unterrichts- und Erziehungsarbeit Beteiligten gemeinsam Schule gestalten – und zwar in einem angemessenen Verhältnis ihrer Vertreterinnen und Vertreter zueinander. Eltern sowie Schülerinnen und Schülern kommt hierbei unbestreitbar eine gewichtige Rolle zu. Lehrerinnen und Lehrer gestalten nicht nur auch die Schule mit, sie haben in der Schule auch ihren Arbeitsplatz. Schulische Entscheidungen haben daher nahezu regelmäßig Auswirkungen auf den Arbeitsplatz der Lehrerinnen und Lehrern. Dieser Reflex darf allerdings nicht dazu führen, dass Motive für schulische Entscheidungen allein Beschäftigteninteressen sind. Es ist Aufgabe einer starken Personalvertretung diese gegenüber der Schulleitung geltend zu machen.

Die gute Schule entwickelt und entfaltet das gesamte Potenzial ihrer Mitarbeiter auf der Individual-, Team- und Organisationsebene. Fairness und Chancengleichheit werden aktiv gefördert, die Mitarbeiter werden eingebunden und zum Handeln ermächtigt. Gute Schulen sorgen für die Mitarbeiter, kommunizieren, zollen Anerkennung und belohnen in einer die Mitarbeiter motivierenden Weise (vgl. Kotter, 2005). Dieses lässt sich nur mit einem partizipativ-situativen Führungsstil erreichen. Partizipation kann dabei nicht nur individuell sondern muss auch institutionell stattfinden. Partner einer Schulleiterin oder eines Schulleiters einer Eigenverantwortlichen Schule ist daher die Personalvertretung. Sie darf sich nicht darauf beschränken, bei einzelnen Personalmaßnahmen ihre Beteiligungsrechte nach dem Personalvertretungsgesetz wahrzunehmen. Sie muss sich durch Vereinbarungen mit der Schulleitung aktiv am Management der Schule und an der Schulentwicklung beteiligen.

Qualitätsmanagement

Eigenverantwortliche Schulen betreiben Qualitätsmanagement. Der »Orientierungsrahmen Schulqualität in Niedersachsen« des Kultusministeriums soll die Schulen bei ihrer Qualitätsentwicklung unterstützen, indem er einen Zielrahmen für ganzheitliche Schulqualität definiert. Die im Sinne umfassender Qualitätsarbeit relevanten Aspekte wie vorbildliches Handeln der Schulleitung, Beteiligung der Beschäftigten,

Personalentwicklung, Orientierung an den »Kundeninteressen«, gewissenhafter Umgang mit Partnern und Ressourcen, Festlegung lang- und kurzfristiger Ziele, die Ergebnisse von Abschlüssen und Qualifikationen, Unterricht, schulische Organisation sowie ständige Optimierung des Bildungsprozesses verdeutlichen die Handlungsfelder möglicher Vereinbarungen.

Das Schulgesetz geht bei der Qualitätsentwicklung von einem kontinuierlichen Prozess aus, bei dem Selbstevaluation die Grundlage für die Planung des weiteren Vorgehens ist. An jeder Stelle des Qualitätsprozesses besteht für die Personalvertretung die Möglichkeit der Beteiligung. So bei der Entwicklung von Rahmenbedingungen, etwa bei

- der Förderung der persönlichen Entwicklung der Lehrkräfte,
- der Verteilung von Ressourcen innerhalb der Schule,
- der Schaffung guter Arbeitbedingungen,
- der Entwicklung einer Feedback-Kultur oder
- der Schaffung von Fortbildungsmöglichkeiten

können Formen und Inhalte verabredet werden. Die herkömmlichen Wege der Personalratsarbeit müssen dabei durchaus verlassen werden. Die veränderten Führungsaufgaben der Schulleitung einer Eigenverantwortlichen Schule verlangen einen kreativen Umgang mit einer neuen Verabredungskultur.

Zielfestlegungen

Modernes Schulmanagement verlangt ein erhebliches Maß an Delegation. Die der Schulleiterin oder dem Schulleiter obliegenden Aufgaben sind prinzipiell – natürlich ohne Preisgabe der Gesamtverantwortung – delegierbar. Sie können ihre Aufgaben ihren ständigen Vertreterinnen bzw. Vertretern sowie Inhaberinnen und Inhabern von höherwertigen Ämtern mit Schulleitungsaufgaben, in Einzelfällen auch anderen Lehrkräften, zur eigenverantwortlichen Wahrnehmung übertragen. Diese können dann in Erfüllung der übertragenen Aufgaben allen an der Schule tätigen Personen Weisungen erteilen.

Delegation ohne Zielfestlegung ist schwer vorstellbar. Auch im Wege der Qualitätsentwicklung sind als Folge von Selbstevaluation, festgestellten Verbesserungspotentialen und geplanten Maßnahmen Zielvereinbarungen zwischen Schulleitung und Klassenlehrern oder auch einzelnen Lehrkräften denkbar. Zielvereinbarungen zum Zwecke der Aufgabenerfüllung unterliegen aber nicht der personalvertretungsrechtlichen Mitwirkung. Gleichwohl ist hier ein bedeutendes Handlungsfeld für Personalvertretungen.

Durch Zielvereinbarungen werden Arbeitsergebnisse in Form konkreter Ziele als zu erreichender Zustand festgelegt. Auch können Leistungsstandards bestimmt werden. Maßnahmen zur Zielerreichung werden dagegen nicht vereinbart (Aufgaben werden zur eigenverantwortlichen Wahrnehmung übertragen bzw. Lehrkräfte unterrichten in eigener pädagogischer Verantwortung!). Einigen könnten sich Personalvertretungen mit der Schulleiterin oder dem Schulleiter auf der operationalen Ebene – etwa über Ressourcenfragen, wie die Verteilung von Anrechnungsstunden, oder über organisatorische Rahmenbedingungen.

Es bleibt außerdem die Frage, wie die Erreichung von Ergebnissen überprüft wird. Personalvertretungen sollten sich daher überlegen, ob nicht Verabredungen über die Ergebniskontrolle im Einzelnen und je nach Gegenstand vernünftig wären (z.B. Fremd- oder Selbstkontrolle, Ablauf- oder Ergebniskontrolle).

Dienstrechtliche Befugnisse

Im Rahmen der dienstrechtlichen Zuständigkeiten der Schule ist es Aufgabe der Schulleiterin oder des Schulleiters, Maßnahmen zur Personalwirtschaft einschließlich der Personalentwicklung zu treffen, den Personaleinsatz zu planen und künftig auch Lehrkräfte einzustellen. Der Schulvorstand kann Vorschläge zur Besetzung von Schulleitungs- und Beförderungsstellen machen, er ist auch zuständig für das Herstellen des Benehmens bei Schulleitungsbesetzungsverfahren.

Diese Zuständigkeiten verbieten es aber keineswegs, Beschäftigteninteressen im Wege einer institutionellen Beteiligung zu berücksichtigen. Eine Schulentwicklung ohne konsequente Einbeziehung des Kollegiums ist zum Scheitern verurteilt. Erfolgreich sind daher bereits an etlichen berufsbildenden Schulen Vereinbarungen über die Einbeziehung des Kollegiums oder des Personalrates über den im Personalvertretungsgesetz geforderten Mindestrahmen hinaus erprobt worden. Insbesondere bei Neueinstellungen waren diese Formen der Zusammenarbeit sowohl für Schulleitung wie für das Kollegium Streit vermeidend, transparent und qualitätsorientiert.

Mitarbeiter-Vorgesetzten-Gespräche

Das Mitarbeiter-Vorgesetzten-Gespräch dient der Personalentwicklung, der Vernetzung der Arbeitsbereiche, der Leistungsbereitschaft und Arbeitszufriedenheit (vgl. LOHMANN, BOOMGAARDEN in diesem Buch). Gegenstand ist eine nicht anlassbezogene Abstimmung von Zielen und Potentialen zwischen Vorgesetzten und Mitarbeiterinnen und Mitarbeitern, bezogen auf die grundsätzlichen Schulziele. Es werden Transparenz und Vernetzung geschaffen über Ziele, Arbeitsergebnisse, Arbeitsschwierigkeiten, Arbeitsmöglichkeiten, Arbeitsvorhaben, Arbeitszufriedenheiten, über Zusammenarbeit mit anderen Arbeitsbereichen und Beschäftigten, über Arbeitsklima und Arbeitsaufgaben, Entwicklungsmöglichkeiten.

Moderne Führung einer Schule macht auch die Förderung der persönlichen Entwicklung der Lehrkräfte erforderlich. Neben Zielfestlegungen bezogen auf die Arbeitsergebnisse sind diese über das aktuelle Tagesgeschehen hinausgehenden Vier-Augen-Gespräche zwischen Mitarbeiterinnen und Mitarbeitern und Führungskräften (Schulleiterin oder Schulleiter, ständige Vertreterin oder ständiger Vertreter, Inhaberinnen und Inhabern von höherwertigen Ämtern mit Schulleitungsaufgaben und in Einzelfällen auch anderen Lehrkräften) wichtig für die Arbeitszufriedenheit. Sinn und Zweck dieser besonderen Gespräche sind Entwicklung und Förderung. Sie sind strikt von Beurteilungsvorgängen zu trennen.

Bei der Einführung dieser Gespräche handelt es sich um eine der Mitbestimmung des Personalrats unterliegenden »Regelungen der Ordnung der Dienststelle und des Verhaltens der Beschäftigten«. Nicht nur die Schulleitung sollte ein Interesse an der Einführung haben. Gerade aus Sicht der Personalvertretung sollte ein abgestimmtes und festgelegtes Reglement die Gespräche bestimmen. Nur so lässt sich für die einzelnen Lehrerinnen und Lehrer ein regelmäßiges Entwicklungsgespräch durchsetzen, dass nicht belastet ist von Zielvereinbarungen zu konkreten Arbeitsergebnissen. Ohne diese Mitarbeiter-Vorgesetzten-Gespräche könnte sich die Kommunikation anderenfalls auf anlassbezogene Personalgespräche, gegebenenfalls auf Konfliktgespräche reduzieren.

Information

Managerial Leadership einer Schule verlangt auch Transparenz und damit umfängliche Information der Schulleitung gegenüber dem Kollegium (vgl. Kreutzahler/Jänen in diesem Buch). Hieran hat sich auch durch die Veränderung der inneren Schulverfassung durch Einführung eines Schulvorstands und Kompetenzentzug bei der Gesamtkonferenz nichts geändert. Zu den gesetzlichen Pflichten der Schulleiterin und des Schulleiters gehört es, die Gesamtkonferenz über alle wesentlichen Angelegenheiten der Schule zu unterrichten. Dieses findet seine Grenze nicht in den der Gesamtkonferenz im engeren Sinne zugewiesenen Entscheidungsbefugnissen. Vielmehr intendiert dies eine allgemeine Unterrichtungsverpflichtung, die sich auch auf Gegenstände bezieht, die dem Schulvorstand oder der Schulleiterin oder dem Schulleiter zur Entscheidung zugewiesen sind. Das Schulgesetz schreibt keine Periodizität dieser Unterrichtung vor, auch die Bestimmung, dass die Gesamtkonferenz mindestens viermal im Jahr tagt, ist entfallen.

Transparenz braucht nicht immer Gesamtkonferenzsitzungen. Für Kommunikationsprozesse innerhalb der Schule bieten sich auch eine Reihe anderer – zu vereinbarender oder vom Personalrat einzufordernder – Formen an. So können Mitglieder der Schulgemeinschaft über Aushänge, Internetforen o. Ä. regelmäßig informiert werden. Auch außerhalb der Struktur einer Gesamtkonferenz kann über Schulforen sowohl insgesamt als auch in organisatorischen Teilen der Schule oder in Fachkonferenzen von der Schulleitung informiert werden. Auch hier sind Verabredungen hilfreich, die erreichen, dass Lehrerinnen und Lehrer im erforderlichen Umfang informiert werden und die zugleich die Schulleiterin oder den Schulleiter weder vor zeitlich noch inhaltlich nicht zu lösende Informationsanforderungen stellt.

Ausblick

Personalvertretungen Eigenverantwortlicher Schulen müssen sich aus den überkommenen Mitwirkungsstrukturen des Personalvertretungsrechtes befreien. Die veränderte Steuerung der Eigenverantwortlichen Schulen und die zunehmenden Gestaltungsfreiräume an den Schulen stellen neben den bisherigen neue Anforderungen an die Personalvertretungen, sie eröffnen aber gleichzeitig neue Chancen, die Schulentwicklung auch mit Blick auf die Beschäftigteninteressen zu gestalten.

Nur Personalvertretungen, die diese Gestaltungschancen kreativ aufgreifen, werden in der Lage sein, der Schulleiterin oder dem Schulleiter Partner aber auch Widerpart zu sein. Nur eine starke, mitgestaltende und der Schulentwicklung insgesamt verpflichtete Personalvertretung wird von der Schulleiterin oder dem Schulleiter ernst genommen werden. Nur eine ernst genommene Personalvertretung hat Einfluss.

Literatur

DIEKENBROCK, MANFRED/SCHRÖDER, HARTMUT: Selbstständigkeit und Partizipation, Bildungsverlag EINS, Troisdorf, 2007.

KOTTER, KARL-HEINZ: Unsere Schule auf den Weg in die Zukunft – Schulentwicklung nach dem EFQM-Modell, Wolnzach, 2005, S. 29.

NIEDERSÄCHSISCHES KULTUSMINISTERIUM: Orientierungsrahmen Schulqualität in Niedersachsen, Hannover, 2006.

Markus Humpert

Klären und Unterstützen: die Aufgaben einer Steuergruppe

Veränderungsprozesse sind steuerbar, aber nicht planbar, d. h. die Schule als Gesamtorganisation kann auf die Ergebnisse eines Veränderungsprozesses im Detail keinen Einfluss nehmen, sehr wohl aber auf den Weg dorthin. Diese relative Ergebnisoffenheit kann zu Unsicherheiten und damit zu Ängsten bis hin zu Widerständen führen.

Es muss der Schule gelingen, Sicherheit über die Steuerung des Prozesses zu erlangen, denn je offener der Veränderungsprozess inhaltlich ist, desto stärker muss er strukturiert und gesteuert werden. Hier tritt die Steuergruppe als in einer Schule verantwortliches Organ für die Prozessplanung, -steuerung und -koordinierung in Aktion.

Welche Aufgaben übernimmt eine schulische Steuergruppe?

Eine schulische Steuergruppe ist im Wesentlichen für folgende Aufgaben verantwortlich:

1. Die Steuergruppe sorgt dafür, dass die Schule klar definierte Entwicklungsziele hat.

Auf Basis der realen Bedingungen der Schule formuliert, berücksichtigen die Ziele die vorhandenen Evaluationsergebnisse, sind im Schulprogramm beschrieben und werden mittels einer Maßnahmenplanung auf den Weg gebracht. In der Praxis bedeutet das, dass die Steuergruppe die Evaluationsprozesse ihrer Schule begleitet und dafür sorgt, dass »smarte« Ziele (vgl. S. 125) definiert werden. Diese Sorge ist ihr Verantwortungsbereich, nicht die Formulierung. Sie plant, initiiert und steuert »lediglich« den Prozess der Zielfindung und -definition.

2. Die Steuergruppe steuert und koordiniert den Schulentwicklungsprozess auf der Basis von Kontrakten mit den schulischen Projektgruppen.

Notwendige Voraussetzung für die Arbeit der Steuergruppe ist die Etablierung der Projektmanagement-Methode mit der damit verbundenen Projektorganisation innerhalb der Schule. Nur so ist es möglich, dass sich die Schule als Gesamtsystem zu einer lernenden Organisation entwickelt. So wird die zwingend erforderliche Ressourcenkonzentration geleistet, indem unterschiedlichste Projektgruppen, Personen oder »Subsysteme«, die bisher eventuell noch nichts miteinander zu tun hatten, vernetzt werden.

Die Steuergruppe unterstützt diese Gruppen auf unterschiedlichste Weise: Sie vermittelt ihnen das nötige Projektmanagementwissen und berät bei der Planung und Durchführung des Projektes. So können langfristig alle Lehrkräfte eines Kollegiums durch Mitarbeit in Projektgruppen mit diesem Werkzeug vertraut gemacht werden. Weitere Unterstützungsmöglichkeiten der Steuergruppe bestehen z. B. in der konkreten Mitarbeit in den Projektgruppen, in der punktuellen Moderation einzelner Projektteamsitzungen oder auch in der Bereitstellung einer einheitlichen Projektdokumentationsvorlage.

Die **Zusammensetzung der Steuergruppe** sollte repräsentativ sein – auf der Basis der Kriterien, die jede Schule für sich als sinnvoll erachtet.

Beispielhafte Kriterien

- Je nach Größe der Schule ist die Steuergruppe zwischen 3 und 7 Personen groß (Das absolute Maximum sollte bei 10 Personen liegen).
- Obligatorisch ist die Zugehörigkeit des Schulleiters/der Schulleiterin bzw. eines Schulleitungsmitgliedes.
- Anteilig sollten Männer und Frauen genauso vertreten sein, wie ältere und jüngere, erfahrenere und noch nicht so erfahrene Lehrkräfte.
- Gibt es in der Schule unterschiedliche Aufgabenfelder, können auch diese repräsentativ vertreten sein.
- Auch die Zugehörigkeit von Personalratsmitgliedern kann sich als sehr produktiv erweisen.
- Nützlich ist eine gesunde Mischung aus Befürwortern und Skeptikern der Steuergruppenarbeit. Hierbei sollte aber auf eine »gesunde Skepsiskompetenz« geachtet werden, Blockierer wirken kontraproduktiv.
- Die Steuergruppenzugehörigkeit gilt als rotierend. Ein Zeitraum von zwei bis maximal drei Jahren bietet eine überschaubare Einbindung für die Lehrkräfte und gewährleistet produktive Zusammenarbeit für die Steuergruppe.

Abb. 1: Zusammensetzung

3. Die Steuergruppe ist verantwortlich für das »Multiprojektmanagement« der Schule.

Die Steuergruppe muss über den Stand aller Projekte im Zusammenhang der Schulentwicklung informiert sein, um einerseits die Synergien nutzen zu können und andererseits Doppelarbeiten vermeiden zu helfen. Nur so kann ein optimaler Ressourceneinsatz gewährleistet werden. Ein entsprechend funktionierendes »Multiprojektmanagement« ist daher gerade vor dem Hintergrund der ständig viel zu knappen Ressourcen für eine systematische Schulentwicklung unumgänglich.

Für eine neu installierte Steuergruppe ist es sehr empfehlenswert, die erworbenen Kenntnisse auszuprobieren, indem sie einmalig ein Schulentwicklungsprojekt nicht nur koordiniert und steuert, sondern auch selbst als Projekt durchführt. So gewinnt die Steuergruppe Erfahrung mit dem Instrumentarium und kann dieses entsprechend besser und authentischer in ihrer Multiplikatorenfunktion an die Projektgruppen weitergeben.

4. Die Steuergruppe ist verantwortlich für die Begleitung und Auswertung von gesamtschulischen Evaluationsprozessen.

Eine kontinuierliche Schulentwicklung im Sinne einer ständigen Verbesserung der innerschulischen Qualität impliziert regelmäßige gesamtschulische Evaluationsprozesse. Initiiert wird diese immer wiederkehrende »Diagnose« von der Schulleitung. Die Steuergruppe gewährleistet die Umsetzung, indem sie die Evaluationen federführend begleitet und auswertet.

5. Die Steuergruppe erarbeitet Strategien zur Implementierung einer systematischen und nachhaltigen schulischen Qualitätsentwicklung.

Dauerhafte, nachhaltige Qualitätsentwicklung muss von allen Beteiligten getragen werden und sich in der Umsetzung im schulischen Alltag bewähren. Es reicht in der Regel nicht aus, schulische Projekte zu initiieren, sie durchzuführen und die Ergebnisumsetzung dann dem Zufall oder dem vielzitierten »Tagesgeschäft« zu überlassen. Damit das nicht passiert, sorgt die Steuergruppe für Strategien, die gewährleisten, dass die Ergebnisse der Entwicklungsprojekte ihre Projektlebenszeit überdauern und dauerhaft im schulischen Alltag Eingang finden. In der folgenden Abbildung ist dieser Übergang als »kritischer Punkt« besonders markiert.

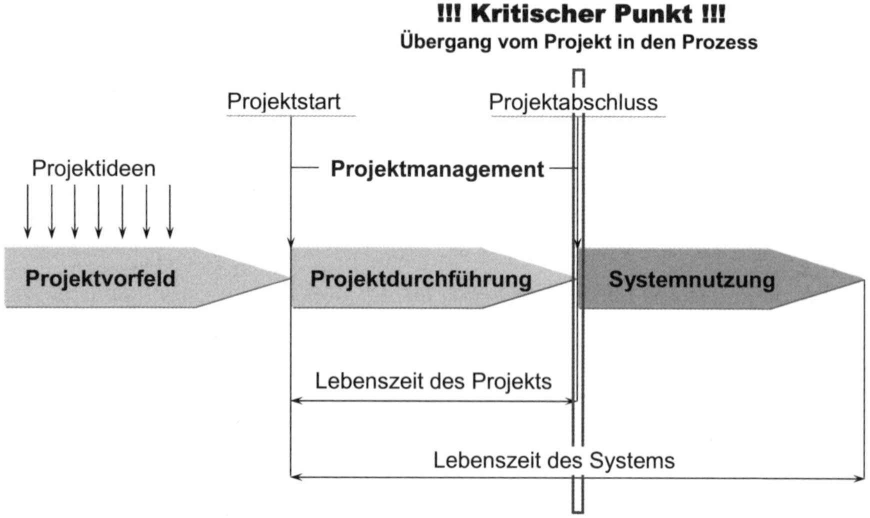

Abb. 2 *© Markus Humpert*

6. Die Steuergruppe kommuniziert den Stand des Schulentwicklungsprozesses an alle Beteiligten (Kollegium, Schulvorstand, Eltern, Schülerinnen und Schüler, außerschulische Partner).

Die schulische Steuergruppe ist die Informationszentrale im Rahmen des Schulentwicklungsprozesses. Da sie über alle für die Schulentwicklung relevanten Projekte informiert ist, liegt es nahe, dass sie alle an der Schule Beteiligten regelmäßig über den Verlauf und die Ergebnisse aus den Projekten informiert.

Ferner übernimmt sie eine Moderationsfunktion im Rahmen der innerschulischen Entwicklung. Sie ist das Bindeglied zwischen Schulleitung und Kollegium. Dort wo

Konflikte auftreten, wo Lehrkräfte sich der schulischen Entwicklung entziehen, versucht die Steuergruppe moderierend (im ursprünglichen Wortsinne von »mäßigend«) einzuwirken. Sie ist daher immer wieder gefordert, den Nutzen der innerschulischen Entwicklung zu kommunizieren und sämtliche Schritte mit der notwendigen Transparenz in das Kollegium zu transportieren.

Welche Kompetenzen/Kenntnisse braucht ein Steuergruppenmitglied?

Folgende Kompetenzen sind für Steuergruppenmitglieder notwendig:

- Kenntnisse über die Qualitätsorientierung in Niedersachsen
- Kenntnisse über Qualitätsmanagementsysteme
- Kenntnisse über Grundlagen des Projektmanagements, u. a.:
  - Projektzielplanung und -definition
  - Projektarchitektur
  - Projektplanung und Projektsteuerung
  - Projektcontrolling und -evaluation
  - Projektdokumentation und -abschluss
  - Kommunikation und Gremien im Projekt
  - Kenntnisse über Teambildungs- und Teamentwicklungsprozesse
  - Moderations- und Präsentationskompetenzen
  - Kenntnisse über den Umgang mit Konflikten

Abb. 3: Kompetenzen der Mitglieder

Wie etabliert sich eine Steuergruppe an der Schule?

In der Praxis haben sich folgende Schritte bewährt:

1. Die Steuergruppenzusammensetzung erfolgt nach den o. g. Kriterien in einem für das Kollegium transparenten Prozess. Gleichzeitig wird das Kollegium über die Aufgaben (und auch über die »Nicht-Aufgaben«!) der Steuergruppe informiert.
2. Die Steuergruppe erhält ihren Auftrag qua Kontrakt vom Auftraggeber (z. B. von der Gesamtkonferenz oder dem Schulvorstand). Dies bedarf der Schriftlichkeit und gilt als offizielle Auftragsvergabe.
3. Die Steuergruppe gibt sich eine Geschäftsordnung.
4. Die Steuergruppenmitglieder werden in einer entsprechenden Qualifizierung auf ihre künftigen Aufgaben vorbereitet (vgl. Kompetenzen der Steuergruppenmitglieder).
5. Die Steuergruppe schließt Kontrakte mit den Projektgruppen und geht ihren Steuerungsaufgaben nach. Die Form dieser Kontrakte sollte schulintern einheitlich geregelt und der Größe der Schule angemessen sein.
6. Die Steuergruppe evaluiert ihre eigenen Prozesse regelmäßig.

Diese Ausführungen machen deutlich, was Steuergruppen für die Schulentwicklung leisten. Bei einem Blick auf die Praxis der kleinen Schulen drängt sich hier allerdings die Frage nach der Praktikabilität in solchen Systemen auf.

In den sehr kleinen Kollegien ist die Trennung zwischen der Steuergruppe und Projektgruppen hinsichtlich der Mitglieder und Aufgaben nicht immer durchzuführen. Da wird schnell jede Lehrkraft in Personalunion an jeder Stelle gebraucht. Im Klartext: Kleine Schule = kleine Schritte im Schulentwicklungsprozess: Schulentwicklungsprojekte müssen deutlich priorisiert und linear abgearbeitet werden. In der Praxis hat es sich für diese kleinen Systeme bewährt, aus mehreren benachbarten Schulen eine Steuergruppe zu etablieren, um so gleichzeitig regionale Verknüpfungen zu gewährleisten und zu fördern (vgl. Hohnschopp in diesem Buch).

Die Steuergruppen stehen mit ihren Schwierigkeiten nicht alleine da. Die Erfahrung zeigt, dass auftretende Steuerungsprobleme in ähnlicher Form auch anderen schulischen Steuergruppen wiederfahren. Daher ist es sehr hilfreich und empfehlenswert, sich mit Steuergruppen innerhalb einer »Bildungsregion« (vgl. Minderop in diesem Buch) zu vernetzen und auszutauschen. So kann voneinander gelernt und profitiert werden. Auch kann die traditionelle Konkurrenz zwischen Vertretern der gleichen Schulform abgebaut und die Fremdheit zwischen den Schulformen überbrückt werden. Über die Aufgabe und ihre Problemstellungen, aber auch über Erfolge entwickelt sich ein für alle profitabler, befruchtender und systematischer Austausch, der die Bildungsarbeit für Schülerinnen und Schüler in das Zentrum aller Schulentwicklungsinitiativen stellt.

Literatur

Lohmann, Armin/Minderop, Dorothea: Führungsverantwortung der Schulleitung. Handlungsstrategien für Schulentwicklung im Reißverschlussverfahren, München, 2004[2].

Malik, F.: Führen, Leisten, Leben. Wirksames Management für eine neue Zeit. München, 2001.

Heiner Hoffmeister

Im Team und kooperativ: Neue Anforderungen an Lehrerinnen und Lehrer

Die Erweiterung der Gestaltungsspielräume und die Eigenverantwortung für die Qualitätsentwicklung der Schule verändert auch die Rolle der Lehrkräfte. Sie werden die Verantwortung für die qualitätsvolle pädagogische Arbeit der Schule nur kooperativ und in Teams wahrnehmen können, weil Vereinbarungen über die gemeinsame Arbeit auf verschiedenen Ebenen getroffen und Verbindlichkeit in der Umsetzung sichergestellt werden müssen. Dies gelingt nur, wenn die Lehrerinnen und Lehrer untereinander wie mit den anderen an Schule Beteiligten intensiver kooperieren und sie – soweit zweckmäßig – auch organisatorisch in Teams eingebunden sind. Ein solcher Prozess braucht Zeit und Unterstützung, ist aber unabdingbar für das Gelingen der Eigenverantwortlichen Schule.

Wie können Lehrerinnen und Lehrer bei der Qualitätsentwicklung in ihren Schulen mitwirken?

Das ist jetzt Gesetz: Schulleiterinnen und Schulleiter tragen die Gesamtverantwortung für die Qualitätsentwicklung in den Schulen. Die aber kann nur gelingen, wenn jede und jeder in der Schule Tätige seine Mitverantwortung für den Qualitätsentwicklungsprozess wahrnimmt. Das gilt in besonderem Maße für die Lehrerinnen und Lehrer, die für die Qualität des Unterrichts verantwortlich sind. Der Arbeit der Lehrkräfte kommt deshalb für die Entwicklung der Qualität unserer Schulen eine Schlüsselrolle zu.

Neben den bereits bestehenden Mitwirkungsmöglichkeiten der Lehrkräfte im Rahmen der schulischen Gremien bietet – und erfordert! – die Eigenverantwortliche Schule weit mehr als bisher das aktive Handeln der Lehrerinnen und Lehrer bei der pädagogischen Ausrichtung der Schule, z. B.

- bei der Erstellung des Schulprogramms,
- bei der gemeinsamen Entwicklung von Kriterien qualitätvollen Unterrichts,
- bei der Umsetzung der Rahmenrichtlinien und Kerncurricula,
- bei der Intensivierung der individuellen Förderung jedes einzelnen Schülers,
- bei der Öffnung von Schule hin zu ihrem gesellschaftlichen Umfeld (Einbindung der Kommune, von Kirchen, Vereinen, Organisationen)
- bei der Durchführung der Selbstevaluation der Schule

und vielem anderen mehr.

Warum sind dazu Kooperation und Teamarbeit erforderlich?

Wenn sich alle an Schule Beteiligten für das Ergebnis ihrer gemeinsamen Arbeit verantwortlich fühlen und gemeinsam an der Qualitätsverbesserung arbeiten, muss sich das Blickfeld der Lehrerinnen und Lehrer erweitern. Neben der Orientierung auf den eigenen Unterricht, der weiterhin im Zentrum der schulischen Arbeit steht, müssen auch auf die Schule als Ganzes, das Kollegium und die Arbeit in Teams[1] in den Blick genommen werden, wenn die Qualitätsentwicklung gelingen soll. Dabei gilt es, sich auf verschiedenen Ebenen (z. B. Klassen, Jahrgänge, Fächer, Fachbereiche, Schule als Ganzes) auf gemeinsame Ziele und Maßnahmen zu verständigen, die Einhaltung der Vereinbarungen sicher zu stellen und im Sinne eines TQM die Vereinbarungen regelmäßig zu evaluieren und ggf. zu modifizieren. Mehr Gestaltungsspielraum durch Eigenverantwortung bedeutet zugleich auch mehr Selbstverpflichtung und mehr Verantwortung aller Beteiligten für die ganze Schule (vgl. Teamstrukturen Grimme u. a. in diesem Buch).

All dies kann nicht von Lehrkräften geleistet werden, die sich als »Einzelkämpfer« verstehen – was sie allerdings noch nie hätten sein sollen. Vielmehr ist die intensive Kooperation, die Zusammenarbeit in Teams eine zentrale Voraussetzung einer lernenden Organisation wie der Eigenverantwortlichen Schule. Bei der Lösung komplexer Probleme (um die es sich bei pädagogischer Arbeit immer handelt) erweist sich das Team oftmals als überlegen, denn die Gruppe weiß mehr, sie regt an und sie gleicht aus. Im Übrigen: »Man kann Schüler nicht zu einem permanenten Lernen und zu einer erfolgreichen Zusammenarbeit bewegen, solange die Lehrer nicht selbst über diese Eigenschaften verfügen« (Fullan, 1999, S. 84 f.).

Wie lässt sich Teamentwicklung gestalten?

Um Kooperation und Teamentwicklung voranzubringen, braucht es Zeit. Effektive, damit auch befriedigende und Freude bringende Teamarbeit muss gelernt werden. Deshalb: Fangen Sie sofort damit an!

Dazu müssen Sie nicht gleich neue »Teams« definieren. Bereits jetzt gibt es in den niedersächsischen Schulen entsprechend der Schulverfassung eine Vielzahl von Gremien und oft darüber hinaus eine Reihe projektbezogener Arbeitsgruppen. Arbeiten Sie gemeinsam daran, die Effizienz der Arbeit dieser »Gruppen« zu erhöhen. Allein damit werden Sie die Zufriedenheit, die aus gemeinsamer Arbeit entsteht, deutlich erhöhen, und Sie werden bisher verborgene Ressourcen heben (vgl. Philipp, 1998; Bessoth, 2007).

1. Beginnen Sie z. B. damit, Ihr »Sitzungsmanagement« zu verbessern – dies gilt für »offizielle« Konferenzen ebenso wie für alle gemeinsamen Besprechungen:
   - Sorgen Sie dafür, dass wichtige Sachverhalte stets visualisiert werden.
   - Schaffen Sie einen klaren Rahmen zum inhaltlichen Gegenstand, zum Vorgehen, zur Prozessauswertung.

1 Der Begriff »Team« meint hier eine Gruppe, die aus mehr als zwei Personen besteht (aber überschaubar ist) und über einen längeren Zeitraum eng zusammenarbeitet. »Teamarbeit« meint dementsprechend die gemeinsame Arbeit dieses Teams an der Verwirklichung gemeinsamer Ziele und Vorhaben. In einem allgemeineren Sinne bezeichnet der Begriff »Teamarbeit« auch eine kooperative, partnerschaftliche und partizipative Organisations- und Führungsform. Schließlich wird der Begriff »Kooperation im Team« auch in sehr speziellen Zusammenhängen verwendet, z. B. im Sinne von »Team-Teaching« und verwandten Modellen. Dies ist hier nicht gemeint.

- Treffen Sie verlässliche Zeitabsprachen.
- Am Ende einer jeden Sitzung müssen eindeutige Beschlüsse oder Vereinbarungen stehen.

Dies mag Ihnen möglicherweise selbstverständlich erscheinen, ist es aber in der Alltagspraxis keineswegs!

2. Beachten Sie bei der Einsetzung und der Arbeit aller Gruppen und Gremien folgende Kriterien, die aus einer Gruppe von Einzelpersonen ein gutes, effektives Team formen:
   - Die Gruppe bekommt bzw. gibt sich selbst eine klare Zielvorgabe bzw. einen klaren Auftrag.
   - Innerhalb der Rahmensetzung hat die Gruppe eine (relative) Eigenverantwortlichkeit.
   - Die Aufgaben- und Rollenverteilung innerhalb der Gruppe ist transparent.
   - Die Gruppe hat eine (ggf. wechselnde) Leitung.
   - Die Gruppe kommuniziert sachbezogen, vertrauensvoll und offen.
   - Die Gruppe bekommt Unterstützung, auch und vor allem durch die Schulleitung.
   - Die Gruppe hat Erfolgserlebnisse.
3. Erfolge sind das »A« und »O« jeder Arbeitsmotivation (siehe oben). Starten Sie deshalb Projekte eines Teams – vor allem auch Projekte zur Qualitätsentwicklung – zunächst dort,
   - wo Stärken und Schwächen gesehen werden;
   - wo schnelle Erfolge (d. h. in drei bis sechs Monaten) zu erwarten sind;
   - wo (relativ) sichere Erfolge anzunehmen sind;
   - wo sichtbare, d. h. in der Schule/im Team sich materialisierende Erfolge zu erwarten sind

   Beginnen Sie also mit Projekten der Kategorie »1« in der folgenden Matrix und nehmen Sie Projekte der Kategorie »4« erst später in Angriff (vgl. PHILIP, 1998):

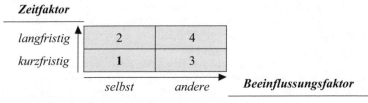

Abb. 1: Prioritätenmatrix

Teams als Entscheidungsstruktur Eigenverantwortlicher Schulen?

Teams allein sind nicht das Allheilmittel zu Lösung aller schulischen Probleme, aber sie erleichtern die Arbeit. Sie müssen jeweils ziel- und ergebnisorientiert zusammengesetzt werden und arbeiten. Besonders in den vielfältig differenzierten berufsbildenden Schulen sind sie geeignet, zur tragenden Entscheidungsstruktur der eigenverantwortlich organisierten Schule zu werden (vgl. MEISNER in diesem Buch).

Einige niedersächsische berufsbildende Schulen erproben dies derzeit im Rahmen des Modellversuchs »Projekt Regionale Kompetenzzentren (ProReKo)«.

Als Beispiel finden Sie im Folgenden das Modell einer »fraktalen Struktur« von Entscheidungsgremien, wie es derzeit an den Berufsbildenden Schulen Emden I (ProReKo-Schule) erprobt wird (BBS I, 2005):

1. Es wird unterschieden zwischen:
   - Schulleitungsteam: Es besteht aus dem Schulleiter, dem ständigen Vertreter des Schulleiters und den Abteilungsleiterinnen und Abteilungsleitern. Das Schulleitungsteam entscheidet über abteilungsübergreifende Angelegenheiten und trifft Absprachen über die gesamte Schule. Es versteht sich als Bindeglied zwischen den weitgehend selbstständigen Abteilungen.
   - Abteilungsteam: Es besteht aus der jeweiligen Abteilungsleiterin/dem jeweiligen Abteilungsleiter und den Bereichsleiterinnen und -leitern bzw. Branchensprecherinnen und Branchensprechern. Es ist für die Erreichung der Ziele der Abteilung und alle bereichs- bzw. branchenübergreifenden Entscheidungen einer Abteilung zuständig und verantwortlich. Die Abteilungsteams sind verantwortlich für die Lösung von Konflikten in und zwischen den zugehörigen Bereichsteams/Branchenteams.
   - Bereichsteam/Branchenteam: Es ist ein Team von Lehrkräften, das für die Erreichung der Ziele und die Organisation und den Erfolg von Klassen eines Bereichs oder einer Branche zuständig und verantwortlich ist. Das Bereichsteam/Branchenteam ist für die Lösung von Konflikten in und zwischen den zugehörigen Klassenteams verantwortlich.
   - Fachteam: Ein Team von Lehrkräften, das für die Erreichung der Ziele und inhaltliche Gestaltung und Weiterentwicklung eines Faches in den unterschiedlichen Bereichen/Branchen zuständig und verantwortlich ist.
   - Klassenteam: Ein Team von Lehrkräften, das für die Erreichung der Ziele und den Erfolg einer Klasse verantwortlich ist.
   - Projektteam: Ein Team von Lehrkräften, das an einem Projekt, in einem Ausschuss oder gemeinsam zu einem Thema arbeitet.
2. Die Bereichsteams/Branchenteams und die Fachteams haben eine hohe Eigenständigkeit und Verantwortlichkeit und bilden den Kern der schulischen Arbeit.
3. Teamgrundsätze:
   - Jede Lehrkraft entscheidet sich in der Regel für zwei Kernmitgliedschaften in Bereichs- bzw. Fachteams, in denen sie/er schwerpunktmäßig eingesetzt ist. (Sollten die Zuordnungen in einigen Fällen zu unverantwortbaren oder nicht handlungsfähigen Situationen führen, ist es die Aufgabe der Schulleitung, dort tätig zu werden.)
   - Die Teilnahme an Sitzungen der Bereichs- oder Fachteams, in denen eine Lehrkraft außerhalb ihrer Kernmitgliedschaft unterrichtet, ist freiwillig.
   - Die Teamsprecherin/der Teamsprecher informiert alle im Team unterrichtenden Lehrkräfte über die vom Kernteam aufgestellten Beschlüsse, Grundsätze und Vereinbarungen (mit Evaluation).
   - Die Bereichs- Fach- und Projektteams bringen Vorschläge, Anträge und Beschlüsse beim Abteilungsteam oder bei der Schulleitung ein.

- Jedes Team hat eine Teamleiterin bzw. einen Teamleiter. Das Team wählt sie/ihn für die Dauer von zwei Jahren.

Diese für eine große berufsbildende Schule geeigneten Regeln und Grundsätze sollten kleinere Schulen nicht abschrecken und davon abhalten, sich mit der Frage der Teamarbeit auseinanderzusetzen. Sie können modifiziert – quasi klein geschnitten – werden, Teamarbeit als u. U. zeitlich begrenzte Arbeitsform, mit immer wieder unterschiedlich für bestimmte Aufgaben zusammengesetzten Gruppen. Denn angesichts der Notwendigkeit, Unterricht und Schule so zu organisieren, dass Schülerinnen und Schülern u. a. Kernkompetenzen wie Kommunikations- und Teamfähigkeit erwerben können, gibt es zur Teamarbeit im Kollegium keine Alternative. Die schulische Organisation an die Ziele anzupassen, bedeutet dann auch eine Struktur zu schaffen, in der Lehrerinnen und Lehrer erfahren, dass und wie Aufgaben gemeinsam besser und effektiver erfüllt werden können – vorausgesetzt es sind Aufgaben, die Zusammenarbeit erfordern.

Literatur

Arnold, Rolf/Faber, Konrad: Qualität entwickeln – aber wie? Qualitätssysteme und ihre Relevanz für Schule: Einführung und Überblick. Seelze, 2000.

Berufsbildende Schulen I Emden: Konzept zur Teamzusammensetzung vom 14. 2. 2005 (unveröffentlicht).

Bessoth, Richard: Teamarbeit – das Herzstück einer professionellen Lerngemeinschaft. In: Pädagogische Führung, 2/2007, Neuwied, S. 52.

Green, Norm/Green, Kathy: Kooperatives Lernen im Klassenraum und Kollegium. Das Trainingsbuch. Seelze, 2005.

Lernende Schule. Heft 9. Seelze, 2000.

Philipp, Elmar: Teamentwicklung in der Schule. Konzepte und Methoden, Weinheim und Basel, 1998[2].

Matthias Kern

Kooperation gelingt: Eltern und Schule

Kooperation (lat. *cooperatio*: »Zusammenarbeit, Mitwirkung«) ist das Zusammenwirken von Handlungen zweier oder mehrerer Lebewesen, Personen oder Systeme.[1] Aufeinander zugehen, sich zuhören, gegenseitig respektieren, Gemeinsamkeiten ebenso wie unterschiedliche Kompetenzen als Chance erkennen, den regelmäßigen Dialog halten – diese Handlungsziele versprechen aus Sicht des Vorsitzenden des Landeselternrates Niedersachsen Erfolg bei der gemeinsamen, eben kooperativen Arbeit an der Entwicklung der schulischen Bildung.

Das Grundgesetz der Bundesrepublik Deutschland weist in Art. 6 die Pflege und Erziehung der Kinder als deren natürliches Recht und zuvörderst ihnen obliegende Pflicht den Eltern zu. Über ihre Betätigung hat jedoch die staatliche Gemeinschaft zu wachen. Also steht nach Art. 7 des Grundgesetzes das gesamte Schulwesen unter der Aufsicht des Staates. Daraus folgt, dass Eltern und Schule auf allerhöchster gesetzlicher Ebene zur Zusammenarbeit verpflichtet sind. Obwohl in der Öffentlichkeit viel von »Bündnissen für Erziehung« die Rede ist, bleibt der Eindruck, dass Eltern und Lehrer sich in Deutschland immer noch aus dem Wege gehen.

Sind Lehrer und Eltern »natürliche Feinde«?

Sie verstehen sich nicht, sie ziehen an verschiedenen Strängen und sie ziehen in verschiedene Richtungen. Stimmt diese Aussage und darf sie in einer Eigenverantwortlichen Schule mit weitgehenden Mitbestimmungsrechten stehen bleiben?

Beiden Gruppen geht es um dasselbe Ziel, nämlich die Ausbildung der Kinder. Das betonen auch beide Seiten regelmäßig, arbeiten aber bislang noch nicht gut genug zusammen. Hier spielen Ängste eine wesentliche Rolle.

a. Eltern, die ihr (hoffentlich) gut behütetes Kind in die Obhut und unter den Einfluss einer fremden Person geben und – aufgrund der Schulpflicht – geben müssen, sind nicht in der Lage, den Einfluss dieser Person des Lehrers oder der Lehrerin auf ihr Kind einzuschätzen. Nicht immer stimmen die Erziehungsziele und Weltanschauungen der Lehrerinnen und Lehrer mit denen der Eltern überein. Eltern möchten eventuell ihr Kind anders erziehen oder dem Kind andere, aus ihrer Sicht vordringliche Werte und Inhalte vermitteln.
b. Hinzu kommt, dass die Abläufe innerhalb der Schule den Eltern nicht bekannt sind und nicht bekannt gemacht werden (können?). Die unbekannten Regularien innerhalb des Schulbetriebs und des Unterrichts verunsichern die Eltern. Sie wissen nicht, wie sie sie einschätzen sollen und wie sie den daraus resultierenden

1 http://de.wikipedia.org/wiki/Kooperation

Einfluss auf ihre Kinder bewerten sollen. Sie sehen eine Entwicklung ihres Kindes, die sie sich vielleicht anders vorgestellt haben, und machen die Lehrer für vermeintliche Fehlentwicklungen verantwortlich.

c. Schließlich ist die mangelhafte Kommunikation zwischen Elternhaus und Schule ein Grund für die Ängste. Die Lehrerinnen und Lehrer wenden sich nicht (regelmäßig) an die Eltern, obwohl es aus Sicht vieler Eltern interessante Begebenheiten ihre Kinder betreffend im Schulalltag gibt. Eltern wenden sich nicht an Lehrerinnen und Lehrer, um aufkommende Problemlagen anzusprechen. Die vermeintlichen Fehlentwicklungen werden nicht zur Sprache gebracht. Dabei schimpfen die Eltern untereinander durchaus heftig und regen sich gemeinsam auf. Die Aussprache mit den Lehrern unterbleibt aber.

d. Eine Zusammenarbeit zwischen Schule und/oder Lehrkraft und Eltern scheitert oft schon an den unterschiedlichen Erwartungen an den jeweils anderen Teil. Hierbei spielt fehlender ebenso wie falsch verstandener Respekt mit.

Wie kann die Sprachlosigkeit zwischen Eltern und Lehrern, aber auch zwischen Eltern und Schule überwunden werden und in eine positive Zusammenarbeit münden?

Zuhören

Wer kein Gehör findet, wem also nicht zugehört wird, der wird auch nicht zur Mitarbeit bewegt werden können. Daraus folgt, dass solchen Eltern, die im Schulleben nicht auftauchen oder die auch auf konkrete Ansprache nicht reagieren, vor allem zugehört werden muss. Ihre Sorgen müssen ernst genommen werden. Oft wiederholte Standardaussagen oder -antworten von Seiten der Schule sind nicht angebracht und führen zu Resignation, bevor ein Dialog richtig in Gang kommt.

Eltern können aber – ebenso wie Kinder – gefordert werden, z. B. in gemeinsamen Aktionen, aber auch zu gemeinsamen Entscheidungen, bei denen das Ergebnis, abgesehen von Sachzwängen, nicht schon vorgegeben ist oder vorab feststeht. Die Eltern werden zukünftig im Rahmen der Eigenverantwortlichen Schule sehr konkret eingebunden in die Entscheidungen der Schule. Um ihre Zustimmung für eine bestimmte Sache im künftigen Schulvorstand zu erhalten, wird den Elternvertretern zugehört werden müssen. Das System Schule wird die Eltern auf seine Seite holen müssen.

Es wird aber immer Eltern geben, denen das Interesse an der Bildung ihrer Kinder fehlt und die deshalb für schulische Belange nicht erreichbar sind. Kinder solcher Eltern haben auch die geringsten Chancen auf einen guten Bildungsabschluss. Bei diesen Eltern kann nur durch außerordentliches und beharrliches Engagement der Lehrkräfte, eventuell in Zusammenarbeit mit Sozialdiensten und/oder Jugendämtern, Aufmerksamkeit für die schulischen Belange ihrer Kinder erzeugt werden. Da sind individuelle Lösungen gefragt – ein Patentrezept für eine Einbindung desinteressierter Eltern in den schulischen Alltag wird sich nicht finden lassen.

Dann sind da aber auch die überengagierten oder fehlerhaft engagierten Eltern. Sie wollen stets genau Bescheid wissen, was an der Schule und in der Klasse läuft, wollen an allen Ecken mitreden und ihre eigenen Vorstellungen umgesetzt sehen. Diese Eltern sind im Grunde nie zufrieden zu stellen. Beide Gruppen von Eltern wird es weiterhin geben. Die überengagierten Eltern stehen oftmals zu sehr im Vordergrund der schulischen Bemühungen und binden hohe Kapazitäten. Die desinteressierten Elternhäuser sollten deutlich mehr Aufmerksamkeit erfahren. Ähnliches gilt für Lehrerinnen und Lehrer: Überaus hoch motivierte, engagierte Lehrkräfte auf der einen und auf persönliche Bequemlichkeit bedachte oder resignierte Lehrkräfte auf der anderen Seite arbeiten wohl in jeder Schule nebeneinander. Die erstere Gruppe verschafft sich selbst Gehör, die letztere Gruppe braucht mehr motivierende Bemühung und mehr Gehör von Seiten der Schulleitung, aber eben auch von Seiten der Eltern.

Gegenseitig respektieren

Eltern sollten jede Gelegenheit suchen und sich die Zeit nehmen, den Lehrerinnen und Lehrern und der Schule zuzuhören. Das beginnt – ganz praktisch – bei der Einschulung, geht über Elternabende, Elternsprechtage, Einzelgespräche bis zu Beratungen über Schullaufbahnempfehlungen. Nicht Verstandenes darf und muss nachgefragt werden. Nicht alle sauber formulierten Sätze aus dem Mund einer Schulleiterin oder eines Lehrers müssen ohne Widerspruch bleiben. Wichtig ist dabei, dass die Eltern den Schulleiterinnen und Schulleitern und Lehrkräften und sie den Eltern immer partnerschaftlich und mit Respekt begegnen. Eine unterwürfige Haltung ist nicht angebracht. Allzu oft besteht bei Eltern die Befürchtung, dass ihr Kind im Schulalltag, womöglich sogar bei der Benotung Nachteile erleiden muss, wenn sie als widerspenstig oder unsympathisch eingeschätzt werden, nicht redegewandt zeigen oder gar Forderungen zur Unterrichtsgestaltung aufstellen. Umgekehrt wird bestimmten Berufsgruppen in der Elternschaft eine falsch verstandene Hochachtung erwiesen. Ein besserwisserisches oder arrogantes Auftreten eines Elternteils in der Klassenelternschaft kann bei manchem Lehrer Angst auslösen.

Gemeinsamkeiten erkennen

Die Eltern müssen die Aufgaben der Schule und der Lehrerinnen und Lehrer erkennen und akzeptieren. Diese wiederum müssen die Eltern kennen und um die Verhältnisse in den Elternhäusern wissen. Die Schule muss die in den Kompetenzen steckenden Chancen erkennen. Die Erfahrungen verschiedener Horizonte wirken ohne Frage bereichernd. Die besonderen Schwierigkeiten der Kommunikation zwischen verschiedenen Bildungsniveaus, Professionen und Kulturen kann man dabei nicht übersehen. Dennoch kann nicht leidenschaftlich genug für gegenseitiges Verständnis und engagierte, ausdauernde Kontaktpflege plädiert werden. Ein stabiler Dialog zwischen den an der Bildung der Kinder Beteiligten ist der Schlüssel.

Regelmäßigen Dialog halten

Lehrerinnen und Lehrer müssen den Kontakt zu den Eltern suchen. In der Regel sind die Eltern an den großen und kleinen Begebenheiten im Unterricht und während der Pausen durchaus interessiert. Die Kinder erzählen zu Hause nicht von allen erfreulichen und vor allem nicht von Besorgnis erregenden Vorfällen. Telefongespräche mit einzelnen Eltern über bemerkenswerte, positive wie negative Leistungen und Auffälligkeiten eines Kindes sollten ein selbstverständliches Mittel der partnerschaftlich verantworteten Bildung und Erziehung eines Kindes durch Lehrer und Eltern werden. Die Schule muss den Kontakt zu den Elternhäusern suchen. Dazu eignen sich Mitteilungsblätter ebenso wie die herkömmlichen Schulfeste. Das allein reicht aber nicht. Hinzutreten sollten schnelle und umfassende Informationen der Schule über Ereignisse, die die ganze Schule betreffen. Urkunden oder »Blaue Briefe« dürfen nicht die Standardäußerungen der Schule in Richtung Elternhaus sein.

Eine ideale Ergänzung ist ein regelmäßiger, vielleicht auch formalisierter Dialog. Im Mittelpunkt der Kooperation steht das Wohl des Kindes. Ein gegenseitiges Kennen(-lernen) ist die wichtigste Voraussetzung für eine offene, angstfreie und vertrauensvolle Zusammenarbeit.

Die Vielzahl der von einer Lehrkraft zu unterrichtenden Kinder und damit die Vielzahl der individuellen Lebensbedingungen der Schülerinnen und Schüler setzt den Idealvorstellungen allerdings schnell Grenzen. Eine Lehrkraft wird nicht mit allen Familien ihrer Schülerinnen und Schüler wirklich gute Beziehungen aufbauen können. Zu erreichen ist aber eine gute und Erfolg versprechende Zusammenarbeit und Mitwirkung – eben eine gelungene Kooperation.

Fabian Korte

Veränderung wird spürbar: Schule lernt

Schule ist eine Organisation, die allein für Menschen gedacht ist und von diesen allein mit Leben gefüllt werden kann. Also geht der Grundgedanke, dass Menschen keine Maschinen und nicht programmierbar sind, allen Ansätzen des Lernens innerhalb der Institution Schule voraus, sagt ein Vorstandsmitglied des Landesschülerrates.

Schule als fest etablierte Institution soll lernen? Wer soll in der Schule lernen und von wem? Was soll Schule lernen und mit welcher Zielrichtung? Welche Ergebnisse sollen erzielt werden und mit welchen Mitteln?

Die Rede ist nicht von der Schülerschaft, die über Bücher und mit den Lehrkräften Sachverhalte, Formeln und Vokabeln erlernen, sondern es ist in der Tat die Institution Schule gemeint, mit all ihren Beteiligten. Alle Beteiligten sollen voneinander und miteinander lernen, Schule zu einem Lern- und Lebensraum zu gestalten (vgl. Qualitätsbereich 3, Orientierungsrahmen). Um den Lernprozess nicht mit schlechten Erinnerungen aus der (eigenen) Schulzeit zu verknüpfen, sollten folgende Regeln Beachtung finden:

1. **Lernen geht oft mit Misserfolgen einher.** Diese Tatsache erkennen wir jeden Tag in der Schule. Misserfolge sind aber das eindeutige Signal dafür, dass der eingeschlagene Weg nicht der Richtige ist und ein neuer beschritten werden muss. Ohne Misserfolge könnten wir nicht aus Fehlern lernen und auch keine Verbesserungen anstreben. Jeder Misserfolg muss als neue Chance gesehen werden, um etwas Besseres entstehen zu lassen.

2. **Unbekanntes wagen.** Im Unbekannten kann nur Gutes liegen, da keiner das Gegenteil beweisen kann – es ist ja unbekannt. So sollte der Mut gefasst werden, nicht immer nach Altbewährtem zu suchen, sondern aus neuen Erfahrungen zu lernen.

3. **Jeder in seinen Möglichkeiten.** Schule muss lernen Aufgaben sinnvoll zu delegieren. Aufgaben müssen so verteilt werden, dass sie optimal bearbeitet werden. Das heißt auch, dass nicht immer der »erste Beste« eine Aufgabe bearbeiten muss. Er oder sie ist möglicherweise überlastet. Jemand anderes wird diese Aufgabe dann besser lösen. Zudem haben alle Beteiligten verschiedene Begabungen, die es sinnvoll zu nutzen gilt. So muss ein Schüler nicht zwingend den Schulhaushalt bis ins Detail kennen, er ist vielleicht bei kreativen Aufgaben effektiver.

4. **Kopieren erlaubt.** Neben den eigenen Ideen, die absolut notwendig sind, sollte auch der Blick nach Rechts und Links gewagt werden. Gute Ideen sollten allen Schülerinnen und Schülern in Niedersachsen zugutekommen. Wobei es sich jedoch nicht empfiehlt Ideen eins zu eins zu übernehmen, sondern selber kreativ etwas Besonderes, etwas Eigenes aus der Idee machen. Das macht die eigene Schule vielleicht wieder ein Stück besser oder besonderer.

5. **Teilhabe**. Nur wenn jeder der will in einen Prozess integriert wird und alle Interessierten informiert werden, können Erfolge schnell sichtbar und spürbar werden. Der Anspruch, alle teilhaben zulassen und zu informieren, ist ehrenhaft und sollte auch gelebt werden. Allerdings zeigen Erfahrungswerte, dass dieses nicht immer möglich ist und es zudem durchaus notorische Neinsager gibt. Um sich selbst zu schützen und den Mut nicht zu verlieren, reicht es eine große Mehrheit (ca. 80 %) für sich zu gewinnen. Aber der Erfolg wird einem Recht geben und alle Kritiker verstummen lassen.

6. **Dokumentation**. Auch wenn es so manches Mal nervig ist, ein Protokoll anzufertigen, sollte es dennoch gemacht werden. Das Rad muss nicht zweimal erfunden werden, aber dennoch wird seine Grundidee immer wieder aufgegriffen und neu gestaltet. So sollte es auch mit Ideen und Projekten innerhalb der Schule sein. Oftmals ist es spannend in Zeiten der Ideenlosigkeit in alten Akten zu stöbern und zu entdecken, was vor 20 Jahren angesagt war. Vieles kehrt zurück, wie uns die Modewelt eindrucksvoll beweist. Jeder Projektdokumentation sollte auch eine Bewertung beiliegen, in der aufgezeichnet ist, was verbessert werden muss. Bei Ideen sollte begründet werden, warum es bei der Idee geblieben ist oder was zur Umsetzung gefehlt hat.

7. **Anerkennung und Würdigung**. Sobald Aufgaben von Schülern, Eltern oder Lehrkräften übernommen werden, ist wohl davon auszugehen, dass sie es ehrenamtlich tun. Aber auch die dienstliche Arbeit, zum Beispiel die der Schulleitung sollte Anerkennung finden. Schließlich handelt es sich um neue und auch umfangreichere Aufgaben. Wenn alle sich gegenseitig den nötigen Respekt und Vertrauen erweisen, haben alle Spaß an den neuen Herausforderungen. Zudem kann man sich so über kleinere Tiefs oder Depressionen während einer Arbeitsphase hinweg helfen. Und wenn diese Grundsätze allen bekannt gemacht sind, so sollte es auch keine Nachwuchsprobleme in den Ehrenämtern geben.

8. **Zielsetzung und der Weg dahin**. Alle müssen sich darüber im Klaren sein, was das Ziel ist und wie es erreicht werden soll. Danach bemessen sich dann die Aufgaben, die verteilt werden. Zwar ist »der Weg das Ziel«, aber ein Ziel muss erreicht werden, damit der Erfolg sichtbar und spürbar wird. Auch wenn der Weg als Lernphase viel wichtiger ist, da hier alle beteiligt werden können, lernen können und auch der meiste Spaß zu finden ist.

9. **Das richtige Gleichgewicht** zwischen vorgefertigten Systemen und Methoden (SEIS, EFQM, Schulinspektion, Orientierungsrahmen Schulqualität) und den eigenen Ansprüchen und Gegebenheiten. Solche Input-Angebote sollten ein Denkanstoß sein oder eine Orientierungshilfe. Schule muss lernen, daraus das individuell Beste zu entwickeln und anzuwenden. Um ein solches Gleichgewicht zu halten, müssen sich alle über die Zielsetzung, den Weg und die Methode im Klaren sein. Wichtig ist, dass es der Schule von fühlbarem Nutzen ist und nicht einer schönen Statistik dient.

10. **Ausdauer und Durchhaltevermögen**. In manchen Momenten scheint es nur Gegenstimmen zugeben, die Moral ist am Boden, die Arbeitslast explodiert zum

Quadrat und es hat eh keiner mehr Bock was zu tun. Diese Momente wird es geben und das ist auch gut so, denn sie bieten Gelegenheit das Bisherige neu zu überdenken und möglicherweise einen neuen Weg zu gehen. Aber man sollte sich nicht gleich ins Boxhorn jagen lassen. Viele Projekte benötigen ihre Zeit, bis sie wirken oder sind schon für die nächste Generation gedacht. Wenn ausreichend informiert wird und Lernen als sich immer wiederholender Prozess in Schule etabliert hat, dann werden die Erfolge nicht lange auf sich warten lassen.

Eine gewisse Auswahl an Regeln, die der lernenden Schule sicherlich zu gute kommen. Natürlich kommen jetzt viele neue Erfahrungen und auch Lasten auf die Schulen zu, aber es kann auch viel verändert werden und das ganz individuell, wie es von Nöten ist. Das dazu ein sehr großer Arbeitsaufwand gehört und viele ihre Freizeit werden opfern müssen, ist denke ich ein geringer Preis, wenn man die freudestrahlenden Gesichter der Schüler, der Ehemaligen oder auch die stolzen der Lehrer sieht und erkennt, wozu Schule in der Lage ist.

Literatur

NIEDERSÄCHSISCHES KULTUSMINISTERIUM: Orientierungsrahmen Schulqualität in Niedersachsen.

BADE, ROLF/BRÄTH, PETER: Der Schulvorstand der Eigenverantwortlichen Schule – Organisation und Aufgaben. In: Schulverwaltungsblatt Niedersachsen, 6/2007, Nichtamtlicher Teil, Seite 205 – 210.

REINHARD WINTER

Einbinden und Rat einholen: Schulträger

Eigenverantwortung gibt Schulen neue Möglichkeiten, mit ihren Partnern ins Gespräch zu kommen. Dazu gehört in erster Linie der Schulträger – schließlich übernimmt er als »Sachkostenträger« erhebliche Mitverantwortung. Deshalb ist es wichtig, ihn frühzeitig und dauerhaft in die innerschulische Entwicklung einzubinden.

Schulträger und eigenverantwortliche Schule

Wir stehen vor dem Paradigmenwechsel von der inputgesteuerten, erlassabhängigen Schule zu einer Schule, die sich mit eigenem Engagement auf einen qualitätsorientierten Weg mit vielen Freiheitsgraden macht. Diesem Prozess stehen Schulträger sehr aufgeschlossen gegenüber. Kein Schulträger wird sich verweigern, wenn es darum geht, seinen Schulen den Weg zu einer systematischen Qualitätsentwicklung zu ebnen. Diese grundsätzliche Haltung kann nicht verhindern, dass im Detail Hindernisse auftreten. Umso wichtiger ist die frühzeitige und dauerhafte Einbindung des Schulträgers bei der Festlegung und Gestaltung der Schulentwicklung. Es muss sichergestellt sein, dass die Entwicklung der Schule und die Entwicklung der Kommune bzw. des Kreises Hand in Hand gehen und nicht in unterschiedlichen Geschwindigkeiten oder gar verschiedenen Richtungen verlaufen. Ziel sollte eine gleichberechtigte Partnerschaft sein.

Schulentwicklung kann nicht gelingen, wenn notwendige Sachmittel fehlen. Soll eine Schule mehr als eine Lehranstalt sein oder werden, will sie sich zu einem Zentrum für alle Gesellschaftsschichten in einem Ort entwickeln mit dem Anspruch, ihrem Bildungsauftrag gerecht zu werden, muss sie auch über entsprechende räumliche Ausstattungen verfügen bzw. auf solche zurückgreifen können. Andererseits ist mit Sachausstattungen und Geld nicht alles getan. Es hilft wenig, Entschuldigungen zu suchen, wenn (Schul-)Entwicklungen nicht so gelingen, wie ursprünglich geplant. Nach dem Motto: »Ohne zusätzliche Unterstützung fangen wir gar nicht erst an«. Manchmal sind auch Kreativität und Phantasie gefragt, anstatt auf Maximalforderungen zu beharren, die die öffentliche Hand nicht bzw. nicht sofort bedienen kann. Gerade deswegen müssen Schulträger und Schule erkennen, dass sie zum Wohle der Schülerinnen und Schüler in einem Boot sitzen.

Mitarbeit in Schulgremien

Die Schulverfassung zielt u. a. auf die operative Zusammenarbeit zwischen Schule und Schulträger ab, die hinsichtlich der Schulentwicklung mehr als nach altem Recht – durch Gesamtkonferenz und Schulleitung – gefordert wird. Der Schulvorstand ist das zentrale Entscheidungsgremium in Bezug auf die Inanspruchnahme der Eigenverantwortung, die Verwendung der Haushaltsmittel und die Ausgestaltung des Schulprogrammes. Hier werden also die entscheidenden Weichen für eine erfolgreiche Schulentwicklung gestellt.

Zu den Sitzungen des Schulvorstandes wird der Schulträger eingeladen. Er erhält alle Sitzungsunterlagen, hat Rede- und Antragsrecht, aber kein Stimmrecht.

Im Zusammenwirken von Schule und Schulträger muss es im Schulvorstand zukünftig vornehmlich darum gehen, die einerseits notwendigen und andererseits machbaren Weichenstellungen zu erreichen. Hierbei gilt folgendes zu beachten: Schulträger mit vielen Schulen erhalten viele Einladungen zu Schulvorstandssitzungen. Damit der Schulträger entscheiden kann, welche dieser Sitzungen von besonderem Interesse sind, sollte die Schulleitung dem Schulträger im Vorfeld einer Sitzung des Schulvorstandes deutlich machen, wenn wichtige Belange zur Entscheidung anstehen, die auch ihn betreffen. Hinreichende Ladungsfristen sollten beachtet werden. Sondierungsgespräche mit dem Schulträger können im Einzelfall als Vorbereitung für eine Schulvorstandssitzung sehr hilfreich sein.

Entscheidungen, die den Schulträger unmittelbar betreffen, sollten nur im Konsens mit ihm getroffen werden. Ist der Schulträger bei einer Sitzung vertreten, kann er selbst Stellung beziehen. Ist er dagegen verhindert und kann sich deshalb zu ggf. vorher nicht absehbaren Entwicklungen nicht äußern, sollte eine Vertagung der Entscheidung in Erwägungen gezogen werden.

Einbinden bei strategischen Planungen

Will die Schule ihre strategische Ausrichtung überdenken bzw. neu festlegen, kann sie das mit Hilfe unterschiedlichster Instrumente tun. Bewährt hat sich z. B. eine Zukunftswerkstatt unter Zuhilfenahme externer Moderation, bei der die ganze Schulgemeinschaft mitarbeitet und mitdenkt. An dieser für die Entwicklung der nächsten Jahre entscheidenden Stelle sollte der Schulträger unbedingt aktiv involviert sein. Er kann zum einen sofort auf die Planungen Einfluss nehmen, als auch die entstandenen Ergebnisse besser würdigen und einschätzen.

Das gilt natürlich ebenso für andere »Gelenkstellen« des Schulentwicklungsprozesses, wie z. B. die Leitbildentwicklung und der Beginn der Schulprogrammarbeit.

Evaluation und Schulträger

Evaluationen in Schulen berühren meistens auch Schulträgerbelange. Selbstverständlich sollten diese schulträgerrelevanten Ergebnisse der Evaluationen den Schulträgern mitgeteilt und mit diesen gemeinsam ausgewertet werden. Dazu geht der Bericht der Fremdevaluation (Schulinspektion) auch dem Schulträger zu.

Bei den beiden gängigen Selbstevaluationsverfahren EFQM (European Foundation for Quality Management) und SEIS (Selbstevaluation in Schulen, Bertelsmann Stiftung – vgl. REIßMANN in diesem Buch) sind die Schulträger allerdings weder bei der Bestandsaufnehmenden Befragung unmittelbar involviert, noch haben sie Anspruch auf die Kenntnis die einzelschulischen Ergebnisse, über die ausschließlich die Schule selbst verfügt.

Im Laufe des EFQM-Verfahrens wird ein sogenanntes Kursbuch erstellt, in dem Verbesserungspotenziale der Schule festgeschrieben werden. Diese Verbesserungspotenziale gliedern sich in »schulinterne« und »externe« Belange. Zur Diskussion und weiteren Zusammenarbeit mit dem Schulträger können die externen Verbesserungspotenziale herangezogen werden. Besonderes Augenmerk könnte der Schulträger auf die Kriterien 2 »Ziele und Strategien«, 4 »Ressourcen und Partnerschaften«, 6 »Kundenzufriedenheit – Organisationsergebnisse, 8 »Gesellschaftliche Verantwortung – Umfeldbezogene Ergebnisse« und 9 »Ergebnisse der schulischen Tätigkeit« legen.

Im SEIS-Verfahren schließt sich an die Datenerhebungs- und Interpretationsphase die datengestützte Schulentwicklung an. Spätestens an dieser Stelle ist eine Zusammenarbeit mit dem Schulträger sehr wünschenswert. In der Bildungsregion Emsland wird deshalb mit Zustimmung der Schulen ein regionaler Bildungsbericht – auf aggregierter Datenbasis von SEIS – erstellt, der Schulträger und auch Schulen einen Überblick über Handlungsstärken und Entwicklungspotentiale eröffnen soll, um ein gemeinsam abgestimmtes Handeln zu initiieren. Für den Schulträger sind in diesem Zusammenhang die Qualitätsdimensionen von SEIS 1 »Bildungs- und Erziehungsauftrag«, 3 »Führung und Management« und 4 »Schulklima und Schulkultur« von großem Interesse.

Schülerbeförderung bei veränderten Unterrichtszeiten

Es ist zu erwarten, dass mit der Nutzung der den Schulen eingeräumten Möglichkeiten einer flexiblen Unterrichtsrhythmisierung Auswirkungen auf die Schülerbeförderung verbunden sind. Dies gilt insbesondere bei Veränderungen in den Schulanfangs- und Schulendzeiten. Von den Schulleitungen ist zu bedenken, dass die Bedienung einer Schule mit einem Beförderungsangebot häufig in ein Geflecht vieler Beförderungslinien mit abgestimmten Ankunfts- und Abfahrzeiten anderer Schulen eingebunden ist. Es ist daher erforderlich, dass bereits in der Überlegungs- bzw. Planungsphase, d. h. mit ausreichendem Zeitvorlauf für die Prüfung und evtl. Umplanung der Beförderung mit dem Träger der Schülerbeförderung Kontakt aufgenommen wird. Hierbei gilt es auch zu bedenken, dass heute viele Schulen im Öffentlichen Personennahverkehr angefahren werden. Die hierfür geltenden Fahrpläne können von den Beförderungsunternehmen nicht kurzfristig geändert werden. Zudem muss in derartigen Fällen eine Genehmigung durch die Landesnahverkehrsgesellschaft eingeholt werden.

Vom »Mobiliarbeschaffer« zum strategischen Partner

Nicht nur die Schule muss sich der Herausforderung einer sich schnell verändernden Umwelt stellen. Auch die Rolle des Schulträgers verändert sich mehr und mehr vom reinen Sachkostenträger, der für die Beschaffung von Mobiliar etc. zuständig ist, zu einem strategisch denkenden Partner für Schulen.

Allein die Tatsache, dass ein Schulträger für mehrere Schulen zuständig ist, macht ihn zu einem prädestinierten Ansprechpartner für Kooperationen mit benachbarten Schulen. Zur Schaffung von Synergien hat der Schulträger ein Interesse daran, dass sich Schulen vernetzen und sinnvoll zusammenarbeiten. Dieses Interesse gründet auf der Erkenntnis, dass qualitativ hochwertige Bildung ein Standortvorteil für eine Region ist. Eine solche gemeinsame Bildungsqualität bedarf aber einer massiven Anstrengung aller Beteiligten.

Gute Beispiele für gelungene Initiativen der Schulträger unter Einbeziehung der Schulen – bzw. Kooperationen zwischen Schulen unter Einbeziehung der Schulträger – gibt es genug. Die folgenden Beispiele erheben keinen Anspruch auf Vollständigkeit. Vielmehr sollen sie auch als Anstoß für weitergehende Überlegungen dienen.

Regionale Unterstützung

Internationale Erfahrungen haben gezeigt, dass eine erweiterte Eigenverantwortung von Schulen immer dann sehr erfolgreich funktioniert hat, wenn diese Entwicklung durch regionale Unterstützungsstrukturen getragen wurde. Diese Unterstützungsstrukturen können und sollten sehr vielfältig, aber aufeinander abgestimmt sein.

Beispielsweise kann den Schulen gestützt durch ein Evaluationsinstrument ein Qualitätsentwicklungszyklus vorgegeben werden. Durch verpflichtende Termine und Qualifizierungen, die sich über einen längeren Zeitraum erstrecken, werden eine externe Taktung und damit eine Balance zwischen Beliebigkeit und Gängelung erzielt. Hierbei sind Beratungsangebote sehr hilfreich, die die Schulen nach eigenem Bedarf anfordern können. Erweiterte, regionale Qualifizierungsangebote und Angebote zur thematischen Vernetzung von Schulen tragen zum Gelingen einer (regionalen) Schulentwicklung bei.

Im Sinne einer staatlich-kommunalen Verantwortungsgemeinschaft können dazu z. B. Möglichkeiten einer finanziellen Unterstützung durch Regionalfonds erschlossen werden. So hat sich ein Fonds bewährt, der zu gleichen Teilen von den Schulen und vom Schulträger getragen wird und aus dem Maßnahmen zur Förderung schulischer Qualität als Angebot an Schulen finanziert werden.

Ausbildungsplatzinitiative

Die Schulen können das Interesse des Schulträgers an einer Versorgung aller Schulabgänger mit Ausbildungsplätzen gezielt unterstützen. Sie sind in der Lage, durch Befragungen in den Abgangsklassen die notwendigen Daten zur Versorgung der Schulabgänger bereitzustellen. Aus einer kreisweiten Aufbereitung der Daten können auch die Schulen Erkenntnisse gewinnen, die in der innerschulischen Berufsorientierung und Hinführung auf die Berufswahl frühzeitig genutzt werden können. So können durch Hinweise im Unterricht drohende Fehlentwicklungen (z. B. Ausbildungswünsche ohne Berücksichtigung des regionalen Bedarfs) verhindert werden.

Die einzelnen Befragungsergebnisse können statistisch erfasst, ausgewertet und als Grundlage für die Arbeit der Berufsausbildungskommission genutzt werden. In dieser Kommission, die jeweils nach den einzelnen Befragungen zusammenkommt, werden die Ergebnisse analysiert und erforderliche Maßnahmen initiiert.

Hauptsache Hauptschule

Für die Versorgung mit Ausbildungsplätzen kommt es ganz entscheidend auf die Ausbildungsfähigkeit des Schulabgängers an. Die Schule kann in ihrer Arbeit zur Umsetzung ihres grundsätzlichen Bildungsauftrags an dieser Stelle durch Kooperationen Unterstützung finden. Hierfür kann das Interesse sowohl bei der ausbildenden Wirtschaft als auch beim Schulträger genutzt werden.

Hierzu bietet es sich an, sich in Gesprächsrunden gemeinsam mit dem Schulträger, mit der Kreishandwerkerschaft, den Berufsbildenden Schulen sowie der Schulbehörde einzubringen. Gemeinsames Ziel der Gespräche muss es sein, durch konkrete Maßnahmen in den Schulen und Ausbildungsbetrieben die Ausbildungsfähigkeit der Schülerinnen und Schüler zu erreichen sowie die Voraussetzungen für die Erlangung des Hauptschulabschlusses zu verbessern. Nach Möglichkeit sollten die Anstrengungen zu einer Vermittlung von Ausbildungsplätzen in den beteiligten Ausbildungsbetrieben führen. Die Maßnahmen und die Beiträge der einzelnen Beteiligten werden im Rahmen einer Zielvereinbarung konkretisiert.

Ausbildungsbörsen

Ausgehend von der Überlegung, dass immer neue Ausbildungsberufe und die ständige Weiterentwicklung der Ausbildungsinhalte eine frühzeitige und umfassende Information über die Berufsbilder und die vielfältigen Ausbildungsplatzangebote erfordern, können die allgemein bildenden Schulen in Kooperation mit den Berufsbildenden Schulen und Partnern der dualen Ausbildung sogenannte Ausbildungsbörsen als ein Baustein der Berufsorientierung in Anspruch nehmen. Damit Schülerinnen und Schüler hier durch Auszubildende, Berufsanfänger und Personalexperten nicht nur Wichtiges und Wissenswertes über verschiedene Berufe, Tätigkeitsfelder und deren Rahmenbedingungen erfahren, sondern sich auch einen Überblick über das Ausbildungsplatzangebot der Region verschaffen können, ist es hilfreich, auch hier die Zusammenarbeit mit dem Schulträger zu suchen.

Empfehlungen

- Schulleitungen sollten den Schulträger im Vorfeld einer Sitzung des Schulvorstandes deutlich darauf hinweisen, wenn entscheidende, ihn betreffende Belange zur Verhandlung anstehen.
- Entscheidungen im Schulvorstand sollten insbesondere in diesen Fällen nur im Konsens mit dem Schulträger getroffen werden.
- Strategische Planungen (z. B. Zukunftswerkstatt, Leitbildentwicklung, Beginn der Schulprogrammarbeit) können nur unter Einbeziehung des Schulträgers erfolgreich sein.
- Die Mitarbeit des Schulträgers bei der Interpretation und Maßnahmeplanung im Rahmen von Evaluationsprozessen ist sehr wünschenswert.
- Veränderungen der Unterrichtszeiten mit Auswirkungen auf die Schülerbeförderung bedürfen einer langfristigen Vorbereitung unter Einbeziehungen verschiedener Träger und Gesellschaften.
- Initiativen zur regionalen Schulentwicklung führen zu einer Stärkung der einzelnen Schule – Beispiele: Regionale Unterstützung, Ausbildungsplatzinitiative, Hauptsache Hauptschule.

Hartmut Hohnschopp

Gemeinsam geht es besser: Verbünde kleiner Schulen

Eigenverantwortlich sind alle Schulen, kleine wie große, Schulen mit vier und solche mit über 60 Lehrkräften. Aber natürlich wirkt sich ihre Größe darauf aus, wie sie die mit der Eigenverantwortung verbundenen Freiräume und Aufgaben annehmen und gestalten können. Kleine Schulen – das sind rund 75 % der allgemein bildenden Schulen und 98,6 % aller Grundschulen.

Kleine Schulen – große neue Aufgaben

Was sind überhaupt kleine Schulen? – Da gilt eine schlichte Definition: Kleine Schulen weisen weniger als 20 Vollzeitlehrereinheiten (VZLE) auf. Daraus ergibt sich folgendes Bild über ihre Verteilung im Bereich der allgemein bildenden Schulen in Niedersachsen:

Schulform	GS	HS (+ GHS)	RS (+ HRS)	FöS	GY
unter 20 VZLE	1.721	136	86	162	18
ab 20 VZLE	25	118	353	80	211

Die Zügigkeit kleiner Schulen variiert erheblich. So sind nach der statistischen Erhebung vom 14. 9. 2006 nach Einschulung im 1. bzw. 5. Schuljahrgang der jeweiligen Schulform:

- 126 Schulen kleiner als einzügig;
- 899 Schulen (davon 485 Grundschulen) ein- bis zweizügig,
- 1170 Schulen (davon 734 Grundschulen) zwei- bis dreizügig.

Erst eine fünfzügige Grundschule erreicht 20 VZLE – das sind nur 25 von 1.721 Grundschulen. In den weiterführenden Schulen werden bereits bei Dreizügigkeit etwa 20 VZLE erreicht.

Es ist absehbar, dass die Anzahl der kleinen Grundschulen aufgrund der demographischen Entwicklung zunehmen wird. Wie sich dies auf die Größe insbesondere der Hauptschulen, aber auch der Realschulen auswirken wird, ist u. a. vom Wahlverhalten der Erziehungsberechtigten bei der Anmeldung ihrer Kinder zu weiterführenden Schulen abhängig. Die Schulgröße ist maßgeblich für die schulischen Arbeitsbedingungen. Für kleine Schulen gilt:

- weniger Anrechnungsstunden für die Schulleitung
- Stellvertretung in der Schulleitung erst ab 180 Schülerinnen und Schülern
- keine weiteren Funktionsstellen
- geringere Anzahl der »Topfstunden«

- nur an Hauptschulen und Realschulen: ab Zweizügigkeit sechs Anrechnungsstunden für Fachkonferenzleitungen
- eingeschränkter Einsatz des Schulträgerpersonals, insbesondere von Schulsekretärinnen

Diese Bedingungen beeinflussen die Aufgabenwahrnehmung und können deshalb Auswirkungen auf die Qualität der schulischen Arbeit haben. Aber welche Lösungen gibt es? Welche Auswege haben kleine Schulen, um diesem Dilemma zu entkommen?

Gemeinsam wird mehr daraus

Zunächst sei ausdrücklich betont, dass auch kleine Schulen kompetente Schulleitungen und Lehrkräfte haben, die in der Lage sind, hervorragende Ergebnisse in der schulischen Arbeit zu erzielen. Es geht auch nicht um bloße Addition, wenn als Lösung der Zusammenarbeit mehrerer kleiner Schulen das Wort geredet wird. Es ist nicht nur die größere Zahl an Schülerinnen und Schülern und an Lehrkräften, was zählt ist das Mehr an Kompetenz, das aus der größeren Vielfalt erwächst.

Nach § 25 Abs. 1 NSchG, können Schulen eine ständige pädagogische und organisatorische Zusammenarbeit vereinbaren, um Planung und Durchführung des Unterrichts aufeinander abzustimmen, die Durchlässigkeit zwischen den Schulen zu fördern oder ein differenziertes Unterrichtsangebot zu ermöglichen. Allgemein bildende Schulen können sich dazu mit ihresgleichen – quasi horizontal – verbinden oder vertikal mit Schulen der abgebenden bzw. aufnehmenden Schulform. Ausschlaggebend sind regionale Nähe und Kooperationen zu spezifischen sie verbindenden Themen. Schulen, die die Mindestgröße nach der Verordnung zur Schulentwicklungsplanung unterschreiten, sind ohnehin verpflichtet, mit einer anderen Schule ihrer Schulform zusammenarbeiten. Die Bildung solcher Schulverbünde wird vorrangig zwischen benachbarten kleinen Grundschulen erfolgen. Wenn das nicht gelingt, ist auch die Verbindung kleiner Schulen mit einer größeren Schule möglich.

Vor allem benachbarte Schulen können im Schulverbund durch pädagogische, organisatorische und wirtschaftliche Zusammenarbeit profitieren.

Pädagogische Zusammenarbeit

Vorrangige Zielsetzung der Eigenverantwortlichen Schule ist die Verbesserung der Qualität unterrichtlicher und schulischer Arbeit. In fachbezogener und fächerübergreifender Zusammenarbeit bietet der Verbund seinen Lehrkräften einen breiteren Austausch durch gemeinsame Dienstbesprechungen oder Konferenzen in den Fächern bzw. Fachbereichen. Wo die einzelne kleine Schule systembedingt nur über eine begrenzte Anzahl von Fachlehrkräften verfügt, kann der Verbund durch Lehrkräfte mit der entsprechenden Lehrbefähigung und Unterrichtserfahrung in der Zusammenarbeit alle Fächer gemäß Stundentafel abdecken und damit einen differenzierteren, fachspezifisch fundierten Austausch gewährleisten. Außerdem wird ein differenziertes Angebot im Wahlpflichtunterricht und bei der Erteilung von Arbeitsgemeinschaften ermöglicht.

Kleine Schulen werden auch durch die Zusammenarbeit bei Maßnahmen zur Qualitätsentwicklung gestärkt. Wenn sie z. B. gemeinsam eine Selbstevaluation durchführen wollen, besteht eher die Chance, dass sich eine Lehrkraft findet, die sich für die Organisation des Prozesses verantwortlich fühlt und alle Beteiligten einbezieht. Das ist auch unter dem Aspekt der Personalentwicklung nützlich: Die Spezialisierung auf den Umgang mit Evaluationsinstrumenten bewirkt Professionalität. Soll dann eine Steuergruppe den Prozess der Auswertung, Zielsetzung und Umsetzung unterstützen, muss das Kollegium – ihr Auftraggeber – mindestens größer sein! Gerade in den alle Schulen berührenden Fragen der Verbesserung des Unterrichts ist es hilfreich, wenn dazu eine gemeinsame Steuergruppe gebildet wird.

Ein Schulverbund braucht Verbindlichkeit, die durch den Konsens über gemeinsame Werte und Ziele entsteht: Können sich kleine benachbarte Schulen auf ein Leitbild und Schulprogramm einigen, haben sie eine große Hürde auf dem Weg zueinander überwunden und können ihre unterschiedlichen Kompetenzen auf die Umsetzung der gemeinsamen Ziele konzentrieren.

Organisatorische Zusammenarbeit

Wenn die aus dienstrechtlichen Befugnissen erwachsenden Aufgaben der Schulleiterinnen und Schulleiter möglicherweise nur alle zwei oder drei Jahre wahrzunehmen sind, müssen sie sich immer wieder einarbeiten – es entsteht keine Routine, die professionelles Erledigen erleichtern würde. Spezialisieren sich aber die Führungspersonen im Verbund auf bestimmte Aufgaben, können kompetenzbezogene persönliche Schwerpunkte von Schulleitungen entstehen. Zudem führt die Verteilung einzelner Aufgabenbereiche auf die beteiligten Schulleitungen zu professioneller Routine und damit zu einer besseren und schnelleren Ausführung.

Mehr Lehrkräfte ermöglichen grundsätzlich einen flexiblen Einsatz von Personalressourcen. Mit der Festlegung eines gemeinsamen Vertretungskonzepts könnten beispielsweise in den Grundschulen pädagogische Mitarbeiterinnen und Mitarbeiter kompetenzbezogen und damit wirksamer eingesetzt sowie Fortbildungen von Lehrkräften leichter organisatorisch getragen werden. Im Rahmen schul(verbund)interner Fortbildung gelingt ein Kompetenztransfer zwischen den Einzelschulen.

Denkbar ist auch die Bildung eines Personalpools z. B. für

- pädagogische Mitarbeiterinnen und Mitarbeiter der Grundschulen,
- Förderschullehrkräfte im Bereich der sonderpädagogischen Grundversorgung,
- Sprachförderunterricht vor der Einschulung sowie für
- sozialpädagogische Fachkräfte an Hauptschulen und an Ganztagsschulen.

Pädagogische Mitarbeiterinnen und Mitarbeiter sowie sozialpädagogische Fachkräfte können an mehreren Schulen eingesetzt werden. Damit wird zugleich die Attraktivität der Arbeitsverträge der pädagogischen Mitarbeiterinnen und Mitarbeiter sowie der sozialpädagogischen Fachkräfte erhöht.

Die im Schulverbund vorhandenen Anrechnungsstunden können nach Maßgabe der beteiligten Schulen umgeschichtet werden; hier können beispielsweise die Anrechnungsstunden für Schulleitungen, aber auch andere Anrechnungsstunden (Fachkonferenzleitungen, »Topfstunden«) berücksichtigt werden.

Nicht zuletzt könnten mit dem Schulträger neue Regelungen zum Einsatz des Schulträgerpersonals (Schulsekretärinnen, Hausmeister) vereinbart werden, die allen beteiligten Schulen zugute kämen.

Wirtschaftliche Zusammenarbeit

Auch das finanzielle Budget der kleinen Eigenverantwortlichen Schule muss ihr einen angemessenen Handlungsspielraum bieten. Hier einen gerechten Schlüssel zu entwickeln, ist eine Aufgabe der nächsten Zeit. Eine Budgetierung der Landesmittel – auch über die finanziellen Mittel für Schulfahrten und SchilF hinaus – würde den einzelnen Schulen durch eine auf Dauer angelegte Zusammenarbeit Schwerpunktsetzungen ermöglichen. Die Bildung eines gemeinsamen Budgets und das Aufstellen eines gemeinsamen Haushaltsplans wäre ein entscheidender Schritt die Eigenverantwortung wirksam zu nutzen (vgl. MÜHLENHOFF in diesem Buch).

Gemeinsamkeit wird unterstützt

Kleine Schulen, die auf der Grundlage des § 25 Abs. 1 NSchG verbindliche Vereinbarungen zu Maßnahmen treffen, mit denen sie die Qualität schulischer Arbeit in bestimmten Bereichen verbessern wollen und denen mit Erreichen der Zielzahl von insgesamt mindestens 20 VZLE die Wahrnehmung dienstrechtlicher Befugnisse übertragen wird, erhalten zur Unterstützung dieser Arbeit Anrechnungsstunden. Dabei werden Maßnahmen in folgenden Bereichen vorausgesetzt:

- Fachbezogene und gegebenenfalls fächerübergreifende Zusammenarbeit bei der Erstellung schuleigener Arbeitspläne auf der Grundlage der Kerncurricula, beim Übergang von der Grundschule in weiterführende Schulen sowie zur Sicherstellung der Durchlässigkeit
- Abstimmung der Schulprogramme insbesondere im Hinblick auf Maßnahmen, die der Verbesserung der Unterrichtsqualität dienen, so z. B. zur individuellen Lernentwicklung und ihrer Dokumentation sowie zum Förderkonzept
- Durchführung von Fortbildungsmaßnahmen auf der Grundlage eines abgestimmten Fortbildungskonzepts
- Steuerung und Überprüfung der Wirksamkeit von vereinbarten Maßnahmen zur Verbesserung der Qualität schulischer Arbeit (z. B. Einrichtung einer gemeinsamen Steuergruppe)
- Koordination bei der Sicherstellung der Unterrichtsversorgung

Über die genannten erforderlichen verbindlichen Vereinbarungen zur Zusammenarbeit hinaus können selbstverständlich weitere Vereinbarungen zur Zusammenarbeit getroffen werden.

Die Schule bleibt im Dorf

- Die Kleinen haben in der Regel kurze Schulwege.
- Es bleibt bei kleinen Klassen mit günstiger Lehrer-Schüler-Relation.

- Schulanlagen und Lehrmittel können gemeinsam optimal genutzt werden. Sportstätten, Schulgärten, Lehrküchen, Computerräume, naturwissenschaftliche Fachräume – die besonderen Möglichkeiten jeder Einzelschule stehen auch den Schulen in der Nachbarschaft zur Verfügung.
- Das Verwaltungspersonal kann effektiver eingesetzt werden, indem z. B. der Einsatz und die Vertretung von Hausmeistern und Schulsekretärinnen von den Schulen in Absprache mit dem Schulträger untereinander geregelt werden.
- Das ist unsere Schule: Schulträger und Umfeld identifizieren sich mit der Schule – Das sind günstige Bedingungen für die »Öffnung von Schule«.

Die Zusammenarbeit kleiner Schulen im Schulverbund kann für alle Beteiligten, Schulleitungen, Lehrkräfte und Schulträger ein Gewinn sein; insbesondere für diejenigen, für die die »Veranstaltung Schule« nach PISA reformiert werden muss: für die Schülerinnen und Schüler. Die weitaus günstigeren Rahmenbedingungen bedeuten für die kleinen Schulen im Qualitätsentwicklungsprozess eine Chance – aber auch eine Verpflichtung, sie zu nutzen.

Anhang 1

Grundschule Bardowick Große Worth 4a • 21357 Bardowick ☎ 04131-12 17 38 • 04131-12 84 50 • mail: info@grundschule-bardowick.de	Schäfer-Ast-Grundschule RADBRUCH
Grundschule Handorf Grundschule Handorf	GRUNDSCHULE VÖGELSEN Schulstraße 7 – 21360 Vögelsen – Tel. 04131-12632 Fax 04131-265616 – E-Mail: grundschulevoegelsen@t-online.de

Kooperationsvertrag
zwischen
der **Grundschule Bardowick,**
der **Grundschule Handorf,**
der **Schäfer-Ast-Grundschule Radbruch** und
der **Grundschule Vögelsen**

1. **Grundlage der Zusammenarbeit**
   Die Grundschulen der Samtgemeinde Bardowick vereinbaren hiermit eine pädagogische und organisatorische Zusammenarbeit nach § 25 NSchG.
   Ziele und Nutzen dieser Kooperation sind Austausch, Anregung, Motivation, Effizienzsteigerung und Qualitätsentwicklung.

2. **Organisatorische und wirtschaftliche Zusammenarbeit**
   Die organisatorische und wirtschaftliche Zusammenarbeit bezieht sich auf die Gebiete:
   - Fortbildungsmaßnahmen und -konzepte
   - Sponsorenfindung

- Schulreife: Definition, Schulkindergarten, Anmeldeverfahren
- Zusammenarbeit mit den Kindergärten, Brückenjahr
- Evaluation
- allg. Ausstattung
- Medienausstattung/5.000 €-Etat
- gemeinsame Außendarstellung
- Tätigkeit der Sekretärinnen
- Kooperation mit dem Schulträger

3. **Pädagogische Themen und Projekte**
   Gemeinsame pädagogische Themen und Projekte werden sein:
   - Präventionsmaßnahmen und -konzept
   - Miniphänomenta
   - Sportveranstaltungen
   - Mobilität
   - Medienerziehung
   - Förderkonzepte
   - Austausch auf Fachkonferenzebene

4. **Zusammenarbeit auf Schulleitungsebene**
   Die Zusammenarbeit auf Schulleitungsebene findet statt mit der Pflicht zur gegenseitigen Information (»newsletter« wird zusammengestellt von Herrn K. Lalla) und zu regelmäßigen gemeinsamen Treffen (jeder 1. Dienstag im Monat, 13.30 Uhr)

5. **Zusammenarbeit in den Außenbeziehungen**
   Die Zusammenarbeit mit dem Schulträger erfolgt durch den gemeinsamen Sprecher Herrn Ch. Hemmerich und durch gemeinsame Treffen aller SchulleiterInnen mit Frau A. Kablau, zuständig für den Bereich Schule in der Samtgemeinde. Frau B. Stelter und Frau M. Köster vertreten die Anliegen der vier Grundschulen im Schulausschuss.

Die Kooperation wird für das Schuljahr 2007/2008 vereinbart. Projekte, Ziele und Themen werden dokumentiert und überprüft.

Der Vertrag verlängert sich jeweils um ein weiteres Jahr, wenn nicht 6 Wochen vor Ablauf die Zusammenarbeit gekündigt wird.

Bardowick, den 15. 5. 2007

M. Köster – Grundschule Bardowick	K. Lalla – Grundschule Handorf
B. Stelter – Schäfer-Ast-Grundschule Radbruch	Ch. Hemmerich – Grundschule Vögelsen

Anhang 2

**VERTRAG für den Schulverbund
Der Grundschulen der Gemeinde Geeste (Antoniusschule, Bonifatiusschule, Josefschule, Ludgerischule, Grundschule Osterbrock)**

Mit dem »Schulverbund Geeste« wird das Ziel verfolgt, die Qualität von Unterricht und Schulleben gemeinsam zu sichern und zu optimieren. Durch systematischen Austausch soll die Schulentwicklung in der Gemeinde belebt werden. Arbeitsteilung und die gemeinsame Nutzung von Ergebnissen sollen Einzelschulen entlasten.

Zu diesem Zwecke wird auf Gemeindeebene ein freiwilliger Verbund geschaffen, über den

- Entwicklungsprozesse einzelner Schulen in der Gemeinde zusammengeführt und durch gemeinsame Entwicklungsprogramme und -initiativen gestützt werden;
- gemeinsame Entwicklungsnotwendigkeiten erhoben, Entwicklungsschwerpunkte vereinbart und Schulentwicklungsarbeit schulübergreifend angegangen wird.

Über den Verbund soll die Zusammenarbeit zwischen den Schulen und den verschiedenen Schulpartnern intensiviert werden.

Der Verbund soll die Eigenständigkeit der Einzelschule stärken. Schulindividuelle Entwicklungsinteressen und -notwendigkeiten werden respektiert und gesichert.

In den nachfolgend aufgelisteten Arbeitsbereichen wird der Schulverbund tätig:

- Förderung von Unterrichtsentwicklung
- Unterstützung systematischer Arbeit an den Schulprogrammen
- Lehrerfortbildung auf Gemeindeebene
- Schaffung von Unterstützungsangeboten und -strukturen für Schüler, Eltern, Lehrer und Schulleitungen
- Aufbau von Vernetzung mit anderen Institutionen
- Nutzung des Schulverbundes als Lernverbund: Austausch von Erfahrungen, Arbeit an verschiedenen Themen, gemeinsame Reflexion, Arbeit mit kritischen Freunden, Arbeit in Qualitätszirkeln, ...
- Bündelung von Verwaltungsarbeit zur Systematisierung und Vereinfachung
- Überprüfung der Wirksamkeit der Arbeit im Schulverbund

Der Schulverbund schafft Vernetzung, sichert über Vereinbarungen Dienstleistungen und sorgt dadurch für eine effiziente Nutzung der vorhandenen Ressourcen.

Programmerstellung und Evaluation

Einmal jährlich soll die Tätigkeit des Schulverbundes evaluiert werden (Mai – Juni). Dazu trifft sich die Schulleiterrunde ganztägig in einem Fortbildungshaus.

Organisations- und Verwaltungsstruktur

Die Steuerung der gesamten Tätigkeiten des Schulverbundes erfolgt durch das Gremium der Schulleitungen. Zu diesem Zwecke treffen sich die Schulleitungen aller

Schulen mindestens viermal im Jahr zu einer gemeinsamen Sitzung. Die Einladung, Moderation und Leitung übernehmen die Schulleiterinnen im jährlichen Wechsel. Die Reihenfolge erfolgt alphabetisch nach den Schulnamen. Den Anfang macht die Antoniusschule.

Eine Sitzung wird auch dann einberufen, wenn ein Mitglied der Schulleiterrunde dies außerplanmäßig wünscht.

Kommunikation, Information, Transparenz

In den regelmäßigen Dienstversammlungen der einzelnen Schulen werden die KollegInnen informiert.

Vertragsdauer

Dieser Vertrag gilt zunächst für ein Jahr. Er wird automatisch verlängert, wenn kein Widerspruch erhoben wird.

Die Schulleiterinnen und Schulleiter der Geester Grundschulen haben sich arbeitsteilig auf folgende Schwerpunkte verständigt:

- Hochbegabung (Fortbildungen mit dem WGM)
- Angebote im Nachmittagsbereich über externe Leute im Rahmen der Kapitalisierung
- Individuelle Lernentwicklung
- Zusammenarbeit mit weiterführenden Schulen
- Brückenjahr, Kooperation mit Kindergarten, Eingangsphase, Schulkindergarten
- Schulinterne Fortbildungen
- Elterninformationen zur Schulfähigkeit und Einschulung
- Elterninformationen zu weiterführenden Schulen
- Informationsabende für Eltern
- Schulbuchausleihe und allgemeine Informationen im Laufe des Schuljahres
- Homepage für den Schulverbund
- Konferenzordnung
- Sicherheitskonzept
- Sammlung von Konzepten für das Schulprogramm – Ideensammlung Leitbild

Dorothea Minderop

Verantwortung teilen: Schule in der Region

Schule ist längst keine Insel mehr. Die Einsicht in die Bedeutung lokaler Gemeinwesen bzw. der Region für die Bildungs- und Erziehungsprozesse von Kindern und Jugendlichen ist nicht neu. Allerdings wird der Stellenwert der Region für die Bildung in der Regel immer noch unterschätzt. Das ist bereits grundgelegt in der Aufteilung der Zuständigkeiten für innere und äußere Schulangelegenheiten. Dennoch gibt es Bemühungen, diese juristische Setzung zu bearbeiten.

Region und Bildung

Neben der Globalisierung hat in den letzten Jahren der Begriff der Regionalisierung eine zentrale Rolle gespielt. Vielfach wird sie als deren zweite Seite betrachtet, sozusagen als Gegenpol zur allseits geförderten und geforderten Mobilität des Einzelnen mit der Folge einer Trennung von Wohnorten, Arbeitsorten und Orten der Freizeitbeschäftigung. Da bietet sich nach dem »Ort« die Region in ihrer Zwischenstellung zwischen Orten und globalen Räumen quasi als Zufluchtsort für die Identitätsbildung und den Aufbau wie die Pflege von Sozialbeziehungen an (Benz/Fürst, 2003).

Was ist die »Region«?

Das Dorf? Die Stadt? Der Landkreis? Ein Gebiet mit einer besonderen Geschichte, mit besonderen Gebräuchen und Eigenheiten – ohne irgendwelche Verwaltungsgrenzen? Das lässt sich nicht so ohne weiteres festlegen: Als Regionen werden in den verschiedenen Zusammenhängen und abhängig von politischen Entscheidungen z. B. politisch-administrative Gebietseinheiten, kleine Raumeinheiten innerhalb eines Staates oder auch Zusammenfassungen von lokalen Verwaltungsgebieten verstanden (vgl. ebd.).

Bezogen auf das Bildungswesen ist die Region das Tableau sozialer Faktoren, die Einfluss auf die Bildungsentscheidungen des Einzelnen nehmen – dies ausgehend von der Vermutung, dass es einen Zusammenhang zwischen sozialräumlichen Bedingungen und dem Bildungsverhalten gibt – die Grundschulempfehlungen für den Besuch weiterführender Schulen oder auch Studienentscheidungen legen dies nahe (Minderop/Solzbacher, 2007).

Viele Bürgermeisterinnen und Bürgermeister haben diese Botschaft schon verstanden. Ihre Lehrmeister waren die Prognosen zur demografischen Entwicklung und die damit verbundene Konkurrenz zwischen Kommunen um die Entscheidung junger Familien im Ort zu bleiben bzw. ihren Wohnsitz dort zu nehmen, aber auch um den Verbleib und die Neuansiedlung von Betrieben. Angesichts der »Unterjüngung« (Bischof Huber) kommt es darauf an, die Bildungspotenziale aller ihrer Kinder und Jugendlichen optimal zu entfalten. Schließlich sind qualifizierte Arbeitskräfte auch ein entscheidender Standortvorteil für die wirtschaftliche Attraktivität der Region.

So ist die Lage ...

Für Niedersachsen wird bis 2020 insgesamt ein Bevölkerungsrückgang von durchschnittlich 0,2 % prognostiziert. Der entscheidende Faktor ist neben den Zu- und Abwanderungsbewegungen vor allem die Geburtenrate. Wo Familien heute durchschnittlich weniger als 2,1 Kinder haben, wird die nächste Generation schrumpfen. Dass in Deutschland die Geburtenrate derzeit bei durchschnittlich ca. 1,4 Kindern pro Familie liegt, und es zu einem deutlichen Überhang der älter werdenden und alten Bevölkerung kommen wird, ist nicht neu. Allerdings scheint der Ruf nach mehr Kindern allein nicht die Lösung zu sein. »Wollte man den prozentualen Anteil der über 64-Jährigen in der Bundesrepublik bis 2050 konstant niedrig halten, ... würden pro Jahr 3,6 Millionen neue junge Mitbürger gebraucht.« (vgl. SCHWENTKER, 2006).

Das erfordert ein Umdenken auf vielen Ebenen und eröffnet Chancen auch für eine neue inhaltliche Ausrichtung der Daseinsvorsorge, also der Bereitstellung von öffentlichen Einrichtungen für die Allgemeinheit ...« (EICHERT, 2007). Die aktuelle Diskussion zeigt, dass die regional politisch Verantwortlichen die Auswirkungen dieser Entwicklung auf alle Lebensbereiche analysieren: neben der Finanzierung der Sozialsysteme werden die Wirtschaftsentwicklung, das Angebot an Arbeitskräften, die Güternachfrage, der Städtebau und nicht zuletzt die Bildung betroffen sein.

Dabei geht es nicht nur um die im Rahmen kommunaler Schulentwicklungsplanung vorgehaltene Zahl an Bildungseinrichtungen (Kindertagesstätten und Schulen), sondern auch um deren innere Qualität. So offensichtlich es ist, dass kommunale Grenzen immer weniger ein Hindernis bei der Schulwahl darstellen, so wichtig ist die Qualitätsentwicklung ihrer Schulen für die Attraktivität einer Region. Gerade angesichts rückläufiger Schülerzahlen sind lokale Schulträger in hohem Maß auf eine regionale Zusammenarbeit angewiesen. Wollen sie im wohlverstandenen eigenen wie im Interesse der Schülerinnen und Schüler ein hoch stehendes und zugleich ortsnahes Angebot vorhalten, müssen sie dazu u. U. Kooperationen mit Nachbargemeinden eingehen. Das ist nur auf den ersten Blick eine Problemlage, zu deren Lösung ausschließlich kommunale Schulträger aufgerufen sind. Ihr Partner ist das Land in seiner Zuständigkeit für die innere Schulqualität im Rahmen der geteilten Verantwortung.

Deshalb entspricht es dem originären Interesse einer Region, sich gemeinsam mit dem Land auch für eine gute Qualität in den Schulen verantwortlich zu fühlen. Die Kommune wiederum ist gefragt, wenn es neben ihrem schulischen Bildungsangebot um die außerhalb von Schule an der Bildung Beteiligten geht: Mit den Schulen begleiten auch die Kirchen, Bibliotheken, Museen und die Einrichtungen der Jugendhilfe mit ihren Bildungsangeboten die jungen Bürger einer Region »über den Tag und über das Jahr«. Sie sollten voneinander wissen und sich ergänzen, damit Schülerinnen und Schülern eine Lernumgebung geboten wird, die ihnen hilft, sich auf ein eigenständiges Leben und auf lebenslanges Lernen vorzubereiten. Schließlich sind sie nicht zuletzt die künftigen Bürgerinnen und Bürger, die über das Wohlergehen der Region mitbestimmen.

In die Köpfe investieren

Es ist schon heute, aber erst recht in der Zukunft nicht hinnehmbar, dass ein Viertel der jungen Menschen am Ende ihrer Schullaufbahn nicht die notwendigen Kompetenzen für eine erfolgreiche Berufsausbildung mitbringen und ohne Perspektive in einem Kreislauf der versuchten Anpassung und des erneuten Scheiterns hängen (vgl. EICHERT, 2007). In Deutschland hieß es schon

- in den **30er Jahren:** »Die Jungen, die alljährlich in Industrieberufe gehen, bringen von Jahr zu Jahr weniger an Rüstzeug von der Volksschule mit.« – »... überall klagen die Kammern in gleicher Weise über mangelndes Elementarwissen ...« (vgl. EBINGHAUS, 1999, S. 8/9).
- in den **50er Jahren:** »Ein Teil der Schulentlassenen tritt mit unzureichenden Kenntnissen in Rechnen und der deutschen Sprache in das Berufsleben ein. Seit Jahrzehnten ist dabei eine rückläufige Tendenz festzustellen« (vgl. EBINGHAUS, 1999, S. 8/9).
- in den **60er Jahren:** »Der DIHT führt bei etwa zweitausend repräsentativ ausgewählten Lehrlingen mit Volksschulabschluss einen Leistungstest in Rechtschreibung und Rechnen durch, der große Lücken feststellt: Bei jedem fünften Lehrling sind die Rechtschreibkenntnisse mangelhaft, und jeder dritte ist unsicher. Jeder vierte Lehrling kann mangelhaft rechnen, und jeder zweite hat erhebliche Lücken« (vgl. DIHT, 1965, ebenda, S. 12 – 14).
- und **2005** »Ein wichtiges Problem bleibt die mangelnde Ausbildungsreife vieler Schulabgänger. Die nach dem ersten Pisa-Schock eingeleiteten Veränderungen wirken sich bisher leider nur auf die leistungsstärkere Hälfte der Schüler aus. Die Leistungsschwächeren verharren dagegen auf einem niedrigen Niveau. Hier müssen wir dringend ansetzen« (BRAUN, 2005).

Solange solche Erkenntnisse eher gefühlt waren als auf belastbaren Daten beruhten, konnte man sie bezweifeln und fragen, ob Erwachsene vielleicht die nächste Generation immer als Anfang vom Ende erleben und zur Tagesordnung – hier zum Schulehalten wie gewohnt – übergehen.

Der Sprung in die Gegenwart war dann ernüchternd: Mit Timms und PISA haben wir es schwarz auf weiß: Unsere Schulen sind nicht so gut wie wir glaubten. Und die, die die Schulen verlassen, sind es nicht. Wenn Jugendliche in der Schule scheitern, scheitert oft ihre Integration in eine Gesellschaft, deren Mitglieder sich weitgehend über ihre Arbeit definieren. Ihre Perspektivlosigkeit zeigt sich dann nicht nur in den Statistiken der Arbeitsagenturen. Sie ist Sprengstoff im Zusammenleben und zeigt sich auch im öffentlichen Raum – im Graffiti an den Hauswänden, an den Schmuddelecken der Großstädte, im Komatrinken von Jugendlichen, in verschmutzten Spielplätzen – auch in zunehmender Gewalt in den Schulen nicht nur sog. sozialer Brennpunkte. Damit zeigt sie sich auch im kommunalen Haushalt. Allerdings darf angesichts solcher Szenarien die Bildungspolitik nicht zum »Unterfall« der kommunalen Sozialpolitik werden. Aber eine gesunde Nähe zur Familien- und Wirtschaftspolitik braucht sie nicht zu leugnen. Schließlich muss man zum Scheitern auch die zu niedrigen Abiturquoten, die nicht entdeckten besonderen Begabungen, vielleicht auch die Zahl der Studienabbrecher rechnen.

Von den Kindern und Jugendlichen her betrachtet, bedarf es für einen erfolgreichen Verlauf ihrer Bildungsbiografien unbedingt einer intensiven Kooperation und Abstimmung zwischen den unterschiedlichen, für sie relevanten Bildungsakteuren. Unter diesen sind Schulen von besonderer Bedeutung, da nur sie alle Kinder und Jugendlichen in einer Region erreichen. Für die Schulen kommt es also darauf an untereinander besser zu kooperieren, um die Übergänge reibungsfreier zu gestalten: Wenn die weiter führende Schule nicht weiß, was in der Grundschule geleistet wurde, kann sie nicht darauf aufbauen und die Forderung nach individueller Förderung geht ins Leere. Zudem sind solche Schulen für jede Region ein Gewinn, die ihre Erfahrungen mit anderen teilen, die miteinander lernen und Entwicklungsschritte gemeinsam gehen, wie der Aufbau von Schulverbünden im Wendland und im Landkreis Emsland beispielhaft zeigt (vgl. Hohnschopp in diesem Buch – Anhänge).

»Bildungsraumordnung« – ein Raum für Bildung

Die Region als Lebens- und damit als Bildungsraum zu verstehen – das verlangt ein Umdenken auf allen Ebenen. Schulen müssen auch die außerschulischen Bildungseinrichtungen in den Blick nehmen und mit ihnen auf gleicher Augenhöhe zusammenarbeiten. Damit erweitern sie die Lernumgebung für ihre Schülerinnen und Schüler und lassen sie schon in ihrer Schulzeit Einblick in ein Stück der Welt nehmen, auf die sie vorbereitet werden sollen. Denn auch das ist klar: es wird nicht nur in der Schule gelernt. Viel mehr als wir den Jugendlichen oft zutrauen, lernen sie außerhalb unserer Bildungsinstitutionen und zwar selbst organisiert und selbst gesteuert. Das schließlich ist die Grundlage für lebenslanges Lernen. Was häufig als Umfeld der Schule bezeichnet wird, ist Lernort: Ort, an dem Erfahrungswissen gewonnen wird, an dem sich Talente herausbilden und Grundeinstellungen manifestieren.

Sich auf dieser Basis zu verständigen bedeutet, Schule nicht mehr ausschließlich als Veranstaltung von Lehrkräften zu verstehen, sondern sich auf den Transformationsprozess von der Einzelschule zur Schule in der Region einzulassen. In diesem Prozess müssen neue Verbindlichkeiten akzeptiert, neue Regeln trainiert und auch fremde Sprachen gelernt werden: Lehrerinnen und Lehrer müssen die Ziele und Denkwege von Erzieherinnen verstehen, Jugendhelfer die von Lehrkräften. Sie müssen Zeiten finden, miteinander zu sprechen, damit sie ihre Vorstellungen aneinander annähern können. Praktiker aus Unternehmen und Institutionen der Region können systematisch in Unterricht und Schulleben eingebunden werden; andererseits kann man die Schülerinnen und Schüler »hinaus« schicken, damit sie sich in gelebter Verantwortung üben können. Bürgerschaftliches Engagement – nicht minimiert als Ersatz für staatliche Fürsorge, sondern hoch geachtet als Ergebnis aus Nachdenken, Kraft und Begeisterung – kann auf solcher Basis gedeihen. So kommt die »Bildungsraumordnung« – mit ihrer vertikalen und horizontalen Vernetzung – für die Schule und ihre Partnerinstitutionen der Überführung in einen anderen Aggregatzustand gleich.

Bildungsregionen in Niedersachsen

In Anlehnung an PAULINE LAING[1] lassen sich folgende Gelingensbedingungen für Bildungsregionen formulieren:

- Ziele, die von allen Beteiligten getragen und aktiv vertreten werden und die sich u. a. auch an Leistungen und Ergebnissen orientieren;
- ein hohes Interesse am Aufbau und an der Pflege tragfähiger Beziehungsstrukturen;
- der Aufbau von Wissensplattformen und die Gestaltung adäquater Informationswege;
- die Anwendung von grundlegenden Erkenntnissen über Veränderungsprozesse und schließlich
- die Herstellung von Kohärenz durch Integration der unterschiedlichen regionalen Aktivitäten.

Die Überzeugungskraft der Idee »Bildungsregion« wirkt besonders dann, wenn die Größe der Region mit dem »Bildungsradius« der Kinder und Jugendlichen übereinstimmt. »Bildungsradius« meint die Größe des Gebiets, innerhalb dessen die Kinder und Jugendlichen Bildungsangebote wahrnehmen. Dieser Bildungsradius ist vermutlich bis zum Eintritt in Ausbildung, Studium oder Beruf meist ein Kreis oder eine kreisfreie Stadt.

So ist es nicht verwunderlich, dass man sich in solchen Gebietskörperschaften darüber Gedanken macht, wie denn Unterstützung realisiert werden kann.

- Im Landkreis Osterholz wurde die Regionale Berufsbildungskonferenz gegründet. Dieser Modellversuch wird unter der Verantwortung des Landkreises Osterholz von den Berufsbildenden Schulen Osterholz-Scharmbeck durchgeführt und aus Mitteln des Europäischen Sozialfonds (ESF) gefördert. Das Ziel des Modellversuches ist es, durch die Implementierung, Gestaltung und Verstetigung von bildungsbereichsübergreifenden Netzwerkstrukturen und innovativen Konzepten die Qualität der Berufsorientierung, Berufsvorbereitung und Berufsausbildung in der Region zu erhöhen. Zu diesem Zweck wird das Gremium der »Regionalen Berufsbildungskonferenz« als ständige Fachkonferenz geschaffen.
- In beiden Modellregionen des Interministeriellen Arbeitskreises »Landesentwicklung und ländliche Räume« (IMAK) entwickeln sich mit Unterstützung der Städte und Kreise engere Kooperationen zwischen Schulen, Universität und Bildungsträgern. So etabliert sich im Bildungsverbund Nordost-Niedersachsen zurzeit ein Regionales Bildungsmanagement, in Südniedersachsen wächst die Bildungsregion Göttingen (www.bildungsregion-goettingen.de).

---

1 Pauline Laing ist kanadische Bildungsexpertin, ehemalige Leiterin des Durham Board of Education und Beraterin des Bildungsministeriums.

Die wichtigste Voraussetzung dafür, dass die Idee der Bildungsregion im öffentlichen und politischen Raum erfolgreich vermittelt werden kann, ist die Einsicht der politischen Entscheider und Bildungsakteure:

In staatlich-kommunaler Verantwortungsgemeinschaft entstehen gute Bedingungen, damit die Bildungsbiografie der Kinder und Jugendlichen gelingen kann. Dazu kann die Schulentwicklung in Zusammenarbeit mit Partnern gefördert und Schulqualität gesteigert werden.

Im Projekt »Eigenverantwortliche Schule und Qualitätsvergleiche in Bildungsregionen« ist das Land eine Kooperation mit der Bertelsmann Stiftung eingegangen. In den Bildungsregionen »Emsland« (www.bildungsregion-emsland.de) und »Braunschweig« (www.bildungsregionbraunschweig.de) beteiligen sich bisher 146 Schulen. Sie evaluieren sich selbst, vergleichen ihre Ergebnisse mit Schulen der gleichen Schulform bzw. Bildungsbereichs, setzen sich Ziele und planen Verbesserungsmaßnahmen, um die Qualität des Unterrichts und der schulischen Arbeit zu erhöhen.

In beiden Bildungsregionen gibt es einen »Kümmerer«, einen Regionalen Projektleiter, der der Regionalen Steuergruppe verantwortlich ist. Diese besteht zu gleichen Teilen aus Vertreterinnen bzw. Vertretern des Landes und der kommunalen Schulträger und aus einem Projektmanager der Bertelsmann Stiftung. Bei dem regionalen Projektleiter laufen die Fäden zusammen: Er kümmert sich um die Abläufe der Selbstevaluation mit SEIS (vgl. Reißmann in diesem Buch), nimmt Sorgen und Fragen der Schulen auf und vermittelt bei Missverständnissen zwischen Beteiligten. Er fördert die Kooperation benachbarter Schulen in »Schulverbünden« (vgl. Hohnschopp in diesem Buch). Er arbeitet eng zusammen mit dem Team der Schulentwicklungsberatung und mit den Dezernentinnen und Dezernenten der der Landesschulbehörde. Schließlich geht es nicht etwa darum, eine »Nebenregierung« zu installieren. Ziel ist es vielmehr, die gemeinsamen Interessen von Schule, Schulträger und Land zu entdecken und zu nutzen – damit für alle ein Mehrwert entsteht.

Ein für die Bildungsregionen wesentliches Instrument ist der aus der jeweiligen SEIS-Erhebung generierte »Schulgruppenbericht«. Er bietet Daten zu den für alle oder für einen Teil der Schulen maßgeblichen Arbeitsfeldern, aber auch zu den vorhandenen Stärken. Damit kann er sich zu einer Basis für ein Mit- und Voneinander Lernen der Schulen entwickeln. Das lässt Synergien für die Schulentwicklung erwarten.

Zur Stärkung der Schulentwicklung an den beteiligten Schulen ist ein Regionaler Entwicklungsfonds vereinbart, der aus Mitteln der Schulträger und des Landes gespeist wird. Der Regionale Entwicklungsfonds ist das Instrument der Unterstützung von Schulen durch die Bildungsregion. Das Leitbild (die Ziele) der Bildungsregion bildet (bilden) daher den Rahmen für die Vergabe von Mitteln durch die Regionale Steuergruppe. Dabei geht es in erster Linie um Qualifizierungsmaßnahmen für Lehrkräfte, schulische Steuergruppen, Schulleiterinnen und Schulleiter finanziert. Der Unterstützungsbedarf ergibt sich aus dem konkreten schulischen Entwicklungsprozess. Die beantragende Schule klärt mit anderen Schulen der Bildungsregion vor Antragstellung, wie die Maßnahme gemeinsam durchgeführt werden kann. Damit soll sichergestellt werden, dass nicht nur die Einzelschule profitiert, sondern dass transferfähige Konzepte für die Schulen der Region entwickelt werden.

Verantwortung teilen

»Nach Antoine de Saint-Exupéry gehört die Verantwortung zum Menschsein: ›seinen Stein beitragen im Bewusstsein, mitzuwirken am Bau der Welt.‹ Verantwortung übernehmen bedeutet, dafür Sorge zu tragen, dass die Entwicklung des verantworteten Bereichs im gewünschten Rahmen verläuft. Wer mit einer Aufgabe betraut ist, verantwortet für eine absehbare Zukunft die Folgen für eigene oder fremde Handlungen, für Erfolg oder Misserfolg« (vgl. MINDEROP, 2007, S. 51).

Die Vorschriften sprechen von den Zuständigkeiten für innere und äußere Schulangelegenheiten – das klingt nach »erledigen«, auch nach »bezahlen«. Ist also Verantwortung hier ein zu großes Wort? Es ist das richtige Wort, wenn gemeint ist, dass es bei »Schulangelegenheiten« um die Menschen geht, die in und mit der Schule arbeiten. Diese Verantwortung zu teilen und sie dennoch als eine gemeinsame anzunehmen – das ist es, was das Land und die kommunalen Schulträger in den Bildungsregionen erproben. Hier entsteht der Versuch, die üblichen Missverständnisse zu vermeiden, indem man sich auf einen gemeinsamen Zielkorridor einigt – darüber hinaus handelt jeder Partner für sich – darin aber gilt es, die Ziele der eigenen Aufgaben mit denen des Partners zu verknüpfen. Nur solche gemeinsamen Ziele verhindern, dass das »Netz ins Nichts gespannt« wird (EICHERT, 2007). Oft kann eben das der Anfang sein: Netze spannen. Gerade in den ländlichen Räumen Niedersachsens sind Schulen darauf angewiesen, sich Partner zu suchen, wollen sie den Kindern und Jugendlichen ein breites Bildungsangebot unterbreiten und ihnen zugleich helfen die Übergänge zwischen den Schulstufen reibungslos zu gestalten. Allerdings schafft die Vernetzung von Akteuren alleine noch nicht die bessere Lösung. Entscheidend ist, zu welchem Zweck und mit welchen Kompetenzen wer sich mit wem zusammenschließt.

Was man beachten sollte? Die Gefahr in Kauf nehmend, dass das Folgende als Rezept missverstanden wird, hier einige Hinweise:

- Die richtigen Partner finden: Nicht wer Lust, sondern wer das Problem hat.
- Vor lauter Vernetzen nicht das Ziel aus dem Auge verlieren: Netzwerk ist kein Selbstzweck, Organisation dient!
- Keine Unverbindlichkeit zulassen: »Man sollte mal ...«, gilt nicht!
- Der kleinste gemeinsame Nenner mag Konsens sein: Wo bleibt dann aber der innovative Impuls?
- Strategische Führung ist wichtig! Achtung! Dauernde Dominanz eines Partners zerstört das Netzwerk.
- Gefundene Lösungen erproben und überprüfen: Die Realität muss sich in Richtung auf das Ziel verändern!
- Den Nutzen für alle Partner im Blick behalten: Win-Win-Situationen erhalten die Freundschaft.

Die vielfachen Erfahrungen in Netzwerken zeigen, dass der Austausch von Informationen in räumlicher Nähe sehr wichtig für das Gelingen von Bildungsvorhaben ist. Kommunikation ist deshalb das Hauptwort in Netzwerken. Das gilt in besonderer Weise, wenn nicht nur ein vorübergehender Zusammenschluss unterschiedlicher

Interessen zur Lösung eines bestimmten gegenwärtigen Problems intendiert ist, sondern eine auf Dauer angelegte Bildungsregion, deren Steuerungselemente auch auf Lösungen künftiger Problemlagen eingerichtet sind.

Literatur

Benz, Arthur/Fürst, Dietrich: Region – Regional Governance – Regionalentwicklung. In: Bernd Adamaschek/Marga Pröhl (Hrsg.): Regionen erfolgreich steuern, Gütersloh, 2003.

Braun, Ludwig Georg: Halbjahresbilanz des Deutschen Industrie- und Handelskammertages (DIHK) zum Ausbildungspakt 2005, Homepage.

Ebbinghaus, Margit: »Niwo? – Wie aussagekräftig sind Untersuchungen zum Leistungsniveau von Ausbildungsanfängern«. In: BIBB, Hrsg., Berlin, Bielefeld, 1999, S. 8/9 und S. 12 – 14.

Eichert, Christof: Bildung als Standortfaktor. In: Solzbacher, Claudia/Minderop, Dorothea, (Hrsg.): Bildungsnetzwerke und Regionale Bildungslandschaften, München/Unterschleißheim, 2007.

Minderop, Dorothea: Bildungsregionen in Niedersachsen: Eigenverantwortliche Schule und Qualitätsvergleich. In: Solzbacher, Claudia/Minderop, Dorothea (Hrsg.): Bildungsnetzwerke und Regionale Bildungslandschaften, Köln, 2007, S. 51 ff.

Minderop, Dorothea/Solzbacher, Claudia: Ansätze und Dimensionen – eine Einführung. In: Solzbacher, Claudia/Minderop, Dorothea (Hrsg.), Bildungsnetzwerke und Regionale Bildungslandschaften, Köln, 2007, S. 3 ff.

Raddatz, Rolf: Berufsbildung im 20. Jahrhundert. Eine Zeittafel. Bielefeld, 2000, S. 182.

Schwentker, Björn: Aussterben abgesagt. In: DIE ZEIT, 24/2006.

Anhang

Basisbibliothek zur schulinternen Entwicklung der Eigenverantwortlichen Schule

Brockmeyer, Rainer/Edelstein, Wolfgang (Hrsg.): Selbstwirksame Schulen. Wege pädagogischer Innovation, Oberhausen, 1997.

Buchen, Herbert/Rolff, Hans Günter (Hrsg.): Professionswissen Schulleitung, Weinheim und Basel, 2006.

Buchen, Herbert/Horster Leonhard/Rolff, Hans-Günter (Hrsg.): Schulinspektion und Schulleitung.

Czerwanski, Annette/Solzbacher, Claudia/Vollstädt, Witlof: Förderung von Lernkompetenz in der Schule, Band I und II, Gütersloh, 2004.

Dubs, Rolf: Die Führung einer Schule, Stuttgart, 2005.

Dyrda, Christa: Potentiale aktivieren – Selbstmanagement an Schulen, Neuss, 2002.

Fullan, Micheal: Schule als Unternehmen, Stuttgart, 1999.

Green Norm + Cathy: Kooperatives Lernen im Klassenraum und im Kollegium, Das Trainingsbuch, Seelze, 2006.

Helmke, Andreas: Unterrichtsqualität – erfassen, bewerten, verbessern, Seelze, 2003.

Hentig, Hartmut von: Schule neu denken, 1993.

Hentig, Hartmut von: Ach, die Werte, Weinheim – Basel, 2003.

Hentig, Hartmut von: Bewährung, München und Wien, 2006.

Kempfert, Guido/Rolff, Hans-Günter: Qualität und Evaluation, Ein Leitfaden für pädagogisches Qualitätsmanagement, Weinheim und Basel, 2004[4].

Klippert, Heinz: Teamentwicklung im Klassenraum, Weinheim, 2005.

Lohmann, Armin/Minderop, Dorothea: Führungsverantwortung der Schulleitung – Handlungsstrategien für Schulentwicklung im Reißverschlussverfahren, München/Unterschleißheim, 2004[2].

Lohre, Wilfried/Kober, Ulrich/Madelung, Petra/Schnoor, Detlev/Weisker, Katrin (Hrsg.): Lehren und Lernen für die Zukunf – Unterrichtsentwicklung in Selbstständigen Schulen.

Meraner, Rudolf (Hrsg.): Eigenständige Schule – Erfahrungen, Reflexionen, Ergebnisse am Beispiel der Schulen in Südtirol, München/Neuwied, 2004.

Meyer, Hilbert: Was ist guter Unterricht?, Berlin, 2005.

Miller, Reinhold: Beziehungsdidaktik, Weinheim und Basel, 1999.

Niedersächsisches Kultusministerium (Hrsg.): Abschlussbericht der Arbeitsgruppe »Eigenverantwortliche Schule«, Hannover, 2005.

Niedersächsisches Kultusministerium (Hrsg.): Abschlussbericht der Arbeitsgruppe »Schulinspektionssystem«, Hannover, 2005.

Niedersächsisches Kultusministerium (Hrsg.): Abschlussbericht Qualitätsentwicklung in Netzwerken, Band I und II, Hannover, 2005.

Niedersächsisches Kultusministerium (Hrsg.): Orientierungsrahmen – Schulqualität in Niedersachsen, Hannover, 2006[3].

Niedersächsisches Landesamt für Lehrerbildung und Schulentwicklung – NILS (Hrsg.): SLQ – Leitbild für Schulleiterinnen und Schulleiter, Hildesheim, 2007.

Oelkers, Jürgen: Wie man Schule entwickelt. Eine bildungspolische Analyse nach PISA, Weinheim/Basel/Berlin, 2003.

Philipp, Elmar: Teamentwicklung in der Schule, Weinheim, Basel, 1998.

Pitzer, Manfred: Lernen, Gehirnforschung und die Schule des Lebens, Heidelberg/Berlin, 2003.

Regenthal, Gerhard: Corporate Identity in Schulen, Neuwied, 1999².

Riegel, Enja: Schule kann gelingen, Frankfurt, 2004.

Rosenbusch, Heinz S.: Organisationspädagogik, München, Neuwied, 2005.

Schratz, Michael (Hrsg.): Qualitätsentwicklung – Verfahren, Methoden Instrumente, Weinheim, 2000.

Senge, Peter M.: Die fünfte Disziplin – Kunst und Praxis der lernenden Organisation, Stuttgart, 1996.

Solzbacher, Claudia/Minderop, Dorothea: Bildungsnetzwerke und Regionale Bildungslandschaften, München/Unterschleißheim, 2006.

Stern, Cornelia (Hrsg.)/Ebel, Christian/Vaccaro, Eric/Vorndran, Oliver: Bessere Qualität in allen Schulen, Praxisleitfaden zur Einführung des Selbstevaluationsinstruments SEIS, Gütersloh, 2006.

Voss, Reinhard (Hrsg.): Die Schule neu erfinden. Systemisch-konstruktivistische Annäherungen an Schule und Pädagogik, Neuwied, 2002.

Journal für Schulentwicklung (Studienverlag Innsbruck), in diesem Buch berücksichtigte Themen: 2000 – 2007: Netzwerke; Coaching; Next Practice; Professionelle Lerngemeinschaften; Datenbasierte Schulentwicklung.

Pädagogik – Fachzeitschrift für Lehrerinnen und Lehrer, Lehrerausbildung, Schulleitungen, 2000 – 2007
2003 – 2007 in diesem Buch berücksichtigte Themen: Selbstgesteuertes Lernen; Verantwortung übernehmen; Schulinterne Qualifikationen; Intelligentes Üben; Problemschüler; Methoden im Wandel; Ganztagsschulen; Heterogenität; Kreativer Unterricht; Selbstständige Schulen; Konflikte lösen; Unterricht evaluieren und entwickeln; Brennpunktschulen; Arbeiten im Team.

Pädagogische Führung – Fachzeitschrift für Schulmanagement – 2003 – 2007, in diesem Buch berücksichtigte Themen: Mit den Sinnen lernen; Differenziertes Lernen; Evaluation, Schulprogramme Beiträge zur Qualitätssicherung; Rechenschaftslegung in Schulen; Personalentwicklung; Ganztagschulen; Change Management – Entwicklung gestalten; Externe Evaluation – Schulinspektion; Failing Schools – Was tun, wenn Schulen versagen?; Portfolio in Schulen; Erziehung – Werte – Disziplin; Teamarbeit in Schule und Schulleitung.

www.das-macht-schule.de

www.kooperation-das-macht-schule.de

www.mk.niedersachsen.de:
- ProReKo
- Schulqualität
  - Niedersächsische Schulinspektion
  - Orientierungsrahmen
  - Qualitätsentwicklung in Netzwerken
  - QuiSS

Autorenangaben

BERGHAUS, GERTA, Dezernentin der Landesschulbehörde, Abt. Osnabrück, im Dezernat »Schulformübergreifende Angelegenheiten, Schulentwicklung, Beratung und Fortbildung«; als Schulentwicklungsberaterin tätig in der Qualitätsentwicklung der Schulen u. a. in der Bildungsregion Emsland. Kontakt: gerta.berghaus@lschb-os.niedersachsen.de

BOOMGAARDEN, HERO, Schulleiter der Berufsbildenden Schule BBS 1 Emden, Trainer in der Schulleiterqualifizierung Niedersachsen. Kontakt: bbs1emd@t-online.de

BRÄTH, PETER, Referatsleiter im Referat »Schulrecht, Schulträgerangelegenheiten« im Niedersächsischen Kultusministerium. Kontakt: Peter.Braeth@mk.niedersachsen.de

BROCKMANN, HEINZ-WILHELM, Abteilungsleiter »Schulformübergreifende Angelegenheiten« im Niedersächsischen Kultusministerium. Kontakt: heinz-wilhelm.brockmann@mk.niedersachsen.de

BUSEMANN BERND, Niedersächsischer Kultusminister. Kontakt: bernd.busemann@mk.niedersachsen.de

GRIMME, GISELA, Schulleiterin der Elisabeth-Selbert-Schule, Berufsbildende Schule, ProReKo-Schule. Kontakt: verwaltung.langerwall@ess-hameln.de

HASENCLEVER, WOLF-DIETER, ehem. Leiter des Internatsgymnasiums Marienau, Leiter der Arbeitsgruppe »Steuerung und Organisation der Eigenverantwortlichen Schulen« im Niedersächsischen Kultusministerium. Kontakt: wolf-dieter.hasenclever@mk.niedersachsen.de

HEINRICH, RAPHAEL, Studienrat am Gymnasium Sophienschule in Hannover. Qualitätsbeauftragter der Sophienschule. Kontakt: Sophienschule@Hannover-Stadt.de

HELM, BRIGITTE, Schulleiterin des Gymnasiums Sophienschule in Hannover. Kontakt: Sophienschule@Hannover-Stadt.de

HENKE, ROLAND, Stellv. Referatsleiter »Pädagogische Grundsatzangelegenheiten« im Niedersächsischen Kultusministerium. Kontakt: roland.henke@mk.niedersachsen.de

HOHNSCHOPP, HARTMUT, Referatsleiter »Grundschulen, Hauptschulen, Realschulen, Sonderpädagogische Förderung« im Niedersächsischen Kultusministerium. Kontakt: hartmut.hohnschopp@mk.niedersachsen.de

HOFFMANN, SUSANNE, Koordinatorin an der Elisabeth-Selbert-Schule, Berufsbildende Schule, ProReKo-Schule. Kontakt: verwaltung.langerwall@ess-hameln.de

HOFFMEISTER, HEINER, Leiter des Ministerbüros, zuvor u. a. Leiter der Arbeitsgruppe »Eigenverantwortliche Schule« im Niedersächsischen Kultusministerium. Kontakt: heiner.hoffmeister@mk.niedersachsen.de

HUMPERT, MARKUS: stellvertretender Leiter der AKADEMIE Schule & Wirtschaft im Bildungswerk der Niedersächsischen Wirtschaft (BNW); als Fachbereichsleiter

Schulmanagement und Schulentwicklung verantwortlicher Projektleiter für sämtliche Qualifizierungsmaßnahmen in diesem Bereich. Kontakt: Markus.humpert@bnw.de

JÄNEN, HERMANN, Schulleiter Berufsbildende Schule Lingen, Netzwerkschule im Landesprojekt »Eigenverantwortliche Schulen und Qualitätsvergleiche«, hier Sprecher für die Berufsbildenden Schulen in der Steuergruppe der Bildungsregion Emsland. Kontakt: buero@gewerbl.bbs-lingen.de; H.Jaenen@t-online.de

JÜNKE, ERNST-WILHELM, Leiter der Berufsbildenden Schulen Wechloy der Stadt Oldenburg, Trainer in der Schulleiterqualifizierung Niedersachsen. Kontakt: info@BBS-Wechloy.de

KERN, MATTHIAS, Vorsitzender des Landeselternrates Niedersachsen. Kontakt: matthias.kern@kernia.de

KREUTZAHLER, ULRICH, Schulleiter der Grundschule Niedernwöhren, Landkreis Schaumburg, Netzwerkschule im Landesprojekt »Eigenverantwortliche Schulen und Qualitätsvergleiche«. Kontakt: ulrich.kreutzahler@arcor.de

KORTE, FABIAN, Koordinator des 15. Landesschülerrat Niedersachsen, Gymnasium Syke. Kontakt: kortefa@aol.com

KROHNE, GERHARD, Referent im Referat »Schulische Qualitätsentwicklung und Unterstützung, Eigenverantwortliche Schule und Evaluation« im Niedersächsischen Kultusministerium. Mitglied der Arbeitsgruppe »Steuerung und Organisation der Eigenverantwortlichen Schule«, Kontakt: gerhard.krohne@mk.niedersachsen.de

LOHMANN, ARMIN, Referatsleiter im Referat »Schulische Qualitätsentwicklung und Unterstützung, Personalentwicklung in Schulen, Eigenverantwortliche Schule und Evaluation« im Niedersächsischen Kultusministerium. Landesprojektleiter »Eigenverantwortliche Schulen und Qualitätsvergleiche in Bildungsregionen und Netzwerken« Kontakt: Armin.lohmann@mk.niedersachsen.de

MAERCKER, HANS-JÜRGEN VON, Leiter des Gymnasiums Halepaghen-Schule in Buxtehude. Kontakt: schulleitung@hps-buxtehude.de; www.halepaghen-schule.de

MÄRKL, BERT, Präsident der Niedersächsischen Schulinspektion, Bad Iburg, Kontakt: bert.maerkl@nschi.de

MAU, JENS, Referent im Referat »Schulische Qualitätsentwicklung und Unterstützung, Personalentwicklung in Schulen, Eigenverantwortliche Schule und Evaluation« im Niedersächsischen Kultusministerium, Mitglied der Arbeitsgruppe »Steuerung und Organisation der Eigenverantwortlichen Schule«, verantwortlich für den Bereich der Beratung und Unterstützung der Schulen. Kontakt: Jens.Mau@mk.niedersachsen.de

MEISNER, ANDREAS, Schulleiter der Integrierten Gesamtschule Franzsches Feld Braunschweig, Preisträgerin des Deutschen Schulpreises 2006 und Schule im Projekt Eigenverantwortliche Schule in der Bildungsregion Braunschweig. Kontakt: andreas.meisner@igsff-bs.de

Minderop, Dorothea, Referentin im Referat »Schulische Qualitätsentwicklung und Unterstützung, Personalentwicklung in Schulen, Eigenverantwortliche Schule und Evaluation« im Niedersächsischen Kultusministerium, als Projektleiterin verantwortlich für Vernetzungsprojekte und Bildungsregionen. Kontakt: dorothea.minderop@mk.niedersachsen.de

Mühlenhoff, Ulrich, Dezernent im Dezernat 5 (berufliche Bildung) der Landesschulbehörde, Abteilung Osnabrück; im **Pro**jekt **Re**gionale **Ko**mpetenzzentren verantwortlich für den Arbeitsbereich Budgetierung. Kontakt: Ulrich.Muehlenhoff@lschb-os.niedersachsen.de

Oelkers, Jürgen, Prof. Dr.: Allgemeine Pädagogik, Pädagogisches Institut, Universität Zürich. Forschungsschwerpunkte: Historische Bildungsforschung, Reformpädagogik im internationalen Vergleich, Analytische Erziehungsphilosophie, Inhaltsanalysen öffentlicher Bildung, Bildungspolitik. Kontakt: oelkers@paed.unizh.ch

Offen-Grodzki, Alfred, Mitarbeiter im Referat »Schulische Qualitätsentwicklung und Unterstützung, Personalentwicklung in Schulen, Eigenverantwortliche Schule und Evaluation« im Niedersächsischen Kultusministerium, Verantwortlich für den Arbeitsbereich Steuerung in ProReKo, Mitglied der Arbeitsgruppe »Steuerung und Organisation der Eigenverantwortlichen Schule«. Kontakt: alfred.offen-grodzki@mk.niedersachsen.de

Othmer, Carl, ehem. Leiter der Abteilung Berufliche Bildung im Niedersächsischen Kultusministerium; Landesprojektleiter ProReKo, **Pro**jekt **Re**gionale **Ko**mpetenzzentren, jetzt: Staatsrat, Senatorin für Bildung und Wissenschaft, Bremen. Kontakt: carl.othmer@bildung.bremen.de

Reißmann, Jens, Dr., Referent im Referat 25 »Schulische Qualitätsentwicklung und Unterstützung, Eigenverantwortliche Schule und Evaluation« im Niedersächsischen Kultusministerium, 2006 Leiter der Koordinierungsgruppe für die Unterstützung der Niedersächsischen Schulinspektion in der Aufbauphase, Arbeitsschwerpunkte: Schulinspektion, Umweltbildung. Kontakt: jens.reissmann@mk.niedersachsen.de

Rosenbusch, Heinz S., Prof. Dr., Leiter der Forschungsstelle für Schulentwicklung und Schulmanagement, Mitglied im nationalen PISA-Konsortium, Begründer und Vertreter einer Organisationspädagogik, Initiator und Veranstalter der internationalen Bamberger Schulleitungssymposien, Berater und wissenschaftlicher Evaluator von Schulreformprozessen in verschiedenen Bundesländern Deutschlands; Universität Bamberg. Kontakt: Schulmanagement@sowi.uni-bamberg.de

Schack, Norbert, Lehrer für Evangelische Religion und Musik am Theodor-Heuss-Gymnasium in Wolfsburg, als Ausbildungstrainer mit der Qualifizierung von Trainerinnen und Trainern nach dem »Niedersächsischen Unterstützungs- und Beratungskonzept zur systematischen Verbesserung der Unterrichtsqualität« beauftragt. Mitwirkung an der pädagogischen Ausbildung Studienreferendare am Studienseminar Wolfsburg. Kontakt: norbert.schack@gmx.net

Städtler, Hermann, Rektor der Fridtjof-Nansen-Grundschule in Hannover; Landesprojektleiter »Bewegte Schule – Niedersachsen«. Kontakt: h.staedtler@web.de

Vietze, Rüdiger, Schulleiter der Realschule Am Hohenwedel, Stade, Kontakt: rshw-Stade@t-online.de

Wilken, Werner, Stellvertretender Leiter der Niedersächsischen Schulinspektion, Bad Iburg, Kontakt: Werner.Wilken@nschi.niedersachsen.

Winter, Reinhard, Dezernent für den Bereich Schulen, Kultur, Jugend und Wirtschaft beim Landkreis Emsland, Mitglied der Regionalen Steuergruppe der Bildungsregion Emsland. Kontakt: reinhard.winter@emsland.de

Winter, Sybille, Dezernat »Schulformübergreifende Angelegenheiten, Schulentwicklung, Beratung und Fortbildung« der Landesschulbehörde Lüneburg; als Schulentwicklungsberaterin tätig in der Qualitätsentwicklung der Schule. Kontakt: sybille.winter@lschb-lg.niedersachsen.de